闘乱の日本古代史

つくられた偉人たち

松尾 光

花鳥社

はじめに

私たちは、時代の子である。その時代の人とともに、その時代のものをもとに暮らしている。その時代の事物を離れて生活できないし、その生活環境を離れた発想ができない。それがふつうの人である。しかし時代を導く人には、そのさきが見通せる。時代を超えて発想し、次の時代を造り上げていく。後世にどれだけの影響を与えたか、歴然としたものがある。だからこそその人の事績を発掘し、特筆大書して語るだけの価値がある。

だがその試みは、得てして後講釈《あとこうしゃく》・辻褄合わせになりやすい。偶然の積み重ねや試行錯誤の結果そうなったものでも、後から「一途にそうなるように策したこと」とすれば、あたかも優れた人だから最初から先が見えてそう意図して動いていたかのように語りうる。それでは、偉人を発掘するのではなくて、筆先で偉人を作ってしまいかねない。

高松藩を奉公構え（他家仕官の不認可）となった平賀源内はエレキテル（摩擦起電機）を復原し、火浣布・寒暖計などを発明した。しかし切望していた幕府への仕官はかなわず、奇人・変人の類《たぐ》いの戯作《げさく》者《しゃ》として暮らした。時代の枠に収まらなかったのだ。同時代人に受け容れられづらい代表格は、時代への感受性がひときわ高い画家だろうか。フィンセント・ウィレム・ファン・ゴッホは生存中一五〇〇点も制作したが、売れたのは一点のみ。病気と極貧のなかで息絶えた。クロード・モネの主導した急進派的な絵は、嘲笑と攻撃の的《まと》となってもいた。彼らは、当時高価だった浮世絵を手にしようにも購入資金がなく、パリで営業していた画商・林忠正に物々交換を求めてみずからの作品を引き渡していたのだそうだ（瀬木慎一氏著『浮世絵世界をめぐる』里文出版、一九九七年。七十七〜八頁）。時代を先き取りして生きようとすれば、生きているその当時には嘲笑を浴び極貧を味わうし、孤立もしたのだ。

いまここで、「偉大な先人たちを理解できなかった人たち」を非難する気などない。ただ、いま歴史的に高く評価されている人たちが、彼らの生きていた当時にどう思われていたか。私たちは、次の時代・別の時代という圏外に立ち、前代の人たちを抜き出していまの時代または次の時代に繋がるかどうかという観点から評価している。その評価は、おのずからそのときに生きていた人たちの思いとは異なるだろう。それはまた、今日の観点から悪人といわれている人たちの見直しにも通じる。

本書のうちの蘇我入鹿・天智天皇・天武天皇・藤原不比等・聖武天皇・桓武天皇らの話は、彼らが生きていた時代の人々の眼で辿ってみたいという試みだ。どういう事態に直面して、どのような提案をし、それは人々にどう思われていたか。その結果となる手前で、彼らは何をどうしていたか。現実の社会では、当初企画していたことが、反対によって大きくたわむことがある。どんな当初案にどんな反対があり、それによって何がどうゆがんだ形で実現したのか。流動的でひしゃげた姿が、ほんとうの歴史のように思う。繰り返すが、歴史はつねにその結果に向けて一途に走り続けるものじゃない。それは人の一生も同じである。順風満帆の日もあれば、反対にあって孤立することもまた歴史であり人生である。偉大な人とは、今からみてのことで、その当時の偉人でないことも多いのである。

闘乱の日本古代史——つくられた偉人たち

目次

第二章　天平政界の再編と暗闘

余章

第一章

古代東アジア世界の激動と争乱

卑弥呼のほのかなる面影――倭姫命《やまとひめのみこと》

一　倭姫命という人物

天照大神とか神功《じんぐう》皇后とかいえば、神棚のお札《ふだ》に書いてある神の名だとか胎中天皇《たいちゅうてんのう》（応神天皇）を身籠もったまま三韓征伐をした女丈夫《じょじょうふ》だとか、いまどきそれほど著名ではなくともあるていど知られている。しかし倭姫命となると、古代史ファンであっても、彼女の事績をあまり知らないのではないか。そこで、まずは人物の紹介からはじめよう。

『日本書紀』（日本古典文学大系本）によれば彼女は、垂仁天皇と大后《おおきさき》・日葉酢媛《ひばすひめ》の間の三男二女のうちの次女で、第四子にあたる。長兄・大足彦命《おおたらしひこのみこと》は、のちの景行天皇である。

話は彼女の出生前に溯るが、崇神天皇六年、人民が自分の住んでいた土地を離れて流浪したり、反逆を繰り返しはじめた。崇神天皇はどうしてそんなことになったのかと考えながら神々を丁寧に祀っていたが、思い当たることもあった。その一つは、かねて皇祖神の天照大神と在地の地域経営神である倭大国魂《やまとのおおくにたま》の二神を王宮に祀っていたことで、いわば神人同居にしていた。神々と人間との同居・同床は畏《おそ》れ多いことだと考え直し、豊鍬入姫命《とよすきいりひめ》に天照大神を託して、大和の笠縫邑《かさぬいむら》に堅固な石で作った神籬《ひもろぎ》（神の宿る聖なる区域）を設《しつら》えて移し祀った。大国魂神の方は渟名城入姫《ぬなきいりひめ》に預けられたものの、託された姫の身体が痩せ衰えて髪も抜け、その任務に堪えられなかった、という。それほどに霊威が強まっていたわけである。

『倭姫命《やまとひめのみこと》世記《せいき》』（続群書類従本。一輯上）によれば、それから五十二年経った崇神天皇五十八年に天照大神の奉祭の任務を豊鍬入姫から受け継いだのが倭姫命である。そして崇神天皇六十年に倭姫命が天照大神のお告げを夢でうけ、「高天の原に坐《まし》して吾が見し国に、吾を坐《す》え奉れ」といわれたままにその国を探しに東に向かう。

そして垂仁天皇二十五年三月（『倭姫命世記』では垂仁天皇二十六年十月）に、伊勢の度会《わたらい》の五十鈴《いすず》川上《かわのほとり》に天照大神を鎮座させる。その間三十三年（または三十四年）、倭姫命は天照大神を奉じ、その御杖代《みつえしろ》（行動の助力者）となって各地を遍歴したのである。

『日本書紀』の描くところでは、まずは菟田《うだ》の筱幡《ささはた》に行き、引き返して近江国に入り、美濃国を巡ってから伊勢国に至った。その伊勢国で、天照大神は倭姫命に、

　是の神風の伊勢国は、常世《とこよ》の波の重波《しきなみ》帰する国なり。傍国《かたくに》の可怜《うま》し国なり。是の国に居らむと欲《おも》ふ。（二七〇頁）

つまり常世からしきりに波が押し寄せる国であり、大和の脇にある美しい国だ。ここに居たいといった。その言葉に従って、神の社祠《やしろ》を建てて鎮座させ、倭姫命は斎宮を五十鈴川の近くに構えてこれに奉仕することになった。

伊勢で斎宮として仕えること八十六年（景行天皇二十年）が経って、

年既に老耈《おい》ぬとして、仕ふること能はず。吾れ足りぬ。

といい、御杖代の後継者として五百野《いおのの》皇女を迎えて、自分は宇治の機殿《はたどの》の磯宮《いそみや》に退いて日神を祀り続けた、と『倭姫命世記』は記す。

『古事記』（日本古典文学大系本）によれば、景行天皇から熊襲や東国の制圧を命じられた倭建命《やまとたけるのみこと》は、叔母にあたる倭比売命《やまとひめのみこと》の衣裳を着て女装しまたその霊威に守られることで、熊襲を討ち取った。東国平定時には倭比売命のもとにいって草那芸《くさなぎ》の剣と燧石を授けられ、駿河（または相模）の草原で狩りと欺かれて焼き討ちをうけたときには、その剣で草を薙ぎ払い燧石で向《む》かい火を点《つ》けて対抗した。つまりは倭比売命の加護によって、死地を免れえたのであった。

それから三六七年経った雄略天皇二十一年、倭姫命は夢で、

皇太神吾れ一所に耳《のみ》坐さば、御饌《みけ》も安く聞《きこ》し食《め》さず。丹波国与佐《よさ》の小見比治《おみひじ》の魚井原《まないのはら》に坐します……御饌都神止由居《とゆけ》太神を、我が坐します国と欲《おも》ふ。

という天照大神からの教えを受け、大若子《おおわくご》命を使者に立てて雄略天皇に要請した。大王はその翌年、大佐佐《おおささ》命に止由居《とゆけ》太神を迎えさせ、伊勢（外宮）に遷座させた。その翌年、倭姫命はみずから尾《お》上山《えのやま》の峰に隠れた（死没した）、とある。

以上が、倭姫命の事績として語られているものの大要である。

二　「倭姫命＝卑弥呼」説の根拠

この倭姫命を『魏志』倭人伝に出てくる女王・卑弥呼のことだとみなしたのは、東洋史研究の泰

斗・内藤虎次郎（湖南）氏である。その説は「卑彌呼考」と題して明治四十三年（一九一〇）七月の「藝文」第一年四号に載った。[1]

内藤氏が卑弥呼を倭姫命のことと見なした根拠は、其の一から六までと其余の合わせて七つある。このうち彼女に擬す積極的な理由は「其の二」にあり、あとのは根拠でも傍証でもなく、倭姫命でも『魏志』の記述と必ずしも齟齬しないという釈明である。すなわち、

［其の一］弥馬獲支《みまわき》は崇神天皇（ミマキイリヒコイニヱ）の、伊支馬《いきま》は垂仁天皇（イクメイリヒコイサチ）の名代部《なしろべ》と解釈すれば、『日本書紀』の崇神・垂仁朝の年代観と懸け離れない（これは『古事記』記載の崇神天皇の崩年干支［戊寅］を適用し、年代観を現実的にはしょって調節して二五八年ごろの実在人物とみなした場合）。

［其の二］は、次頁以下に詳述する。

［其の三］邪馬台国近傍の国々の現在地は、甚だしい牽強付会をしなくとも、伊勢を基点とする地方に当てられる。

［其の四］夫婿がいないのは、独身のままで斎宮を務めている彼女の身の上と一致する。

［其の五］男弟が佐治するとは兄・景行天皇が国政を執っていたことを表現したもので、倭姫命の「其の勢威のあまりに薫灼たるによりて、誤りて命を女王なりと思ひしならん」。

［其の六］婢一〇〇〇人というのは神宮に奉仕する童女などの例があり、男子一人（二人とも）は大若子命や建日方命がその弟を舎人として神宮に奉仕させていることに合う。

［其の余］卑弥呼はヒメコである。弥をメと読む例は、『上宮聖徳法王帝説』収載の天寿国繡帳の文

にその例がある。

という。

しかし［其の一］の時代観は一解釈に過ぎず、証拠とはできない。［其の三］はどうにでもなる話で、［其の四］［其の五］［其の六］は卑弥呼が倭姫命であれば『魏志』の記述はこう解釈できるという説明である。『日本書紀』では弟でなく兄が国政を執っているが、それは「外人の記事に是程の相違は有り得べし」とされ、結論ありきの弁明である。

そのなかで論拠となる［其の二］は、「鬼道を事として能く衆を惑わす」という記事が倭姫命の事績を思わせるからである。『日本書紀』『皇太神宮儀式帳』『倭姫命世記』の所伝を総合すれば、倭姫命は大和から近江・美濃・尾張・伊勢などを遍歴し、至るところで土豪から神戸《かんべ》・神田・神地を取り上げて神領としていった。それは宗教政策による領土拡張として記されているが、倭姫命が圧倒的な宗教的権威をもとに周縁地を席巻《せっけん》していく姿は、魏人の眼から見れば倭国の女王の姿と受け取られ、鬼道で衆を惑わしている状況だと映っておかしくない、ということである。

『日本書紀』垂仁天皇二十五年三月条では、菟田《うだ》の筱幡《ささはた》から近江国・美濃国を経由して伊勢国に至った、としかない。それが『皇太神宮儀式帳』（続群書類従本、延暦二十三年［八〇四］成立）では、大和国の宇太阿貴《うだのあきの》宮に居て、そこで倭の国造が神御田《かんみた》と神戸を進上してきた、とある。そして以降も遷宮と奉献の記事が連綿と続き、まずは佐佐波多《ささはたの》宮、ついで伊賀国の穴穂《あなほの》宮・阿閇柘植《あへのつげの》宮、近江国の坂田宮、美濃国の伊久良賀《いくらがの》宮、伊勢国の桑名野代《くわなののしろ》宮・鈴鹿小山宮・壱志藤方片樋《いちしのふじかたのかたひの》宮・飯野髙宮《いいののたかみや》・多気《たけの》佐々牟迤《ささむいの》宮・礒宮《いそみや》を経て、最終的に五十鈴川上の度会《わたらいの》宮に落ち着く。これが鎌倉中期成立の『倭姫命世記』になると、伊賀国では隠市守《なばりのいちもりの》宮・敢都《あえと》美恵《みえの》宮が増え、近江国では甲可日雲《こうがのひくもの》宮、尾張国の中嶋宮が足《た》されていく。

この天照大神遷幸の痕跡として、この道筋の神社などにはいまも元伊勢《もといせ》といわれる遷座・駐留の伝承が遺《のこ》る。たとえば佐佐波多《ささはた》宮付近にはその名を負う篠畑《ささはた》神社のほか、一時鎮座したという葛《くず》神社、神輿《みこし》を駐《とど》めたという御杖《みつえ》神社や神末《かみすえ》（神杖の訛り）の地名がある。三重県の隠市守《なばりのいちもりの》宮付近には倭姫命ゆかりの弁天岩を持つ宇流冨志禰《うるふしね》神社があり、岐阜県瑞穂市居倉《いくら》の天神神社は『新撰美濃志』（岡田啓著、万延元年［一八六〇］成立）にいう伊久良川宮の故地に建てられたといい、同県安八町の森部の宇波刀《うはと》神社も倭姫命巡幸の旧跡とする（『安八町史』、一九七五年）。愛知県清須市一場の御園神明社《みそのしんめいしゃ》は『惣社参宮記』で中島宮とされ、天照大神・倭姫命を祭神としている。伊勢神宮に連らなる元伊勢伝承は、このようにその土地に数多くまた深く刻み込まれている。

『魏志』は、進軍中の倭姫命を卑弥呼として描き出した。天照大神を奉祭する集団が三十数年をかけて大和から伊勢に向かう姿、そして地域の国造らを服従させてその土地や人々を取り上げていく姿は、宗教的権威を掲げ倭姫命を前面に押し立てて挑む大規模な征服戦を彷彿させる、と。元伊勢伝承の存在などを背景としながら、その果敢に進軍するさまを『魏志』のなかに読み取って、内藤氏は両者の類似性を直感したのであろう。

三　倭姫命説は当たっているか

とはいえこの倭姫命＝卑弥呼説は、いま有力な比定説とみなされていない。

その理由としては、たとえば崇神天皇・垂仁天皇の名代部だとか景行天皇の世のことなどとするが、水野祐氏の三王朝交替説での考証によれば垂仁天皇・景行天皇などは実在しない大王である。架空の大王の娘では、実在性も疑わしい。また垂仁朝から雄略朝まで五〇〇年以上、「既に老若《おい》ぬ」といってからですら三九〇年も、現役で活躍している。卑弥呼は明瞭に実在した女王であるが、倭姫命はどうも伝承上・説話上の人物にしか見えない。

また元伊勢伝説も、『日本書紀』に記された大和→近江→美濃→伊勢という巡行ルートを読み、その話に合わせた後発の説話伝承である蓋然性《がいぜんせい》が高い。『日本書紀』成立前から元伊勢伝承を持つ各神社に遷座の伝承があった、という証拠は示しえない。それならば地元にあった伝承が『日本書紀』に採録されていったと見るより、『日本書紀』『皇太神宮儀式帳』などを繙《ひもと》いたために、各地に「われこそは元伊勢《もといせ》」という伝承が次々作られていったと解すべきである。元伊勢伝承を数多く記すのは『倭姫命世記』であるが、この書は伊勢外宮《げくう》の禰宜《ねぎ》たちが外宮こそ本来的存在だとする説を唱えたもの。平安末期から鎌倉初期成立に成立した史書であり、そこに多くの元伊勢伝承が載せられているのは、宮廷との関係が薄れて伊勢神宮が荘園領主化していくなかで、[2]伊勢神宮の神官が地方の神官たちとの連携を深めたいとする姿勢が反映したものと思われる。古蹟・古伝承などのそれらしい由来は、あとから作られたというのが本当のところだろう。

さらに『日本書紀』の記事のなかに卑弥呼像を見つけるという手法は、邪馬台国が大和にあったとすることが大前提で、大和王権が邪馬台国の後身であることも前提となる。後身でないのなら、何世紀も過去の王朝、すでに打倒され消滅した王朝である邪馬台国の女王のことなど、自分の王朝史のなかに書き留めるはずも書き込もうという動きも自然に起こりえないからである。それにもしも大和王権の大王が邪馬台国の末裔として卑弥呼を正しく認識していたのなら、神功皇后三十九年・四十年・四十三年条に卑弥呼の記事を載せているのだから、卑弥呼は神功皇后だと見なしていたことになる。だが神功皇后と『魏志』の記事には食い違うところがあり、(3)『日本書紀』に親魏倭王だった卑弥呼としての事績などそもそも載せられていないとみなすべきだろう。

さてそうではあるのだが、「卑弥呼＝倭姫命」説にはなお魅力がある。

それは、倭姫命という人物像である。卑弥呼の候補とされてきた天照大神は天の岩戸《いわと》に隠れると高天原《たかまがはら》が真っ暗になったとあり、太陽そのものである。もとは太陽神に仕える巫女《みこ》だったかもしれないが、『古事記』『日本書紀』では担《かつ》ぐ方でなく、人々から仰がれ担がれるご神体として描かれている。また神功皇后は胎中天皇を産み出す祖先神的な母神であり、表舞台の行政執務者として遠征などを仕掛ける軍人でもある。また箸墓《はしはか》の主・倭迹迹日百襲姫命《やまとととひももそひめ》は大物主神《おおものぬし》と神婚をしているが、神に仕えたとはないし、人々に仰がれてもいない。

これに対して倭姫命は神に仕え、夢で神の言葉を仲介する憑り代《よりしろ》となっている。『魏志倭人伝』(新人物文庫)に描かれた卑弥呼は、自分は「夫婿《ふせい》なし」に神と結婚し、「王となってから見ることとある者が少な」いほどひたすら引き籠もり、「鬼道を事として」神のお告げを聞き、それを「佐《たす》けて国を治」める「男弟」によって「衆を惑わ」したという。『隋書《ずいしょ》』(新人物文庫)には古代の王の政治を「天を以て兄とし」て日が出れば「我が弟に委ねん」と説明したというが、それらの姿はまさに天照大神に奉仕する倭姫命の巫女《みこ》としての生活の仕方である。周囲のものとの縁を断ち切って宗教活動に一意専心つとめる姿は、先に挙げた天照大神・神功皇后・倭迹迹日百襲姫命に見られない。

従って『古事記』『日本書紀』に見られる倭姫命が卑弥呼そのものだとはいわないが、存在感や面影が卑弥呼の面差《おもざ》しにもっとも近いのは倭姫命である。それは、いまもなおいえると思う。

【注】

（1）『内藤湖南全集』（七巻）所収。筑摩書房、一九七〇年。『読史叢録』二四七〜二八三頁。

（2）榎村寛之氏著『斎宮』（中公新書、二〇一七年九月）一七五頁。及び二六九頁の「斎王から離れていく神宮」項。

（3）拙稿「卑弥呼は、天照大神か倭迹迹日百襲姫命か、それとも神功皇后か」（『現代語訳魏志倭人伝』所収、KADOKAWA、二〇一四年）二七二〜六頁。

（原題「『倭姫命＝卑弥呼』説」「月刊歴史読本」五十九巻七号、二〇一四年七月）

聖徳太子時代の課題

聖徳太子すなわち厩戸《うまやと》皇子が生きていたのは、敏達《びだつ》天皇三年（五七四）から推古天皇三十年（六二二）二月二十二日までの四十九年間である。そのうち政界で活動していた期間は六世紀末から七世紀初めであるが、その時期の大王家は三つの大きな課題を抱えていた。以下、順にそれらについて述べていこう。

一　中央集権体制の創出をめざして

一般論として、人の上に立つ権力者は眼前の状況を自分の意に沿わして動かしたい。そのために、それが可能となるように自分のもとに力を集中させておきたい。しかし上の者の活動を支えているのは、下の者たちである。下の者たちは、その意に沿うことが自分たちの利益になるのならば上の者の活動を支えまた喜んで命令に従うだろう。だがその命令や意向が自分たちの利益を損《そこ》なうと思えば、自分たちにとっての不利益と利益を秤にかけて損失の方が大きいと見るならば、むしろ上の者を替えてしまおうと動くだろう。上の者が権力を大きくできない、権力をなかなか集中させられないのは、こうした下の者たちの利害の算段に左右されるからである。

国力が徐々に緩やかに上昇していくなかでは、こうした権力集中を計る画期を作ることがむずかしい。

例えば雄略天皇の時代には、大きく国力・国勢が伸びたといわれる。

『宋書《そうじょ》』（新人物文庫）には順帝の昇明二年（四七八）に倭王・武が使者を派遣し、

昔自り祖禰《そでい》、躬《みずか》ら甲冑を擐《つらぬ》き、山川を跋渉し、寧処《ねいしょ》に遑《いとま》あらず。東は毛人《もうじん》の五十五国を征し、西は衆夷六十六国を服さしむ。渡りては海の北の九十五国を平らぐ。　（一三七頁）

とし、祖先以来四方に軍を遣して征服し、国土を大いに広げたとある。また父と兄の諒闇《りょうあん》のあけたいまこそ、

甲を練り兵を治め、父兄之志を申べんと欲す。義士は虎賁《こほん》し、文武は功を効《いた》し、白刃前に交わるとも亦《また》顧ざる所なり。　（一三八頁）

と、対高句麗戦をいささかも躊躇《ためら》わないと勇ましい。この倭王・武が雄略天皇のこととされ、この時代に大和王権の中央権力が地方に強く浸透したと推測されている。その成果として、埼玉《さきたま》稲荷山古墳出土鉄剣銘にあるように在地首長がみずから「杖刀人」として獲加多支鹵《わかたける》大王つまり雄略天皇の斯鬼《しきの》宮《みや》に奉仕し、江田船山《えたふなやま》古墳出土大刀銘にある「典曹人」も獲加多支鹵大王のもとに事務官として伺候《しこう》させられている。人質兼用の労働奉仕である。古代社会では日本歴史の幕開けは雄略天皇からだったという認識が記憶されて、以降も『万葉集』の冒頭歌は雄略天皇の作に仮託され、『日本霊異記』開巻の話も雄略天皇の話とされた。それほどに大王・雄略天皇の力は伸びた。だがそれも先祖以来の積み重ねと諸臣らの功績があってこそだ。大王一人に権力が集中するわけではなく、地方に対する中央

の支配力が伸びたにすぎない。大和王権内の中央豪族の力も、遠征でともに地方に伸びていったのである。

こうしたなかで、だれの身にも権力集中が必要だと感じられるのは、外国への侵出を図るか外圧に曝《さら》されたときかである。

眼前の外圧としては、新羅《しらぎ》の国土拡張があった。

三韓の一つ辰韓十二ヶ国から出た斯盧《しら》国が諸国を纏め、四世紀半ばに新羅が成立した。四世紀末から五世紀中葉までは百済・倭・加羅諸国に攻め込まれて王都を奪われることすらあったが、しだいに国力を高めて周辺部での争いだけで済ますようになった。そして六世紀初めには攻勢に転じ、倭と連携していた洛東江流域の任那加羅《にんなから》の諸国を切り崩し、圧迫しはじめた。これに対して継体天皇二十一年（五二七）継体天皇は近江毛野に六万の兵をつけて新羅を遠征させようとしたが、かえって筑紫磐井《つくしのいわい》の反抗を喚び起こし、遠征の好機を逸した。五二五年には洛東江上流が沙伐州として新羅国域に組み込まれていたが、継体天皇二十六年には下流域の金官加羅が、欽明天皇二十三年（三十一年。五六二）には中流域の高霊加羅が併合され、任那加羅は全滅した。さらに五六八年には新羅は漢江流域から咸鏡南道にまで勢力を伸ばしており、倭が望みを託していた百済は明らかに劣勢であった。このまいけば敵対してきた新羅が朝鮮半島南部を統一し、倭は百済や加羅地域で許可され積み上げてきた交易などの諸権益をすべて失う。その日その時が、目前に迫っていた。

いま一つは、より大きな中国の政治動向だ。

三世紀末から四世紀初めの中国では、全土を支配していた晋王朝が崩壊して南中国に移り、さらに

４世紀から７世紀前半の新羅の勢力拡大

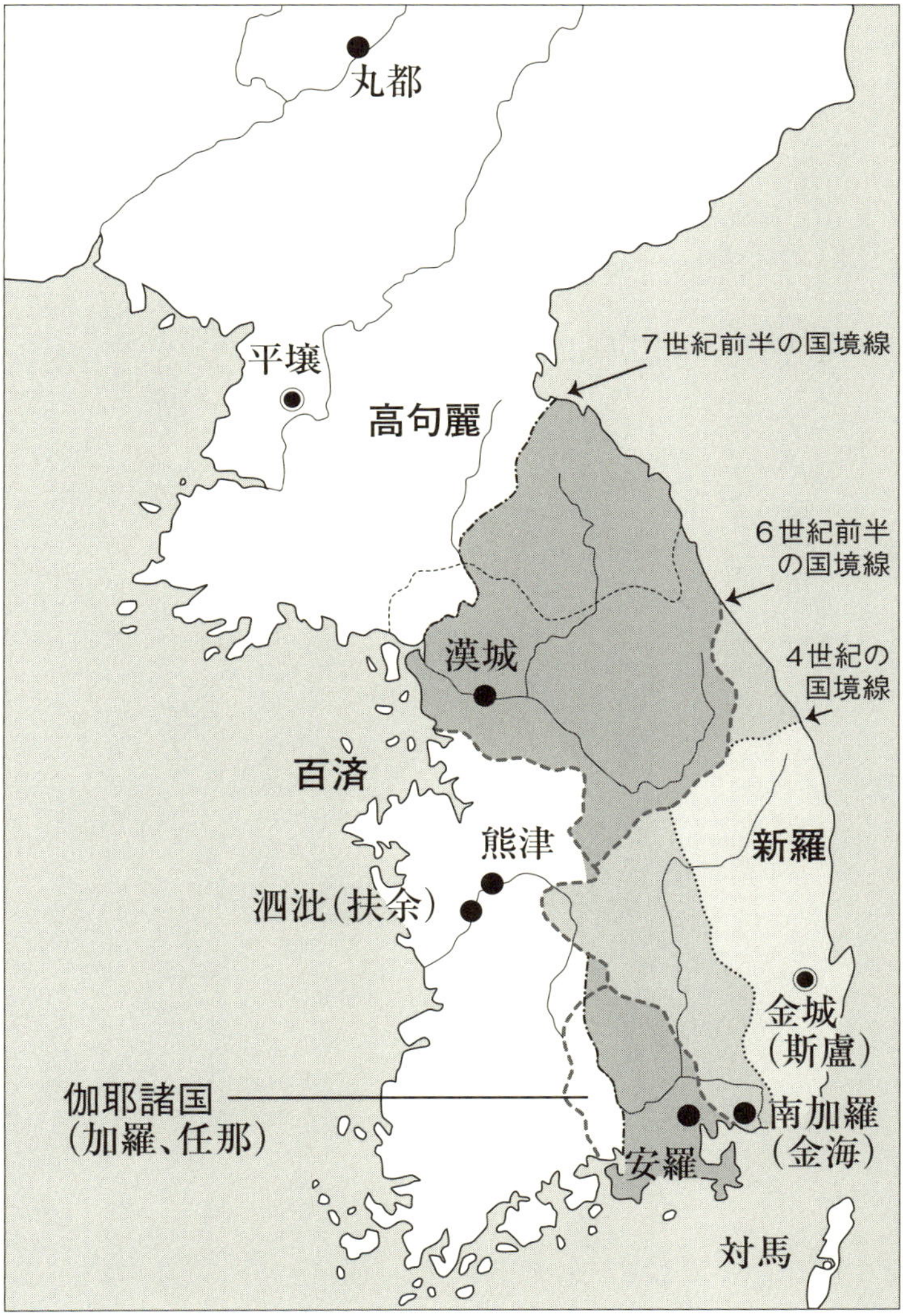

宋に替わった。北中国では、元嘉十六年（四三九）北方民族出身の北魏が統一政権を作った。南北朝時代のスタートである。北中国はそのなかで東西に分かれて東魏（→北斉）と西魏（→北周）となり、南中国では斉→梁→陳と推移した。一五〇年間つまり五世代も南北それぞれに天子がおり、その時代に生きていた人たちにはこの状態が永遠に続くとさえ思えたろう。ところが建徳六年（五七七）北周が北斉を滅ぼし、さらに北周から政権を奪った隋が、開皇九年（五八九）陳を滅ぼした。中国はまたたくうちに統一されたのである。南北にわかれていれば、南朝に擦り寄っていって、ダメならば北朝に付くと脅せばいい。北朝に付いたふりをして南朝に情報を流せば感謝もされる。分裂していることで、周辺国にはいろいろな売り込み方の余地ができ、両者を取り持っての利益もあった。それが統一されれば、とんでもない強い力で、上から押さえつけられる可能性がある。逃げ場もない。こうした要求に堪えるか撥《は》ね付けるか、どちらにせよそんな力があるのか。いや、そうした事態は、すでに始まっていた。それが隋の高句麗遠征だ。南北朝の並立がまだまだ続くと思っていた高句麗は、二股の外交を展開していた。しかし隋は弱小国家のとった無節操な外交姿勢を不快に思い、高句麗を敵視した。高句麗も謝り通せるか戦いになるかが読めず、その逡巡がまた隋を不快にさせた。こうして開皇十八年（五九八）から隋の文帝による高句麗遠征が始まり、煬帝のもとでもさらに三度にわたって遠征軍が送られた。高句麗は背後に伸びてきた新羅を抑えるために百済と連携した。倭は百済と長年の友好関係にあったので、高句麗・百済と倭の連合が成立した。しかしそれは隋（→唐）という強国をやがて敵に回すことを意味する。

諸国に存亡の危機が近づくなかで、高句麗・百済の行く末はともあれ、せめて自国の防衛を計るにはどうすればよいか。その理想的な国家体制は、各豪族の利害や思惑に左右されない、すべてが一つになった中央集権であろう。一握りの上層部または一人の権力者が決めたことの実現のためにすべてが動員される体制づくりが、可及的速やかに必要になっていた。それが、六世紀初頭の為政者の置かれていた状態だった。

日本国内でも、中央集権化への歩みは進められていた。

その領導者が蘇我稲目《いなめ》だった。もともと臣姓《おみせい》氏族だったから朝廷内の仕事分担の義務などなかったが、みずから望んで経済官僚となって屯倉《みやけ》の経営に乗り出した。たとえば欽明天皇十六年（五五五）吉備《きび》五郡を割いて白猪《しらい》屯倉を建てさせ、翌年にも吉備に児島屯倉を置かせた。そして『日本書紀』（日本古典文学大系本）欽明天皇三十年条の記事によれば、田令《たづかい》の白猪胆津《いつ》に屯倉を耕している田部《たべ》の丁籍《ていせき》つまり戸籍を定めさせた、という。すなわち耕すべき土地を指定し、そこを耕す人を戸籍に載せたわけで、大化改新政策にある班田収授の先蹤である。これによって個別人身支配を始め、随意にしかも根こそぎの動員ができるようにする。そういう施策である。この成果があったから、皇極天皇は百済大寺《くだらおおでら》造営のために近江と越《こし》の丁《よぼろ》（皇極天皇元年［六四二］九月乙卯条）の、飛鳥板蓋宮《あすかいたぶきのみや》造営のために遠江から安芸に至る諸国の丁（皇極天皇元年九月辛未条。といっても、それぞれ屯倉など大王家直轄下で登録されている丁）の徴発ができたのである。また欽明天皇十四年七月にも稲目は王辰爾《おうじんに》などの渡来人を使って、港津で交易などの荷を積んだ商船を立入り調査し、そこから港津使用料として船《ふねの》賦《みつき》を課しはじめた。船賦を課すにはその前提として船荷の値踏みができなければならないし、記録しなければ国庫の財政状況が把握できない。渡来人の登用と駆使は欠かせない。これらによって王権の国庫が豊かになれば、先進的な文物を購入できる。それによって地方豪族とは懸け離れて強力な軍事力が得られ、その格差は中央朝廷の政治的発言力をさらに大きくする。しかも蘇我稲目が導入しようとしていた仏教は、後述するが、王権上層部の結束を図る秘密兵器ともなった。

こうした王権中枢に権力を集中させようという動きは、氏族制・部民体制もしだいに変えはじめていた。それが兵馬船官・馬官・鳥官・尻官など、朝廷内の「官」司の成立である。

たとえば馬官だが、朝廷内で馬匹を担当していたのは馬飼連《うまかいのむらじ》氏で、畿内周辺諸国に馬飼氏に奉仕する人民（馬飼部）を置いて支配していた。ただし諸国の馬飼部をすべて一括管理できないので、地方には中級・下級の管理職として馬飼造氏・馬飼首氏などを登用して管理させていた。ともあれ軍事行動での兵員輸送や食糧補給などに欠かせないので、戦闘となれば王権中央から種々の指示を受けたろう。だが、この体制下では王権の都合より氏族の都合が優先する。「それだけの馬匹は、とても調達できない」「管理者が不在なので、いまは出せない」とかになりかねない。その権利を奪おうというのが官司制導入の意図である。中央に馬官が常駐し、会議に参加して決定する。その企画に合わせるように、調達して貰う。氏族の都合など聞かず、中央指導で物事をまず進める。その計画に沿わせるという体制が、官司制である。各氏族員を官司のなかの一事務員にし、やがて彼らの配下の部民を中央官司がじかに動かす。そうした国制改革が、蘇我氏を中心に進められていたのである。聖徳太子の時代といわれる推古天皇十一年（六〇三）の冠位十二階の制定・施行は、こうした変革の一階梯である。彼らを官司制内の官僚としての序列で位置づけてみる。いままでは朝廷内での独占的な任務分担・分掌であって、他氏の指図はいっさいうけない。だから氏族に大小の差はあっても、上下の差はなかった。だが、これからは十二等に分けられた冠位の上下関係で発言の重みが異なり、トップダウンで物事が決定していく。下の者は、決定事項が実現できるような仕事を無条件で担わされる。いや、「そうなれ」と予告しているのである。

もちろん多数の部民を抱えた氏族の解体など、すぐにできない。だから与えられた冠位は飾りにすぎず、ただちにはどれほどの効果もなかった。馬官のトップは、結局馬飼氏の氏の上だったから。しかし一歩目はどこでもそうしたものだ。推古天皇十二年成立という十七条憲法が当時のものとすれば(筆者は、七世紀末に法隆寺関係者が聖徳太子の著作として納入した偽作と思うが)、これも国家の向かうべき姿を描いた夢物語りにすぎない。

ただし蘇我氏たちが国制改革を進めていたことから、冠位十二階はこれから手足となって働く下僚となるべき人たちに与えられたが、官僚たちを差配する閣僚クラスつまり蘇我氏など最大級の大夫《まえつぎみ》層の中央豪族には与えられなかった。この時期には、大王のもとに権力を集中させるという合意はできていなかった。大王専制か、それとも一握りの中央大夫層による共和制か。中央集権国家の方向に舵が取られ、あきらかにその方向に傾斜していたが、まだそこまで決まってはいなかった。

二　仏法興隆の主導権奪取を目指して

推古天皇二年(五九四)二月、「皇太子及び大臣に詔して、三宝を興し隆えしむ」(『日本書紀』)という仏法興隆の詔が出され、「是の時に、諸臣連等、各君親の恩の為に、競ひて仏舎を造る」とあって、仏教の国教化が朝廷内共通の課題となっていた。

そもそもの経緯を振り返れば、仏教導入については蘇我氏の努力なしに語れない。『日本書紀』欽明天皇十三年（五五二）十月条に百済の聖明王から「釈迦仏の金銅像一軀・幡蓋若干・経論若干巻」が献上されてきた、とある。この仏教公伝は、倭国が国家として信仰し、国教としたらとの勧めである。しかし朝廷内の権力を二分する大連・物部尾輿は、中臣鎌子の意見を承けて強く反対した。欽明天皇は、やむをえず大臣・蘇我稲目に下賜し、個人的な信仰を許した。その直後に疫病が流行ったので、尾輿は仏教のせいだとして稲目の作った向原《むくはら》の伽藍に放火し、仏像を難波の堀江に棄ててしまった、という。さらに次世代でも、敏達天皇十四年（五八五）疫病の流行をきっかけとして、物部守屋は蘇我馬子が大野丘の北に造った塔・仏殿などを破壊した。このなかでも、蘇我氏はこの暴虐に堪え、仏法を守り抜いた。そして用明天皇二年（五八七）丁未《ていび》の変で守屋を葬り、その戦いのなかでの祈願通りに、日本最初の本格的な仏教寺院である飛鳥寺を一氏族の力で建立することになる。

仏教にかける蘇我氏の思いには、深謀遠慮があった。

もちろん仏教の教説はとうじの科学的知識や技術のすべての上に成り立つ信頼できるものの見方つまり社会観であり、まやかしとも呪《まじな》いとも思われていない。教説の基盤となる多方面の知識は、その国の文化水準を一気に高めた。そうした国力増進の効果があると思うから、朝鮮半島の諸国は、自国に伝わってから一五〇年以上もの間、倭国に伝えようとしなかった。それだけ重要な、いまでいえばいわば最新版百科全書・先端科学技術論集のような価値があった。

さらに重要視した理由は、それだけでなかった。

中央集権化を推進するなかでの一つの大きな懸念材料は、王権上層部の団結力の欠如である。豪族たちの責任感は祖先に対するものであり、忠誠心は大王にではなくおのおのの祖先に捧げられる。これでは纏まれない。それぞれの氏族にはそれぞれの祖先神がいて、並行関係にあって交わることがない。一部には同族系譜を作り上げ、祖先同士が兄弟であったとか、知られていなかった第二子であったとかといって、氏族伝承を統合した例もある。(1)しかしそんな例は氏族全体からすればわずかなものであり、これを続けていったとして王権上層部の豪族の祖先神がすべて一致する日なんかあるかどうか。あったとして、何百年後になるだろう。そのなかで、仏教は希望の灯火《ともしび》である。導入された仏教にみんながあたらしく帰依《きえ》すれば、心は一つになる。とくに渡来人から聞いたところでは、中国では仏教が政治体制の効果的な接着剤の役割を果たしている。中国では如来の顔を大王に似せて大王即如来とみなすように仕向け、仏教への信仰が即座に大王への忠誠にも結びついている。そこまで望むのはいささか性急というものだが、(2)大王の顔に似せるまでしなくとも、仏教なら廷臣たちのあいだに心の紐帯を作り出すことができる。

この仏教の導入が誰の指導のもとに行われるか。いま性急と記したが、大王家が指導すれば大王がその中心に立てよう。蘇我氏が中心ならば、蘇我氏がやがて造り出していくだろう僧侶を通じて、蘇我氏に権力が集中しかねないのだ。

ところが、それまで大王家は何をしていたか。

欽明天皇は主導権を放棄し、蘇我氏に引き渡しただけ。仏教公伝の場で「歓喜《よろこ》び踊躍《ほどはし》りたまひて、使者に詔して云はく、『朕、未だ曽て是《かく》の如く微妙《くわ》しき法を聞くこと得ず』」(『日本書紀』欽明天皇十三年十月条)とかいったというが、本心は仏教を信じようと思ってなどいない。後継の敏達天皇は

『日本書紀』に「天皇、仏法を信《う》けたまはず」と明記されていて、むしろ蘇我馬子の精舎《しょうじゃ》を先頭に立って破壊させていた。丁未の変にさいし、聖徳太子は四天王の加護を祈って迹見赤檮《とみのいちい》の裏切りという奇跡を起こしたといい、だから推古天皇元年是歳条に「四天王寺を難波の荒陵《あらはか》に造る」とある。だが、推古天皇三十一年に四天王寺が見られる以前のことは不明で、ほんとうの創建はそう早くないようだ。この記事は飛鳥寺・蘇我氏への対抗上追記したもので、根拠のない空想的捏造記事であろう。つまり大王家は長く反仏教路線で、蘇我氏に対してあきらかに周回遅れだったのである。

その遅れを取り戻そうとして藻搔《もが》いた痕《あと》が、仏法興隆の詔であり、四天王寺創建を祈念したという作り話だった。

過去は何でも、仏教の国教化を大王家の主導権のもとで果たしたい。推古女帝は、その願いを大王家のなかでは長老で、推古天皇十三年（六〇五）当時に三十二歳となっていた聖徳太子に託した。それが斑鳩での法隆寺建立である。斑鳩宮を置き、法隆寺を建てて、ここを仏都（法都）とする。そのために翌年には播磨国の水田一〇〇町を施入させ、推古天皇十五年には薬師如来座像などの仏像群が納められはじめた、という。法隆寺の名は仏法興隆の法と隆であり、蘇我氏の飛鳥寺（法興寺）が法と興であるというなかに、大王家の対抗心が透けて見える。

『法隆寺伽藍縁起幷流記《るき》資財帳』（寧楽遺文本）によれば、推古天皇十五年には法隆寺のほか、四天王寺・中宮尼寺・橘尼寺・蜂丘寺・池後《いけじり》尼寺・葛城尼寺も完成したといわれている。もちろん当時の寺院建設は起工から竣工までは三十年以上かかるもので、どの時点を完成というべきか難しい。それでも仏教寺院を建てて、導入のまた仏教行事開催の主導権を大王家が奪おうとしていたことは窺える。

いや、蘇我氏から主導権を奪えなくとも、せめて一方の旗手とならなくてはならない。法隆寺創建には、そういう鬩《せめ》ぎ合いの思惑が込められていたのである。

しかし斑鳩宮はそうした宮であったのにか、またはそうした宮であったからこそか、そこを守っていた山背大兄王《やましろのおおえ》は、皇極天皇二年（六四三）十一月、蘇我入鹿が派遣したという巨勢徳太《こせのとこだ》軍の攻撃を受けて滅亡した。斑鳩宮は焼亡した。寺院も事実上は砦であって軍事施設といえたが、山背大兄皇子はそこに立て籠もらなかったので、法隆寺は焼かれなかった。やはり個人の住まいする宮とはちがって、法隆寺は大王家の威信がかかっていたからであろうか。

蘇我氏本宗の滅亡後も、飛鳥寺はなお特殊な存在でありつづけた。

天武天皇九年（六八〇）四月に寺院の格付けと財政基盤を整理していた。そのなかでも官費で本来修理すべき寺院でないが、

凡そ諸寺は、今より以後、国の大寺たるもの二三を除《お》きて、以外は官司《つかさ》治むること莫《なか》れ。……以為《おも》ふに、飛鳥寺は司の治に関《あずか》るべからじ。然も元より大寺として、官司恒に治めき。復嘗て有功《たすか》れたり。是を以て、猶し官治むる例《かぎり》に入れよ。（『日本書紀』天武天皇九年四月是月条）

とあり、一氏族の氏寺にすぎない寺としながらも、政府として維持すべき寺とせざるをえなかった。

三　大王家の威信回復を目指して

大王家として、この時期にもっとも深刻であり、差し迫っていた課題が、大王家の威信回復だった。ありていにいえば、大王家は滅亡寸前だったのである。

いうまでもないが、理由は崇峻《すしゅん》天皇五年（五九二）十一月に起きた蘇我馬子による崇峻天皇の弑《しい》逆《ぎゃく》である。臣下である馬子が、主と仰ぐべき大王を殺害するという大逆《たいぎゃく》を行なった。深刻だというのは、その殺害を指示した馬子が逮捕も処罰もされずに生きていて、最高権力者然として朝廷内を睥睨《へいげい》していることである。嘉吉《かきつ》元年（一四四一）六月二十四日に六代将軍・足利義教は、播磨守護赤松満祐と子・教康《のりやす》に討られ、西洞院二条の赤松邸で討たれた（嘉吉の乱）。それなのに追っ手をかけることもできずに、ゆうゆうと播磨本国に帰還させてしまった。これによって、どれほど室町幕府・将軍家の権威が失墜したことだろうか。討伐軍の編成にも手間取る始末で、かつ討伐には十月十日までかかってもいるが、それでもこの場合は犯人を誅殺《ちゅうさつ》できている。その点、この暴挙について朝廷が馬子を咎《とが》めないのならば、馬子は大王より偉いと認めることになる。むしろ「何《いずれ》の時にか此の猪の頸を断《き》るが如く、朕が嫌《ねた》しとおもふ所の人を断らむ」（『日本書紀』崇峻天皇五年十月丙子条）として猪首《いくび》で知られる馬子を誅罰しようとした大王の方が悪いことになる。上位にいる馬子が下位の大王を「誅」殺したのだから彼の行為は正しかったと、馬子が大王の上に存在していると、日々の現実が追認してみせているわけである。ここで馬子が「禅譲を」と申し出れば、蘇我氏の大王が即位する可能性もあったろう。ただそれへの反発も計り知れないので、馬子もただちに大王位の乗っ取りに動きはしなかった。馬子のためらっているそのわずかな間に、推古天皇を長とする大王家は何らかの生き残り策を講じなければならなかった。

その窮余の一策が、推古天皇八年（六〇〇）・十五年・十六年と続く遣隋使の派遣である。中国に朝貢してその冊封《さくほう》体制下に入り、中国の臣下にして貰うのである。

中国は自国こそが世界の中心であり、天帝から統治を委ねられた徳の勝《すぐ》れた天子がこれを治めている。戦いによってではなくその天子の徳を慕って、多くの周辺国が靡《なび》くように自国に朝貢し、臣下になりたいと申し出てくると思っている。そう信じていた。その地やそこの人民をことごとく自国内に取り込めればよいが、統治する能力には限界もある。そこで直接統治できない所もあると認め、そこにはその首長を中国の臣下としての国王[3]に任命して国の自治を許した。

ただし国王には定期的（原則としては毎年）な朝貢と軍事協力また中国の元号・暦や通貨・文字などの使用を義務づけ、中国がその国の内政・外交に干渉する権利（宗主権）も認めさせた。その見返りにひとたび認めた国王の地位は保証し、叛乱や他国からの侵略を抑えきれないような場合には中国の軍隊によって国王を物理的に支援することもした。また留学生を受け容れ、中国の勝れた文物と交換する貿易も許した。

十六世紀末の文禄・慶長の役（壬辰・丁酉の倭乱）といわれる豊臣秀吉による朝鮮攻略にさいして、中国の明王朝は軍を送って李氏朝鮮を支援した。明治二十七年（一八九四）東学党の乱（甲午農民戦争）を抑えられないでいた李氏朝鮮に対して、清軍は宗主権を行使して朝鮮王室を守るべく出兵している。そういえば『魏志』（新人物文庫）によると、狗奴《くな》国に対峙していた邪馬台国にも魏の詔書と黄幢[4]が齎《もたら》されている。二十世紀初頭まで、冊封体制は東アジアに生きていた政治理念であり政治的現実だった。

そうした実利のほかに、中国は臣下とした国王の後継者には、その国王の血族を指定した。中国史書に、国王の王家の血脈が「子」とか「弟」とかつぶさに記されている理由である。『魏志』でも、卑弥呼のあとの親魏倭王は宗女《そうじょ》(一族の娘)である壱与ということで継承を認められている。すなわち一度そこの国王に冊封されたなら、その血脈に連ならない者は、いかに国内で権威を持っていようとも、臣下として退位・禅譲を迫れない。どうせ中国が国王として認めないからだ。この部分が遣隋使のいちばんの目的だったろう。推古女帝は、馬子に禅譲を迫られないように、大王家に取って代わられないために、隋の冊封下に入って国王の座を確保した。このために倭の五王以来約百年途絶えていた中国国交を復活させたのだ。

ただ、そのためにしては「日出づる処《ところ》の天子」から「日没する処の天子」へという対等外交姿勢は、却下される危険性もあってやりすぎでなかったか。筆者もそう思う。だから国際感覚が麻痺していたためとも、中国の政治思想を受容したなかで小帝国主義の自負心がいわせたともされてきた。

だが、そうだろうか。中国の天子と対等に交わる外交を展開できたら、諸外国はもとより、国内諸豪族の大王への敬意は計り知れないくらい大きくなる。失敗して却下されたら、その場で低姿勢な国書に書き直すか、いま一度遣使しなおせばいい。いま隋は高句麗《こうくり》遠征中で、倭国と争いたくないはずであり、倭国王の「天子」という虚勢が通じるかもしれない。そう見定めていたのかもしれない。ともあれ、その経緯はいずれにせよ倭国の国書は受納され、裴世清《はいせいせい》が来日している。推古女帝らの乾坤一擲・起死回生の遣隋使派遣策により、最低限でも倭国王の地位は保証されたのである。(5)

そうではあるが、だからといって蘇我氏による大王や有力皇子の暗殺がいつ起きないともいえない。のちに中大兄皇子が即位をしないで次々大王を立てたのも、大王になった者が暗殺されれば大王家の地位が大きく低下するから、その危険性を回避したかったためだと思う。(6)大王家は、大王暗殺の恐怖に七十年も怯《おび》えさせられたのである。

【注】

（1）「物部氏の基礎知識」（『歴史研究』六六四号、二〇一八年九月）。
（2）拙稿「蘇我氏の仏教導入策の狙い」（『万葉集とその時代』所収、笠間書院、二〇〇九年）
（3）正しくは王であり、国王というポストはない（富谷至氏著『四字熟語の中国史』岩波新書、二〇一二年）一六六～一七〇頁。
（4）廣瀬憲雄氏著『古代日本外交史』（講談社、二〇一四年）に、冊封体制論が適用される時代と範囲についての問題の指摘がある。
（5）拙稿「唐への国書はどこで作られたか—対等外交の謎」（『古代の豪族と社会』所収、笠間書院、二〇〇五年）
（6）拙稿「天智天皇の称制について」（『白鳳天平時代の研究』所収、笠間書院、二〇〇四年）

（原題「聖徳太子の時代の基礎知識」『歴史研究』六二二号、二〇一四年六月）

大化改新前後の国造とその周辺

一　改新政策と国造の去就

『日本書紀』の記事を読んでいると、大化改新政府の掲げる天皇を中心とした律令制的中央集権国家樹立に向けた政策はかなり急進的な国制改革であったにも拘わらず、何ら大きな反対を受けることもなく、粛々と淡々と実行に移されていったように見える。既得の諸権利を国家に次々と奪われているのに、中央大豪族も地方豪族もこれといった反抗をしない。そう見える。

中央豪族ならば、政権中枢部にいるから何かしらの情報もあって、政府施策の趨勢もまた容易ならざる国際情勢の変化ものみ込めたかもしれない。しかし隋唐や朝鮮半島情勢の情報にただでさえ遠く疎《うと》い地方豪族が、それまで持っていたであろう半独立的な在地支配権をいとも簡単に手放して、中央集権国家の末端の一地方官になることを唯々諾々とまたは従容《しょうよう》として受け容れるものか。その勢力範囲を切り縮められ、天皇の御言をもたらすという国司の前にひれ伏すだけの存在になる日まで、揃いも揃って黙って見過ごしていたのか。中央政府から申し渡された制度改革を、ただそのまま受け容れるほどになぜ従順だったのか。

かねて懐いてきた疑問であり、筆者はこの疑問を課題として「東国国司は何を目にしていたのか」[1]を執筆した。

その要旨は、以下のようである。

従来のイメージでは、全国で一二〇ほどの国造（国造という職名は当時のものでないとしても、それに該当するような権力者。国造の前身ともいえる）がおり、彼らがくまなく国内を分割しおおせていて、半独立的に支配していた。そう考えると、国造は大化改新政策によってその支配圏域をずたずたに引き裂かれ、支配領域を大幅に縮小させられた。さらにその麾下にあった有力者が中央政府のもとで郡司に取り立てられ、自分と肩を並べるようになっていく過程があるのに、それをひたすら拱手傍観していたことになる。だが、実相はそうでなかったのだろう。

国造の支配地はもともとその国内の一部にすぎず、ほかに多くの中小の地方豪族が盤踞していた。彼ら中小豪族は大和政権とじかに接触せずに独立的な支配を継続していたのだが、じつは中央政府との関係を結ぼうと模索していた。しかし国造勢力に大和王権との関係樹立を妨害され、遮られ阻まれてきた。

これは朝鮮半島でいえば、百済と新羅の関係と同じである。百済は新羅が南朝に朝貢する途をふさぎ、外交関係の樹立を防ごうとしてきた。高句麗も、百済と北朝との通交は遮っていたし、『宋書《そうじょ》』（新人物文庫）によれば倭が南朝に通じることさえ高句麗に妨害されてきたという。新羅が南朝と結んだら、百済は南朝の指示によって南朝と新羅の連合軍に挟撃される恐れもある。新羅が南朝に通じるときは、自分の管理下に置いて、自分の統制のもとで自分の制御しうる範囲内で行われることが望ましい。そういう力関係にあったとすれば、国造の支配力も描き方が変わってこよう。

各地の国造はその地方に点在する諸勢力に対し、圧倒的な力の差をつけて上意下達の関係で君臨していたわけでない。まだ統一の途上にあって、多様な力関係で権力抗争・勢力争いを続けていた。

大化元年（六四五）八月に東国国司が足を踏み入れたのはそうした状況のなかであって、中小の地方豪族は東国国司の入部《にゅうぶ》によりはじめてじかに大和王権と接触し、この支配下に組み込まれていった。大和王権側からすれば、かつてはその地域を代表的していてかつ親和的な勢力である国造だけを摑んで、彼らを軸にその地域の安定を図るものの、それ以上進んで地方勢力の争いに踏み込んだりしないできた。そういう段階にあった、と解釈した。

つまり大和王権は国造を服属させてきたが、彼ら国造はその国内勢力配置図のなかでいわば浮島のような存在であって、国内全体をくまなく支配してなどいなかった。だから大化改新政府が国造の支配地域外に多数存在している中小豪族と次々手を結びはじめて配下に組み込んでいっても、その施策を阻むような抵抗ができなかった。まして国造の臣下でもない独立勢力のために反乱を起こすはずもない。そういう政治状況と描いてみた。

ところが近時、中央・地方出身の下級役人関係の実態研究に明るい中村順昭氏は、その著作『地方官人たちの古代史』(2)において、大化前代の地方社会の状態について説得的で具体性の高いイメージを提示された。

評制の施行について、国造の国を評に分割して、国造の支配下にあった中小豪族を新たに組織したと説明されることがあるが、評の官人となったのは、国造のほかに伴造・県稲置としてすでに朝廷や中央豪族と関係を結んでいた地方豪族であって、それ以外に新たに地方豪族を組織したわけではない。……国造・伴造・県稲置という複雑なあり方を一元化したことに大きな意義があったと考えるべきである。

（「評から郡へ」二二七〜八頁）

と、きわめて簡潔に説明された。

つまり国造になるような地方の大豪族は、大和王権との軍事的・政治的な接触を通じ、大和王権の麾下に組み込まれてやがて国造になるような存在へと導かれていく。大和王権と接触・交渉するといっても、じっさいは屈服させられるわけである。臣従の証として、大和王権の朝廷財産となるものを献上した。おのが支配領域のなかでも、とりわけて肥沃な部分を割き出す。それが大和王権にとって屯倉（三宅）とされた地であり、それは田部が耕作している。その屯倉・田部を現地で管理・運営するために、中央から管理者を派遣するのではなく、国造の一族から分出させた枝族を三宅直氏・田部直氏などとして管理者に取り立てた。また国造の子弟を王宮に来させ、杖刀人・典曹人とか金刺舎人・他田舎人などとして、親しく奉仕させた。彼らは人質ともなったが、大王への奉仕活動を通じて大王家との個人的主従関係の意識を培う格好の場ともされた。

しかし、現地への干渉・工作はそれだけでない。

国造を軍事制圧することもふくめ、中央政府から派遣されて交渉に当たってきた軍事氏族がいたはずである。彼らも国造の支配地の一部を割き取り、みずからの支配下に編入させていた。

葛城・蘇我・春日・平群・阿倍ら臣姓豪族は、国造の支配下から割き取った人々を葛城部・蘇我部（曽我部）・春日部・平群部・丈部《はせつかいべ》などとした。物部・大伴・佐伯・久米ら連姓の軍事氏族も、また物部・大伴部・佐伯部・久米部などと名付けてみずからの配下に組み込んでいった。彼らが諸国で略取したあとには××部という人名・地名が残るので、そのあとはいまでも辿《たど》れる。国造支配地外の余白は、こうした大和王権の構成員によって支配されていた人々がすでに埋めていた。あえて蛇足的な補足をしながらいえば、中村氏は、大化前代の地方社会のありようをこのようなものとして提示されたのである。

二　郡司登用氏族の例証

社会状況が中村氏のいわれる通りなら、地方勢力には大化改新政策に抗《あらが》う力などない。国造から削り取られて、現地管理人となりさがり、中央豪族の支配下に入る。彼らに管理された旧国造支配下の民＝部民は政府側となって国造の周囲を固める。国造はすでに大和王権に力負けし、一族を割《さ》いて人民を譲った。分離された枝族は大和王権側に立つようになり、本家である国造家と肩を並べる存在として同格の郡司に取り立てられる。国造側はかつての敗北の結果であり、取り立てられる枝族側にもともと異存なく、円滑に立評作業は進む。地方社会においては、すでにその前の時代に勝負がついていた、というわけである。

大化改新後に地方から不平不満が噴出せず、中央政界の施策が円滑に受け容れられていくのは、むべなるかである。明快で納得できる説明であるが、本当にそういえるのかあらためて検証してみて、もしそうだとなればどういう疑問が生じるのかを考えてみたい。

というのも『律書残篇』（改定史籍集覧本）には、奈良後期の状況と見られる郡数が五五五と記されている。国造による立郡を一二〇とすると、あと四三〇郡くらいが大和王権側に立って部民を差配してきた人たちなどによって立郡されたことになる。

全国の郡領（郡司四等官のうちの上位二官。大領と少領のこと）氏族を同時代的に一覧できる史料はないが、ある国のある一時点の郡司の名がわかる史料はある。

天平五年（七三三）二月三十日の年紀を持つ『出雲国風土記』（日本古典文学大系本）によれば、出雲国には意宇・嶋根・秋鹿・楯縫・出雲・神門・飯石・仁多・大原の九郡がある。

国造は出雲国造のみで、八郡は中央豪族配下の地方豪族が立てたはずである。このうち意宇郡は出雲国造家の本拠地で、郡領は出雲臣。嶋根郡は社部臣、秋鹿郡は刑部臣・蝮部臣、楯縫郡は出雲臣・高善史、出雲郡は日置臣・太臣、神門郡は神門臣・刑部臣、飯石郡は大私部臣造・出雲臣、仁多郡は蝮部臣・出雲臣、大原郡は勝部臣・額田部臣である。臣姓の出雲国造から分出された枝族が中央豪族配下に組み込まれた部民を管理する現地の地方伴造となり、大化改新後に郡領に採られた、と読み取れる。国造家の一員が分割されて中央豪族系の氏族名を冠され、それらが時を経て郡司に採用される。そういう情景だ。

彼らが中央豪族の直隷下の氏族として大和王権に奉仕したことから、大和王権寄りの勢力と見られたであろうことは、『日本書紀』（日本古典文学大系本）雄略天皇七年八月条の記事からも窺える。

すなわち、官者《とねり》の吉備弓削部虚空が吉備にある実家に帰ったさい、

吉備下道臣前津屋（或本に云はく、国造吉備臣山と）、虚空《おおぞら》を留め使ふ。月を経るまで京都《みやこ》に聴《ゆる》し上らせ肯《か》へにす。

とある。吉備弓削部というから、吉備氏の一族または住人で、中央の弓削連氏に奉仕する部民を率い

た者であろう。前津屋は虚空が雄略天皇の王宮にいそいそと奉仕していることを不愉快に思い、京都に戻るのを阻んでこき使ったという。大和王権側に付いて奉仕することは、郷土を裏切り、中央政権側の走狗となったものと見なされる。逆の立場から見れば、中央政権に忠実になった氏族が、国造家の周りを固めていた。この記事は、そうした地元での鬩ぎ合いの雰囲気を伝えている。

また天平期の正税帳（『大日本古文書』第一巻・第二巻）に記された郡領名を調べていくと、たしかに中央豪族の配下の部民の名を冠する氏族が多く見られる。

天平六年「尾張国正税帳」では少領に和尓部臣若麻呂。天平九年「駿河国正税帳」では少領に壬生直信陁理。天平十年「駿河国正税帳」では志太郡少領に桧前舎人、益頭《やいづ》郡少領に有度《うと》君。天平二年「隠伎国郡稲帳」では海部郡少領に海直、周吉郡大領に大私部直真継、役道郡大領に大伴部大君、少領に礒部直萬得。天平八年「伊予国正税出挙帳」では（桑村郡）大領に凡直廣田、越智郡大領に越智直廣国、（宇和郡）大領に凡直宅麻呂、少領に𧶛首石前。天平九年「豊後国正税帳」では日田郡大領に日下部連吉嶋、少領も日下部連大国、球珠郡領に国前臣龍麻呂。天平八年「薩摩国正税帳」では出水郡大領に肥君、少領に五百木部、薩摩郡大領に薩麻君福志麻呂、少領に前君乎佐、阿多郡少領に薩麻君鷹、がそれぞれなっている。

右の史料では少領の例ばかりが多く、いちばん勢力の大きかったはずの大領氏族名の多くが不明である。だから以下の特色は少領のものかもしれないが、壬生直・桧前舎人・海直・大私部直・大伴部・礒部直・五百木部などはもともと直姓の国造家一族であった。それが中央豪族の直隷下に割き取られ、部民の中間管理氏族としての名を付けられたのであろう。もちろん有度君・凡直・越智直・𧶛首・国前臣・肥君・前君・薩麻君など在地有力者からの採用も見られ、このうちの小市《をち》・国前・火・薩摩は『先代旧事本紀』国造本紀に載る国造氏族である。

通覧したところでは、中村氏が説くように、中央豪族の設定した部民管理者などが国造の周りに多数配置され、その部民管理に当たっている地方伴造的な豪族が郡司に採用されている。地方の大半の地域・人民はすでに中央政権の支配下に組み込まれ終わっていたわけで、国造クラスの豪族にはもはや抵抗する余地がなかった。そういう在地勢力のあり方の構図が描けそうである。

三　登用された郡司氏族の実態

前節の実態を見る限り、郡司氏族にはたしかに大和にいる中央豪族の配下に入った伴造的地方豪族が多いようにみえる。

しかし越前・加賀（旧・越前国）の例を見てみると、それが全国的な状況とはかならずしもいえない。天平二年（七三〇）「越前国大税帳」によると、敦賀郡少領は角鹿直縄手である。以下、丹生郡少領は佐味君浪麻呂、大野郡大領は生江《いくえ》臣金弓、少領は阿須波《あすわ》臣真虫。坂井郡大領は三国真人、少領は海直大食。江沼郡の郡領氏族は不明ながらおそらく江沼《えぬ》臣武良士。加賀郡大領は道君、となっている。『先代旧事本紀』の越前・加賀の国造家は賀我・三国・角鹿であるから、中央豪族の一族の分派・移住かと見られる佐味君を除けば、中央豪族直隷下の地方伴造になっていない生江臣・阿須波臣・江沼臣・道君らの氏族があらたに郡領として登用されている。

とくにこのうちの道君については、『日本書紀』欽明天皇三十一年（五七〇）五月条に「天皇」と称して高句麗の調を詐取したという反大和王権的な記事がある。

越の人である江渟臣裙代《えぬのおみもしろ》は、高句麗の使者が越の国に来着したと中央政権に報告した。そこで膳臣傾子《かしわでのおみかたぶこ》が現地に行ってみると、高句麗の使者は道君に対して「あなたは天皇（大王）ではないと、私が疑っていた通りだった。あなたは膳臣を拝したのだから、明らかに一般人民だ。これ以前に偽って取り上げた調を返還せよ」といった。江渟裙代は道君を「高麗の使人、風浪に辛苦みて……忽に岸に到り着く。郡司隠匿せり」（欽明天皇三十一年四月乙酉条）とあって郡司とするが、高句麗の使者は道君を「百姓といふことを知るに足れり」（同年五月条）とする。『先代旧事本紀』国造本紀にも氏族名が見えないことからすればこのときは有力者でも一介の人民にすぎず、「郡司」はのちの知識による書き込みである。つまり道君は、「国造として把握されないが、地方では有力な豪族」という存在だった。こうした地方豪族が中村氏のいわれる政府の地方組織に組み込まれた県稲置に当たるのかもしれないが、彼らが県稲置であったという証拠はない。

こうした郡司採用がなされている国が存在しているとなると、前掲の正税帳内の郡領の例の多くは少領であり、現地の最大勢力と思われる大領でなかった。大領には、越前・加賀のように半独立的な地方豪族が就任していた可能性はある。

また、吉備の例も考えるべきことが多い。吉備前津屋は、吉備弓削部虚空の大和王権への奉仕を妨害しようとしたという。たしかに、記事にはそうある。しかしこの記事は、中央豪族の忠実な配下となった者が郡領に登用されていったという出来事の証明になるのだろうか。吉備田狭の反抗や星川皇子の大王擁立の反乱など、吉備氏の大規模な反乱伝承の前触れとされている話である。吉備氏がことさらに反抗的であったから、中央政権に征伐された。そうした因果関係を描くために『日本書紀』編纂者が設定した因縁話であろう。これを信じて、これを根拠として大和王権の忠良なる臣下になったとまで語ってよいものか。ためらいを感じる。

『出雲国風土記』に見られた蝮部臣や額田部臣は臣姓であるから、もともと在地有力者の出雲臣氏出身である。中央政府は、国造一族をあきらかに分割できている。分出されて地方伴造となった氏族は、中央豪族の強い支配を受ける。それもたしかだろう。だが強い支配を受けているのは、国造家の本体だとて同じだろう。分出されて中央豪族支配の地方伴造のような存在となったといっても、それはそういう立場にされているから、そういう役割を果たしているのだ。その役割を果たしているからといって、心から臣従しているに違いないとまではいえまい。いざとなれば国造本家と手を携え、中央政権に反抗する氏族の本質を持っているともいえよう。

いやこうしたことを書いてきて、筆者をふくめた多くの人はなにがしかの前提を持って話をしている。しかしそのおおもとで勘違いししていないか。

その危惧とは、「郡司にはその郡内で有力な氏族の者が選ばれているに違いない」という先見的な思い込みである。その土地の政治・経済を代表する有力者が、支配者の手先として採用される。そういうことがあってもよいが、そうだと決まっているわけではない。現代社会でも政府主催の委員会で、政府側に選ばれて任命された委員は、はたして国民の意見を代表するにふさわしい人物なのか。政府の立場・近い意見を持っていると思われている人たちでないのか。大和王権にとって、反感を懐く在地有力者を、それでも在地での有力者順に郡司へと登用していくのがよいと思うか。あるいは有力者でなくとも、王権側に付いてくれそうな在地豪族を支配組織の末端に登用しておくのがよいか。おそらくは後者になるだろうが、もともと在地有力者がやすやすと、あるいは争って中央政府の手先となる郡司に就任してくれるものかが疑問だろう。郡司が羨望の的となってそれへの就任を争うのは、奈良時代になって見られる風景でないのか。

あれやこれやといっているのは、この郡司に登用されている氏族が、はたして在地の最大の有力者だったのかはなはだ疑問に思うからである。

もともと中央豪族が大規模に部民を設置した場合、そこに地名が残る。これを手がかりに中央豪族の力の浸透ぶりを窺ってみる。

池辺彌氏著『和名類聚抄郡郷里驛名考證』によれば、葛城氏の本拠地は葛城郡（葛城上郡・葛城下郡／葛上郡・葛下郡）であるが、ほかに郡はない。葛城郷が備前国赤坂郡と肥前国三根郡に見えるのみである。以下、蘇我氏は大和国高市郡に蘇我里があるが、あとは筑前国早良郡に曽我郷、信濃国筑摩郡に蘇我郷があるのみ。春日氏は大和国添上郡春日郷を本拠とし、尾張国に春日部郡があって、美濃国池田郡・丹波国氷上郡・備後国沼隈郡と恵蘇郡にも春部郷がある。平群氏は大和国平群郡を本拠とし、安房国に平群郡がある。しかしあとは日向国児湯郡・筑前国早良郡に平群郷が見られるだけである。阿倍氏は東北地方の蝦夷との戦いに常時携わったと思われるが(3)、伊賀国に阿部郡（阿閉郡）が見られるのみである。その部民は丈部であるが、丈部郡はなく、丈部郷が安房国長狭郡・美濃国不破郡・下野国河内郡／芳賀郡・越中国新川郡に見られる。

次に軍事氏族とみられる連姓豪族を見る。物部氏は大連ともなって物部を率いる大和王権内有数の

軍事氏族だが、地方に物部郡は一つもない。尾張国愛智郡・駿河国益頭郡・下総国千葉郡・近江国栗太郡・美濃国多芸郡／安八郡／本巣郡・下野国芳賀郡・越後国頸城郡・丹波国何鹿郡・丹後国與謝郡・備前国磐梨郡・淡路国津名郡・土佐国香美郡・筑後国生葉郡・肥前国三根郡・日向国那珂郡・壱岐国石田郡に物部郷、尾張国愛智郡・備中国賀夜郡に物部里がある。

以下、大伴氏も大伴郡はなく、相模国足上郡・安房国長狭郡に大伴郷が見られるのみ。佐伯氏は安芸国に佐伯郡があり、美濃国多芸郡・越後国磐船郡・丹波国桑田郡・備前国磐梨郡／赤坂郡に佐伯郷がある。久米氏では久米郡（久米郷も）が伯耆国・美作国・伊予国にあり、久米郷が大和国高市郡・伊勢国員弁郡・遠江国磐田郡・常陸国久慈郡・周防国都濃郡・筑前国志麻郡・肥後国球磨郡にある。

通観すると、中央豪族が国造支配下の人民を部民として割き取り、それを管理する人たちを残したとしても、その大きさは郷（里）の範囲だったようだ。郷に中心を置いてかつ郡までが中央豪族名となっているのは、尾張国春日部郡・伯耆国久米郡・美作国久米郡・伊予国久米郡のみである。それ以外は郷名に豪族名があっても、郡名には用いない。郷の範囲で部民を設定しても、そこの地方伴造の力は、郡全体にまで及びえない。そういう意味であろう。

ここからすると、中央豪族の直隷下に組み込まれた地方豪族・部民の数はさして多くなく、その勢力もさほど大きくなかったのではなかろうか。中央豪族の直隷下に入った者ももちろんいるだろうが、それがその郡内の支配的豪族になったという証拠はとくにない。

さきほどの諸国「正税帳」の例でも、郡司少領には中央豪族の麾下に組み込まれた豪族が見られるが、その氏族は現地で有力だったとほんとうに推測しうる理由があるのか。郡司になっているから有力だった、と逆転させているのではないか。

壬生直氏・桧前舎人氏が少領だが、駿河国に壬生郷はなく、志太郡に桧前舎人に関する郷名は見られない。隠伎国には海部郡・海部郷があるが、周吉郡に大私部、役道郡に大伴部、礒部に関する郷名はない。豊後国日田郡（日高郡）にも日下部郷などない。

出雲国内の郡司は、見事に地方伴造的な氏族が占めていた。だが『和名類聚抄』では意宇郡に忌部連氏との関係を窺わせる忌部郷があるが、郡司は出雲臣である。出雲郡に建部関係の建部郷はあるが、郡司は日置臣である。神門郡にこそ日置連氏関係の日置郷があるが、郡司は神門臣・刑部臣である。仁多郡に阿倍臣氏関係の布勢郷が見られるが、郡司は蝮部臣・出雲臣である。

すなわち、中央豪族の配下となり郡司に登用された氏族が、その郡内に大きな勢力基盤を築いているように見えない。その土地に物部郡・物部郷や丈部郷などの名を残さないような、さしたる勢力基盤のない豪族であった可能性がある。つまり中央豪族の支配下にあって忠良な部下となった地方豪族が、政府から見て忠良であるという理由で、当該の郡司に登用されて国造家を囲むように統治する地位についた、ということになろう。もしそうならば、地元にさしたる勢力基盤を築いていない氏族が、在地豪族である自分たちを支配する郡司として君臨するわけである。そうなると、今度は自分たちに上から命令してくる郡司が設定された時点で、なぜその設定に、あるいは彼らが中央政府の命令として伝えてきた時点で抗わなかったのか。それが問題となってくるであろう。

二節目の冒頭にも記したが、「一国造の周辺には中央豪族の配下で伴造化している地方豪族が国造家の三倍もいて、国造を囲繞・牽制していた。大化改新前夜の地方は、前代までの努力でほぼ中央豪族の支配下に組み込まれており、すでに中央集権化していた。彼らは大化改新後に一斉に郡司（評督など）へと登用された」というようなイメージは、まだ検討を要するのではないかと思う。

四　戸籍記載の人名をめぐって

中村氏の考えられた大化前代の様相は、むしろ古代戸籍の記載で裏付けられているように見える。たとえば「養老五年下総国葛鎊《かつしか》郡大島郷戸籍」（『大日本古文書』正編・第一巻）によれば、甲和里には孔王部《あなほべ》・刑部《おさかべ》・三枝部《きさきべ》・私部・中臣部・土師部・大伴部・長谷部・儀部・石寸部《いわれべ》・小長谷部・藤原部を付した名前が並んでいる。戸主も私部とする数戸を除いて、大半が孔王部で占められている。この地域には安康天皇の石上穴穂宮の名にちなむ名代部である孔王部（穴穂部）が稠密に設置されていた、と見てとれる。また戸主・戸口の婚姻関係記事から、孔王部が置かれていない地域には刑部・三枝部・私部・中臣部・土師部・大伴部・長谷部・儀部・石寸部《いわれべ》・小長谷部・藤原部などが設置されていたと知られ、そのすべての人たちが部民としての名を負っている。つまり大和王権の支配下に置かれたとみなされる人たちで覆いつくされている。

こうした状況は下総国だけでなく、美濃国でも同様である。「大宝二年御野国味蜂間《あはちま》郡春部里戸籍」（『大日本古文書』正編・第一巻）には国造族という名が多数見られるが、あとは身人部（六人部）・建部・日下部・刑部・春部・韓人・蝈江部・若帯部・若倭部・額田部・丸部・石作部（石部）・犬甘部・漢人・大伴部・十市部・中臣部・桉作主寸《すぐり》・大椋・都布江・（壬）生部・敢石部《あえいそべ》・工君・工部・秦人部・土（師）部・守部・木部・山代などという名が繰り返し出てくる。国造族は国造に隷属していた一族とみられるし、桉作や工は主寸（村主）・君という姓名《かばねな》が付いているので支配者側に立つ人だろうが、これ以外はおおむね大和王権の伴造組織の下に組み込まれて被支配者側に立たされた部民と見受けられる。

蝌江部・木部などあまり見かけない名もあるが、それでもその人名には「部」が付いている。各地の在地勢力がそれぞれ独自に組織した部民機構を作っていたとは思えないので、部民を組織していたのは中央勢力である大和王権下の氏族たちであり、この多様な部民はすべて大和王権の支配下にあるとみてよかろう。その部民名が、国造族の周りにぎっしり充満している。となれば、別に摑まれている国造とその隷属民（国造族）のほかのほとんどの地方在住民は、大和王権の下部組織の名を付けられて支配下にすでに入っていた。たしかに、そう読み取れる。

国造は大和王権の下僚となっていき、国造支配地以外の人々は大化前代の部民を負っている。国造支配地域外は、大化前代にすでにすべて大和王権の支配下にあった。国造のほかに、いまだ大和王権に摑まれていない中小豪族の存在など考慮する余地がない。そうだとするなら、地方勢力の反抗・反発などまったく顧慮する必要がない。中大兄皇子ら改新政府中枢の人たちは、どれほど意気込む必要もなかった。地方勢力の制圧はすでに完了しており、課題は中央政府のなかでの支配機構の改編、大和王権構成氏族の所轄変更と系列化の作業にすぎない。中央支配機構内の職権の変更と所属替えだから、支配されている一般人にも地方豪族にも関係のないことで、命令者の肩書きが変わるだけ。たとえば土師部の管理・命令者が土師連某だったのが、治部省諸陵寮の諸陵正某の名に変わるにすぎない。

だが、ほんとうにそうだったのか。古代戸籍に見られるのが大化前代の実態そのままであって、全国各地の人民にくまなく部民制が浸透しきっていた。だれ一人の落伍者すらなく、地方在住の全員が国造かまたは大和王権所属の豪族の部民として組織されていた。そうみなしてよいのか。

疑問に思うことが、二点ある。

第一に、国造周囲の人々がすべて大和王権の支配下にあったとするなら、多数の部民を率いている地方伴造氏族の方が国造の力を上回ってその地域ではよほど現地の有力者になっていよう。比較すれば国造勢力など顧慮するほどの規模でなく、地元においてさしたる力もない。もしそうだったのなら、郡司任用のさいに譜代主義つまり旧国造家出身者を優先して採用する必要などない。現地の国造など、代々引き継がせて優先するほどの有力者とは見なしえなくなる。

第二に、たとえば葛飾郡甲和里では多くが孔王部で、他姓者（正しくは氏や姓でないが）はほとんど通婚圏にいる女性である。通婚圏が周囲何里と決まっているわけではないが、ふつうに考えて隣里くらいとみなしうる。すると、この甲和里の四周で隣り合う里には十一種類もの部が設定されていたこととなる。また味蜂間郡春部里では、その里という狭い範囲内に国造族・六人部・春日部・漢人・石作部（石部）が割拠して、彼らの周りにも二十数種の他姓の人たちがいる。しかし、部はそんなにこまかく設定されたのだろうか。郡単位とか、せめて郡の半分か三分の一くらいの規模で設定していくのではないのか。甲和里の周辺で十数種、春部里の周辺で二十数種というような小さな規模で部民を設定していたのだとしたら、大和王権下の地方伴造はどれほど必要になるのだろう。春部里では里のなかをさらに細分化して部民を設定していったことになるが、それほどにこまかい戸別単位で所属設定をしたら、それにみあう支配が可能だったろうか。またその管理・貢納のために各地で指名されていた地方伴造の差配を、中央伴造ははたして統馭しきれようか。江戸時代ならば大名領・旗本領・天領などをことさらに犬牙錯綜させていたが、それには一円支配となることを妨げる狙いがあった。分割してもそれだけの記録・機構も準備して統治能力を有していけるとの自信もあったろう。だが官僚機構もまだ整っていなかった古代国家の統治能力には、限界がある。そのなかで、古代戸籍から復原して自然に浮かび上がってくる状況のように設定していたら、煩わしいだけで管理能力をはるかに超えてしまう。筆者は、この戸籍に見られる部姓分布は、大和王権が現実に設定した姿のままでないと思う。

では、この戸籍の状況はどういう経緯で生じたと考えるか。

筆者は、国造・部民以外に、大和王権支配下に入らない多くの人たちがいた、と考える。彼らは支配者層でもないし、大和王権に関係していないので、とうぜん大王によって付けられる氏も姓も持っていない無「氏姓」者である。しかし大化改新以降の中央政府が造籍作業をするさい、彼らを国家の民として厳密に個別に把握するために何らかの疑似「氏姓」名（ただしくは氏でも姓でもない）を付ける必要を認識した。

そこで彼ら無「氏姓」者に疑似「氏」名を持たせるため、その一世代前・二世代前・三世代前と溯って、大和王権の部民に関係した人物がいないかを調査させた。そして次頁のシステム図のようにせいぜい四世代くらいまでの間に部民であった人がいれば、その疑似「氏」名を付けさせた。もちろん四世代前のたとえば若帯部某女あるいは三世代前の私部某男は、「若帯部」「私部」という「氏」名を持ったなどと思っていないだろうから、自分は相変わらず無氏姓者としか思わない。したがってその

古代戸籍での命名のシステム

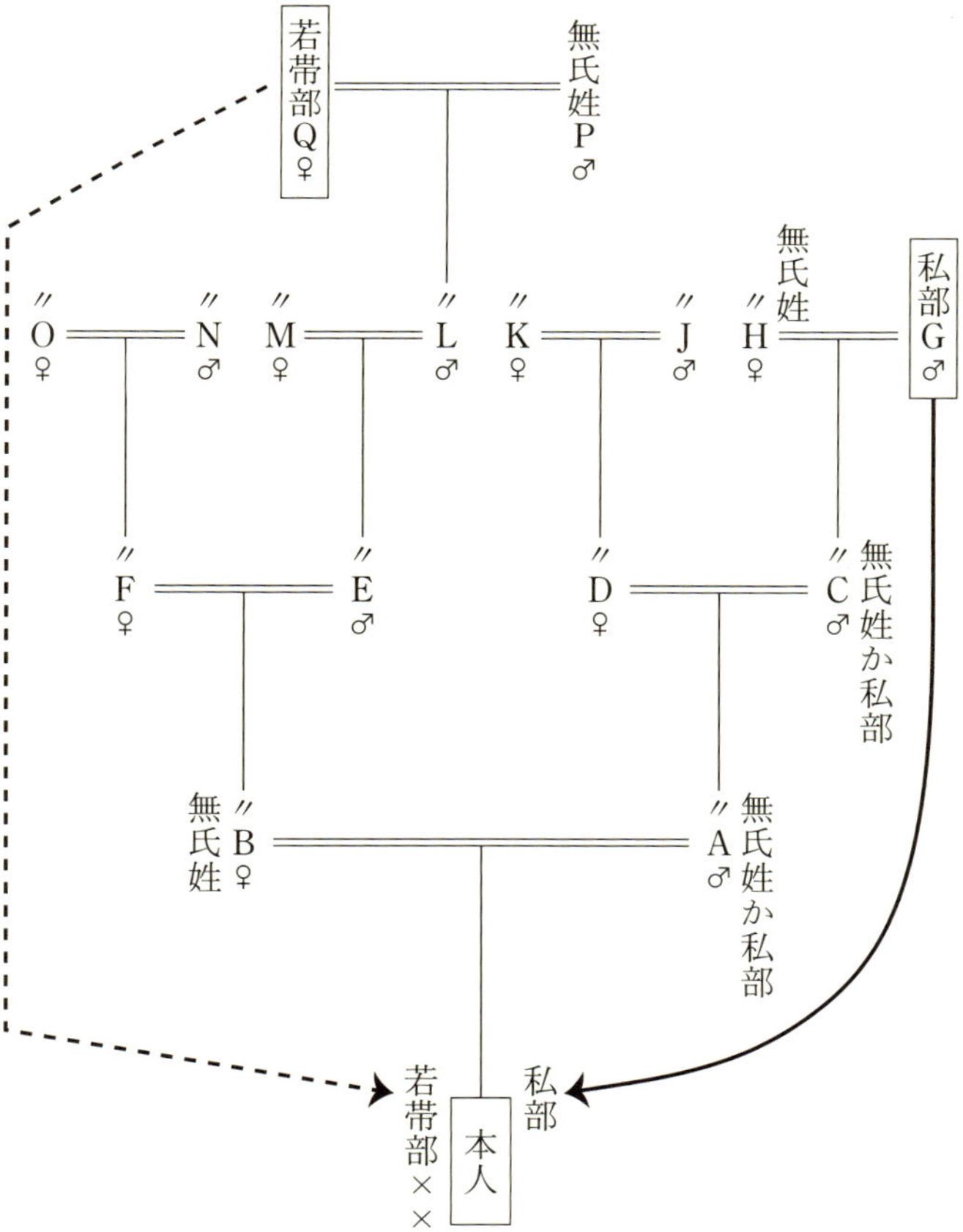

子にその「氏」名は伝わらないと思うが、かりに伝わっていたとしても、その相手の男性または女性はやはり近所・近隣の無氏姓者であろう。二世代前ならば四人のうちの一人、三世代前ならば八人のうちの一人に部民がいれば、その疑似「氏」名を採用させた。もしそういうことだとすれば、二世代前ならば四人中の三人が、三世代前ならば八人中七人が、無「氏姓」者であった可能性が出てくる。

大宝二年の「筑前国嶋郡川辺里戸籍」(『大日本古文書』正編・第一巻)でも、

戸主追正八位上勲十等肥君猪手　年伍拾参歳　正丁　大領　課口
庶母宅蘇吉志須弥豆売　年陸拾伍歳　老女
妻　　　哿多奈売　年伍拾弐歳　丁妻
妾　宅蘇吉志橘売　年肆拾漆歳　丁妾
妾　　　　黒売　年肆拾弐歳　丁妾
妾　　　刀自売　年参拾伍歳　丁妾　(古一―一二九頁)

とあり、同年「豊前国仲津郡丁里戸籍」にも、

弟秦部真弓　年肆拾弐歳　兵士
妻　須古提売　年肆拾弐歳　丁妻
妾秦部伊久倍売　年肆拾壱歳　丁妾　(古一―一七四頁)

とある。哿多奈売の疑似「氏」名が庶母と同じく宅蘇吉志だから省略したのなら、妾も省略されるはず。同じく須古提売の名が夫である秦部真弓と同じだったから省かれたとするなら、妾の伊久倍売の「秦部」も書かれるはずがない。戸籍には不注意な書き落としといえないほどの数の無「氏姓」者が、

見られる。このような無「氏姓」者が大宝二年でもなお存在しているのは、三世代・四世代と溯ってもその祖に部民となった人がいない場合が汎くあったからではなかろうか。この隙間に、国造として摑まれていない地方中小豪族配下の住民の存在を垣間見ることができよう。

また「御野国味蜂間郡春部里戸籍」には、成務天皇の諱・若帯《わかたらし》日子《ひこ》にちなむ名代部である若帯部やほかに例のない蝌江部が見られる。おそらくはすでにその所有者が替えられていて中央伴造の名すら変えられているだろうような、いかにもめずらかなる部民名が見られるのも、数世代前まで溯って調べた部民名を付けられたからでないのか。

とはいえ、ほぼくまなく「氏」名が付けられている状態に調えられているのに、右のような想定をしてみても、文献的な根拠を示すことなど困難である。「大正初期の資料から江戸時代の藩政の痕跡を探せ」というに等しい年月が経っているからだ。これはあくまでも「大和王権の支配が完全に浸透していなかったとすれば」という前提での、仮定・想像である。

（「翔」五十六号、二〇一五年三月）

【注】

（1）横浜歴史研究会編「悠久」、二〇〇七年十二月。のち『万葉集とその時代』収載、笠間書院、二〇〇九年。
（2）『地方官人たちの古代史』（吉川弘文館、二〇一四年）
（3）拙稿「奥州白河の古代」（『古代の社会と人物』所収、笠間書院、二〇一二年）

『日本書紀』の乙巳《いっし》の変を読む

一　入鹿を宮に招く

『日本書紀』皇極天皇四年（六四五）六月戊申（十二日）条

天皇、大極殿《だいごくでん》に御《ぎょ》す。古人大兄侍《じ》す。中臣鎌子連、蘇我入鹿臣の人と為《な》り疑い多くして昼夜剣《たち》を持《は》けるを知りて、俳優《わざおぎ》を教《し》て方便《たばかり》て解《と》かしむ。入鹿臣咲《わら》いて剣を解き、入りて座に侍す。倉山田石川麻呂臣、進みて三韓の表文を読唱す。是に中大兄、衛門府に戒《さと》し、一時に倶《とも》に十二の通門を鏁《とざ》して往来せしむること勿《なか》らしむ。衛門府を一所に召し聚《あつ》め、将《まさ》に禄《もの》を給わんとす。

（皇極天皇が飛鳥板蓋宮の大極殿に出御した。古人大兄皇子はすでにその場に着座していた。中臣鎌足連は、蘇我入鹿臣は疑い深くて一日中剣を携えているのを知っていたので、俳優を使って騙して外させた。入鹿臣は笑って剣を外し、入って座席に着いた。そこで蘇我倉山田石川麻呂臣が天皇の前に進み出て、三韓の上表文を読みあげた。ここで中大兄皇子は衛門府に命じて、宮殿内に入るための十二門すべてを鎖させて往来できないようにさせた。衛門府の者たちは一か所に集めて、賞禄を給うかのようにみせかけた。）

乙巳の変の舞台となる飛鳥板蓋宮大極殿の、当日の様子である。
三韓からの朝貢があり、その上表文が日本の廷臣によって代読されているという設定になっていた。三韓とは高句麗・百済・新羅の三国をいうが、そうであるならばたしかに揃って朝貢してくるのは珍しい。当時は前年にはじまった唐軍の高句麗遠征にさいして高句麗・百済・倭が連合し、高句麗の背後にあたる新羅は高句麗・百済から集中的な攻撃を受けて国家存亡の窮地にあった。その新羅をふくめた朝貢というのなら、朝鮮三国と倭の四ヶ国で団結して唐に当たることになるので、大きな情勢変化といえる。その変化の理由や高句麗での戦況などを知りたいがために、出仕を控えていた入鹿がみずから宮殿に出てきたのであろう。

というのもこの設定は、この時期の前後を見ても起きるはずのない虚構であって、新羅はこの三年後に唐と結んで三ヶ国に対抗することになった。もっとも三韓とは高句麗・百済とすでに滅びているが宮廷人には観念的に残っている任那のことで、百済が任那の朝貢を代行している状態をそう称したのかもしれない。大化元年七月戊寅条に「百済の調使、任那の使いを兼領して、任那の調を進つる」とあるような意味である。かりにそうしたことであっても、このすぐあとに三韓の朝貢はやり直されることがなかったので、この設定はほんとうの朝貢の場を利用したものでなかろう。なお乙巳の変の翌月（七月）十日に「高麗・百済・新羅、並びに遣使して調を進つる」とあり、それをやり直しとみることもできる。だが、これは孝徳天皇の皇后間人皇女の立后記事に続くものであり、孝徳天皇の賀騰極使であろう。またこれが六月の三韓朝貢のやり直しとするなら、百済の大使・佐平縁福は難波津の館にとどまり、新羅の使者には詔が出されていない。とうてい、やり直しとはみなせない。

とすれば、中大兄皇子が入鹿を暗殺するためだけに設定した舞台であり、関心を惹きそうな嘘で入鹿を誘《おび》き出したことになる。

だが、入鹿は政府の高官であり、三韓の使者がじっさいに飛鳥に来ているかどうかなどただちに分かるはずである。よほど緊急にまた密かにしかるべき人から伝えられなければ、入鹿は容易に偽情報を信じたりすまい。邸を厳戒状態にし剣を身から離さないほどに警戒していたというのなら、いっそうそうである。中大兄皇子のこの時期の立場や政治力では、とてもこの嘘を現実に見せる作為は不可能であって、入鹿を宮のなかまで誘き出せまい。筆者は、皇極天皇の密勅という裏付けがなければ、すなわち大王の事前の諒解と協力なしには、この舞台は作れないと考える。

入鹿の佩びている刀剣を取り上げることにこだわり、武装解除が暗殺成功の鍵だったかのように描かれている。中大兄皇子は長槍を持っているし、狙撃者である葛城稚犬養網田や佐伯連子麻呂にも槍を持たせればよい話で、かりに入鹿がどれほどの剣術の達人であっても、槍と刀剣の闘いならば槍が圧倒的に有利である。そのなかでどうしても入鹿に刀剣を持たせたくなかったのなら、その理由は入鹿の近くの人が人質とされる恐れがあったからか。縁戚の古人大兄皇子や蘇我倉山田石川麻呂ではなかろうから、舞台演出の中心にある皇極天皇の身を案じての備えだったろうか。

二　暗殺の準備と躊躇

時に中大兄、即ち自《みずか》ら長槍を執《と》りて殿の側《かたわら》に隠れ、中臣鎌子連等は弓矢を持ちて助衛《まもり》と為る。海犬《あまいぬ》養連《かいのむらじ》勝麻呂《かつまろ》を使《し》て、箱の中の両剣を佐伯連《さえきのむらじ》子麻呂《こまろ》と葛城稚犬養連《かづらきのわかいぬかいのむらじ》網田《あみた》とに授けしめて、『努力努《ゆめゆ》力《め》、急須《あからさま》に応《まさ》に斬るべし』と曰う。子麻呂等水を以て送飯《いいす》くも、恐れて反吐《たまひ》つ。中臣鎌子連、嘖めて励ま使む。倉山田麻呂臣、表文を唱むこと将に尽きなんとすれども子麻呂等の来ざるを恐れ、流汗《りゅうかん》身に沃《そそ》ぎ、声を乱し手を動《わなな》かす。鞍作《くらつくり》臣、佐《あや》しみ問いて『何故《なにゆえ》に掉《ふる》い戦《わなな》く』と曰い、山田麻呂、対《こた》えて『天皇に近くあることを恐《かしこ》み、不覚《おろか》にも流汗す』と曰えり。

（このとき中大兄皇子は、長槍を取って殿舎の傍らに身を隠し、中臣鎌子連らは弓矢を持って援護する態勢を固めた。海犬養連勝麻呂に命じて箱の中の二本の剣を佐伯連子麻呂と葛城稚犬養連網田とに授け、『油断せず慎重にやれ。不意を突いて斬ってしまえ』といった。子麻呂らは飯に水を入れて掻き込んだが、恐怖のあまり吐き出した。中臣鎌子連は叱咤激励した。倉山田麻呂臣は、上表文を読むのが終わろうとしているのに子麻呂らが出て来ないのを恐れて、身から汗が流れて溢れ、声は乱れ手が震えた。鞍作（入鹿）臣はその様子を変に思って、『どうして震えおののいているのか』と問いかけた。山田麻呂は、それに『天皇のお側近くにあることが恐れ多くて、不覚にも汗を流している』と答えた。）

事件直前の緊張が伝わり、不首尾をも予想させる劇的な描写である。

犬養氏・佐伯氏はいわゆる宮城十二門に名を残す門号氏族で、もともと大王の親衛軍である。犬養は犬を連れて屯倉・殿舎などの警備にあたり、佐伯は塞《ふさ》ぐ意味のサエギルから付けられた氏名《うじな》らしい。暗殺者に選ばれた葛城稚犬養には葛城とあるが、中大兄皇子の実名も葛城皇子であった。中大兄皇子の生育地は葛城であって、生育の過程で育《はぐく》まれた側近としてこの選に入れられたのであろうか。偽装の舞台で大役を担ったのは石川麻呂であり、彼は蝦夷の甥で、入鹿の従兄弟にあたる。嫡流の宗家の支配下に入っている傍流家であるが、滅ぼされはしたが蝦夷に逆らった坂合部摩理勢《さかいべのまりせ》（馬子の弟、蝦夷の叔父）などもこのころには出てきていて、傍流家の独立性も昂まっていた。

つまり嫡流家が傍流家の独立的な動きを抑えきれず、その統制力に翳《かげ》りが見えて内部分裂の萌《きざ》しがあった。中大兄皇子はそうした氏族内の不和を察知し、蘇我氏の内部からの切り崩しを策した。この計画のために石川麻呂の娘・遠智娘《おちのいらつめ》を娶って自分の姻族にし、暗殺計画のなかに取り込んだのである。姻戚となれば、連座・縁坐で同罪として処断されかねないからである。とはいえ、石川麻呂が計画を打ち明けられたのは決行のわずか四日前であって、参画させたわけじゃない。中大兄皇子も根っから信用していたわけではないようだ。両者の信頼関係には心の隙間があったため、のちに石川麻呂への讒言が信用されて殺される事態に繋がるのだろう。

なお、石川麻呂の娘と結婚しているのは、すなわち娘婿となったのは、中大兄皇子だけでない。軽皇子（のちの孝徳天皇）も、娘の乳娘《ちのいらつめ》を娶っている。

そこから、軽皇子が先んじて石川麻呂と縁戚となり、石川麻呂の武力を基盤に乙巳の変を主導した、との推測に導こうとする解釈もある。しかしながら、中大兄皇子の当初の結婚相手は、「請う、蘇我倉山田麻呂の長女を納れて妃と為し、而して婚姻之昵《むつび》を成さん」（皇極天皇三年正月乙亥条）とあって石川麻呂の長女の予定であった。この婚姻は、長女を同族の蘇我身狭に横取りされて成就しなかった。だが、親の憂愁を察して「少女曰く、『願くは憂いを為す勿れ。我を以て奉進《たてまつ》るとも、亦晩《おそ》からじ』

と」いい、長女より年若の少女（遠智娘か）が結婚相手となった、という。このいきさつからすると、軽皇子の相手は長女・次女よりもさらに年若なはずであり、孝徳天皇として即位したあとのしかるべきときに入内させたものと考えるのが穏当だろう。もちろん現代でも年齢順に結婚していくわけではないが、政略結婚が当然の時代にあって、石川麻呂など有力氏族の長女がいつまでも家に残っているとは考えがたい。まだ長女ですら結婚していないのならば、その妹はかなりの幼年者となってしまう。長女の結婚に先んじて、軽皇子が中大兄皇子より前に石川麻呂のほかの娘を得るのは難しいと思う。

三　入鹿の弁明と中大兄皇子の糾弾

中大兄、子麻呂等の入鹿が威を畏れ、便旋《めぐら》いて進まざるを見て、『咄嗟《やあ》』と曰う。即ち子麻呂等と共に、出其不意《ゆくりもな》く、剣を以て入鹿が頭肩を傷《やぶ》り割《さ》く。入鹿驚きて起つ。子麻呂、手を運《めぐら》して剣を揮い、其の一脚を傷る。入鹿、御座に転《まろ》び就き、叩頭《こうとう》して『当《まさ》に嗣位に居《あれま》すべきは、天の子なり。臣、罪を知らず。乞ふ、垂審察《あきらめたま》え』と曰う。天皇大いに驚き、中大兄に詔して、『作《な》す所を知らず。何の事有らんや』と曰う。中大兄、地に伏し、奏して『鞍作、天宗を盡滅して、将に日位《ひつぎのくらい》を傾けんとす。豈《あに》天孫を以て鞍作に代えんや』と曰えり（蘇我臣入鹿、更の名は鞍作）。天皇、即ち起ちて殿中に入る。佐伯連子麻呂・稚犬養連網田、入鹿臣を斬る。是の日、雨下《ふ》り、潦水《いさらみず》庭に溢る。席《むしろ》・障子《しとみ》を以て、鞍作が屍を覆えり。

（中大兄皇子は、入鹿の威勢を子麻呂らが怖れて、ためらって出ようとしない状況を見て、『ヤア』と掛け声をかけて子麻呂らとともに、不意を突いて、剣で入鹿の頭と肩に斬り付けた。入鹿は驚いて起ち上がった。子麻呂は、手で剣を回して、入鹿の一方の足を傷付けた。入鹿は、大王の御座に転《ころが》りながら辿り着き、懇請して「大王の位に即くべきなのは、天の御子である（と承知している）。臣に何の罪があるのか分からない。よく調べて頂きたい」と言った。皇極天皇は大いに驚いて、中大兄皇子に、「どうしようとしているのか分からない。どんなことが有ったのか」と聞いた。中大兄皇子は、地に伏しながら「鞍作（入鹿の別名）は、天子の王統を全滅させ、大王の位をまさにいま傾けようとしている。どうして天孫を、鞍作に代えてしまえようか」と奏上した。皇極天皇は、そこで起ち上がって殿中に入った。佐伯連子麻呂と稚犬養連網田は、入鹿臣を斬り伏せた。この日は雨が降っていて、溢れた水が庭に満ちていた。そこで（敷物の）席《むしろ》や（屏風状の）障子で、鞍作の死体を雑に覆った。）

暗殺が決行された場面で、そこでの両者間の遣り取りが記されている。

中大兄皇子は、入鹿が大王に取って替わろうとしていたと主張している。

こうした筆致は、すでに皇極天皇元年是歳条に天子のみが行える八佾《やつら》の舞を催したとか、皇極天皇三年十一月条に蝦夷・入鹿の家を上の宮門《みかど》・谷の宮門《はざま》、子を王子《みこ》と呼ばせたとかなどとある。下克上行為の事実を告発する、断罪の延長線上にこの乙巳の変がある、というわけだ。

たしかに身分によって演じさせてよい舞があり、天子は八列×八段の六十四人の集団の舞を催せるが、臣下（諸侯）では六列×六段の三十六人での群舞までしかできない（『論語』巻二・八佾《やつら》第三）。葛城高宮に祖廟を立てたときに催されたというが、誰がその場に招かれてこの事実を見聞きしたというのか。宮廷で、大王の前で、公然と執り行なったり言わせたのならともかく、事実として断罪できるほど確実性があるものなのか。なによりも噂話であって、本当にそんなことがあったのか疑わしい。権力者であればきっとするだろう、という悪意ある臆測記事ではなかろうか。

ほかにも蘇我蝦夷が「私に紫冠を子入鹿に授け、大臣《おおおみ》の位に擬す」（皇極天皇二年十月壬子条）という記事があり、大王が任ずべき大臣の地位を、自分の権力のもとで勝手に譲渡して大臣に任じたのが越権だとされる。しかし、この紫冠は当時施行されていた冠位十二階制の冠でない。もともと蝦夷など大夫層の人々はこの時点で冠位制度の埒外《らちがい》にあり、ここでの紫冠は蝦夷にとって政治家としての自分の威儀を調えるための一道具にすぎない。その着用が蘇我氏内部での家督相続の引き継ぎを意味していたとしても、これをもって大王の承認など不要だとする態度を表明したわけでもない。事件・越権行為になんとしても仕立てようという、意地の悪い捏造の意図が感ぜられる。

天子（大王）の権限を侵し続けてやがて大王位を乗っ取るつもりだったとされているが、大王家はすでに乗っ取られぬための対策を取り終えている。すなわち推古天皇八年（六〇〇）に下相談のための遣隋使を派遣し（『隋書』倭国伝）、推古天皇十五年（六〇七）に本格的な遣隋使を送って倭国王に冊《さく》封《ほう》され、舒明天皇二年（六三〇）には唐からも引き続き倭国王と認知されていた。冊封体制のもとで王と認められている大王家の地位を、いかに権勢があろうとも臣下の蘇我氏が奪い取るのは困難である。兄弟・父子など父系での血縁関係になければ中国からその地位を認められないし、『魏志倭人伝』にある邪馬台国連合と狗奴国の戦いでのように要請がなされれば中国使節の干渉や軍事介入もありうる。そうした東アジアでの国際外交のルールを、政治の第一線にいた蝦夷・入鹿が知らなかったはずもない。

『藤氏家伝』（鎌足伝）には、蘇我入鹿が「当に嗣位に居すべきは、天の子なり」などという不自然な語句を発したとはなく、「臣、罪を知らず」から始まっている。もちろん作者の藤原仲麻呂は『日本書紀』を読んでいたが、仲麻呂ですらこの部分の記載を採用しなかった。『日本書紀』にはそれほどに、露骨な文飾・作文がある。

刀剣で襲わせる計画を立て、結果として刀剣で襲っているが、中大兄皇子は槍を持っている。刀剣で襲う計画だったのは、武器が隠しやすいことと、襲撃者が入鹿に対してせいぜい五〜六歩のきわめて近接した位置取りをしていたからだろう。槍を持って近くにいたのでは目立って警戒されてしまうからだが、戦闘にとって槍はとても効果的な武器である。一本の長槍ならば刃先を躱《かわ》し、柄をつたって逆襲もできる。しかし角度を変えた二本の長槍に狙われたら、一方を躱しても、背を向けた方から刺される。ドラマのように、一人づつ襲ってきてなどくれないからだ。

その点で、役割分担として弓矢を構えて備えていることとなっている鎌足は、最後の斬り込みの場にも出てこないし、存在感が不自然でないか。弓矢はそもそも敵味方がかなり離れた状態での野戦に用いる兵器であり、見通しのよくない殿内または建物の影に隠れやすい庭内で携えているというのは不穏当である。しかも中大兄皇子が剣を揮って命懸けで斬り込んでいるのに、なおも弓矢を持ったままで、剣に持ち替えて参戦しようとしていないのも不自然。鎌足がこの事件に参加していたとする記事はそもそも疑わしく、働かずにすむような役割分担だったとして、ほんとうはそこにいなかった人物像をあとから嵌め込んだものと、筆者は想像している。なお、鎌足は軽皇子から密命を受けていて、ことが成就しなかった場合は中大兄皇子を射殺するよう指示されていた、とする特異な解釈もある。辻褄合わせの解釈であるが、それならば弓矢よりは死亡させる確率の高い長槍によって中大兄皇子の刺殺を狙うべきであろう。

ついでながら、入鹿は現に襲いかかってきている中大兄皇子にではなく、皇極天皇に事態の説明を求めている。ふつう、自分に斬りかかってきた人がいたら、「なぜ、自分を殺そうとするのか」と斬りかかってきた本人にじかに問うだろう。それが、まずもって皇極天皇に聞いたというのなら、つまり殺戮の現場に立たされていた入鹿の目からは、この事件の黒幕に皇極天皇のいることが明らかに見抜けたから。そういう現場の状況だったから、すべてを知っていて命令を下した張本人とみられる皇極天皇に聞いた、と理解してよいと思う。

ところで、宮門を守っていた「衛門府を一所に召し聚め、将に禄を給わんとす」とあったが、大王・大臣がなかで儀式をしているというのに、門衛がその場所から離れるようなことはその職務上考えがたい失態である。職務怠慢・職場放棄である。まさに政府高官らが滞在しているときのために置いている門衛であって、このときに責任部署についていないのなら、いつ仕事をするつもりなのかとさえ問われよう。それでも任務を解かれたとすれば、彼らより遙か上位の人からの命令で、職場を離れたのだろう。それは入っている中大兄皇子・蘇我入鹿より上位者だろうから、王宮内の最高責任者である皇極女帝しかあるまい。

四　古人大兄皇子の驚き

古人大兄、見て私の宮に走り入りて、人に謂いて『韓人《からひと》、鞍作臣を殺せり。【韓の政《まつりごと》に因りて誅《つみ》せらるるを謂う】。吾が心痛し』と曰う。即ち臥内《ねやのうち》に入り、門を杜《とざ》して出でず。中大兄、即ち法興寺に入り、城《き》となして備う。凡《およ》そ諸皇子・諸王・諸卿大夫・臣・連・伴造《とものみやつこ》・国造《くにのみやつこ》、悉に皆随侍《ずいじ》す。人を使《し》て鞍作臣の屍を大臣《おおおみ》蝦夷に賜わしむ。

（古人大兄皇子は事件を見て自分の宮に走って入り、人に「韓人が鞍作臣を殺した（韓の政が原因となって処刑されたという意味）。私の心は痛む」と言った。そして寝室に入って、宮の門を鎖して籠もってしまった。中大兄皇子はすぐに法興寺に入り、寺を城柵に転用して立て籠もり、反撃に備えた。諸皇子・諸王・諸卿大夫・臣・連・伴造・国造らは、みなこぞって中大兄皇子のもとにしたがってきた。ここで、人を派遣して入鹿の死体をその父親である大臣・蝦夷に送りつけた。）

古人大兄皇子は舒明天皇のおそらく長子で、母は蘇我馬子の娘・法提郎女《ほてのいらつめ》である。中大兄皇子にとっては、異母兄となる。入鹿は従兄弟にあたる古人大兄皇子を次期大王に推していたといわれているが、舒明天皇没時にはすでに三十二歳前後であった（古人大兄皇子の謀反事件以前に、娘の倭姫王が中大兄皇子の妃となるつまり舅となるには、このくらいの年齢となる）。蘇我氏が大王にするつもりであれば、大王としてふさわしい年齢になっていた。蝦夷・入鹿による権勢づくの強力な後押しがあるなかで、それでも即位できなかったのだろうか。田村皇子（舒明天皇）と後継争いをした山背大兄王が当時おり、また大王・大后の間の正嫡子となる中大兄皇子が成人してきていたからだという。しかし山背大兄王が田村皇子と争ったのは過去のことで、舒明天皇として即位した以上は、次期大王候補の有力者は、舒明天皇の子たちである。山背大兄王はすでに過去の人であったろうから、そうなると中大兄皇子が本命候補となる。古人大兄皇子が即位を目指さなかったのは、中大兄皇子の成長を待っていた、ということであろう。古人大兄皇子が娘の倭姫王を中大兄皇子に嫁がせたのも、大王の補佐、皇族の長老の立場を狙ってのことである。ただし、入鹿の暗殺で後盾を失ってその夢は完全に断たれ、三ヶ月後に謀反の罪で妃妾・子女とも族滅させられている。

文中の「韓人が鞍作臣を殺せり」の意味は明らかでないが、韓人が中大兄皇子や蘇我石川麻呂の異《い》名《みよう》なのか、三韓朝貢の場なので入鹿が韓人に襲われたのだと古人大兄皇子が勘違いしたか、または古人大兄皇子が禍を逃れるために中大兄皇子を庇《かば》って韓人の仕業《しわざ》だとわざと誤解して吹聴したか。いろいろに理解されている。三韓についての政務が原因で処刑されたとしている注記の意味をふくめて臆測すると、子麻呂・網田が韓人を装い、朝貢使の後ろにいて朝貢品を捧げ持っていた。朝貢の品々のなかなら、襲撃用の剣をしのばせやすかったろう。しかも朝貢使の近くにいれば、入鹿の眼前かすくなくともごく近くでしかも対面した場所（相手を誤認しないですむ）にいられる。そうした装った韓人姿の人に入鹿が襲われたので、古人大兄皇子が表面的な出来事だけを見て解釈しようとすれば「三韓との外交にまつわる紛争が原因で、朝貢使配下の韓人によって暗殺された」という理解に導かれるのであろう。

なお本文には書かれていないが、この暗殺事件の場面設定をどう描くかで、大きな解釈の違いがある。どちらに考えても不自然さがあり、多様な解釈を生む原因となっている。

場面の解釈が分かれるのは、事件現場の場所と設営のありようについてである。大きくいえば、事件は建物のなかで行われたのか、飛鳥板蓋宮の建物の前庭で行われたのか。また書かれている人数だけでの儀式か、多数の参列者がいるなかでの事件とみるか、の違いである。

前者であれば、皇極天皇の前に上表文を読み上げる石川麻呂がいて、古人大兄皇子・入鹿が横並びしている。皇極天皇の真ん前には三韓の使者と朝貢品を持った随行員が北面して畏まっている。そうした少人数による秘密の会合で、暗殺者側も薄暗い室内で柱の影に身を潜めている、という設定になる。暗殺はしやすい設定だが、三韓朝貢という国際政治にかかわる国家的儀式が、これほどの少人数で秘密裡に行われるのは不自然である。

後者であれば、皇極天皇だけが大殿にいて、石川麻呂以下はすべて大殿と閤門（大殿と庁域とを隔てる門）の間の庭か、開かれていた閤門の外側から左右の庁（のちの朝堂）の間の庭を空けた左右に列を作って着座または起立していたか、となる。国家的儀式のありようとしては王臣たちが参列するのが穏当だが、今度は中大兄皇子の隠れる場所がなくなる。近くの殿舎の影では通りすがりの参列者に見咎められるし、離れた殿舎の影から出ていったのでは中大兄皇子が斬りかかるまでの時間が長すぎて、その風体や足音などで襲撃前にかなり多数の人に異常事態を察知されてしまう。入鹿本人も防衛または逃亡する間がとれるし、参列者がいれば入鹿の周りを囲んで防衛するなど止めに入るはずである。とくに入鹿は即死でなくて、女帝・中大兄皇子と会話を交わしている。それだけの時間があったのならば、廷臣たちが防禦することによって、すくなくともとどめを刺されることは避けられたろう。多数の参列者を想定すれば、その人たちの動きのないことが不自然になる。しかも当日は雨天であって、空模様から予想して前庭での儀式ならば延期となる蓋然性が高かったのではないか。

今のところ筆者は、小人数の密室での出来事だと思っている。入鹿を支持する廷臣も多かったはずで、参列していれば彼を庇う者が一人もいないはずがない。また多人数の眼があったとしたら、中大兄皇子らが場にふさわしくない長槍を持ったままの姿で隠れられるような場はなくなってしまう。

五　蘇我蝦夷の自殺

是に、漢直《あやのあたい》等、眷属《けんぞく》を総《す》べ聚《あつ》め、甲《よろい》を擐《き》、兵《つわもの》を持し、将に大臣を助けて軍陣を遽《にわか》に設《しつら》えんとす。中大兄、将軍巨勢徳陀臣《こせのとこだ》を使《し》て、天地開闢より君臣始めて有《たも》たれしことを以て、賊の党に説かしめ、赴く所を知らしむ。是において、高向臣国押《くにおし》、漢直等に謂いて『吾等、君大郎に由《よ》りて、応《まさ》に戮《つみ》せらるべし。大臣も亦、今日明日に、立《たちどころ》に其の誅さるるを俟つこと決《さだ》まれり。然らば則ち誰《た》が為に空しく戦いて、盡《ことごと》に刑《つみ》せられんや』と曰う。言い畢《おわ》りて、剣を解《と》き、弓を投《な》げて、此を捨てて去る。賊徒、亦随いて散り走《に》ぐ。己酉、蘇我臣蝦夷等、誅に臨みて、悉に天皇記《てんのうき》・国記《こっき》・珍宝を焼く。船史恵尺《ふねのふひとえさか》、即ち疾《と》く焼かるる所の国記を取りて、中大兄に奉献す。是の日に、蘇我臣蝦夷及び鞍作が屍を、墓に葬《はふ》るを許す。復哭泣《またねつかい》を許す。

（ここで漢直氏は一族の総力を結集し、甲を着用し、兵器を持って、蝦夷を助けて軍陣をいそいで設営しようとした。中大兄皇子は将軍・巨勢徳陀臣を派遣し、天地開闢の初めから君・臣の関係は定まっているという条理を、賊の仲間に説諭させ、どうすべきかを解らせた。そこで高向国押は配下の漢直らに「吾らは、〔このままいけば〕主の入鹿のことが理由となって、誅殺されることになるだろう。蝦夷もまた、今日明日のうちに、たちまち誅殺されるのが決定的である。それならばいったい誰のために空しく戦って、みな処刑されようとしているのか」といった。言い終わって、剣を外し、弓を投げ、これらを捨てて退去した。賊徒は、これに従って散り散りに逃走した。十三日、蘇我臣蝦夷らは敗死しようとするとき、天皇記・国記や珍宝をみな焼いた。船恵尺は、焼かれようとしている国記をいそいで取り出し、中大兄皇子に献上した。この日に、蘇我蝦夷・入鹿の遺体を〔罪人ではあるがとくに〕墓に葬ること、また〔葬礼としての〕哭泣も許可した。）

入鹿の父・蝦夷が死没し、蘇我本宗家が滅亡するさまを描いている。

東漢氏は蘇我氏がもっとも信頼してきた親衛隊であったが、彼らが離反したことで蝦夷は中大兄皇子に対抗する術《すべ》を失った。『古語《こご》拾遺《しゅうい》』によれば、蘇我麻智《まち》が宮廷内の斎蔵《いみくら》・内蔵・大蔵を統括する職に就き、秦氏を出納役、東西文氏を帳簿管理・記録役にしていた。蘇我氏はこうした職務上での上下関係を通じて東漢氏と結びつきを深め、やがてその武力を傘下に収めていったようだ。その武力により、崇峻天皇五年（五九二）には崇峻天皇を弑逆させている。天武天皇六年（六七七）には、天武天皇から氏族としての「七不可《ななつのあしきこと》」を譴責されており、その一つが中大兄皇子と一戦を交えようとしたことでの行為と思われる。

中大兄皇子に献上された『国記』は、もともと推古天皇二十八年（六二〇）に厩戸《うまやと》皇子・蘇我馬子とで『天皇記』などとともにはじめられた国家的修史編纂事業の一成果で、この記事によって蘇我氏

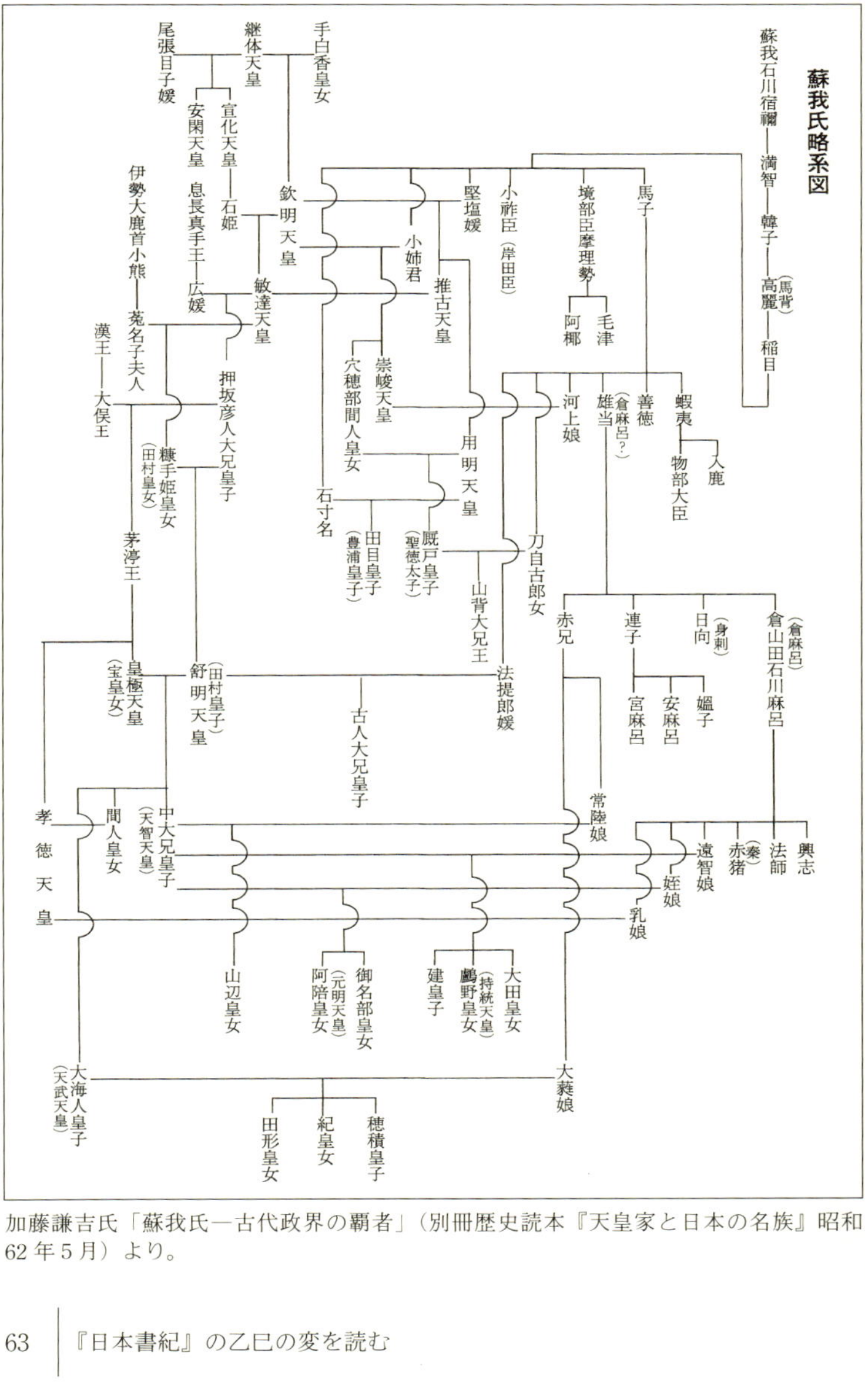

加藤謙吉氏「蘇我氏―古代政界の覇者」（別冊歴史読本『天皇家と日本の名族』昭和62年5月）より。

のもとにあったことがわかる。書物の内容は大王や氏族にまつわる物語的な故事で、いわゆる『旧《きゅう》辞《じ》』にあたるものと考えられる。のちの『先代旧事本紀《せんだいくじほんぎ》』は偽書だが、この『国記』の一部が使われているとも推測されている。

最後に、いまも多くの人が勘違いしていることがある。

それは、乙巳の変で蘇我氏が滅びたと理解されていることだ。滅びたのは蘇我氏本宗・嫡流家だけであって、蘇我氏の族員の多くは健在であった。

乙巳の変の直後に成立した大化改新政府では、蝦夷の甥にあたる蘇我倉山田石川麻呂が右大臣にいたし、天智朝の初めにも石川麻呂の弟・連子《むらじこ》が大臣に就き、天智天皇十年（六七一）には左大臣に同じく石川麻呂の弟・赤兄が、閣僚に当たる御史大夫には一族の果安が任命されている。

また女性で系譜を辿っていくと、天智天皇の妻となった石川麻呂の娘・遠智娘は大田皇女・鸕野皇女（持統天皇）の母であり、同じく姪娘は御名部皇女・阿閇皇女（元明天皇）の母となった。赤兄の娘・大蕤娘《おおぬのいらつめ》は天武天皇に嫁いで穂積親王・紀皇女・田形皇女の母となっているし、同じく常陸娘は天智天皇の妻として山辺皇女の母となり、大津皇子の姑になった。これらは前代の遺産といえばそうだが、蘇我氏の繁栄が乙巳の変以降も長く続いていたことの証にはなっている。

（「歴史読本」五十九巻十号、二〇一四年十月）

蘇我入鹿と乙巳の変——ゆがめられた敗者像

一　乙巳の変の舞台設定の謎

まずは『日本書紀』(日本古典文学大系本)に記されている、乙巳の変直前から当日までの出来事を、筆者の現代語訳で辿ってみよう。(1)

皇極天皇四年(六四五)六月一日、中大兄皇子はひそかに蘇我倉山田石川麻呂臣に「三韓が調を進貢する日に、あなたにその上表文を読み上げてもらう」といい、入鹿を斬り殺そうと思っているという謀略をついに話した。麻呂臣は、承知申し上げた。

とあり、これは蘇我入鹿(馬子の孫で、蝦夷の子)にとって従兄弟にあたる蘇我倉山田石川麻呂(馬子の孫で、倉麻呂[雄当《おまさ》・雄正ともいう]の子)が、娘婿の中大兄皇子から入鹿暗殺の計画を打ち明けられ、かつ暗殺とその後の政権に加わることを承諾したくだりである。顧みればこのために中大兄皇子から石川麻呂の長女との婚姻が申し込まれたのだが、その娘は蘇我日向(石川麻呂の弟で、武蔵・身刺・身狭ともいう)に奪われた。しかし妹の遠智媛(造媛)・姪媛との婚姻が成立し、舅・婿の関係はともあれ結ばれた。蘇我氏庶流の摩理勢《まりせ》や石川麻呂らにはかねて稲目→馬子→蝦夷→入鹿という氏の上の父子間の直系相続が連続していることへの不満があったらしく、氏族の内情を見抜いていた中大兄皇子は一族の結束に楔を打った上で、反入鹿陣営の仲間に誘い込んだのだろう。だがその誘いは事件直前であるから、事件や新政権構想を相談するつもりはなく、ただクーデタ時の駒、軍事力としか考えられていなかったともいえる。

十二日、（皇極）天皇が（飛鳥板蓋宮の）大極殿に出御した。古人大兄皇子はすでにその場に着座していた。中臣鎌足連は、蘇我入鹿臣は疑い深くて一日中剣を携えているのを知っていたので、俳優を使って騙《だま》して外させた。入鹿臣は笑って剣を外し、入って座席に着いた。そこで蘇我倉山田石川麻呂臣が天皇の前に進み出て、三韓の上表文を読みあげた。ここで中大兄皇子は衛門府に命じて、宮殿内に入るための十二門すべてを鎖《とざ》させて往来できないようにさせた。衛門府の者たちは一か所に集めて、賞禄を給うかのようにみせかけた。このとき中大兄皇子は、長槍を取って殿舎のかたわらに身を隠し、中臣鎌子連らは弓矢を持って援護する態勢を固めた。海犬養《あまいぬかい》連勝麻呂に命じて箱の中の二本の剣を佐伯連子麻呂《こまろ》と葛城稚犬養《かづらきのわかいぬかい》連《のむらじ》網田《あみた》とに授け、「油断せず慎重にやれ。不意を突いて斬ってしまえ」といった。子麻呂らは飯に水を入れて掻き込んだが、恐怖のあまり吐き出した。中臣鎌子連は叱咤激励した。

ここには、入鹿がかねて政情不穏を察知していて、身から剣を外さないでいたとある。これから起こることについて、入鹿には身に覚えがあるといっているとも受け取れる。またこの場所は大極殿のような大きな殿舎のなかともいうが（当日は雨天だったから、建物外での儀式は予定できなかったはず）、大極殿には皇極天皇だけがいて、古人大兄皇子・入鹿らは殿舎の前庭にいたとも読み取れる。つまり宮門の閉鎖で密室が作られたのではなく、塀で囲まれた閉鎖空間を作ったことになる。その場合、中大兄皇子は「殿の側《かたわら》に隠れたり」とあるので、室内の柱影でなく、別棟のかげに潜んでいたことになるのだろう。

倉山田麻呂臣は、上表文を読むのが終わろうとしているのに子麻呂らが来ないの（で、ことが成就しないこと）を恐れて、身から汗が流れて溢れ、声は乱れ手が震えた。鞍作《くらつくり》（入鹿の別名）臣はその様子を変に思って、「どうして震えおののいているのか」と問いかけた。山田麻呂は、それに「天皇のお側近くにあることが恐れ多くて、不覚にも汗を流している」と答えた。中大兄皇子は、入鹿の威勢を子麻呂らが怖れて、ためらって出ようとしない状況を見て、「ヤア」と掛け声をかけて子麻呂らとともに、不意を突いて、剣で入鹿の頭と肩に斬り付けた。入鹿は驚いて起ち上がった。子麻呂は、手で剣を回して、入鹿の一方の足を傷付けた。

あらかじめ決められていた二人の刺客は、葛城稚犬養網田と佐伯子麻呂だった。中大兄皇子の本名は葛城皇子で、葛城は養育にあたった氏族の名に由来するのだろう。とすればいわば乳兄弟のような信用できる者として、網田が選ばれたことになる。子麻呂は大王直属の近衛軍・親衛隊である佐伯氏の一員であり、大王家としての選任であろう。「子麻呂等の、入鹿が威に畏りて、便旋《めぐら》ひて進まざるを見て」とあり、中大兄皇子は子麻呂らの気持ちを推し量っているので、二人の様子が見える位置だが叱咤や催促の声が掛けられないほど離れた場所にいた。やむをえず、槍を捨て、剣を抜いて、入鹿に斬りかかった。そのときには中大兄皇子の動きに呼応して、子麻呂が襲撃に加わっている。

さもあろうという息詰まる生々しい記述であるが、しかしほかの殿舎のかげから出て行って斬りかかるとなれば、それなりに大きな足音がするし、かなり長い間合いも生ずる。古人大兄皇子・入鹿あるいはほかの参列者に、その突進して乱入する姿を気取られぬはずがない。それなのに、その間、だれも抜き身を持った中大兄皇子の前に立ちはだかろうとしていない。古人大兄皇子が剣を携えていたとすれば、なぜ異母弟を止めにいったり、剣を入鹿に渡したりしないのか。入鹿は、せめて座具などでも使って防戦しようとしないのか。それにしてもこの朝貢儀礼の場には、ほんとうに数人しかいなかったのか。数人しか出席しないという国家的儀式は、設定としておかしくないのか。とはいえもしもこれがここに記された数人の参加者だけでなく、国家行事として廷臣たちが立ち並ぶ儀式だったとした場合は、入鹿暗殺を多くの廷臣しかもこの間入鹿派としてともに執政してきた廷臣たちが揃いも揃って身じろぎもせず、入鹿の暗殺劇をただ見守っていたことになる。そうした想定もまた、まことに不自然である。

入鹿は、大王の御座に転《ころが》りながら辿り着き、懇請して「大王の位に即くべきなのは、天の御子である（と承知している）。臣に何の罪があるのか分からない。よく調べて頂きたい」と言った。皇極天皇は大いに驚いて、中大兄皇子に、「どうしようとしているのか分からない。どんなことが有ったのか」と聞いた。中大兄皇子は、地に伏しながら「鞍作（入鹿）は、天子の王統を全滅させ、大王の位をまさにいま傾けようとしている。どうして天孫を、鞍作に代えてしまえようか」と奏上した。皇極天皇は、そこで起ち上がって殿中に入った。佐伯連子麻呂と稚犬養連網田は、入鹿臣を斬り伏せた。この日は雨が降っていて、溢れた水が庭に満ちていた。そこで（敷物の）席《むしろ》や（屏風状の）障子で、鞍作の死体を雑に覆った。

とあり、入鹿は絶命した。だが、入鹿は、即死したわけじゃない。皇極天皇の「御座《おもと》に転《まろ》び就きて、叩頭《の》みて曰さく」として「臣、罪を知らず。乞ふ、垂審察《あきらめたま》へ」と質問した。女帝はこの質問を中大兄皇子に「知らず、作る所、何事有りつる」とふり、中大兄皇子は「鞍作、天宗を盡し滅ぼして、日位《ひつぎのくらい》を傾けむとす。豈《あに》天孫を以て鞍作に代へむや」と答えた。こんな遣り取りに費やせる時間があったのならば、入鹿の周りには楯となって入鹿を守る人垣が作れたはずでないか。それができなかったのなら、本当に皇極女帝・蘇我石川麻呂と古人大兄皇子・蘇我入鹿しかいない場面だったのだろう。

だがそうとすると、「人と為り疑ひ多くして、晝夜劒持《は》」いていたような入鹿が、こんな不自然で奇妙な国家行事の場になぜ来たのか。来てしまったとしても、なぜ雰囲気にまたあまりに少数者しかいない顔ぶれに違和感を感じてすぐに退席しようとしなかったか。そちらの方が不思議である。

そこで考え直すと、この行事の場はそもそも入鹿をおびき出すために皇極女帝が独自に造り出したか、少なくとも皇極女帝の名を使うことが許された罠だったことが分かる。

この場では、三韓朝貢の上表が行われている。三韓とは、ふつう高句麗・百済・新羅の三種の韓国の呼び名である。この当時、高句麗・百済と倭が連合していたが、新興国であった新羅は敵視されて孤立していた。もちろん貞観十八年（六四四）に唐は高句麗遠征をはじめており、高句麗と百済が新羅と結んで朝鮮半島全体を唐の侵略と直轄地編入から守るよう、三国の結束を呼びかけることも考えられた。だが高句麗は、新羅がかつて隋と連動して国土侵略したことを恨んでその道を選ばずにいた。(2)六四二年十一月には反新羅で百済と同盟しているのだから、新羅をふくむ三韓が揃って上表するはずがない。それなのに、高句麗・百済・新羅が足並みを揃えて朝貢使を派遣してきたというのなら、従来の外交政策が大きく変更されたことになる。その虚実と理由また国際社会の変化の最新情報を確かめようとして、入鹿が参列すると期待したのであろう。それなら、入鹿の出席が予想できる。しかし結果として、三韓が連合した事実はない。また、もしも三韓揃っての朝貢が国際外交上の事実だったことがあるとすれば、入鹿暗殺事件によって上表は中断している。上表文はすべて読まれていないし、朝貢品の献上もまだなされていないのだから、数日中にも改めて催されなければなるまい。だがこの上表・朝貢はそののちやり直された形跡がない。つまりこの朝貢・上表が、もともとすべて虚構だったとみるほかない。吉村武彦氏(3)は「当時、百済・新羅・高句麗の使者も入国しており」（一六七頁）というが、乙巳の変の前の状況については『日本書紀』に五月条がなく、六月初旬の条文は中大兄皇子による石川麻呂(4)の一味への勧誘だけである。乙巳の変の前にすでに三韓の使者がいたという証拠はない。倉本一宏氏は大化元年（六四五）七月二日の三韓朝貢をもって「実際に三国の使者は倭国に到っていた」（二三三頁）とするが、この使者は六月十四日に大王となった孝徳天皇の就任を祝う儀礼的な賀騰極使であって、「乙巳の変のときに予定されていた」とされる三韓朝貢使とは趣旨がまったく異なる。しかも同条では百済の大使は入京しておらず、また高句麗・百済の使者には倭王からの詔が伝えられているのに、新羅使には詔が出されていない。三韓朝貢儀式のやり直しではない、ということである。なお詔が出されていないのなら、新羅からの使者は架空か非公式の使者であって、すくなくとも倭京にいなかったろうし、おそらくは来日もしていなかったろう。

『日本書紀』では、中大兄皇子が主体となって乙巳の変が行われたように記されているが、もしもこの時期の中大兄皇子が虚偽の三韓朝貢という舞台設定を案出し、その捏造した行事を触れ回ったとして、はたしてだれが信用するだろうか。大臣職の入鹿なら、周囲の数人に確認しただけで、「そんな朝貢使節団の入国など、近時聞いたことがない。事実でない」と見抜く。中大兄皇子から召集がかかっても、異母兄の古人大兄皇子でさえ「中大兄皇子が知り得たのなら、廷臣たちも知っているだろうが、そんな話は廷内の誰からも聞いたことがない。聞き違いか、嘘かどっちかだ」と一蹴するだろう。とても殺戮の舞台に呼びつけられまい。小さな家庭での、あるいは職場でのサプライズ・パーティの企画じゃない。『藤氏家伝』(寧楽遺文本)上では「中大兄曰く、情を以て告げんと欲すれども、計成らざるを恐る。告げずして将に黙すべし。又帝を驚かさんことを慮る」(八七六頁下段、原漢文)とあって、迷いはしたが皇極女帝に相談も通告もしていないとある。『日本書紀』の書きぶりを読んだ上での記載だから、『藤氏家伝』も皇極女帝は知らなかったと書いて当然だろう。しかしせいぜい二十歳のまだ政治力も未確認で政治舞台の実績もさしてない皇子が独りよがりに設定した罠など、皇極女帝も出て来はしないし、古人大兄皇子や入鹿が嵌まるはずもない。とすれば、この偽りの舞台設定が入鹿に通用するのは、この朝貢儀礼の場が皇極女帝の名で設定されていた場合にかぎる。三韓の提携・朝鮮半島外交の劇的な転換が報告されるという聞いたこともない情報を中大兄皇子がいってみても信じてもらえないが、皇極女帝がひそかに摑んだというのなら信じる。この舞台を皇極女帝が設定して召集するのでなければ、入鹿は来なかったろう。皇極女帝が「公開の儀式の前に、唐・三韓から伝わってきた極秘情報を、国家中枢の数人だけに披露する会合」とでもあらかじめいっておけば、あまりに少人数の変則な儀式にも、奇妙な雰囲気を感じさせないで済んだろう。

ついでながら石川麻呂は「身から汗が流れて溢れ、声は乱れ手が震えた」とあるが、真正の使節団による儀式だったのなら、真正の上表文を読み終わればいいだけのことで、滞りなく儀式が終わってしまっても何の不自然さすら感じさせまい。彼が汗をかき手を震わせたのは、真正の儀式でないので、何も起こらなければ、このあと「なぜ偽りの儀式の挙行に協力したのか」といわれるからであろう。

それに、この設定が皇極女帝の画策であったことは、何よりも入鹿が喝破してみせている。入鹿は、斬り付けて来た中大兄皇子に「なぜ、自分を殺そうとするのか」と聞いたわけじゃない。ふつう自分が刺されたとき、刺してきた相手に「なぜ自分を刺すのか」と聞く。それなのに、入鹿は転びつつも皇極女帝の御座に近づき、「臣、罪を知らず。乞ふ、垂審察《あきらめたま》へ」と聞いている。皇極女帝がこの場を設定しこの暗殺劇のすべてを仕切っているという現実が眼前にあったことを、このダイイング・メッセージ（Dying Messege 和製英語）はなによりも明確に摑み取って私たちに知らせている。(5)

なおこの理解の方法は、大化五年三月に蘇我倉山田石川麻呂が中大兄皇子を害そうとしていると密告され、「その申し開きを孝徳天皇にさせようとしていることをもって、孝徳天皇の差し金とみる」という見解と同断ではない。この事件は、大化新政府へのクーデタと捉えられたので、中大兄皇子が孝徳天皇に報告し、孝徳天皇から石川麻呂に虚実を問い合わせている。だから石川麻呂からすれば問うてきた孝徳天皇に対して答えようとするのが当然で、この経緯はすこしも不自然でない。

二　中大兄皇子の断罪と入鹿の発言の謎

仕掛けられた偽りの罠に落ちたとしても、そこで断罪された内容は正当なものだったのか。もしも正当な罪だったのなら、もともと白日のもと、正々堂々裁きえたのではないのか。「それはきれいごとで、権力を濫用してくる相手にはこういう形の断罪方法しかない」と反論されようか。それでは水掛け論になってしまうので、一般論はやめ、個々の事実を検討していくこととしよう。

入鹿が断罪されて殺された理由は、殺戮にあたった中大兄皇子本人がその場で語っている。入鹿に問われた皇極女帝が「知らず。作る所、何事有つる」と中大兄皇子にふったので、中大兄皇子は「鞍作、天宗を盡し滅ぼして、日位を傾けむとす。豈天孫を以て鞍作に代へむや」と答えた。これが、暗殺を正当とした理由である。

大王家に取って代わって、大王家の一員でない蘇我氏出身者が大王になろうとしている、という。用明天皇・推古天皇の母である堅塩媛《きたしひめ》と崇峻天皇の母である小姉君《おあねぎみ》がともに蘇我稲目の娘で、大王家親族の中枢に入り込んでいるのは事実である。しかし当時の氏族社会の血統原理は男系を軸に形成されており、妻妾を通じて大王家の一員になっていると称し、その資格によって大王へと推挙されることはない。

また大王家の総帥となった崇峻天皇は、一臣下にすぎない蘇我馬子に暗殺されている。下手人は東漢駒であるが、王宮に送り込んだのは彼の上司である馬子だろう。崇峻天皇が献上された猪を指さして「何の時にか此の猪の頸を断《き》るが如く、朕が嫌しとおもふ所の人を断らむ」(『日本書紀』崇峻天皇五年十月丙子条)といい、その六日後に「蘇我馬子宿禰、天皇の詔したまふ所を聞きて、己が嫌《そね》むらしきことを恐る。儻者を招き聚めて、天皇を弑せまつらむと謀る」(同年十月壬午条)とし、十一月三日の東国の調を奉る儀式において暗殺を実行させた。大臣の馬子はこのように大王を凌ぐ力を見せつけたが、それでもこのあと「大王家の一員」を標榜してみずから大王になろうとはしない。跡継ぎとなりうる相応な年齢の男子王族が見当たらず、大和王権史上初の女帝を立てるほかないという異常事態を迎えていたのに、それでも馬子はそのとき大王位を狙ったりしていない。

いや、筆者からすれば、入鹿がいくら取って代わろうと願っても、もはや遅すぎた。もしも大和王権の王中の王の座は固定された家柄のものでなく、大和王権を当初に形成した氏族出身者のだれでもなりかわれる時期にあったのなら、まだそのように動いたかもしれない。だが、国内事情で大王の座を奪い取れる時期は、とっくに過ぎていた。

その画期が、遣隋使の派遣である。

『隋書』（新人物文庫）によれば、文帝の開皇二十年（六〇〇）に、倭国から「姓は阿毎、字は多利《たり》思比孤《しひこ》、阿輩雞弥《おほけみ》と号し」た人の送った遣隋使が来ていた。文帝は二年前に高句麗遠征に失敗しており、高句麗の東（つまり中国からみれば、高句麗の背後）に位置する国からの遣使に興味を持ったのだろうか。国ぶりを問われた倭国使は「俀王《わおう》は天を以て兄と為し、日を以て弟と為す。天の未だ明けざる時に出でて政を聴きて跏趺して坐し、日出づれば便ち理務を停め、『我が弟に委ぬ』と云ふ」と答えた。文帝は「此れ太だ義理無し」とし「訓《おし》へ、之《これ》を改め令《し》」めた。訓戒された内容は定かでないが、中国の皇帝でも天の子なのだから「天の弟」などと称するのは止めるように文帝からいわれたのだとすれば、倭国はその説諭に応じなかった。煬帝《ようだい》の大業三年（六〇七）、倭国使は「日出づる処の天子、書を日没する処の天子に致す、恙《つつが》無きや、云云」と書き出した国書を奉呈した。「帝、之を覧て悦ばず。鴻臚卿《こうろけい》に謂ひて『蛮夷の書、無礼なる者有らば、復以て聞する勿かれ』と曰ふ」とあるが、国書不受理で即刻帰還を命じられたわけではない。中国としては、国書をおそらく訂正させた上で受理し、(6)

答礼使として文林郎の裴世清を遣わしている。今日的な言葉では国交樹立となったわけだが、当時の東アジア世界には基本的に国家関係は対等という概念がないので、中国の冊封体制内の上下関係のなかに取り込まれたのである。

ところで、倭・日本と隋・唐などとの関係について、日本は中国から国王への冊封を受けていない。「不臣の朝貢国」であって、臣下となっていない、と理解する向きがある。厩戸皇子（聖徳太子）の遣隋使派遣時から平安時代まで、あるいはそれ以降も、日本は中国に対して対等外交姿勢を貫いた、という。しかし「朝貢」をするのは、それだけでそもそも臣下の礼をとったことである。対等外交の論理が日本でいかに通用していると思ってみても、「中国の皇帝から独立した君主を戴くことを隋から認められることによって、朝鮮諸国に対する優位性を主張し、『東夷の小帝国』を構築しようとした」[7]といってみても、どのみち中国には通じない。臣下の礼をとった国書でなければ受理されず、国書奉呈なしでは皇帝に対する朝賀の儀の謁見がなされる含元殿にも入れないのだ。それに玄宗皇帝は開元二十三年（七三五）に日本に帰国する中臣名代に托して「日本国王主明楽美御徳《すめらみこと》に勅す」（大化書局本『文苑英華』巻四七一、一〇九八頁）と書き出した勅書を出している。これを読めば、「独立した君主を戴く小帝国」などと認められてはおらず、中国に朝貢している日本国王と認識され、ふつうに中国麾下の王として冊封されている。外交担当者に、それは理解されていた。日本の国内だけで声高に「中国は対等な隣国であり、国王などの冊封は受けていない」と叫んでみたところで、冊封を受けなければ中国皇帝に面会もできない。観念上はいくらでも虚勢を張れるが、現実には辺土の王として振る舞う。東アジア世界では、この地位で待遇されるのが現実だった。

さて、推古女帝が遣隋使を派遣し、これによって推古女帝は倭国王に冊封された。その現実は、中国使節の裴世清が推古女帝に国書を奉ったことで、国内のだれの目にも確認された。そうなると、中国から任命された倭国王の地位は、その国王の血統、もちろん男系で繋がる血統の者でなければ継承できない。「国内の政治的事情で、日本国王は大王家出身者から蘇我氏出身者に代わられた」と申請してみても、中国皇帝は血統変更の申し出など受け付けない。『魏志倭人伝』（新人物文庫）で親魏倭王・卑弥呼の没後に「復、卑弥呼の宗女の壱与年十三なるを立てて王と為し、国中遂に定まれり。政等、檄を以て壱与に告喩す」（五十三頁）とあるのも、魏帝が授けた親魏倭王の地位はその一族の者に継がせなければならないから、血の繋がりのある「宗女」であったと注記されている。宗女だったから、張政も彼女を後継者と認めて檄を与え、告喩している。あるいは倭の五王が父子・兄弟の関係をことさらに記したのは、血の繋がっていることの確認が重要だったからである。中国の王朝からひとたび冊封を受ければ、もはやほかの氏族など臣下出身者から国王に登ることなどできない。

大王家の長となっている崇峻天皇を殺されたというのに、そのように指示した者の処罰すらできない。まさに大王家の滅亡が懸念されたときである。国内の政界で追い詰められた推古女帝は、乾坤一擲、中国にみずからの地位の保証を求めた。その成果が遣隋使の派遣による、倭国王への冊封だった。

そうとすれば、乙巳の変の当時、倭国王の地位が大王家で継がれていくことはすでに確定している。隋は滅びたが、そのあとの唐にも倭国王は朝貢しており、国王の地位は継続して大王家のものと承認されている。この地位は蘇我氏に取って代わられない。このことだけなら、勝負は一世代前にすでについていた。

蘇我氏として、入鹿（鞍作）として、「天宗を盡し滅ぼして、日位を傾け」ようとか「天孫を以て鞍作に代へ」られるとか思うものか。国際政治のただなかで指揮を執っていた者が、そのことを知らなかったはずがない。入鹿が大王になろうとしていたなどという嫌疑は、まったく根拠のない冤罪である。それなのに帝位を僭称する入鹿像は「妹背《いもせ》山婦女庭訓《やまおんなていきん》」（立作者・近松半二）に描かれて庶民のすみずみまでに知れ渡り、「死人に口なし」でいまもバッシングを受け続けている。

三　古人大兄皇子擁立の実否

蘇我氏はみずから大王になろうとまでしていなかったが、その強大な権勢をよいことに舒明天皇と法提郎女《ほてのいらつめ》（蘇我馬子の娘、蝦夷の従兄弟姉妹）の間に生まれた古人大兄皇子を大王にすべく強権的に相続に横槍を入れようと画策していた、という疑いもあろうか。

山背大兄王も母・刀自古娘は馬子の娘で、古人大兄皇子と同じ立場である。血脈上は山背大兄王の方が「蘇我氏濃度3／4」（倉本氏の表現。系図参照）と親《ちか》しい血脈にあっても、山背大兄王は蘇我氏に対し現実的に非親和的。そうしたことから、蘇我氏としては「蘇我氏濃度1／2」の古人大兄皇子を擁立して大王にしようと考えていた。だが皇極天皇四年の時点では中大兄皇子が二十歳で、古人大兄皇子もまたそれくらいの弱年者であった。即位の年齢を三十歳前後とした場合、即位へのあらわな策動をはじめるにはまだ早い。それでも、舒明天皇と皇極女帝の間のもっとも血統のよい中大兄皇子を排除するための争いがやがてこの先にかならず起こることが見込まれた。それが中大兄皇子やその母・皇極天皇には大きな不安材料となっており、懸念払拭のために古人大兄皇子と後援者を一度に葬

大王家・蘇我氏関係系図

※数値は倉本一宏氏著『蘇我氏』に倣い蘇我氏濃度を記したもの。□は皇族

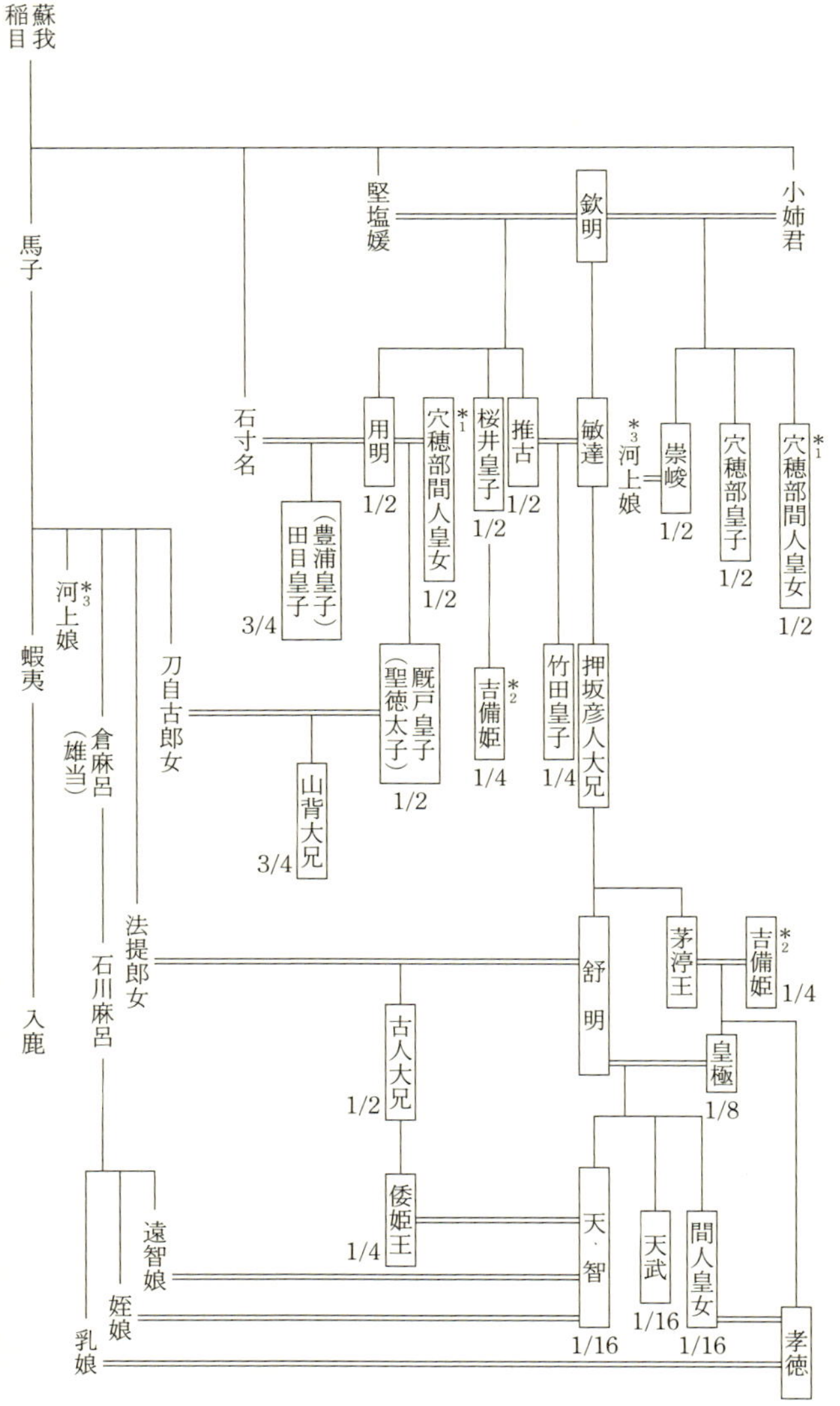

ったのが乙巳の変だった。先手必勝の入鹿暗殺と見なすこともできる。

しかしこの考えは、事実によって否定される。古人大兄皇子は、不確実なまま当て推量されている年齢より、はるかに高いはずだからだ。

古人大兄皇子は、舒明天皇の長子である。

『本朝皇胤紹運録《じょううんろく》』(群書類従本、第五輯)によれば舒明天皇は、
推古元年癸丑降誕。天皇元年己丑即位(三十七)。十三年辛丑十月十二日崩(四十九)。葬于押坂陵。大和国十市郡高市岡本宮。

とあり、推古天皇元年(五九三)の生まれである。

『日本書紀』皇極天皇即位前紀によると、正妻・宝皇女の立后は舒明天皇二年(六三〇)である。宝皇女はかつて高向王《たかむこおう》と結婚していて、漢《あや》皇子という子もいた。その後の再婚で舒明天皇との間に生まれた中大兄皇子が舒明天皇十三年に十六歳だったとあるから、宝皇女の入内《じゅだい》は推古天皇三十三年(六二五)以前である。そのとき舒明天皇は三十三歳であるから、宝皇女は初婚の相手でなかろう。法提郎女《ほてのいらつめ》が先んじて入内していて、古人大兄皇子がすでに儲けられていたとして少しも不自然でない。かりに舒明天皇が推古天皇十七年に十七歳で法提郎女と結婚し、順調に妊娠・出産に至ったとすれば、古人大兄皇子は推古天皇十八年(六一〇)の誕生となる。その古人大兄皇子が十八歳の推古天皇三十五年に結婚すれば、推古天皇三十六年(六二八)に娘の倭姫王《やまとのひめみこ》が得られる。

これを世代の下側から探ってみると、古人大兄皇子の娘・倭姫王は中大兄皇子の大后である。これはたぶん蘇我蝦夷・入鹿らのかかわった政略結婚で、これによって古人大兄皇子は中大兄皇子の異母

兄であると同時に、岳父ともなった。中大兄皇子は舒明天皇十三年に十六歳だから、大化元年（六四五）乙巳の変のときには二十歳。中大兄皇子がかりに皇極天皇二年（六四三）に十八歳で倭姫王と結婚したとして、倭姫王が当時の結婚適齢期である十六歳だったとすると、倭姫王は推古天皇三十六年に生まれだったことになり、さきほどの上の世代からの推定年齢と一致する。この推定が違っていたとしても、せいぜい前後するのは一二年《いちにねん》であろう。

乙巳の変より前に中大兄皇子と倭姫王との婚姻がなされたと推測したのには、二つの理由がある。

第一に、乙巳の変以後であれば、この婚姻に政略結婚の意味がなくなるからである。蝦夷・入鹿父子から力づくで政権を奪い取った中大兄皇子が、入鹿が大切にし庇護していた古人大兄皇子の娘を娶る理由がない。乙巳の変後とくに古人大兄皇子の「謀反」事件後に倭姫王との婚姻を持ち出すのは悪い冗談であり、どちらからも嫌悪され敬遠される話である。かりに後宮に入れるとしても、謀反人の娘と知られている皇女をわざわざ大后に迎えるものだろうか。また倭姫王からすれば、謀反による正当な処刑だったといわれようと、ともかくも父の仇にあたる中大兄皇子と結婚するとなれば、なんともおぞましい因縁話となってしまう。この政略結婚が祝福されなくともよいが、無理なく意味あるものとして成り立ちうるのは、皇極天皇治世下の三年半ほどのこととみるのがよいと思う。

大化元年（六四五）九月（または十一月）の古人大兄皇子の謀反時には出生しておらず、その翌年生まれたとみる意見もある。(8) 中大兄皇子は即位時に皇后になれる皇女を探していて、天智称制二年（六六二）に倭姫王が十七歳になるのを待っていた。天智天皇はそのとき三十八歳で、後宮に古人大兄皇子の忘れ形見である倭姫王が迎え入れられた、とする。ほかに適当な皇女がいなかったからだというが、どうだろうか。[9] この場合なら、倭姫王が古人大兄皇子十八歳のときの子とすると、古人大兄皇子は中大兄皇子より二歳年下の推古天皇三十六年（六二八）生まれとなるが、その蓋然性は低いと思う。というのも、第二の理由があるからだ。倭姫王の結婚は、古人大兄皇子の謀反より前と考えなければならない。それは『日本書紀』大化元年九月丁丑条に、

> 中大兄は菟田朴室《えむろのふる》古と高麗宮知《みやしり》に兵若干を率いさせて、古人大市皇子らを討たせた。ある本に云うには、十一月の甲午の三十日に、中大兄は阿倍渠曽倍《あべのこそべ》臣と佐伯部子麻呂の二人に兵四十を率いさせ、古人大兄を攻めて、古人大兄と子とを斬らせた。古人大兄の妃妾も自経して死んだという。またある本に云うには、十一月に吉野大兄王は謀反しようとし、事が発覚して誅に伏したという。

とあるからだ。

政界を引退して吉野に籠もることにした古人大兄皇子だったが、追い討ちを掛けるように謀反を画策していると密告される。この事件によって古人大兄皇子とその一族・従者は阿倍渠曽倍臣・佐伯部子麻呂らの率いる兵士の襲撃を受け、『日本書紀』には「古人大兄と子と」が斬殺されて「其の妃妾、自経《わな》きて死す」と見える。吉野に籠もって息を潜めていた古人大兄皇子の一族は本人・子・妃たちすべてが殺され、族滅させられたのである。この記事を読んだあとで、ここから逃れた貴人や妊婦がいたと思うべき理由がない。吉野にいなければ、飛鳥ならば生きながらえたろうか。しかし中大兄皇子が支配している飛鳥のなかに、蘇我大臣家に支えられてきた古人大兄皇子やその一族が身の置きどころを見つけられるとは思えない。皇極天皇四年（大化元年）六月十四日に古人大兄皇子が吉野へと退

去したとき、古人大兄皇子の一族はこぞって吉野に入ったろう。そのとき、飛鳥の地に一族のだれかを残しておく方が不自然である。そうとすれば、倭姫王もふつうなら父とともに殺戮されていた。それなのに、こうした古人大兄皇子一族の追討・斬殺という悲劇にも拘わらず、なぜ古人大兄皇子の娘が生きていられるのか。倭姫王は御落胤、つまり系図に後胤として記載できないほど賤しい生まれの皇女だったのか。でも彼女はのちに大后となれたのだから、取るに足りない卑母所生の皇女などでありえない。尊貴・高貴な姫君であったはずだ。その倭姫王が、どうして殺戮された「古人大兄と子と」のうちに入らないで済んだのか。

それは、父の謀反事件が起きた時点で、彼女がすでに中大兄皇子の正妻の地位にあったからだろう。謀反したとされた父の縁座を免れうる方法は、ほかに考えがたい。

のちの大化五年三月、蘇我倉山田石川麻呂が一族の蘇我身刺の密告で謀反の嫌疑をかけられ、跡継ぎだった興志や法師・赤猪などとともに山田寺で族滅させられた。そのさい、石川麻呂の娘・造媛《みやつこひめ》（遠智娘）は一族の悲劇を嘆きつつ死没したというが、少なくとも縁座になっていない。同様に考えれば、倭姫王の父が謀反容疑で誅殺されてもなお縁者として獄に繋がれず、謀反の縁座による処刑を免れえたのは、すでに中大兄皇子の妻となっていたから。そうでなければ、吉野で殺害されていたか、あるいは縁座によって刑死していたはずなのだ。

また天武天皇元年六月・七月の壬申の乱で、左大臣・蘇我赤兄は捕らわれて、配流とされた。右大臣・中臣金が斬刑に処せられているのに、同格の赤兄がやや軽くされたのは、赤兄の娘・大蕤娘《おおぬのいらつめ》のせいである。大蕤娘本人が縁座を免れているのもそうだし、それだけでなく父・赤兄の減刑を嘆願できたのも、すでに大海人皇子（のちの天武天皇）の妃だったからである。

中大兄皇子と倭姫王は、皇極朝の三年半の間のどこかで結婚していたのだ。あれこれと不自然な想定をするのをやめるなら、この三年半ほどが、穏当な結婚がなされうる時期である。古人大兄皇子がその時期の倭姫王の父となろうには、推古天皇十八年前後に誕生していなければならない。結婚して子・倭姫王が作れる年齢にならないからだ。そうすると古人大兄皇子は、すでに舒明天皇が没した舒明天皇十三年にはすでに三十二歳前後になっていた。

そうなると皇極天皇は、なぜ即位したことになるのか。

蘇我蝦夷・入鹿が古人大兄皇子を擁立していて、ほかの皇子の即位をかたくなに承認しない。そこに舒明天皇（田村皇子）とかつて大王位を争った山背大兄王が「奪われた大王位」を取り戻そうと主張し、さらに舒明天皇の皇后所生の年少候補者である中大兄皇子がいる。鼎立する候補者の諍いを避けるために間に割って入り、とりあえず大王位を埋める。古人大兄皇子と中大兄皇子の成長を待ち、しかるべき時期に三者のうちから最適任の大王を選抜するが、いまはその争いを先き送りにする。そういう状態だったからだと理解されてきた。

だが、古人大兄皇子が舒明天皇の没時に三十二歳前後だったのなら、蘇我蝦夷・入鹿が大臣家としての権力を本気で振るえば、大王に推挙・擁立しえたのではなかったか。すでに大王気取りの力を見せつけていたとあるではないか。すくなくとも三十二歳の皇子なら「大王候補とするにはまだ若すぎる」とはいえまい。『日本書紀』皇極天皇二年十月戊午条に「蘇我臣入鹿、独り謀りて、上宮の王等を廃てて、古人大兄皇子を立てて天皇とせむとす」とあり、注記にも「蘇我臣入鹿、深く上宮の王等の威名ありて、天下に振すことを忌みて、独り僭《ひところ》ひ立たむことを謨《はか》る」とある。しかし、なぜ古人大兄皇子を立てようと謀るのが皇極天皇二年なのだ。それまでの蘇我氏は、何をしていたのか。そう考えていたのなら、二年前に皇極天皇をなぜ即位させたのか。どうしても古人大兄皇子を即位させたかったのなら、三十二歳の古人大兄皇子を皇極天皇の即位を抑えて実現させていたろうが。ここでの皇極女帝の登極が誰かの成長を待つためで、三十二歳の古人大兄皇子の登極を看過ごしたのなら、もはや中大兄皇子の成長を待つための中継ぎ大王だったとしか受け取れまい。

　かりに蝦夷・入鹿がかつて古人大兄皇子の即位を期待したことがあったとしても、皇極天皇の即位前に断念していたはずだ。皇極天皇二年の時点では、むりやり古人大兄皇子を即位させようと謀って、あたかも大王家であるかのような権勢を振りかざして、皇極天皇に圧力をかけたりなどすまい。それにしても没時が三十六歳とすれば、古人大兄皇子の本人もそうだが、その子たちですら十六～七歳あたりになっていたろう。蝦夷は、娘たちを古人大兄皇子妃になぜしないのか。王子たちの生母が蘇我氏の娘だったとはいわれていない。また適齢期になった王子たちに、蘇我氏から妃を入れようとしたともない。稲目・馬子の子女は大王家に数多く入内しているのに、かりに入鹿は若かったとしても、本宗家の蝦夷は古人大兄皇子や軽皇子（孝徳天皇）・中大兄皇子・大海人皇子など周縁の皇子たちになぜ妃を入れていないのか。あるいは蘇我本宗家が古人大兄皇子のみに的を絞って期待を寄せていたとして、そうした蘇我氏濃度の高い蘇我氏系の王統を作ろうとしていたという形跡が、系図からはまったく見取れない。滅ぼされた蝦夷・入鹿の子女や古人大兄皇子の妃の名について、『日本書紀』が筆誅の意を込めて消し去ったともいえるが、編纂に当たってそういう観点からの操作をしていたのなら崇峻天皇を弑殺した馬子の子女名も溯って消去されたはずだ。ともあれ蝦夷・入鹿父子が大王家の血脈に絡みつつ権勢を奪い取ろうとしている様子は、筆者に感じられない。蝦夷・入鹿のほんとうの権力内容は、あるいは権力保持の展望は、どういうものだったのだろうか。

そもそも『日本書紀』の記述からは、舒明天皇の没時の蘇我氏に古人大兄皇子を大王に押し上げる心づもりがあったという形跡すら見えない。蝦夷・入鹿には、はなから古人大兄皇子の即位の心づもりなどなく、厩戸皇子（聖徳太子）のように古人大兄皇子を大王の補佐役にするくらいが当座の希望でなかったか。少なくともそれから三年半たった皇極天皇四年六月という時期に、そうした野望などまったく懐いていなかったろう。大化元年九月十二日にあった古人大兄皇子の謀反計画は蘇我氏傍流の田口川堀がなおも古人大兄皇子を立てて謀反を企てていた証拠とされているが、川堀の付き添いは蘇我氏としてのいわば配慮・後始末である。その動きまで謀反の準備とされては、たまったものでない。蘇我蝦夷・入鹿の政治力は大王家をしのぐほどに強大であったかのように『日本書紀』には描かれているが、じっさいには中央豪族の娘所生の古人大兄皇子を皇后所生の中大兄皇子より優位に立たせるていどですらできない、正史に傷痕を留めるほどの争いに持ち込むことすらできない、そんな政治力しか持ち合わせていなかったのである。

これは議論の余地のある解釈だが、舒明天皇は蘇我氏が勢力基盤としていた飛鳥をことさらに離れ、王宮の百済大宮を磐余に造り、その東に百済大寺（桜井市吉備の吉備池廃寺か）を造らせた。これが蘇我氏の軛《くびき》から離れることをほんとうに意味するのなら、「それを抑えきれなかった蘇我蝦夷の政治力はさほど強くなかった」とも受け取れる。(10)

そうなると今度は、大王位の継承をめぐる争いがなかったのなら、なぜそれでもなお蘇我大臣家をこのときに滅ぼさなければいけなかったのか。それが疑問になる。

四　山背大兄王殺害事件の謎

『日本書紀』には、蘇我入鹿の滅亡を予感させる記事がある。それが山背大兄王の討滅事件である。

皇極天皇二年（六四三）十一月一日、入鹿が動いた。

蘇我臣入鹿は、小徳冠の巨勢徳太臣と大仁冠の土師娑婆連を遣わして、斑鳩にいる山背大兄王らを襲撃させた。〈ある本が云うには、巨勢徳太臣と倭馬飼首を将軍としたという。〉この襲撃にさいして、（山背大兄王側の）奴の三成と数十人の舎人とが防衛に出て抗戦した。土師娑婆連は、そのなかで箭に中《あた》って討ち死にした。軍衆はその勢いに怯《ひる》んで退いた。討伐軍のなかの人は「一人で当千というのは三成のことをいうのか」と語り合った。山背大兄王は、そこで馬の骨を取って寝室に投げて置いた。そして妃や子弟らを率いて、戦いの合間を見計らって逃げ出し、胆駒山に隠れた。三輪文屋君と舎人の田目連、その娘の菟田諸石《もろいし》と伊勢阿部《（ママ）》堅経《かたぶ》が従者として付いていった。巨勢徳太臣らは斑鳩宮を焼き、灰のなかにある骨を発見し、王が死んだと誤解し、囲みを解いて退去した。これによって山背大兄王らは四五日ほど山中に留まっていて、食事を取らなかった。

とあり、生駒山中に逃げ込んだ。三輪文屋らは「深草屯倉《みやけ》（山背国紀伊郡深草郷、現在の京都市伏見区の深草）まで歩いて行き、そこから馬で東国に入って上宮王家の乳部《みぶ》を中心に動員をかけるように」と勧めた。しかし山背大兄王は「自分の身一つのために人々を使いたくないし、自分のために父母が死んだとかいわれたくない」として、「豈《あに》其れ戦ひ勝ちて後に、方《まさ》に丈夫《ますらお》と言はむや。夫れ身を損《す》てて国を固めば、亦丈夫にあらずや」といったという。

生駒山中にいるところを見た者がいて、入鹿に報告した。そこで、入鹿は、これを聞いてたいへん恐れた。すぐに軍を徴発し、山背大兄王のいる場所を高向臣国押に伝えて曰った。「速やかに胆駒山に向かい、王を捕捉しなさい」と。ところが国押は「私は天皇の宮を守るのが仕事ですから、外に出られません」と答えた。仕方なく、入鹿は自分が軍を率いて向かおうとした。そのとき古人大兄皇子が息せき切って駆けつけ、「どこに行こうとしているのですか」と問いただした。入鹿は、くわしくその経緯を説明した。古人皇子は、「鼠は穴に隠れて生き、穴を失って死ぬものだといいます」といった。入鹿は、そこで行くのを止めた。代わりの軍将らを遣わして、胆駒を探索させた。しかしついに捕らえられなかった。

とあり、高向国押が出動を嫌がったために、入鹿がみずから軍を率いようとした。しかし古人大兄皇子が「もし本拠を離れたならば、いかなる難にあうかも知れがたい」（日本古典文学大系本、二五二頁・頭注一）といって押しとどめ、ほかの「軍将等を遣りて、胆駒に求めしむ」ということになった。当座は立て籠もって身を隠していても、発見されるのはもはや時間の問題となって、

ここで山背大兄王らは胆駒山から帰還して、斑鳩寺に入った。軍将らは、そこで兵で寺を囲んだ。山背大兄王は三輪文屋君を遣わし、包囲している軍将らにこう述べさせた。「私が兵を集めて入鹿を伐つならば勝利は必定だ。しかし自分一人の身を守りたいがために、一般の人々のいのちを害《そこな》うようなことは望まない。だから、私はこの身一つを、入鹿に呉れてやる」といい、ついに子

弟・妃妾ともろとも自経して一緒に死んだ。

とあり、上宮王家は亡んだ。

蘇我大臣蝦夷は、山背大兄王らが総て入鹿によって滅ぼされたと聞いて、怒り罵って「あぁ、入鹿はまったく愚かで、悪逆をやり通してしまった。みずからの身命が、これで危殆《きたい》に瀕《ひん》することになるのではないか」といった。

とあって、「入鹿の軽はずみな行ないは身を亡ぼす」と蝦夷は予見した、という。

以上の記述からすれば、山背大兄王一族の討滅は入鹿の独断で行われたことが明らかである。しかし入鹿は、なぜ山背大兄王を討ち取らなければならないと思うのか。すでに述べたように、皇極天皇二年十月戊午条に「蘇我臣入鹿、独り謀りて、上宮の王等を廃《す》てて、古人大兄を立てて天皇とせむとす」「蘇我臣入鹿、深く上宮の王等の威名ありて、天下に振すことを忌みて、独り僭ひ立たむことを譲る」とあっても、古人大兄皇子を立てるつもりだったなら、つとに立てられる年齢だった。年齢の問題ではなく、ようするにどうやっても古人大兄皇子では大王に立てられない。だから、二年前に皇極女帝の即位を承認したのだ。いまさら古人大兄皇子を立てるために、山背大兄王を倒す必要などない。かりに自分の命令だけで動く軍を興して倒そうとしたのなら、古人大兄皇子のためには、皇極女帝と中大兄皇子をこそ排除すべきだ。

それになによりも、山背大兄王がこの時点で倒さなければならないほど大王の有力な対立候補でありえたのだろうか。

推古朝の末には、たしかに有力な大王候補だった。推古天皇三十六年（六二八）には田村皇子（のちの舒明天皇）と山背大兄王がそれぞれ病床に呼ばれ、遺詔を受けている。田村皇子を後継に指名する内容に思えるが、山背大兄王は我こそが大王に指名されたと主張した。二つの詔を一緒に聞いていれば田村皇子こそが本命だとも思えたろうが、一つしか聞いていないなかでしかも欲も絡めば「自分こそが大王に推挙されている」と思ってしまったとして、その気持ちがわからなくもない。思い込んでしまえば、二つ並べられてももはや聞く耳を持つまい。その当否はともあれ、ともに優劣を付けがたいほどに拮抗した大王候補であったことに違いあるまい。だから二人を選んで呼びつけたのであり、このときはたしかに有力者だった。[11] しかし「だから舒明天皇の没時にも、あるいは皇極天皇二年の段階でもなお有力後継候補であった」ということにはならない。十数年前は、大王であった欽明天皇からみてともにその曾孫にあたり、田村皇子は敏達天皇の孫で押坂彦人大兄皇子の子、山背大兄王は用明天皇の孫で厩戸皇子の子である。ともに父が大王でないという欠点はあるが、長所も短所も同等で、肩を並べるところに位置していた。そうだから対等な資格保持者として、遺言の内容と解釈をめぐる争いが演じられたのである。

このことから、欽明天皇を起点として第五世代目にあたる年長の皇極天皇・軽皇子（のちの孝徳天皇）が即位していき、それが尽くされてから弱年の古人大兄皇子・中大兄皇子の世代に大王位が回ると考えられていたとみなす見解も出ている。[12] 孝徳天皇となった軽皇子はもともと有力な皇位継承者の一員だった、という説である。これを援用すれば、四世代目の山背大兄王はまだまだ有力候補者であり続けていたかもしれない。

たしかに、この時代には、同世代の諸皇子を対等に子とみなして、同世代の皇子をつぎつぎ即位させ、その次の世代が成長してきたら、次の世代に交代している。そういう原則があたかも宮廷内で承認されていたかのようにいわれている。[13]その例として、まずは仁徳天皇の子で皇后・磐之媛所生の履中天皇・反正天皇・允恭天皇の三大王、允恭天皇の次世代の安康天皇・雄略天皇があがる。ついで欽明天皇の子の敏達天皇・用明天皇・崇峻天皇・推古天皇が、そうであった好例として取り上げられてきた。履中天皇からの世代や安康天皇の世代は、その年齢の記事が信用できないので想像するほかない。そのなかだが、履中天皇の在位は六年、反正天皇の在位は五年とある。すなわち、この二大王の子世代がまだ未成長だったので、弟に大王位を譲ったのであろう。敏達天皇も十四年の在位中に、押坂彦人大兄皇子・竹田皇子が三十代の壮健な皇子に育っていたのなら、大王の子として後継者となっていたろう。しかしそうでなかったから、弟たちに大王位が回ったにすぎない。同世代の皇子たちを尽くしてから、次世代に回すなどという原則などなかった。偶然に起きた事柄を、必然的なものと読み取ってしまっているのである。

ついでにいえば、遠山氏は桓武天皇のあと、平城天皇・嵯峨天皇・淳和天皇の三兄弟が相次いで即位したことも、「彼らにそれぞれ異母姉妹を娶らせて皇統を樹立させ、これら複数の皇統から交互に天皇を立てるという構想（皇統迭立）を打ち出そうとしていた。それは、男子に恵まれなかった聖武天皇が皇統の存続に苦慮したことなどを教訓として考え出されたものであった」[14]と評価している。しかしじっさいは、桓武天皇が子をなすことを止められていたために第一皇子の出生が遅れ、大同元年（八〇六）五月の平城天皇即位時に嫡子・高岳親王が八歳でまだ十分成人に達していなかったから、神野親王（のちの嵯峨天皇）を皇太子とした。嵯峨天皇が大同四年に即位したときに子・正良親王（のちの仁明天皇）はまだ生まれておらず、高岳親王の廃太子後は、弟の大伴親王（のちの淳和天皇）を皇太子とせざるをえなかった。淳和天皇は、即位できると思っていなかったので、皇統を返還するつもりで正良親王を皇太子に迎えたのである。この三者の遣り取りから皇統迭立という構想の存在を読み取るなど、無理である。

桓武天皇以降のことはともあれ、七世紀中葉当時の人が、いつまでも欽明天皇を起点として大王候補者世代を計算する考え方をとっていたとはとても思えない。

田村皇子と山背大兄王のときは、直近の大王の子世代で血統のよい皇子がすべて死没していたという特殊な状況があった。だから田村皇子と山背大兄王とが、ほぼ同等な皇位継承の候補者でありえた。そのことを引きずって、中村修也氏は「舒明が崩御したならば、次の大王には山背大兄が約束されていたはず[15]」なのに、皇極天皇が葛城皇子への譲位の方針に心変わりした。だから山背大兄皇子を抹殺する必要が生じたとまでする。だが、そんなドラマを作らなくてもよかろう。ひとたびあたらしい大王が即位してしまえば、直近の大王つまり舒明天皇の子たちが、なによりも有力な皇位継承候補である。舒明天皇の子である古人大兄皇子と中大兄皇子が群を抜いて有力な皇子と見なされて当然で、過去の大王の孫で、その父が大王でなかったような人がいつまでも大王候補として有力視されていたはずがない。倉本氏も「この時期、旧嫡流蘇我系王統の二世王や三世王というのは、ほとんどの支配者層にとっては、『旧世代の遺物』と認識されていたはず[16]」と見なされている。これがその当時の、穏当な人物評価であろう。

とすれば、入鹿はそんな過去の人である山背大兄王をなぜわざわざ討滅しにいったのか。父・蝦夷の同意・承諾すら得られていないというのに。

入鹿にとってとくに必要性のなかったことを、父である蝦夷の諒解も得ないうちに、それでも討伐軍を出させる。そんなことをさせられるとすれば、それは誰なのか。しかもこの討伐軍には、軽皇子(のちの孝徳天皇)が加わっている。吉村武彦氏も、入鹿は「『上宮聖徳太子伝補闕記』では軽皇子(後の孝徳天皇)、『藤氏家伝』によれば諸皇子と謀って行動を起こしたという。どうも入鹿の単独行動ではなかったようだ」[17]と推測されている。臣下である入鹿に皇子を独自に動員する権限はなかろうから、与力するように命じた任命権者がいることになる。それは、皇極女帝しかいない。皇極女帝が命じたから、軍を興した。軽皇子も軍に加わった。その行為の当否を父に問う暇もなく、ただちに軍を組織させ、斑鳩宮に送り込ませる。それだけの判断力と決定権限を持っているのは、皇極女帝くらいしか思い当たらない。ほかの誰にこんな動かし方ができるというのか。

では皇極天皇が山背大兄王を忌避し、これを討伐したいとまで思うとすれば、それはどういう理由か。考えられるのは、押坂彦人大兄皇子系の皇統に対する反撥が山背大兄王にあったからだろう。宮廷びとからすれば、山背大兄王はすでに次期の大王候補から外れている。しかし田村皇子に敗れたことを認めずにことあるごとに繰り返して「推古天皇の遺詔で選ばれたのは自分だ」と称していたとするなら、押坂彦人大兄皇子系に属する皇極女帝にとっても、山背大兄王は鬱陶しい存在だったろう。とくに舒明天皇の没後に、皇極天皇の登極に先立って「いまこそ、簒奪された大王位を自分に戻せ」と主張していたとなれば、不快感を抑えきれまい。「用明天皇・厩戸皇子系の執着」に対する「敏達天皇・押坂彦人大兄皇子・舒明天皇系の防衛」とでもいえようか。

『日本書紀』にもとよりそうした記事などなく、すべてが入鹿が「古人大兄皇子を大王に」という企てのせいとされてしまっているので、いまその実相を窺うことができない。それでもこののち皇極女帝の執政内容に不満がある場合、反対派が山背大兄王のもとに結集する恐れがある。しかも山背大兄王が聞いたという推古遺詔には「汝肝稚《きもわか》し。而して諠《とよ》き言ふこと勿《まな》。必ず群臣の言に従ふべし」（『日本書紀』舒明天皇即位前紀、二二〇頁）とあったといい、「群臣の支持さえ受ければ登極できる」という気持ちでいることはなおありうる。舒明天皇の子が次の大王となるという宮廷内の合意があったとしても、声高《こわだか》に言われ続ければ、葬り去っておきたいのかもしれない。

宮廷内の合意があるうちに、反対派の芽を摘んでおいて悪くない。だから謀反に準じて、大臣家に討伐を命じたのだろう。しかし歴然たる謀反の証拠などなく、見解の相違にすぎないので、大王の指示による公的な征討という名目を削ってしまった。征討軍の総帥に昇らせてから、それを下命した本人が正当性の梯子《はしご》を外し、それは入鹿の独断だったと決めつけた。父・蝦夷の歎きは、「皇極女帝の口車に乗せられて、皇極天皇の得にしかならない山背大兄王討伐など引き受けるなんて」という意味だったのだろう。皇極天皇は、先にも見たように、自分がお膳立てした乙巳の変の舞台でその首謀者だと入鹿から見抜かれているのに、なお自分の関与を『日本書紀』の記事・宮廷の記録から外させている。そうであれば、入鹿に下命したことなど消去させられよう。大王の立場でじかに下位の者を陥れる政変に手を下した事実は、『日本書紀』では極力外されているように思う。水谷千秋氏(18)によると、『日本書紀』には「（敏達）天皇、仏法を信けたまはずして、文史を愛みたまふ」（即位前紀）とあるだけだが、『元興寺伽藍縁起并流記資財帳』（寧楽遺文本）には「他田天皇、仏法を破らむと欲し、即ち此の二月十五日、刹柱を斫き伐り、重ねて大臣及び仏法に依る人々の家を責め、仏像・殿、皆破り焼き滅ぼし盡しき」（三八五頁）とある。これに対して、「天皇への遠慮から書かなかったのだろう」とされている。大王・天皇の直接的な指示・企画で政変・事件が起こることはじっさいあったろうが、『日本書紀』には極力書かないよう、大王の行動は空白にあるいは中立的に表記するよう努めていることが窺えよう。

皇極天皇をはじめとする押坂彦人大兄皇子系の人たちには目障《めざわ》りであったとしても、ともあれ入鹿だけが突出してこの時点で大王の有力候補でもない山背大兄王を討つ必要などない。入鹿が独自に発案して、勝手に討伐軍を送り込むことなど考えがたい。すくなくとも入鹿は、謀反人とはいえない山背大兄王を討つという暴挙を企画していない。とすれば、他者たぶん上位者の命令にすなおに従っただけであり、その入鹿が誅殺されるべき理由はここにない。

五　入鹿暗殺の理由は何か

『日本書紀』には右の諸事件以外に、自邸を宮門《みかど》と呼ばせ、子たちを王子《みこ》と称し（皇極天皇三年十一月条）、寿墓（生前から自分のために用意する埋葬施設）として大陵・小陵という雙墓《ならびのはか》を造らせ（皇極天皇元年是歳条）、大王しか催してはいけない八佾の儛を挙行した（皇極天皇元年是歳条）とある。『論語』巻二・八佾第三には「孔子、季氏を謂はく、八佾《はちいつ》、庭に舞はす。是れをも忍ぶべくんば、孰れをか忍ぶべからざらん」（岩波文庫本、三十九頁）などとあり、天子は八人×八列の、諸侯は六人×六列の、卿大夫は四人×四列の、士は二人×二列の舞を催すことしか認められていない。その分を越えたという。しかしこの手の非難・悪口は、ほんとうに彼らがしていたことなのかどうか、確認しようもない。悪い奴等だというイメージを与えるために、飲み屋で「社長」「部長」とかいわれて悦にいっていたのを重役会議でことさらに取り上げ、これでもかという意地の悪い書き込みをわざとしているように思える。

でも、たとえば寿墓として大陵・小陵を築造させるというが、まだこのさきに雄飛しようと志しているはずの入鹿がみずから父・蝦夷とせいぜい同規模とかあるいはより小さな墓を造らせようと思うものだろうか。もしも高い志があれば、このさきもっと政界で活躍して、父を超える業績を上げてそれに見合う大規模な墓を独自に造らせようと考えるだろう。『日本書紀』も「入鹿、自ら国の政を執りて、威、父より勝れり」とあるではないか。子として親を超えようと志すくらいはするものだろう。それがまるでこの先の滅亡を知っているかのように、「蝦夷より劣る小陵を造らせようとしていた」で済まされようとしている。私には、そのように見えてしまうのだが。

こうして、入鹿が大王に取って代わろうとした事実はなく、みずからの意思として山背大兄王を討伐したのでないとなれば、なぜ入鹿は倒されなければいけなかったか。

拙稿「蘇我はどういう氏族だったか[19]」にも蘇我氏の開明性について述べたが、見通しとしては倉本一宏氏が「渡来人を配下に置いての技術や統治の方式、またミヤケ（屯倉）の経営方式に見られる地方支配の推進を見ていると、蘇我氏主導であっても、つまり、たとえ乙巳の変や白村江の戦や壬申の乱が起こらなくても、遅かれ早かれ、いずれは倭国は古代国家へと到達していったのではないかと思われる[20]」とするように、蘇我氏主導でも中国に倣った中央集権国家に移行できたと思う。

現に、『藤氏家伝』(寧楽遺文本)の大織冠伝には、

嘗て群公子、咸、旻法師之堂に集ひて、周易を講ず。大臣(鎌足)後に至るに、鞍作起立し、抗礼して倶に坐る。講訖りて将に散ずるとき、旻法師、目を撃せて留む。因りて大臣に語りて云く、「吾が堂に入る者、宗我太郎に如くは无《な》し。但し公の神識奇相は、実に此人に勝れり。願くは深く自愛せよ」と。

(下巻、八七五頁下段。原漢文)

とある。『藤氏家伝』のこの記述は、石川年足が提出した石川氏(蘇我氏の傍流家)の「家記」の記事の剽窃である。石川氏の家記の叙述のなかに、鎌足の素晴らしさを語らせようとして、鎌足を敬愛する仲麻呂が「但し」以下の一文を入れ込んだのだと思う。(21)「如くは无し。但し……、××は此人に勝れり」という繋がりの悪すぎる文章が、改竄の傷痕をそのまま留めてくれている。それはともかく、石川氏の「家記」によれば鞍作すなわち入鹿が僧旻の私塾に通って、中国の制度を学んでいたのである。したがって、入鹿が中国的な律令《りつれい》に疎《うと》かったわけではない。むしろ僧旻は「吾が堂に入る者、宗我太郎に如くは无し」といっているのだから、きわめてよく理解できていた。それならば、日本の進むべき道も弁《わきま》えられていたであろう。中大兄皇子の主導でなければ中国的な中央集権国家を樹立できなかったというわけじゃない。

そうなるとこの時期の政界において、意見・構想がわかれるような問題は、ただ一つだったろう。それは、きたるべき中央集権国家建設のイニシャティブの争奪戦である。

乙巳の変の前年(六四四年)、唐は朝鮮半島への侵攻をはじめた。隋に屈しなかった高句麗を遠征するためだったが、唐は朝鮮半島を版図に入れるつもりであって、その牙は早晩朝鮮全土に向くもの

であった。そのことは高句麗滅亡後に明らかとなり、朝鮮半島は唐の直轄領に編入され、新羅は自治州とされるところだった。そのことが事前に知られていたかどうか明らかでないが、このときの中大兄皇子は唐軍に対抗するのに唐に倣った中央集権国家体制の導入が急務と考えており、その方向性は稲目・馬子・蝦夷とともに入鹿も同じ思いだった。ただ国家の運営を、冠位十二階制でそうだったように蘇我氏など十五前後の大夫氏族が共和政的に決定し、冠位を授けられた官僚層を大王と大夫層の全員で導いていくのか。それとも、頂点に立つ大王一人に集中させ、彼にすべてを委ねるのか。そのどちらにするかで、政権構想の思惑が分かれていた。中大兄皇子は中央集権国家の軸・頂点を大王にすることに執着し、それを認めない者を大王に取って代わるつもりのある者と断罪した。廷臣たちに歴史的教訓を与えるために、蘇我氏をそのような企みを懐いていた存在と『日本書紀』に描き出させ、大王の専制の根拠と臣下の分限のありようを示させた。水谷千秋氏が薗田香融氏・米澤康氏・松本清張氏らの足跡を辿りつつ纏められているように、大化新政権は大臣をも官人制度に組み込みながら、じつは「蘇我氏の進めてきた政策を大枠では継承しながらも、これを天皇主導の下でより強力に、しかも全国一律に推進しようとした」(22)のであり、そのために大王権力を強めようとしていた。ここでの差は、そのていどの思惑の違いにすぎなかった。

だから中大兄皇子は(『日本書紀』では中臣鎌足と相談し)入鹿の従兄弟にあたる石川麻呂を抱き込み、その娘との結婚で蘇我氏の分裂と軍事基盤を得て、蘇我大臣家排除の挙に出ることとなる。

だが筆者からすると、蘇我本宗家を陥れた思いは、それだけではなかったろう。

大王まで平然と殺すようになってしまった大氏族に、国家の運営を任せていいのか。大王を蔑《ないがし》ろにした蘇我本宗家の力を、その力を温存させたまま律令制的中央集権国家に移行していいのか。大王を殺しても処罰されなかった家の本宗を、そのまま後世に残してはいけない。「このままでは、大王が体制の頂点に立てない」という思いが、蝦夷・入鹿一族を力による抹殺へと追い込んだのではなかったか。入鹿は、「祖父の敵《かたき》を孫で晴らされた」ことになる。「大王家に取って代わろうというのか」という入鹿に投げつけられた怒りは、入鹿の時代にふさわしくなく、ほんらいは馬子にぶつけられてこそ理解されるものだった。大王家にとって、崇峻天皇の弑逆事件という恐怖の記憶は、その後も中大兄皇子の即位をぎりぎりまでためらわせるほど重くのしかかっていた(23)、ということである。

【注】

(1) 「巻末特別付録 『日本書紀』に記された古代の戦い」(『歴史読本』六十巻四号、二〇一五年四月) 十五〜十八頁。
(2) 拙稿「白村江の戦いをめぐる基礎知識」(『歴史研究』六六七号、二〇一八年十二月)、「白村江の戦いと朝鮮三国」と改題して本書所収。
(3) 吉村武彦氏著『蘇我氏の古代』(岩波新書、二〇一五年)
(4) 倉本一宏氏著『蘇我氏—古代豪族の興亡』(中公新書、二〇一五年)
(5) 拙稿「闘う母・皇極女帝」(『古代の王朝と人物』所収、笠間書院、一九九七年)
(6) 拙稿「唐への国書はどこで作られたか—対等外交の謎」(『古代の豪族と社会』所収、笠間書院、二〇〇五年)
(7) 倉本氏注4『蘇我氏』六十四頁。
(8) 森公章氏著『天智天皇』(吉川弘文館、二〇一六年)

（9）拙稿「Ⅰ16　天智天皇は、皇后がいなかったから即位できなかったのか」（『古代史の思い込みに挑む』所収、笠間書院、二〇一八年）
（10）倉本氏注4『蘇我氏』一一〇頁。
（11）拙稿「推古天皇」（『古代の神々と王権』所収、笠間書院、一九九四年）
（12）遠山美都男氏著『大化改新』（中公新書、一九九三年）
（13）たとえば、倉本一宏氏注4『蘇我氏』五十二頁。
（14）遠山美都男氏著『天平の三姉妹』二六六～七頁。（中公新書、二〇一〇年）
（15）中村修也氏「蘇我蝦夷　有能ゆえに闇に葬られたのか？」（「歴史読本」九〇四号、二〇一四年十月）。
（16）倉本氏注4『蘇我氏』一二八頁。
（17）吉村氏注3『蘇我氏の古代』一四一頁。
（18）水谷千秋氏著『謎の豪族　蘇我氏』（一二六～七頁、文藝春秋、二〇〇六年）
（19）『古代の社会と人物』所収、（笠間書院、二〇一二年）
（20）倉本氏注4『蘇我氏』ⅱ頁。
（21）拙稿「藤原鎌足像はどのようにして作られたのか」（『万葉集とその時代』所収、笠間書院、二〇〇九年）
（22）水谷氏注18『謎の豪族　蘇我氏』一八四頁。
（23）拙稿「天智天皇の称制について」（『白鳳天平時代の研究』所収、笠間書院、二〇〇四年）

※本稿は、平成三十年七月三十日に朝日カルチャー新宿教室で行われた「シリーズ敗者で読みとく日本史Ⅰ・蘇我入鹿と乙巳の変」の講演内容を採録したものである。

（「翔」六十号、二〇一八年八月）

白村江《はくすきのえ》の戦い――中大兄皇子は敗北したのか

一　予定されていた戦争

「白村江の戦いは、それより六十年以上も前から予定されていたことだ」と表現すれば、ノストラダムスの大予言か聖徳太子の未来記の読み過ぎではないか、と揶揄されそうだ。

もちろんその戦いがその年に、また白村江という場所で起きるかどうかまでお見通しではなかったろうが、中国との間で国の存亡にかかわる激烈な戦いが行われるだろうという予感だけなら、朝鮮半島・日本列島の中央支配層にいる者ならばみな持っていた。

それはどういうことだったのか。

そのおおもとは、朝鮮半島北部にあった高句麗の外交政策に起因している。

四世紀から五世紀にかけての中国は動乱期で、三一七年主《ぬし》として中原を支配していた晋王朝が北方民族に逐われて南中国に移動した。つまり勢力圏を半減させられたが、中国文化を南中国に扶植して国を維持した。しかし四二〇年にはその南中国の地盤も宋に奪われ、姿を消した。

一方で北中国では、五胡十六国という北方民族出身者の国家乱立時代を経て、元嘉十六年（四三九）そのなかの北魏が北燕・北涼を倒して統一政権を作った。この華北統一が南北朝時代のスタートであり、北中国はそのなかで東西に分かれて東魏が北斉に、西魏が北周となり、南中国では斉→梁→陳と王朝交替が繰り返された。南北のそれぞれがもちろん天下唯一人の天子と称して独自の冊封体制をとり、周辺国の朝貢を受け容れたのである。

こうした時代に、高句麗は西側で北朝と国境を接する隣国であった。

高句麗にとっては、国防の観点から、表向き北朝の冊封下に入るのが上策である。だから、一往そうした。しかしあまりに深く依存すれば、やがて無理無体・過酷な要求を突き付けられる恐れもある。そこで万一の場合に北朝からの要求を拒絶したり交渉決裂も選べるように、南朝にも朝貢しておいた。二股外交である。狡《ずる》いといわれればそうだが、それが弱者なりの生き残り方の知恵である。

ところが建徳六年（五七七）北周が北斉を滅ぼし、さらに北周から国権を奪った隋が、開皇九年（五八九）陳を滅ぼした。一七三年ぶりおよそ九世代ぶりに、中国に統一王朝が成立したのである。あまりに南北朝の相克が長かったので、こんな短い期間の急展開などだれも、高句麗ももちろん予想していなかった。暢気《のんき》に二股をかけた朝貢を南朝・陳に対して続けていたのである（『三国史記』高句麗本紀）。

せめて次第次第に陳が領土を減らして、一〜二世代もかけて衰微していったのなら、衰弱・衰退を見極められるような時間のゆとりがあれば、高句麗も陳をどこかで見限って、使者を送るのを控えて断交していたろう。だが一五〇年続いてきた分裂が、南北の大国の対立が、わずか十二年で解消されてしまうなどとは、まったく考えてもみなかった。

隋は、裏表のある二股の外交姿勢を不快に思う。それは人間関係としては、そう思うだろう。自分と手を携えて攻撃している、信頼できる味方。そう信じてきた国が、攻撃される相手側にも好《よし》みを通じていたなんて。隋は、高句麗を敵視した。しかし高句麗からすれば、小国としてやむをえない外交なのだ。それでも隋からすれば不快なのもわからなくない。だから高句麗として、謝り通せるものなら謝り通したい。でも、どうあがいても、どうしても戦いになるものなのか。それが読めず、その逡巡がまた隋を不快にさせていった。

隋の文帝は、靺鞨《まつかつ》・契丹《きったん》などが隋に通交する途《みち》を阻んでいること、隋からの使節を監禁同然にしたこと、騎兵がしばしば国境線を侵していること、中国亡命者に武器を作製させていること、中国に間諜を送っていることなどを挙げ(1)、開皇十八年(五九八)、三〇万の兵を送って高句麗遠征に着手した。この遠征は煬帝にも引き継がれ、六一二・六一三・六一四年と連続して遠征軍が送られた。しかし高句麗は隋の大軍の攻撃を思いのほかよく凌ぎ、勝ち誇ったとまではいえないが、ともかく負けなかった。

もともと隋は南北朝統一戦のあと、休む間もなく南中国の物資を北に運ぶための大運河(通済渠)開削工事を起こすなどして、疲弊した人心への配慮をしなかった。人民は、長い軍役や重い賦役に疲れ果てていたのだ。そこに文帝・煬帝の四次にわたる高句麗遠征軍の大敗北が知らされ、無益で成果のあがらない戦争を続ける天子への不信と不満により、各地で内乱が起きた。騒然とした世情のなかで、武徳元年(六一八)隋は唐に取って替わられた。

新興の唐王朝にとって、高句麗は厭な思い出があるわけでもなく、敵でも味方でもないはず。

だが、中国の主・東アジアの盟主となったからには、中国の天子が高句麗ふぜいに負けたという記憶は名折《なお》れとなる。このままでは衆夷の国々に対し、中国の主としての面目が立たない。唐は、生意気にも中国の誅伐をはねのけた高句麗を消滅させるべく、東部戦線に当てる人民（兵士）を一世代分ほど休養させ、その間に根こそぎ動員ができるよう中央集権体制を確立し、武器・食糧と兵員を調えてきた。だからこの時期になったのか、あるいは国の存亡にかかわる北部・西部での大規模な遠征が一段落ついて、かねての宿題を思い出すだけのゆとりが生じたからだったか。どのみちゆとりある軍事行動とはいえるが、ただし高句麗遠征をいったんはじめる以上は、どうしても威信にかけて中国が勝って終わらねばならない。和平交渉・和睦では終われない戦《いくさ》だった。

貞観十八年（六四四）満を持した唐が軍を出発させ、翌年から高句麗への侵攻をはじめた。こうなることは予測していたから、高句麗ではその二年前に政変が起きた。

大対盧（臣下の最高位）だった泉蓋蘇文が国王（栄留王）と多数の有力貴族を殺害し、操りやすい宝臧王を国王に擁立した。国制を速やかに集権化するため、相変わらず分権的で自分の利害に固執しつつ割拠する貴族・豪族たちを束ね、国力を集中して唐軍と戦うための改革に荒々しく着手したのである。

皇極天皇四年（六四五）六月に倭国で起きた乙巳の変も、それに続く大化改新政策も、じつは同じ問題への回答である。蘇我入鹿暗殺事件の本質は、大王位を巡る政争でも、蘇我氏の専横の排除でもない。対唐戦争を目前にした挙国一致と根こそぎ動員体制作りの一過程である。

そして七世紀前半で政治課題とされ、どうするかを決めかねていた倭国の課題は、ただ一つだった。

倭国は百済を介して高句麗と組むか、高句麗と組むことにしている百済を見放してはるかに遠いが絶対的安心感のある大国・唐と組むか、である。唐との連携という考えも少しはあったから、遣隋使・遣唐使を派遣しているのではなかったか。しかし倭国は、二五〇年にわたる百済との友好関係・利権関係を重んじて前者を取った。つまり中国を敵に回すことを選択したのだから、戦場でそのうち唐軍にまみえることは覚悟していた。中央支配層の誰もが予期していたその日が、ついに来たのである。

二　白村江の戦いへの道

かねて取ってきた国家政策からすれば、倭国に大きな迷いなどなかったろう。六四三年十一月に百済が高句麗と和解して同盟を結んだ以上、倭国は百済を通じて高句麗に味方する。そして唐を敵にする、と。(2)

百済が高句麗に味方する理由は十分明らかともいえないが、高句麗は新羅への怨みと領土返還要求を掲げているから、高句麗と新羅は組まない。そのなかで百済はかつて高句麗と戦ってきたものの、いまは国境を接していない。過去の怨念はあろうが、いまなら対新羅で共同戦線がはれる。また百済は倭国とともに南朝に朝貢していた国で、北朝出身の隋には親近感がない。それに隋唐とも、高句麗遠征のあとは、百済を攻撃対象にする懸念も感じられた。対唐戦争も、高句麗遠征を見ていたときからの覚悟といえる。百済は多年にわたる同盟国の倭国から軍事援助をうけようとして、舒明天皇三年（六三一）三月には義慈王の子・余豊璋（豊章）を人質として倭国に滞在させていた（義慈王の甥とみ

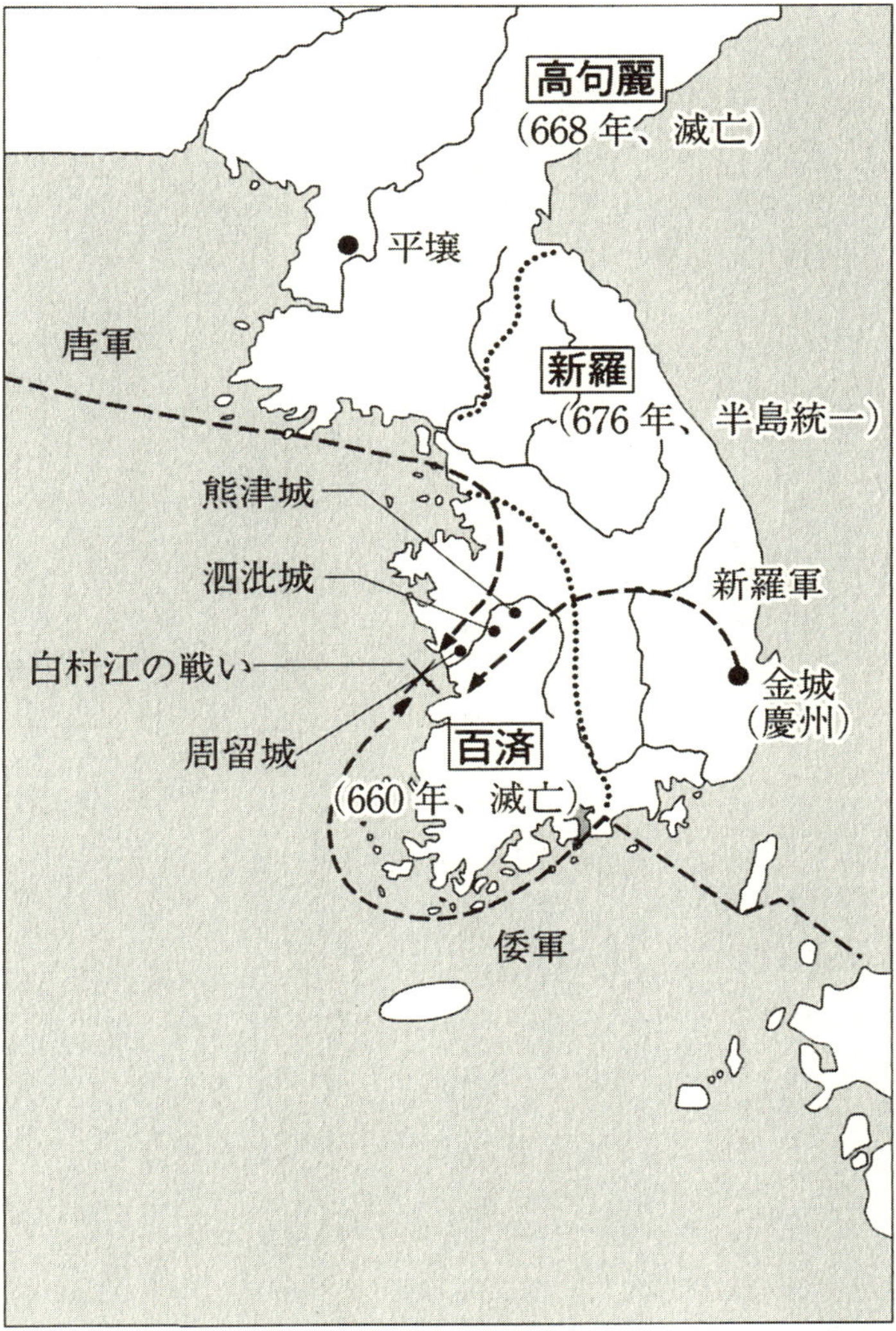
高句麗
(668 年、滅亡)
平壌
唐軍
新羅
(676 年、半島統一)
熊津城
泗沘城
新羅軍
白村江の戦い
金城
(慶州)
周留城
百済
(660 年、滅亡)
倭軍

白村江の戦い行軍図

る説もある）。もちろん人質でもあるが、百済に情報を流す諜報員と駐倭大使という外交官を兼ねていたはずだ。

予想外だったのは、新羅が唐と軍事同盟を結んだことだ。高句麗・百済が対唐戦争で後顧の憂いを断とうとしたため、新羅を総攻撃した。そのために却って、敵である唐側につかせることになった。ただ小国・新羅の帰趨など、このときはさしたる問題に思っていなかったようだ。

予想していた通り、唐の太宗は貞観十八年（六四四）に高句麗遠征を開始し、同二十一年・二十二年と、地続きの遼東、高句麗の西北国境から立て続けに侵攻してきた。しかし高句麗は地の利を活かして善戦し、ともかく負けなかった。太宗はさらに遠征を企てたが、寿命がつきてしまった。

高句麗の思いの外の善戦を見た唐の高宗は作戦を変更させ、顕慶五年（六六〇）七月、高句麗を後方で支える百済を新羅とともに襲わせた。高句麗を南北から挟み撃ちにし、防衛線を長くすることで兵力を分散させて手薄にさせるための布石である。この奇襲作戦で義慈王や世子孝などを捕捉し、王室を瓦解させて百済国をひとまず滅ぼした。

百済では王室と王都周辺こそ壊滅したが、百済遺臣の兵力はほぼ無傷だった。鬼室福信・余自進らは反唐・新羅行動をとれる状態にあり、これで王室さえ再建すれば、もとの百済が復活する。そこで遺臣たちは倭国に滞在中の余豊璋を国王に迎えようと相談してきた。倭国にとっても、ここで百済が滅びれば長年にわたり百済との間に認められていた交易や防衛などをめぐるさまざまな利権などが消滅し、眼前の戦局でいえば高句麗と連携できないまま東アジア世界で孤立してしまう。

高句麗が真正面から唐軍の攻撃目標とされているなかでは、高句麗に派兵の余裕はなく、百済の救援と王室再建は倭国にしかできない。それを果たすための軍事行動が、天智天皇二年（六六三）八月の白村江の戦いであった。

倭国は豊璋に五〇〇〇の兵をつけて送り出し、百済王室を再建させた。しかし豊璋王は生活物資の調達を重視するあまりに軍事戦略を疎かに考えた。戦局を読み取る力が不足していたのだ。このため新羅軍にいいように国内を蹂躙されていた。さらにいまこそ結束して外敵に当たるべきだったのに、遺臣たちは内紛を起こし、百済再興の最大の功労者の一人であった鬼室福信をまさかの「謀反の容疑」で殺してしまった。

新羅兵は豊璋王を錦江中流の周留《する》城《さし》に追い詰めており、唐兵も合流してまさに袋の鼠の状態にしていた。これで倭軍との合体を防げれば、投降を迫れるところにきていた。ということは、ぎゃくにもしも倭軍に上陸されて周留城まで入って来られれば、豊璋王の政治拠点の機能が回復する。そうなれば百済領内のあまりに奥深く侵入している一〇万近くの唐軍と五万の新羅兵は地理に暗いなかを逃げまどうことになり、指揮系統から外れた兵士たちは全滅する恐れもある。百済の滅亡か唐・新羅連合軍の大打撃か、唐の高句麗挟撃戦略の見直しを迫ることになるか。それがこの一戦にかかっていた。

戦い当日の八月二十七日はまだ暑かったろうが、朝鮮南部・錦江下流の白村江河口[3]はさらに熱気が籠もっていた。そこには一七〇艘ばかりの唐の大船が、一〇〇〇艘にもなる倭の軍船と睨み合っていた。唐軍は先着して、倭軍の溯上を阻むべく河口を塞ぐように舳先を並べて待ち構えた。これに対する倭軍は、前・中・後の三軍編成で波状攻撃をかけて突破する構えである。

二十七日に上毛野稚子らの率いる前軍がまず突撃して、退却。ただし退却に乗じて唐軍が追撃してくるかと思ったが、来ない。唐軍は防衛一本の作戦だ。これを唐軍の弱気と見たのだろう。翌二十八日、中軍の軍船は「先を争っていけば、退却させられる」という特攻精神で、およそ八万の兵を乗せた唐の大船団の横一線となった船列に算を乱して襲いかかった。

しかし倭国の軍船は、船体の大きな中国船の敵でなかったようだ。

倭国の派遣した健児（精兵）は一万ていどとあるから（『日本書紀』天智天皇二年八月甲午条記載の豊璋王の発言）、船一〇〇〇艘なら一艘あたり同数の水夫をあわせてせいぜい二〇〇人乗りである。遣隋使船でも一二〇人から二四〇人乗りであって、(4) 当時の軍船はそもそもさして大きくない。白村江に投入された唐水軍が一三万の遠征軍のうちのどれほどにあたるか不明だが、一七〇艘で七六〇人乗りなら全員が乗船できる。しかし熊津城から周留城にかけても地上軍を適宜配置したろうし、それほどの大船ではあるまい。それでも、倭国船よりは、大きな軍船で遠征に出ていたろう。四〇〇人乗りで七万弱の唐兵が、白村江で倭軍を邀撃したというところではなかろうか。なりの大きな唐船に左右から包みこまれ、唐船の舳先を船腹にぶつけられ、倭船が水没していく。さらに唐兵が乗り移って斬り込むことがあり、上から矢を射かけられ火を投げつけられて炎上する船から海中に兵士が飛び込む。そういうシーンが続いたことだろう。

倭軍は四〇〇艘を沈められ、『旧唐書』列伝・劉仁軌《りゅうじんき》伝によれば白村江の海水は倭兵の血で真っ赤に染まった、という。まさに惨敗であった。豊璋はからくも高句麗に逃れ、百済はふたたびいや名実ともに滅亡した。

このあとの倭国は唐・新羅の侵攻に怯《おび》えた、とよくいわれる。宣化天皇元年（五三六）五月に那ノ津（博多）のほとりに官家を設置し、推古天皇十七年（六〇九）四月までにおそらくその那ノ津官家の近傍に大和王権の出先機関として筑紫大宰府を置いて外交の衝に当たらせてきた。しかし白村江の敗戦で現実的になってきた唐・新羅軍の本土襲来に備えて筑紫大宰府を現在地（福岡県太宰府市観世音寺）まで南下させ、その周囲に水城を築き、九州北辺に防人を置いた。西日本各地に朝鮮式山城が造られ、高速情報通信設備として烽火《とぶひ》が設置されてもいる。

だがこの敗北で、それほど怯えていたろうか。また戦争指導者である中大兄皇子（天智天皇）は、その責任を問われて、落ち込んでしまったろうか。

白村江の戦いは、大きな戦争の一過程でしかない。かつて継体朝に将軍として近江毛野が新羅に派遣されたとき、率いていたのは兵六万だった。それに比べて、惨敗したとはいえ白村江での損害は兵一万か、水夫を別に加算して多く見積もったところで兵二万である。四万以上の軍兵が、国内にまだ温存されているはずだ。倭軍は緒戦《しょせん》で敗れたが、だからといっていま責任を問われる段階ではないし、中大兄皇子としては落ち込む必要などない。

それに、たとえ仮に善戦して百済の国力をいっとき押し返せたとしても、倭国にとってその攻防戦はしょせん時間稼ぎである。中国と朝鮮諸国の戦いなのだ。戦局の全体を見渡せば、どうであろうと地続きの朝鮮半島諸国が、唐軍に勝ち、唐を制して終われるだろうか。やがてそんな結果となることは、戦う前から判っていたはずだろう。

三　中大兄皇子が考えていた戦略

こまかい作戦上のミスは、いくつかあったかもしれない。

白村江河口に唐の大船が横一列で列なっていても、船数は倭国側の方がまさっていた。それならば上層部がよく戦術を練って、唐の軍船を焦《じ》らしておびき出し、列から個々に離れたところを四方から取り囲んで襲う形もあった。小船でむやみに突撃しても、勝機を作れないからだ。だがそうはいっても、唐軍の総員一三万と新羅軍五万を相手に、遠征で勝とうとするには彼我の力に開きがありすぎる。「ミスしなければ勝てたのに」とはいえまい。

もともと相手はいまでいうならアメリカ・ロシア・中国を足したような圧倒的な大国だ。だから中大兄皇子の考えは、そもそも「唐軍に勝つこと」でなかった。高句麗と同様に、この戦いは「倭国本土で負けないこと」だったろう。

そのために中大兄皇子がすべきは大化改新政策を推進し、大王を中心とした律令制的中央集権国家を樹立することである。最大の敵である唐と同じ体制をとることだった。大和王権中枢と地方国造による分権的支配体制でなく、中央政府の指示で全力動員ができる国造りである。

というのは、国造体制下での最大動員は、さきにも記したように近江毛野が率いた六万人である。しかし律令体制を整えて個人の単位で把握できたならば、どうなるか。

かりに全人口を五〇〇万人とすると、古代の男女比は一対一・二だから、男子は二二七万二七二七人。成人男子は四割つまり九〇万九〇〇〇人だが、産業従事者などを確保して、三人に一人を徴兵する。ここから、動員できる兵士の総数は三〇万三〇〇〇人。国内治安と本土防衛業務を考えると、海外などどこにで動かしてもよい軍兵はその四割。つまり一八万一八〇〇人が本土に留まり、一二万一二〇〇人が海外派兵や海洋遊撃隊として唐軍を襲撃できる。唐の遠征軍は三〇万人もいるが、遠征軍ははじめて足を踏み入れる倭国の地理に疎く、本土決戦となれば倭軍に地の利がある。もちろん装備に差があるだろうから、上陸した唐軍にも勝ち目はあろうが、倭国内では人民の反発も受ける。そのなかで海を隔てているのに中国本土や新羅からの物資補給が間をあけずに続けられるかどうか、不安がある。後年の蒙古襲来時の元軍のように、遠征軍はやがて帰らなければならない。だから季節的にいえば、渡海が不安になる偏西風の吹く秋まで持ちこたえれば、唐軍はおのずと退く。

天智天皇六年（六六七）の近江大津宮への遷都は、もちろん本土決戦に備えた措置である。唐兵が西日本に上陸・占拠して畿内に迫ってきたとき、北陸から東北地方または東海から関東地方へと逃れるためだ。弱気とも見なせるが、王室・宮廷がかりにまるごと逃げ回っても、降伏さえしなければ唐軍はかならず引き揚げる。というのも、対面して戦う相手としての唐軍三〇万は巨大な数の敵だが、占領となれば、三〇万が全員居残ったとしても、そんな数ではとても倭国一国の占領などできない。王室を屈服させて協力させる外ないのだ。だから遊撃隊がときおり軍舎を襲撃しながら、退却の日を待てばいいのである。

唐に対して、勝てないが負けない。そういう方針で臨むのなら、そのなかでの「白村江の戦い」は、究極的に百済の問題であって、倭国にとって勝たなければいけない問題ではない。白村江の戦いは大敗北といい、敗戦に怯えたとするが、どうだろうか。もちろん敗戦しない方がいいが、必勝を期す必要もなかった。倭国にとって本戦はあくまで倭国本土での戦いである。ここで戦っておけば、相手の装備も力量もわかる。それくらいでいい。むしろ急ぐべきは、本土決戦で勝つために、国造制を解体し、傘下にいる人民を国家が直接支配して中央集権を果たすことだ。白村江敗戦の責任を云々しているより、なによりも律令国家樹立の遅れが問題である。天智朝のもとで、大氏・小氏の氏の再編や民部・家部の振り分けが進み、庚午年籍に至る人民の全国的掌握を急ピッチで進めさせたのは、その焦燥感の表われでもあった。ともかく早く進めなければ、六日の菖蒲《あやめ》になってしまうのだ。天智天皇の施策には、その意味でいささかのぶれも感じられない。

しかし宮廷の豪族たちに動揺があったのも、また事実である。近江遷都には放火などが頻発して批判があったようで、政治的不満が表現された。私財を失う側の豪族には律令国家に移行することへの不安もあり、権利を制限されての反発もあったろう。

そんななかで天智天皇が動揺する支配者層の前に昂然《こうぜん》と打ち出したあたらしい国策は、倭国を中心とした帝国戦略だったのではないか。『隋書』に記された、推古女帝の宮廷が隋の煬帝《ようだい》にもたらした、あの「天子対天子」という対等外交姿勢である。

高句麗の使節を受け容れ、危機の迫った百済王室を救援に赴くなかで、倭国が唐を相手に戦う。その胸のふさがるような緊迫感・圧迫感のなかで、天智天皇は自分もまた天子（天皇）であるという自覚を持った(5)。天子同士として、高句麗や百済に担《かつ》がれて東海の天子に登った自分が、中国の天子と渡り合う。そういう構図を頭のなかに描きはじめた。律令国家の成立間近という高揚感のなか天武朝に「天皇」号が成立したといわれてきたが、差し迫る危機感という環境こそ情況に反する「選ばれし者という自覚」を生じやすい。ユダ民族の選民思想も、中国漢民族の華夷思想も、成立はそうした悲観的な状況にあったときだ。国家存亡の危機は、集権国家の土台を提供する。

これを二重の意味で助けたのが新羅の動きだった。

新羅は、朝鮮半島の戦後処理をめぐって唐と争った。新羅王は三国を合わせた領土支配を願ったが、唐は譲歩してもせいぜい新羅のもともとの国域を羈縻《きび》州にするくらいであって、王国としての独立すら認めようとしなかった。新羅は反唐運動を煽《あお》って唐兵の追い出しにかかり、唐軍は手こずった。こうした騒然とした状態のために、新羅にも唐にも倭国を攻撃するゆとりがなくなった。さらに新羅は唐と戦い続けるために、あえて頭を低くして倭国に朝貢した。この新羅の入朝で、倭国は東海の天子としての体裁を完全に整えた。

天智天皇はきっとこう呟《つぶや》いただろう、「白村江の戦いで負けたかって、それって誰のことといってるのさ。俺は待ち構えていたけど、唐との戦いなんてはじまりすらしなかったぜ」と。

【注】

（1）宮崎市定氏著『隋の煬帝』（中公文庫、一九八七年）一四四頁。

（2）廣瀬憲雄氏著『古代日本外交史』（講談社、二〇一四年）によると、「六四八年に倭国が新羅遣唐使に表を附して唐に起居を通じたことと、六五四年の倭国遣唐使が『新羅道』を取り入唐し……新羅経由での唐との交渉の開始は、この前後の外交方針とは大きく異なる画期的な出来事」（一五三頁）とある。孝徳朝では、唐・新羅との連合も模索していたかもしれない。

（3）倉本一宏氏著『戦争の日本古代史』（講談社新書、二〇一七年）は、完戸鶴氏「四つの白村江」（『大宰府復元』九州歴史資料館、一九九八年）をもとに、白村江の位置については「主なものだけでも、錦江河口、東津江河口、牙山湾奥の安城川河口入江南岸、牙山湾入口南岸」（一三八～九頁）などの候補地があるとする。

（4）拙稿「遣隋使の構成とその選抜」（『古代の神々と王権』所収、笠間書院、一九九四年）

（5）中野高行氏「天智朝の帝国性」（「日本歴史」七四七号、二〇一〇年八月）

（「歴史読本」五十九巻四号、二〇一四年四月）

白村江の戦いと朝鮮三国

一　白村江の戦いの様相

六六〇年七月、蘇定方率いる一三万の唐軍は五万の新羅軍と連携して百済王都の泗沘（扶余）を急襲して落とし、熊津（公州）に逃れた義慈王・太子孝や王子の隆をも捕縛。大臣・将軍八十八人と住民一万二八〇七人とともに唐に拉致し、百済国を一時滅ぼした。[1]

「高句麗好太王碑文」（『現代語訳魏志倭人伝』〔新人物文庫〕所収）から見ると、倭国は四世紀末以前から百済とかねて友好関係にあった。倭国としては加羅地域など朝鮮半島南西部の保全が課題で、一方の百済としては対高句麗戦と続いておきた対新羅戦での共同防衛を目的として、軍事同盟を長く結んできた。この事態を知るや、百済遺臣たちの要請を受けて、舒明天皇三年（六三一）以来三十年も倭国にいた王子・余豊璋を百済王に擁立し、倭国軍と連携させて百済国再興と王室再建を図らせた。[2]しかし唐と連携した新羅軍は南から東から国内深く侵攻しており、また百済遺臣内部の紛争で足並みが乱れてしまったこともあって、百済はしだいに窮地に陥った。主要な軍事拠点は陥落し、錦江（熊津江）北岸の周留城（州柔城）に追い詰められていた。

窮地に陥っている豊璋王らを救援するため、倭国が国力をふりしぼって挑んだのが白村江の戦いである。百済に侵攻している新羅軍と連携して、唐軍は錦江を溯って周留城下に迫っており、陥落は時間の問題になっていた。そこで倭軍は大軍を一時に投入し、百済遺臣とともに唐と新羅の兵を一掃する乾坤一擲の策を立てた。その成否は、緒戦で唐水軍の阻止線を破って錦江下流の白村江(3)から周留城へと辿り着けるかどうかにかかっていた。

倭軍の規模は不明だが、天智称制二年(六六三)三月に出発していた上毛野稚子(前将軍)・巨勢神前訳語(中将軍)・阿倍引田比羅夫(後将軍)らの率いる三軍編成の遠征軍は二万七〇〇〇で「新羅を打たしむ」とあるが、開戦直前の八月十三日に豊璋は「今聞く、大日本国の救将廬原君臣、健児万余を率て、正に海を越えて至らむ」(『日本書紀』[日本古典文学大系本]天智称制二年八月甲午条)といっている。廬原の軍と比羅夫らの軍を合わせれば、戦地に投入されている兵士は四万近くとなるが、場所的に比羅夫の軍は新羅の沿岸部に展開するもので、後方攪乱が目的だったろうか。また時期的にずれているので、八月にはすでに解軍していたかも。あるいは比羅夫らの軍から、その一部の兵一万が白村江に向けられたのかもしれない。明瞭ではないが、白村江の戦いの直前の情報でもあり、周留城を救援するための兵員は一万だったと推定しておくのが無難であろう。いささか無理な読み込みをして、倭国の「健児(精兵)が一万」の意と受け取れば、水夫などあわせた軍の規模は二万を超えるくらいになろうか。「健児万余」のなかに水夫がふくまれていると考えるのが穏当と思うが、実戦部隊の兵員が五〇〇〇では救援部隊として少なすぎる。

他方、これを邀撃《ようげき》する唐軍は「大唐の軍将、戦船一百七十艘を率て、白村江に陣烈《つらな》れり」(『日本書紀』天智称制二年八月戊戌条）とあり、四〇〇人乗りとすれば七万弱となる。もっとも船の数だけならば、『三国史記』（東洋文庫）新羅本紀・文武王十一年条によると日本側は一〇〇〇艘と記されていて、圧倒的に多かったのだが。問題は、数よりもその規模の大小と戦闘能力であろう。

じっさいの戦闘場面は、『日本書紀』天智称制二年八月戊申条・己酉条によれば、二十七日に「日本の船師の初づ至る者と、大唐の船師と合ひ戦ふ。日本不利けて退く。大唐陣を堅めて守る」とあり、前中後三軍編成のうちのおそらく前軍が戦って敗退。翌日は「日本の諸将と、百済の王と、気象《あるかたち》を観ずして、相謂りて曰はく、『我等先を争はば、彼自づからに退くべし』と。更に日本の伍乱れたる中軍の卒を率て、進みて大唐の陣を堅くせる軍を打つ。大唐、便ち左右より船を夾みて繞《かく》み戦ふ。須臾之際に、官軍敗績れぬ。水に赴きて溺れ死ぬる者衆し。艫舳廻旋すこと得ず」となった。

すなわち前軍の残兵を合わせた中軍が、風向・海流や唐陣営の状況など顧慮せず、隊伍も組まず、我さきに群がり襲いかかった。指揮官は始発だけ決め、戦い方を指示・統制しない。そうした戦い方は、戦国時代までの基本的なあり方だったらしい[4]。唐軍はこの船の群れを左右から挟みつけて、囲い込んだ。派兵数を船数で割れば、一隻は一〇〇人からせいぜい二〇〇人乗りである。この倭の軍船を、四〇〇人乗りくらいの唐の大船が大きな移動壁となって囲み、小船から唐船の船縁《ふなべり》に這い上がろうとする倭兵を上から叩く。矢を射かけ、火をかける。いいように集中攻撃をかけ、矢先きを逃れ火を避けようとする兵が海中に飛び込む。船の向きを変えて脱出しようにも、混み合って身動きがとれない。そのなかで唐船の圧力と火攻めで、次々倭の軍船が沈没していった、というありさまだったろう。

『旧唐書』（新人物文庫）列伝・劉仁軌伝にもこの戦闘の様子が載っており、「仁軌、乃ち別に杜爽《とそう》・

扶余隆を率ゐ、水軍及び糧船を率ゐて熊津江より白江に往く。陸軍に会ひ、同じく周留城に趣かんとす。仁軌、白江之口に於て倭兵に遇ひ、四戦して捷つ。其の舟四百艘を焚き、煙・焔は天に漲り、海水は皆赤し。賊衆大いに潰ゆ」（二四三頁）と描かれている。

ここに「四戦して」とあるので、唐は前日に前軍と戦い、翌日に中軍の突撃を受け、攻囲しているところを後軍に襲われ、さらに残った水軍と四たび目の戦いになったのだろうか。ともあれ、戦闘時間は短かかったというのに、一〇〇〇艘のうちのおおよそ四割が沈んで視界から消え去った。そのように描写されている。

こうして倭軍は唐水軍に屈して百済を救援できず、これで朝鮮半島から完全に手を引くこととなった。白村江まで出張《でば》って倭軍に合流しようとしていた豊璋王は周留城に戻らず、その場から高句麗に亡命していった。この敗戦で、百済は名実ともに滅びた。倭国は、百済に加勢したことで唐・新羅側からの報復攻撃に備えなければならず、大宰府に水城、西日本各地に朝鮮式山城を築き、北九州沿岸などに防人《さきもり》を置いた。じっさいに本土侵攻はなかったが、結果として対唐決戦のために国家体制の集権化を急ぐきっかけとなる大きな事件だった。

ところでこの日唐戦争の背景には東アジア国際外交の多年の駆け引きがあり、この事態に立ち至る理由があった。そこで、白村江の戦いをめぐる朝鮮諸国のそれぞれの事情を以下に窺ってみることにしよう。

二　高句麗の国内事情

隋の煬帝がどうしても高句麗を殲滅しなければと決意した直接のきっかけは、六〇七年に煬帝が東突厥の啓民可汗《ケイミンカカン》の天幕を訪れたとき、自分の眼で高句麗の使者の姿を見てしまったことにある、という。[5]因縁話というか、臨場感があり劇的な感じのする話ではある。

東突厥は隋・高句麗の北方に広大な支配地と軍事力を持つ騎馬民族であるが、隋は王族の安義公主・義成公主を娶らせるなどして、西突厥と合体してより強大にならないよう離間策を講じながら好遇していた。だが隋がとくに要注意と扱っている東突厥に、高句麗がひそかに使者を送っている。それが確かな話となると、高句麗は東突厥を焚きつけ、東突厥とともに隋に攻撃をしかけてくる危険性もある。文帝のときの高句麗遠征は失敗したが、それは先代の出来事として不問に付すこともできる。その上で、高句麗には全幅の信頼を寄せて隋に臣服し、その冊封体制下に喜んで入ってきて欲しかった。だが高句麗にはそんな積もりがなく、もっとおおごとにしようとしていることを見せつけられたわけで、このさき日増しに強まりかねない連携を想像し、猶予できないと判断したとの筋書きである。だが煬帝にとって、ほんとうにこの遭遇事件が高句麗遠征の引き金だったのだろうか。というのも、高句麗からすればこうした外交策は、当然とるべきものだったからだ。

まず、そもそも冊封体制下にある国々はおたがいに交流しちゃいけなかったのなら、『続日本紀』天平勝宝六年（七五四）正月丙寅条に載せられた話、すなわち天宝十二年（七五三）正月に大伴古麻呂が「新羅が倭国に朝貢していることを訴え、含元殿での朝賀の席次を変更させた」という自慢話が理解できなくなる。新羅を下位に位置づけさせたいあまり、日本が新羅の朝貢を受けているという「不正」な交流を中国にみずから暴露したことになってしまう。『続日本紀』（新訂増補国史大系本）神亀五年（七二七）正月甲寅条でも、渤海郡王・大武芸は日本に使者として高斉徳や寧遠将軍郎将・高仁義ら二十四人を送っているが、唐の冊封を受けている郡王と国王という同格の者同士として遣使している。すなわち冊封を受けている国同士の使者の派遣は、とくに禁じられたものではなかった。高麗が元・世祖フビライから「使人は蒙古朝廷の差遣するものに限り、他は一切禁止する」(6)とされているのは、そこまでの特別な経緯があってのことであって、冊封体制下での一般的な禁止事項でない。となれば、煬帝がここで決断したというのは、それ以前のつまり文帝がはじめた高句麗遠征をはやく再開しなければならない、という時期の問題だったのだろう。

しかしもともといくら外交の信義を問われたとしても、高句麗にはこうした外交しかなかった。大国（北中国）と隣り合わせる小国として、大国を敵にまわせば国境線でたえず軍事衝突の危機に見舞われ、それに神経を尖らせているだけで国が疲弊してしまう。隣国には嘘でも友好的な姿勢を示しておくべきで、北中国（北朝）の冊封体制に入っておくのが上策だ。

だが漫然と冊封体制下に入れば、苛酷な要求をされても、それを断れない。どんな要求も断らない覚悟が必要になる。

一例を挙げておこう。元の冊封下に入ったばかりの高麗《こうらい》は、一二六二年鷂子《ようし》（狩猟用の鷹）と好銅二万斤の貢献を要求されたが、鷹二十羽と銅六一二斤しか出せずに叱責され、残りは「猶予」とされた。一二六七年十月には軍兵一万の徴集と三〇〇〇～四〇〇〇石の兵船一〇〇〇隻の建造、一二七〇年にも六〇〇〇人の蒙古人屯田兵用の衣食住・農具・種子・秣糧などの提供と牛三〇〇〇頭の提供、そして三別抄の制圧後には耽羅（済州島）の割譲、一二七四年には大小戦艦九〇〇隻と兵士・梢工（舵取り）・水夫計二万三〇〇〇の動員（交渉で一万二七〇〇に減員）、と次々要求された。[7] こうした無理難題を要求され続けないためには、拒絶・離反の覚悟とその報復への備えが要《い》る。

だから、北朝の北斉・北周・隋などの冊封を受けながら、他方で南朝の梁・陳にも朝貢していた。『三国史記』（東洋文庫）高句麗本紀によれば、安臧王は五二〇年二月南朝の梁に朝貢して寧東将軍・都督営平二州諸軍事・高句麗王とされたのに、その使者は海上で北朝の北魏に捕らわれて安東将軍・領護東夷校尉・遼東郡開国公・高句麗王への冊封を受けてきた。同年九月・五二六〜七年にも梁に朝貢し、一方で五二三年には北魏に朝貢している。安原王は五三一年に梁の冊封を受け、五三二年四月と十一月・五三五年・五四一年と朝貢し、他方で北魏に五三二〜三年、北魏に替わった東魏にも五三四年・五三六〜七年・五三九〜四〇年・五四二〜四年と断続的に遣使した。陽原王は、東魏に五四五年・五四七〜九年、取って代わった北斉に五五〇〜一年・五五五年と朝貢したが、南朝には一度も遣使しなかった。平原王は、五六〇年に北朝の北斉から遼東郡公・高句麗王の冊封を受けたが、五六一年に南朝の陳に遣使して寧東将軍の称号を受けた。その後は五六四〜五年・五七三年に北斉、北斉を吸収した北周に五七七年、北周に替わった隋に五八一年・五八二年（正月・十一月）・五八三年（正月・四月・冬）・五八四年と遣使し、一方で五六六年・五七〇〜一年・五七四年・五八五年に陳に朝貢した。

五八九年に隋によって陳が滅ぼされ、五九〇年にその滅亡を知った高句麗は、身の危険を感じた。

「兵器を修理し、穀物を蓄え、守備の体制をとった」（一六七頁）とある。これを知った隋の高祖（文帝）は「［高句麗が隋の］藩屏と称しながら、忠誠の節義を十分尽くしていない」と責め、「遼水（遼河）が広いと思っているが、とても長江とは比較にならない」（一六七頁）つまり小国のくせに身の程を知れと脅したのである。このように高句麗は、陽原王だけが北朝の冊封にのみ従ったが、あとはすべて二股外交を続けた。

だが二股は現代でも用いられる有効な外交手法であり、良いも悪いもない小規模国家の智恵である。そうしなければ、いつ大国（北朝）が居丈高に振る舞ってくるかわからない。一強となった中国の冊封を受ければ、どんな要求にも逃げ道がなく、従わざるをえなくなる。この時点の高句麗の立場でいえば、堪え難い要求を突きつけられたなら、拒んで北朝と戦う準備も必要である。そのときに、敵に囲まれてしまっていないように百済・倭と北朝との関係を遮断して、できれば南朝と百済・倭との提携も海上で妨害する。倭王武の上表文に「句驪無道にして……以て良風を失い、路を進まんと曰うと雖も、或いは通じ、或いは不なり」（『宋書』［新人物文庫］蛮夷伝倭国条）として倭国の朝貢使の往来が妨げられているのは、それが高句麗の基本的な外交方針だったからである。

隋・陳からの長年にわたる二重冊封と東突厥でばれた二面外交は、一強となってしまった隋帝に謝罪すれば果たして赦されるのか。それとも決して赦されないのか。前者だというのならいったん武装放棄しても恭順しようが、もし後者だったのなら武備恭順で相手の出方を当面窺いながら怒りの収まるのを待つことになる。だが（ほかの国だってやっているだろうに）あまりに執拗に高句麗の外交姿勢だけを責め続けるようなら、裏に本心として朝鮮半島を直轄化したいという領土的な野心があるのでは。何かを譲れば解決する、という種類の問題じゃないのかもしれない。

こうした二股外交の実績と武備恭順という反抗的姿勢は、南北朝を統一した隋から目の敵《かたき》にされる。五九八年つとに隋の文帝は外交の信義を問うて高句麗遠征に踏み切り、煬帝も東突厥での見聞をもとに不信感を募らせて六一二年・六一三年・六一四年と高句麗を三度遠征する。もとより衆寡敵せずであって、野戦では数に勝《まさ》る相手に勝てようはずもない。高句麗は河川が凍結すれば遠征軍の兵粮がつきるので退却すると知っていたから、籠城戦に徹した。そして相手が退却に転じたところを追撃し、隋の大軍を散々に打ち砕いた。

隋は内乱のなかで瓦解《がかい》し、六一八年唐が新王朝を樹立した。新王朝である唐には、もとより高句麗に恨みなどない。そうなのだが、理論上中国の天子として臣下の王に負けて終われない立場であり、追討されずに残っている高句麗はやがて倒さねばならない相手だった。

それでもすぐに高句麗遠征を続けるのは、愚策である。とりあえずは国力を回復させ、厭戦《えんせん》気分を払拭《ふっしょく》することだ。そして建国から三十年近く経ち、内乱や戦争で傷ついた世代から新世代に交代する。中央集権国家が確立し、東方遠征用の兵力が養われ、物資も十分に集積しえた。北方辺境の安定も確認した上で、六四四年に唐の太宗（李世民）による第一次高句麗遠征の日を迎えることとなる。(8)

干戈を交える日がいつか来る。その来たるべき日を、口を開け手を拱《こまね》いてただ漫然と待っているはずもない。高句麗内部でも、その日の近いことに危機感を募らせた人がいる。それが泉蓋蘇文であった。

『三国史記』列伝九・蓋蘇文伝によれば、父のあとを継いで東部大対盧（十二官位の第一等）の職に就き、貴族会議の主催者となって国政の大舞台に登場した。六四二年十月、彼の執政に反対する大臣や貴族ら一〇〇余名を宮殿に集めて栄留王もろとも惨殺。傀儡の宝臧王を立て、莫離支《ばくりし》（軍政を司る最高官）と称して独裁政権を樹立した、という。

こう描くとどうしようもない極悪人だが、ようするに一瞬にして一極集中の中央集権化を実現したのである。自分の意向に逆らって異論を差し挟めば、過日の惨劇のように暗殺・処刑が待っている。それが嫌だったら、言われたことに従え、ということだ。あまりにも乱暴すぎる政治体制の大転換であるし、恐怖政治を基盤とする異常な政権とはいえ、いまや個人・一族の利害をもとに四の五のと議論しているときでなく、中央政府の決定に従って号令一下一丸となって戦う。上意下達の挙国一致の政治体制が、対唐戦をあと二年に控えたところでともかく高句麗内部に出来《しゅったい》したのである。

蓋蘇文は、積極的に動いた。

かつて高句麗は百済国王を殺戮したり、大軍を投入して追い詰めて国都を漢山城から熊津城に後退させもした。その宿怨ある百済と翌六四三年十一月には早くも和解し、百済と連携する倭と合わせた高句麗・百済・倭の三国軍事同盟を締結してみせた。唐軍と向き合っているとき、背後から攻撃されるのが厭だったからだ。これによって背後の敵対勢力は新羅だけになったので、百済と連携して新羅を潰しにかかった。蓋蘇文主導の同盟締結への動きを承けて、百済の義慈王は勇躍大軍を率いて新羅の奥深く侵攻して四十余城を攻め取り、以降も年に数度の遠征軍を派遣するなど、執拗に新羅を攻めたてた。高句麗も蓋蘇文みずから出兵して新羅の二城を奪うなど、北からの軍事侵攻ももちろん繰り返させた。

このとき高句麗としては、新羅を合わせた四カ国で同盟し、朝鮮半島全体として中国軍に当たるという戦略構想も立てられたはずだ。なぜ、そうしなかったのか。

そのわけは、高句麗が語ってくれている。高句麗は「隋が度重ねて高句麗遠征をしていたとき、新羅は高句麗の五百里四方の土地を奪った。その城邑はいまも新羅の軍事策動の根拠地となっている。この城邑を返還しなければ、戦争を継続する」（『三国史記』新羅本紀・善徳王十三年正月条および高句麗本紀・宝臧王三年正月条）と唐使に答えているのだ。国難に見舞われていたときに、いわば溺れているに近い状態のところをさらに船上か陸上から叩かれたことへの怨み。その怨念と疑念が消せなかった、ということらしい。

この一方で高句麗北部にいた靺鞨と同盟して北部国境線を固め、唐軍来攻の日を待った。

新羅の要請を受けていた唐は高句麗に使者をたびたび派遣して新羅への攻撃をやめさせようとしたが、高句麗が聞き入れるはずもなかった。六四四年唐の太宗はみずから一〇万以上の高句麗遠征軍を率いて出発。六四五年に玄菟・遼東・白巖など十城を落とし、七万もの住民を中国内に拉致し、将軍の高延寿を離反させもした。それなりの戦果はあったが、堅守にあって兵馬の損害も大きく、結果として寒気が迫ってきて糧道を断たれる恐れがあったので退却した。結局、隋と同じ轍を踏むこととなったわけである。太宗は六四八年にも大規模再征を企てていたが、翌年に死没したために遠征は見送られた。高句麗はとりあえず唐に謝罪の使者を送って反応を窺うこととし、硬軟両様の構えでその場その場を凌いだのである。

しかしいつまでもそのままに放置されはしない。六五八年から滅亡する六六八年まで、以降、断続的な遠征をうけることとなった。

超大国・唐との戦いを四半世紀も継続しただけで善戦したと思うが、終わりはやはりお定まりの内部分裂となった。

六六二年には龐孝泰《ほうこうたい》の軍を蛇水《じゃすい》（合掌江）の戦いで全滅させ、王都・平壌を包囲されても雪が降るまで持ちこたえて退却させたりしていた。しかし六六六年蓋蘇文が死没。長子・泉男生が政権を引き継いだものの、権力継承をめぐる不信感から弟の男建・男産と仲違いした。男生は旧都・国内城に立て籠もって弟たちに対抗していたが、あろうことか唐の高宗のもとに投降して敵将となったのである。軍備など国内事情を知り尽くした最高指導者が唐側に付いたことで、高句麗の装備・内情は知悉され、唐の計略は当然だがことごとく当たった。高句麗では莫離支を継承した男建が国を支えたが、六六八年二月に高宗の派遣した李勣・薛仁貴に扶余城（吉林省白城扶余県）を落とされると第二松花江流域の四十城が一斉に降伏するという腑甲斐ない始末となった。平壌城を囲まれること一ヶ月で、九月に宝臧王と男産ら高官が投降した。彼らはのち唐朝廷に仕えた。男建は最後まで戦ったが側近の内応で捕虜となり、こちらはさすがに仕官できず、四川省彭水県に流された。

こうして高句麗は滅びた。だがもともと大国と小国の戦争であり、もとの国力に違いがありすぎる。高句麗だって、いつか力負けすることはわかっていたろう。しかし受けて立たねばならない、難癖によって仕掛けられた戦いである。これは大国の不条理な要求への、意地の戦いであろう。その意地は見せられた、と思うがどうだろう。

三　新羅の国内事情

新羅の建国は四世紀中葉で、辰韓（秦韓）十二国のうちの斯盧《しら》国が六部（六村）を統合した貴族連合国家を作り、それが周囲の小国を従えて成立した。北は強国の高句麗から圧され、西は倍の領土を持つ百済やそれと結ぶ倭国と洛東江流域の加羅諸国での覇権を争ったし、南は倭国に沿岸部をしばしば襲われた。そのなかで、それら外部勢力と離合集散を繰り返しながらしだいに国力を付け、五世紀中葉からは高句麗の軛《くびき》を外《はず》して自立しようと模索しはじめた。四九三年には百済の東城王と通婚関係を作り、四九四年以降は対高句麗の共同戦線を構築した。しかし六世紀から花郎制度によって貴族の子弟を宗教的に組織しはじめたものの、倭国のように王が直轄する親衛隊へとまで編成することはできず、王権のもとで貴族を自在に操る中央集権体制を創り出すには至らなかった。

五九四年にやっと隋の文帝からの冊封を受け、真平王は上開府・楽浪郡公・新羅王となった。『三国史記』新羅本紀によれば、百済からの攻撃に続いて、六〇三年には高句麗軍に北漢山城を襲われ、六〇八年にも牛鳴山城（咸鏡南道安辺郡）など北部国境を侵されて、八〇〇〇もの住民を拉致された。そこで六一一年に隋の煬帝に高句麗への出兵の許可を求めたとあり、このときのことを高句麗は「隋の高句麗遠征時に、高句麗南部を新羅に奪い取られた」（新羅本紀・善徳女王十三年正月条）と主張したのである。この恨みはよほど堪えて強く印象づけられたようで、唐遠征軍との戦いにさいして高句麗は新羅との同盟を拒んで、百済・倭との結びつきを強めることとなった。

高句麗軍の攻勢を聞いた百済も、好機とみて新羅への攻撃をはじめた。

真平王の時代には六一一年・六一六年・六二三〜四年・六二六〜八年と断続的に百済の攻撃を受け、善徳女王になっても六三三年・六三六年と侵略が繰り返された。もちろん軍事的・外交的に対応策を立てた。六二六年には頻発する高句麗の侵略を唐に訴え、その一方で六二九年には高句麗の娘臂城（忠清北道清州市か）を攻めて五〇〇〇人を斬殺して陥落させた。六三八年には北部国境の七重城（京畿道坡州郡）を襲った高句麗兵を、将軍閼川《あつせん》が城下で討って退けてもいる。

しかし六四二年の百済からの侵略は軍の規模が大きくなり、七月には義慈王が率いる大軍に新羅西部の四十城が一気に奪われ、八月にも党項城（京畿道華城郡）・大耶城（慶尚南道陜川郡）が襲われて陥落した。あとから見れば、高句麗の泉蓋蘇文と百済の義慈王とが通謀しているということのようだった。危機感を懐いた新羅は、そこまで考えず、この冬に金春秋（のち二十九代・武烈王）を高句麗に送って援兵を請うたが、およそ見当違いだった。当然のように、高句麗・高臧王からは新羅北部の竹嶺以北の返還（割譲）を要求された。この間、倭国にも使者を派遣していたがどれほどの政治的・軍事的効果も得られず、さらに高句麗の要求も拒絶したから援兵のあてはなくなり（翌六四三年十一月には高句麗と百済が軍事同盟を締結）、新羅にはもはや唐に救援を求めるほか手がなくなっていた。

六四三年九月に唐に使者を派遣し、万策尽き果てているとして、具体的な軍事援助を求めた。

これに対して唐の太宗は三策を提示し、第一は唐・契丹・靺鞨が共同して遼東に侵入し、一年だけ高句麗軍の動きを封じる策。第二は唐の軍服と旗幟を貸与することで唐軍に偽装する策。第三が唐軍を七十〜八十隻の軍船に乗せて百済を直接攻撃する策。この三策を示した。しかし第一策では出兵が続かなければ、たちまちもとに戻ってしまう。第二策は、子供だましで実際的でない。結局は第三策なのだが、それを採用する前提として新羅の国内がそもそも問題なのだとする。すなわち「女王を立てているから、隣国に軽侮されている。唐の王族を新羅王に替えよ。そうすれば王を一人で行かせられないから、唐より軍兵を送り込んで防衛させよう。平安になったら、自分たちで守ればいい」（新羅本紀・善徳王十二年九月条の要約）といい、派兵を求めるのなら国王を譲れという交換条件だった。

使者は返答できず、絶句したまま退去した。太宗は「こんな田舎者では、出兵を求め、緊急事態を告げる才覚などありはしない」（一四一頁）と言い捨てたという。使者たる者は自国の利害をもとにいかなる提案にも応答しうる思弁力と強かな交渉能力が必要だったのだが、そうした器《うつわ》の使者でなかったようだ。

六四四年九月に将軍金庾信が百済から七城を奪い返し、六四五年正月には庾信が侵入した百済の大軍と戦って二〇〇〇人を斬殺した。だがその直後に、また百済軍が侵入した。そうした苦境のなかで、六四七年上大等（貴族合議機関の代表）の要職にあった毗曇《ピダム》や廉宗が唐の提案に応えようとする親唐派を率いて反乱（毗曇の乱）を起こし、善徳女王を廃位しようとした。乱はすぐ鎮圧されたものの、善徳女王は死没した。そして替わった真徳女王も、また女性だった。

頃合いを見計らっていた唐の太宗は六四四年にいよいよ腰を上げ、六四五年に遼東郡から入って高句麗を攻撃しはじめた。高句麗が西部戦線に専念することになったために百済は孤立し、さらに六四八年に新羅は金春秋が直接交渉して、太宗から援兵派遣の約束を取り付けた。新羅独自の元号を廃止することや唐の衣冠着用を義務づけるなどの要求を受け容れることとなったが、悲願にしていた唐との軍事同盟がなったのである。

唐・太宗の高句麗遠征が失敗して間があくと、高句麗は百済・靺鞨《まっかつ》と連合して六五五年正月に新羅北方国境の三十三城を奪った。これには唐との同盟が有効性を発揮し、唐の営州都督・程名振と右衛中郎将・蘇定方が高句麗を攻撃してくれた。六五九年四月に百済が新羅国境を侵すと、ふたたび唐に援兵を請うた。唐には中国の天子として刃向かった高句麗を討つという目標は大前提として決まっていたろうが、戦うタイミングは皮肉にも高句麗・百済の新羅攻撃が呼び水となり、唐軍を急き立てた結果となった。

そして六六〇年七月、蘇定方率いる唐軍による百済王都・泗沘の攻撃を迎える。同年三月に高宗の命令で唐軍が百済に侵攻し、高宗から出兵の命をうけた新羅の武烈王が五万の軍を百済の奥深くに展開して呼応した。以降新羅軍は唐軍の熊津都督《ゆうしんととく》・劉仁願らと連携して豊璋王らの猛攻を躱《かわ》し、逆に追い詰めた。六六三年の白村江の戦い以降は百済残党の掃討戦を続け、六六六年十二月からはじまる唐の遼東道行軍大摠管・李勣による高句麗攻撃に従い、六六八年についに高句麗を滅亡させた。

だが新羅は、唐の本心に気づいていなかった。

唐は朝鮮半島を新羅に渡すつもりなどなく、直轄領に組み込む方針でいた。占領地にはたとえば熊津都督など都督を置いて軍政を布き、唐が直接統治する領土にどんどん組み込んでいた。六六三年四月に唐は新羅国内に鶏林州大都督府を置かせ、新羅の文武王を都督に任命している。兼任ならよいともいえるが、これでは一地方官にすぎないから、人事異動でやがて新羅王家に関わりのない人が赴任してくる可能性もある。とはいえもともとの新羅国域だけは半独立的な羈縻州《きびしゅう》の形にするつもりもあったようだ。ただ、国王を置いた冊封国にするつもりはない。滅亡寸前だといって助命を求めてきた新羅に、国土の温存を望む資格などないと思っていたのだ。いや隋・唐のこの遠征は、もともと朝鮮半島を直接統治する領土的野心に基づくものだったかも。だから二股外交を理由に、高句麗遠征を持ち出した。高句麗も百済も倭も、こうした隋唐の本心である領土的野心を見抜いていたから、中国とはとことん戦うほかないと決意していたのかもしれない。

ところが新羅という国はその思惑を超えて、もっとしたたかだった。

高句麗が滅亡するや、今度は旧百済・旧高句麗勢力を支援して反唐運動を起こさせ、唐勢力を朝鮮半島から撤退させてしまった。最後は六七六年十一月、新羅軍が唐の将軍・薛仁貴と伎伐浦で二十二度戦って四〇〇〇の首級をあげて勝利したといい、ついに旧三国の領土を新羅の傘下に収めきったのである。しかもこのさい、政府高官・上流貴族は羈縻州案を受け容れて対唐戦争に消極的であった。この朝鮮半島統一戦は下流貴族・地方豪族層が主軸となって戦ったものだった。このために上位の貴族層は面目を失い、発言力は衰えた。その半面、下流貴族・地方豪族に支持された王の発言力・政治的権力が強まり、結果として王のもとでの中央集権化が進んだのである。

四　百済の国内事情

百済の建国は四世紀初めで、馬韓（慕韓）五十余国のうちの伯済国を中心として纏まった貴族連合国家である。「高句麗の始祖朱蒙《チュモン》の子・温祚を始祖とし、高句麗の兄弟国」と語られているが、『三国史記』は異伝も多くて確信が持てない。じっさいの歴史を見れば高句麗と百済は仲が悪く、戦闘に明け暮れていた。とうていそのようには思えないので、高句麗と百済が軍事同盟を結ぶために偽造された融和のための改竄神話かもしれない。

三七一年に斤肖古王が平壌に攻め入って高句麗・故国原王を戦死させ、この躍進をもとに王都を北上させて漢山（ソウル市）に移した。大勝利には違いなかったが、大きな恨みを買ってしまった。雪辱を期した好太王（広開土王）は大軍を率いて南下し、三九五年には浿水（礼成江か）のほとりで百済軍と戦って八〇〇〇人を捕虜とし（『三国史記』高句麗本紀）、三九六年にも倭軍の応援を受けた百済から五十七城・七〇〇ヶ村を奪って屈服させた（広開土王碑文）。つづいて子の長寿王も四七五年に兵三万を率いて王都・漢山城を包囲し、火を逃れて城外に脱出しようとした蓋鹵王を殺害した。王を討ち取られた百済は、王都を熊津（公州）に南下させて体勢の立て直しを策した。

北部戦線で高句麗にどうにも勝てない百済は、連携する倭国が防衛する圏内にあった全羅道地域の譲渡を求め、北部での失地を南部で回復しようと図った。またこの劣勢を補うために中国南朝（梁・陳）への遣使を繰り返し、外交によって高句麗を政治的に牽制する形をとった。また朝鮮半島の南に領土の重点が移って新羅と近くなったことで、高句麗に対して共同戦線をはって戦うこともあった。四九四年には新羅を助ける形で、四九五年には百済の雉壌《ちじょう》城を新羅が救援する形でなど、両者が出兵して助け合った。

百済国内ではかつての高句麗との敗戦での危機感から、王都を熊津から泗沘（扶余）に移すとともに、国内六二〇万の人民（大唐平百済国碑銘）を三十七郡（小城）・二〇〇城の軍事拠点（城）を中心とする単位に組織し、常時臨戦の軍国体制を作り上げた。しかしその思いと国家の現実は裏腹で、連携した対高句麗戦での戦果は新羅にほぼまるごと持って行かれ、新羅領土のみが増大して百済には得るものがなかった（本書十五頁図参照）。たとえば五五〇年に百済と高句麗はそれぞれたがいの城を包囲して陥落させたが、その間隙をぬって新羅が守兵を入れてこの二城を掠《かす》め取った。新羅に成果の横取りをされることを憤った聖明王は、阻止しようとみずから出陣した。だが五五四年の狗川《くせん》（忠清北道沃川郡）で新羅の伏兵に襲われて死亡し、かえって国威を傷つけてしまった。

こうした新羅のめざましい北進によって、百済は高句麗と国境線を接することすらなくなっていた。その百済にとって、高句麗からの「対唐戦争での軍事同盟」締結を前提とする「両国の和解」提案は、まさに渡りに船だった。いまや敵として面している新羅を、「昨日の敵は今日の友」となった高句麗と連携して思う存分に叩ける絶好の機会が訪れたのである。

『日本書紀』皇極天皇元年条によれば、義慈王は即位するや王母を死なせ、弟・翹岐と妹四人および重臣四十人などを追放して、専制体制を固めたようだ。そして『三国史記』百済本紀によれば六四二年七月に義慈王みずから軍を率いて新羅の獮猴城など四十余城を落とし、新羅本紀には百済がこの時点ですでに高句麗と通謀して党項城を攻め落として新羅の唐への通交を阻もうとしたとある。さらに百済は八月にも兵一万を率いた将軍允忠が大耶城を奪取し、一〇〇〇人の捕虜を得た。六四三年十一月に高句麗と同盟。結果として唐・羅間の通交遮断には失敗したものの、新羅兵が唐の命令で高句麗遠征に赴くと、南は手薄になったとみて六四五年五月に新羅の七城を落とし、六四八年三月にも将軍義直が新羅西部の腰車城など十余城を奪い、六四九年八月には将軍殷相が兵七〇〇〇を率いて石吐城など七城を襲った。しかし義直は六四八年四月金庾信に敗れ、勝って追撃に移った殷相も最終場面の道薩城（忠清北道槐山郡）下で敗退。その上六五一年に新羅の金法敏（のち文武王）の奏上をまともに信じたか信じたふりをした唐・高宗は、百済が新羅から奪った城を返還するよう恫喝してきた。
六五五年八月には高句麗・靺鞨と三者で連合して新羅の三十余城を攻め破り、六五九年四月にも新羅の独山・桐岑の二城を攻め落とした。だがどうしても新羅の奥深く、できれば王都まで攻め込んで王を圧伏させるには至らなかった。百済は、つまりしょせんそこまでの力の国だった。王権が弱く、軍に力がない。だから倭国を味方に引き入れ、倭軍を利用しながら、国としての体面を守ってきた。倭国は得失を天秤にかけながら、その誘いに乗っていたのである。

真正面から攻めても、高句麗をすぐには倒せない。そう判断した唐の高宗は、作戦を変更した。すなわち高句麗の後方にある百済を滅ぼし、高句麗を腹背から挟撃することとしたのである。

六六〇年七月、高宗は蘇定方を神丘道行軍大摠管とし、彼に柳伯英・馮士貴《ふうしき》・龐孝公《ほうこうこう》らを従わせた一三万の大軍を百済に送った。と同時に新羅・武烈王（金春秋）を嵎夷《ぐうい》道行軍摠管に任じた。武烈王は金庾信に五万の兵を授け、百済に攻め入らせた。

この事態にどう対応するかで、百済宮廷は紛糾した。

王は群臣を集め、出戦・籠城のいずれがよいかを問うた。すると佐平（十六品中の最高官。五～六名）の義直は、「唐軍の上陸時を急襲すれば、船に慣れていない兵は士気が上がらず十分戦えまい。新羅は唐軍頼みだから、唐軍の敗北を見れば戦意を失う」と出戦を主張した。しかし達率（十六品中の第二官。定員三十人）の常永らは「速戦での唐軍の鋭鋒にはかなわないから、唐軍の進む道を塞いで疲れるのを待ち、新羅兵は小部隊で繰り返し襲撃することで鋭気を挫けばよい」と提案。配流中の佐平・興首は、義慈王に諫言して獄死した成忠が炭峴（大田市儒城区）と伎伐浦の要衝を死守するように言い遺した（六五六年三月条）のと同様に、「平原・広野で戦って勝てる相手でないから、要衝で対抗するのが得策。唐軍は白江を溯らせず、新羅軍は炭峴を通らせないように堅守させ、王は籠城して敵軍の物資・食糧が尽き、兵士が疲れるのを待つべきだ」との意見を上申した。結局義慈王は大臣たちが「白江では、船を横一線に連ねられず、一列に並んで溯上するところを襲えばよい。新羅兵は炭峴から道が細くなるので、一本道を通るところを襲撃する」との意見を採用した。しかしこれは結果として敵軍を足下に引き込むこととなり、送り込んだ五〇〇〇の軍は四度の戦いに勝ったにもかかわらず、力尽きて全滅した。熊津口で唐軍の侵出を防ごうとしたが、それも敗北。わずか三日で一万の死者を出して惨敗した。義慈王と太子（世子）孝が泗沘城を脱出して混乱するなか、王の次男・泰が自立して一時王と称しもした。結局蘇定方は、義慈王以下を捕えて、王室は一時途絶したのだった。

だが王室を失なっても、貴族・豪族の力はなお温存されていた。『日本書紀』斉明紀・天智紀によれば、百済遺臣の鬼室福信・余自進らが決起し、余豊璋を王に戴き、百済王室を再興した。倭の斉明天皇も同調し本営を北九州に設置。中大兄皇子は六六一年八月に阿曇比邏夫《あずみのひらぶ》・阿倍引田《ひけた》比邏夫などを将として前後二軍を編成させ（翌年三月に三軍編成で出兵）、九月には狭井檳榔《さいのあじまさ》・秦田来津《はたのたくつ》率いる兵五〇〇〇を送って武器・食糧なども惜しみなく支援した。倭国は六六三年三月に上毛野稚子《わくご》（前将軍）・巨勢神前訳語《かんざきのおさ》（中将軍）・阿倍引田比邏夫（後将軍）に兵二万七〇〇〇をつけて新羅を攻め、六月にも上毛野稚子の前軍は沙鼻（慶尚南道梁山）・岐奴江（慶尚南道宜寧か）の二城などを落として助けたが、豊璋につけた倭国の軍事顧問の提言は必ずしも聞かれなかった。

豊璋は「州柔《つぬ》（周留城《するさし》）は田畠がなく、農耕・養蚕に向かず、民はやがて食物などに事欠く。だから、平地にあって田畠に囲まれた避城《へさし》（全羅北道金堤か）に移ろう」という意見を採用した。朴市秦田来津は「そこは敵に近くて危険。飢えより国の滅亡の方が大切だ。難攻不落のこの地にいた方がよい」と反対したが、採られなかった。六六二年十二月にじっさい避城に移ったものの襲撃を受けて二ヶ月も維持できず、また戻ることになった、という。

最大の汚点は六六三年六月の宮廷の内紛で、百済再興で最大の功労者だった鬼室福信を処刑してしまったことだった。六六一年三月福信が主導権を争った僧道琛を殺してその軍を接収しても、豊璋は制禦できなかった。豊璋は実権を握った福信には謀反の心があると疑い、達率の徳執得の提言を聞き入れる形で斬刑に処した。人も失ったが、人心も動揺して見限る者も出たろう。貧すれば鈍する、とはこうしたことだ。百済がふたたびそして永遠に滅びたのは、二ヶ月後のことであった。

なお『旧唐書』（劉仁軌伝）には、高句麗に逃れた豊璋が倭国にいる兄か弟の余勇と連携し、再興を策していたとある。余勇とはのちに百済王氏を名乗った余禅広（善光）に当たるのかもしれないが、『日本書紀』には国として高句麗を具体的に支援しようとした形跡がなく、豊璋と連絡を取らせていたという話も見られない。朝鮮半島全域支配を狙う新羅が、唐軍を攪乱する動きを隠すため故意に流した噂・偽情報だったのかもしれない。

【注】

（1）『三国史記』百済本紀・義慈王四年（六四四）正月条に「王子の隆を太子とす」とある。この時点で、孝と隆のどちらが太子（世子）であったのか不明。
(2)『日本書紀』皇極天皇元年（六四二）二月戊子条に「［百済国主の］弟王子児翹岐」の亡命を思わせる記事があり、これを「［義慈王の先代の］武王の弟王子である児の翹岐」と読み、弟王子を太子（世子）に次ぐ地位と読み取り、武王の子つまり義慈王の弟と理解する。その上で、翹岐を豊璋の異名と見る説もある（倉本一宏氏著『戦争の日本古代史』講談社新書、二〇一七年、一二二頁など）。
(3)白村江の位置は決まっておらず、完戸鶴氏「四つの白村江」（『大宰府復元』九州歴史資料館、一九九八年）によれば、錦江河口・牙山湾奥の安城川河口入江南岸・牙山湾入口南岸など有力候補地は数多い。
(4)鈴木眞哉氏著『戦国軍事史への挑戦』（洋泉社歴史新書、二〇一〇年）第四章「兵士はどう集められ、どう訓練されたか？」。
(5)遠山美都男氏著『白村江』（講談社現代新書、一九九七年）三十五頁。
(6)旗田巍氏著『元寇』（中公新書、一九六五年）、四十九頁。
(7)注6書、第三章「蒙古の日本招諭」・第四章「元軍の高麗進駐」。
(8)廣瀬憲雄氏著『古代日本外交史』（講談社、二〇一四年）は、東アジア史を中国中心とせず、「漠北・漠南・華北・江南の四区分」で捉える視点を提供されている。その視点から「六三〇年の段階で、唐は中国内地のすべての群雄と隋亡命政権、さらに創業時に臣属した東突厥の打倒に成功し」（一四四頁）、滅亡した突厥第一帝国の遺民を原動力として支配領域を拡大していく。六四八～九年に安西四鎮を設置して西突厥を臣属させ、離反した西突厥を六五九年に再度鎮圧して西域支配を安定させている。「隋・唐が高句麗を征討したのは、隋の第一回遠征をのぞけば、突厥を臣属させている時期（隋代）か、羈縻支配している時期（唐代）に限られる」（一四七頁）とされ、遠征時期が決まった背景を提示されている。

（原題「白村江の戦いをめぐる基礎知識」「歴史研究」六六七号、二〇一八年十二月）

大友皇子とその後裔

一　大友皇子の立場

『懐風藻』（日本古典文学大系本）によれば、大友皇子は、

　壬申の年の乱に会ひて、天命遂げず。時に年二十五。（六十九頁）

とある。天武天皇元年（六七二）に二十五歳だったのなら、生まれは大化四年（六四八）ということになる。

父は天智天皇（中大兄皇子）で、『日本書紀』（日本古典文学大系本）天智天皇七年（六六八）二月戊寅条によれば天智天皇には十四人の子がいた。そのうちの男子は、蘇我石川麻呂の娘・遠智娘が産んだ建皇子、忍海《おしぬみのこ》小龍《たつ》の娘・色夫《しこぶ》古娘《このいらつめ》が産んだ川嶋皇子、越道伊羅都売《いらつめ》の産んだ施基《しき》皇子（芝基皇子）、そして本稿の主人公である伊賀采女宅子娘が産んだ大友皇子（伊賀皇子）の四人である。

白雉二年（六五一）に生まれた建皇子は、母が右大臣・蘇我石川麻呂の娘で、皇族所生の皇子のいないなかでは世継ぎの最有力候補であった。だから祖母の斉明天皇（皇極天皇）に寵愛されたが、斉明天皇四年（六五八）に死没した。

建皇子以外の皇子は、

又宮人の、男女を生める者四人有り。（天智天皇七年二月戊寅条）

とされ、いずれも地方豪族出身の女官の所生である。

このなかでは川嶋皇子が持統天皇五年（六九一）に三十五歳で死没しているので、斉明天皇三年生まれ。施基皇子は霊亀二年（七一六）に死没したが、年齢は不明である。だが天武天皇八年のいわゆる吉野会盟では「草壁皇子尊・大津皇子・高市皇子・河嶋皇子・忍壁皇子・芝基皇子」（五月乙酉条）の順で川嶋皇子より下位に位置づけられているので、川嶋皇子より年少であろう。

とすれば、大化四年生まれの大友皇子は最年長で、天智天皇の第一皇子である。格付けにおいては建皇子より劣ったが、建皇子亡き後は、宮人腹の皇子中では最有力後継候補になる。それはそうなのだが、地方豪族出身者を母とする皇子が朝廷内で大王の後継候補と目されるものかどうか。それが問題である。

天智天皇の子たちのなかには、大王（天皇）と仰ぐべき人が誰もいない。そう見なせば、天智天皇の弟・大海人皇子（天武天皇）が有力な後継候補者である。本人とその周辺がそう自覚すれば、すなわち廷内では皇太子と見なされたともいえる。もちろん皇太子という地位は飛鳥浄御原令か大宝令で規定されたもので、この当時はそうした名称でなかったが(1)。

だが呼称はともかく、大海人皇子はほんとうに天智天皇の後継候補者と見なされ、そう遇されてきたのだろうか。

乙巳の変や大化改新のとき、大海人皇子はまだ年若であって、何の役割も果たせず協力もできなかった。しかし白村江敗戦の翌年の天智称制二年（六六三）には表立って廷内の人心の収攬にあたり、甲子《かっし》の宣《せん》を発令した。すなわち皇太弟の名のもとに冠位二十六階を施行し、大氏・小氏・伴造の氏上を定めた。その一方で民部《かきべ》・家部《やかべ》という氏有の私民を公認することとした。全体としては不満を募らす氏族への優遇策と見られるが、同時に唐・新羅連合軍との本土決戦も差し迫っていた。そういうなかでの制度改革は、もっと厳しい反撥を呼び起こす誘い水ともなりかねず、難しい舵取《かじと》りを迫られる。そして天智天皇八年には、重病であった中臣鎌足を天皇の名代《みようだい》として見舞い、藤原の氏名《うじな》と大織冠の位を与えた、という(2)。大海人皇子の言動が天智天皇のそれと同じ重みを持つような舞台を、それなりに踏んでいたのである。

そうした経緯があったにも拘わらず、天智天皇十年、天智天皇は大友皇子を太政大臣として執政の中枢に据え、冠位・法度の重要政務を執らせた（執行者は大海人皇子と見る説もある）。実質的な後継者としての実績作りである。こうした状況変化のなかで大海人皇子は皇太弟としての立場を失い、政界から身を退かざるをえなくなった。そして天智天皇の病牀を見舞ったその足で、病気平癒祈願のために出家すると宣言して、吉野宮に隠遁することとなる。

これが大海人皇子側の言い分だが、『日本書紀』という勝ち残った側の書いた記録を、どこまで信用してよいものだろうか。

大海人皇子の言い分はともかく、天智天皇が大友皇子を後継者と決めたのはなぜだったのか。実子がやはり可愛いとする親馬鹿が、結局は子の生命を短くした。そういう因果応報を嗤《わら》う向きもあろう。だが筆者には、もともと大海人皇子になにか主張できるような権利が与えられていたと思えない。

中大兄皇子以前には、山背大兄皇子・古人大兄皇子がいた。溯れば勾《まがりの》大兄皇子（安閑天皇）・大兄皇子（用明天皇）・押坂彦人《おしさかのひこひと》大兄皇子もいる。大兄の称号を持つなかから、次期大王を選出する制度がかつてはあった。しかし大化以降には、大兄を称する皇子が出ていない。だれも大兄に指定しないで、次世代をどうするつもりだったのか。天智天皇に皇族・中央豪族所生の皇子がいないのなら、従来の考えに倣って大海人皇子かその子を大兄に指名してもよいはず。それでも大兄にしないのなら、大兄と遇する気がなかった、と見るべきだろう。

天智天皇は、大兄制度を廃止させたのだ。大兄制度は、大王家に数多くいる皇子のなかから数人に大兄を名乗らせ、そのなかから臣下が同意した者を大王として推戴する。大兄がないより争点の種類は少ないが、大兄制でも擁立をめぐる臣下同士の勢力争いを防げない。これを臣下の判断を交えず、大王家だけで後継者を決められるようにすることが、天智天皇また大王家の宿願であった。またそうでないと、きたるべき律令国家が中央集権体制となったとき、その頂点の天皇をめぐって分裂する事態になれば、国内の隅々まで巻き込まれる大乱に発展しよう。その防遏のためにも、皇位は臣下が容喙しようのない大王家の立てた大原則で継がれていくべきだと考えた。だから、だれも大兄に指名しなかったのである。

その大原則とは、元明女帝が即位にさいして明らかにした「不改常典」である。

その内容は十分に明らかでないが、「近江大津宮御宇大倭根子天皇」つまり天智天皇が「天地と共に長く日月と共に遠く改めまじき常の典」（『続日本紀』［新訂増補国史大系本］慶雲四年七月壬子条）のもとで選んだ後継者が大友皇子だったのだから、大海人皇子のような皇女所生でなくとも、中央豪族出身者の所生でなくともいいのである。年齢・執政経験などの条件は、明瞭でない。川嶋皇子は十六歳であって、競える状態でない。この例では、長子だけの資格で大友皇子と決めたのかどうかは解けない。しかし元明女帝がこの詔を持ち出したのは、文武天皇の子で七歳の首皇子（聖武天皇）への皇位継承を前提にした場面であるから、年齢の幼なさや政治経験の無さが皇位への障碍《しょうがい》とはならないような原則だったのであろう。つまり天智天皇が定めたのは、大王の長子が皇位を継ぐという原則と見られる。

大海人皇子や廷臣たちは、これに不満があったのだろう。皇女所生よりも、長子であることの方が優先するとの判断に納得できない。前例がなく異論もあるだろう危うい皇位継承を、定めた途端に政界で試さなければならなかったのは、大友皇子の巡り合わせの不幸だった。

二　大友皇子の即位

卑母所生であっても、だからといって人物が劣っていたわけではない。『懐風藻』によれば、

魁岸奇偉、風範弘深、眼中精耀、顧眄煒燁。唐使劉徳高、見て異《あや》しびて曰はく、『此の皇子、風骨世間の人に似ず、実に此の国の分に非ず』といふ。（六十八頁）

とあり、逞しく立派な体格で風格・器量が広大であり、唐使が「日本にはもったいないような人物」と評価したという。そこまでいうかという誉め方だが、どこか日本をおとしめてもいる。何にせよ天皇としての執務に向かない愚鈍で虚弱体質な人物、ではなかったようだ。

しかし『日本書紀』では、天智天皇十年の次は天武天皇元年となっており、大友皇子の即位は認められていない。現在は大友皇子を弘文天皇と呼んでいるが、これは明治三年（一八七〇）に追号して皇統譜に載ったからである。

即位については、平安時代の『西宮記』（源高明撰。十世紀後半成立）『扶桑略記』（皇円著。平安末期成立）に記され、ついで『水鏡』（十二世紀末成立）や『大日本史』（明暦三年〔一六五七〕編纂開始）に書かれている。

たとえば『扶桑略記』（新訂増補国史大系本）では、天智天皇十年十二月三日条に天智天皇の崩御のことを記し、

同十二月五日、大友皇太子、即ち帝位に為く［生年廿五］。（六十二頁）

と続けるが、この記事はもとになった『日本書紀』にない。いずれも後年の臆測であって、即位していたかどうかは不明である。

じつのところ多くの人が即位したかどうかを問題にしているのは、『日本書紀』に即位記事が見えないからではない。大友皇子が即位して天皇となっていると、天武天皇の挙兵が天皇への大逆となる反乱となってしまうからである。さらには、天皇も実力で倒して皇位を奪ってしまえば、それなりに正当な政権と評価される。天皇に逆らってはならない、逆らえないものだという考えを持つ必要がない、ということになる。今後、何か気にくわないことがあれば、皇子が挙兵するかあるいは臣下が皇子を擁立して今上天皇を実力で退けてしまえばよいとの考えを是認することになろう。

そうした反乱の前例とされることを防ぐには、大友皇子の即位を認めなければよい。大友皇子を主

人公とする巻を立てさせず、天皇のいない空位の時期を造り出す。空位であるから、大海人皇子の挙兵はだれに対する反乱でもない、という論理である。あえていえば、大友皇子と大海人皇子はまだ横並びの候補者同士であって、帝位の争奪戦をしている時期と捉えさせる。そして勝者の年紀を溯らせて使用し、天武天皇元年として叙述させる。『日本書紀』はそのように整えられている。

とはいえ、人の口に戸はたてられない。「やはり壬申年の挙兵は反乱だった」との認識は、天武天皇系の天皇が在位している天平宝字七年（七六三）十月丁酉条の『続日本紀』（新訂増補国史大系本）記事に、

壬申の兵乱に属《あた》り、私馬を以て皇駕に奉じ

とある。これは正史だが、先掲の『懐風藻』には、

壬申の年の乱に会ひて、天命遂げず。

とあったし、『万葉集』（日本古典文学全集本）にも、

壬申の年の乱の平定《しず》まりにし以後の歌二首　（巻十九・四二六〇の題詞）

『藤氏家伝』（寧楽遺文本）にも、

後に壬申之乱に値《あ》ひて、芳野従り東土に向かひしとき　（鎌足伝）

先に壬申の乱離従り已来、官書或は巻軸零落し　（武智麻呂伝）

とあって、天武天皇の行為が反乱だったことは廷内周知の事実と見なされていた。(3)

そもそも考えてみれば、天智天皇が十二月に没してから翌年六月の壬申の乱が起こるまで、即位の手続きをしないでいるものだろうか。

『日本書紀』によれば、皇極天皇は舒明天皇が十月九日に没して、翌年正月十五日に即位している。また孝徳天皇が十月十日に没して、翌年正月三日に重祚している。舒明天皇は推古天皇が三月七日に没して、翌年正月四日に即位しているが、これは遺詔の解釈をめぐる山背大兄王との紛争が長期化したせいである。このときは長く間が空いているが、これは草壁皇子の体調回復を待ったせいで即位は遅れるが、持統女帝の臨朝称制は朱鳥元年（六八六）の天武天皇没後ただちに行われたと記されている。すなわち舒明天皇から持統天皇まで直近の皇位継承例を通覧すれば、年を越した正月におおむね即位している。天武天皇側がそう記させたくない気持ちも事情も分かるが、天智天皇の死没は十二月初めなのだから、大友皇子は翌年正月に正式に即位してそれが公認されていたとみるのが穏当である。重臣の補佐を受けた称制の段階とみる向きもあるが、そうならば大海人皇子に不都合でなく、その通りに記されてしかるべきであろう。

それに、三月に郭務悰から唐帝の国書と信物を奉られたさい、後継者が不在のままで対応していたはずはなく、大友皇子が大王（または天皇）として対面・応答したと見られる。

三　大友皇子と壬申の乱

壬申の乱で大海人皇子の攻撃を受けた近江方の総帥としての指揮ぶりはどうだったろうか。

大友皇子側が大海人皇子の挙兵・反乱を知ったのは、天武天皇元年六月二十六日である。二十二日に決起した大海人皇子側は、すでに不破道・鈴鹿山道を封鎖していた。近江宮で対策会議がもたれ、ある臣下が「ゆっくり計画を立てていては手遅れになる。一刻も早く騎兵を集めて追跡すべきだ」と献策したが、大友皇子はこれを採用しなかった。そして韋那磐鍬《いなのいわすき》・書薬《ふみのくすり》・忍坂大摩侶を東国に、穂積百足《ももたり》・穂積五百枝・物部日向を飛鳥の倭京に、佐伯男《おとこ》を筑紫大宰のもとに、樟磐手《くすのいわて》を吉備総領のもとに興兵使として遣わし、武装兵士の動員を指令させた。

そのさい筑紫大宰・吉備総領の去就を疑っており、「筑紫大宰の栗隈王と吉備国守の当摩広嶋はもともと大海人皇子に従っていたから、下命に背くかもしれない。その様子があれば、ただちに殺せ」と示唆している。この内命に基づき、磐手は当摩広嶋に勅符を手渡した日に、機会を見て殺してしまった。他方、男は栗隈王から「筑紫国は辺境を外敵から守るのが任務であり、国内の賊に向けて軍兵を動かすことはしない」と断られた。栗隈王は二人の子に堅く守られていて、手出しさせるような隙を見せなかった、という。

また東国に遣した興兵使は不破にさしかかったとき、先行していた薬が伏兵に捕まり、磐鍬らはただ逃げ戻った。

これで九州と不破・鈴鹿以東の兵は動かせなかったが、中国・近畿北部の兵士は政府軍として動員できたとみられる。

これらの兵士の集結地点を、近江宮・河内などと指定したのであろう。七月二日には近江宮に集結した兵数万を山部王・蘇賀果安・巨勢比等らに率いさせ、不破へと進軍させた。河内に集結した軍兵は壱岐韓国《いきのからくに》に率いさせて倭京を西側から攻略させ、北側からは大野果安が近江宮の軍を割いて乃楽山《ならやま》越えで攻撃した。さらに田邊小隅に別働隊を率いて鹿深山《こうがやま》を越えさせ、不破と倭京の連絡を断って倭京を包囲しようと図った。このために倉歴道《くらふ》を行かせて、莿萩野《たらの》を襲わせた。

しかし、まず湖東から不破へと向かった軍は、犬上で内紛のために自壊した。山部王が果安と比等によって殺され、果安も近江宮に戻ってから自殺した。この醜態のために征伐軍の羽田矢国《はたのやくに》・大人《うし》らが近江方を見限り、大海人皇子方に投降してしまった。失態だったが、これに先んじて近江方の精兵部隊が玉倉部邑（不破郡関ヶ原町か）を襲っており、出雲狛《こま》に撃退されたという。少数精鋭部隊によって大海人皇子の命だけを狙った奇襲作戦だったろうか。

これに比べれば倭京包囲網はそこそこの戦果で、四日に乃楽山まで北上してきた大海人皇子方の大伴吹負《ふけい》軍を果安軍が打ち破り、そのまま八口（不詳）まで南下した。また二日に韓国軍は河内恵我河で大伴吹負が送った坂本財《たから》軍を破っている。莿萩野の連絡路が断ち切れて、近江方が倭京に一気に攻め込めば、倭京は陥落しただろう。だが韓国軍内に内紛が起こり、果安軍も敵情視察に手間取り、勝機を逃した。小隅部隊は倉歴の守備隊の急襲に成功したが、莿萩野の多品治《おおのほむち》軍に迎撃されて敗退した。莿萩野が押さえられなかったこともあって、大海人皇子方の指令で紀阿閉麻呂率いる伊勢方面の大軍が倭京に送り込まれていた。四日、韓国軍は竜田・穴虫・石手（竹ノ内街道）の三道から大和に入って一時は吹負を倭京から追い払ったが、援軍を受けた吹負軍に当麻で敗れた。また北の果安軍が上中下の三道から押し寄せ、犬養五十君が中ツ道の吹負軍を襲ってあと一歩のところで撃退された。上ツ道でも箸墓で激戦となったが、三輪高市麻呂・置染菟《おきそめのうさぎ》軍に退けられた。敗残兵は四散したか近江宮に戻ったか不明だが、将軍はともかく徴兵された兵士たちは四散したのであろう。

不破への征討軍は、七日にも境部薬軍が進んだが息長《おきなが》の横河（醒ヶ井町付近か）で大海人皇子方の村国男依軍の前に敗退し、九日には秦友足軍が鳥籠山（坂田・犬上郡堺か）で同じく男依軍の前に敗退。

征伐どころか、大海人皇子方の進軍を止めることができなくなっていた。

十三日には野洲川畔で近江方の社戸《こそべ》大口・土師千嶋らの軍がまたしても男依軍に破られ、十七日には栗太《くりもと》でも敗北。二十二日に瀬田橋の西に大友皇子みずから陣を張って、大海人皇子軍主力と対峙する最後の攻防戦となった。しかし橋の中程の板を外しておいたにも拘わらず防御線を簡単に渡られ、ついに大津宮は陥落した。そのときには、湖西を迂回して南北から挟み撃ちにするはずだった大海人皇子方の羽田軍・出雲軍も三尾《みお》城まで進んでいた。

大津宮を放棄した大友皇子は、養育に当たってくれた大友氏を頼って河内に落ち延びようとしたらしいが、すでに二十二日に吹負が難波に進出していて前途を遮っていた。万やむをえず、山前《やまさき》（京都府大山崎町）で自殺した。首は不破本営の大海人皇子のもとに届けられ、首実検されたという。

以上が、近江方から見た壬申の乱の過程である。敗戦の経緯を「敗れるには、敗れるだけの理由がある」と分析して、指導者のミスを断罪し、資質のなさを論評していくこともできる。だがそれでは、遠巻きで安易な後講釈となってしまう。

大海人皇子の決起の報が近江宮に伝わったとき、「ある者は朝廷を見棄てて東国に入ろうとし、ある者は逃げ隠れようとした」とある。味方しようという者がいなかったわけで、そもそも廷内で人望がなかった、と読み取ることもできる。しかし大海人皇子は、天智天皇の横にいて大化改新や白村江の戦いを担《にな》いながら見ている。四十歳を超えたころであり、それまでの政治過程で廷内に作り上げた人脈も十分にあったろう。それとまだ二十五歳の大友皇子を人望の観点で比べるのは、酷《こく》というものである。

むしろ蘇我赤兄・中臣金ら五人の重臣のうち紀大人《うし》を除く四人までが近江方の中枢を担いつづけ、戦死・刑死するまで離れないで戦っていることを考えれば、廷内をよく束ねていた、と評価できる。もちろん天智天皇の要請に基づくもので、仏に宣誓したからでもあるが、誓ったからといって守るとも限らない例は、徳川家康など数限りない。

対応が遅かっただろうか。政府機関を通して、ゆっくりと上から徴兵していたから立ち遅れた、ともいえる。しかしこれも相手あってのことで、結果論である。

すでに筆者が指摘したことだが、大海人皇子はかねて大伴吹負・馬来田《まくた》ら大伴氏に挙兵・反乱の下相談を持ちかけていた(4)。大海人皇子は反乱を決意して、あちこちに使者を派遣する。六月二十四日に吉野宮を出発するとき、同時に黄書《きぶみ》大伴は倭京の高坂王のもとに駅鈴を取りにいかされるが、その足で大伴馬来田宅を訪れ、馬来田を伴って菟田《うだ》の吾城《あき》(安騎)で大海人皇子一行と落ち合った。大伴吹負は、ただちに倭京占領に向かっている。呼びかければただちに反乱と通報されかねないのに大伴氏をためらうことなくいち早く誘っているのは、決起に参加するとの合意がすでにあったからである。

すなわち、用意周到な準備がされている大海人皇子方の動きに対して、近江方が立ち遅れるのは当然である。つまり近江方は、吉野宮に持ち込む食料を遮らせたり、山陵を造ると称して武器を取らせたりしていまにも討伐するかのように大海人皇子方を刺激し、決起を促すように動いたりしていない、ということである。もし追い詰める気があったのなら、もっと早く挙兵の報を得ていたろう。

戦闘の過程についてはどうか。これは、ほぼ互角といえよう。反乱軍と互角では誉めたことになるまいが、大海人皇子が先手を取ったために、美濃・不破と倭京がいち早く押さえられてしまった。これが戦略上での敗因であろう。倭京にはいまは近江宮にいる中央豪族たちのそもそもの本拠地がある。そこを押さえられたために、本拠地の氏族員がすべて人質になってしまった。大海人皇子方がすべて不破に逃げ込んだのなら、中央豪族がこぞって近江方に付いて思う存分戦うこともできた。しかし勢力地盤の人と物を押さえられているなかでは、氏族を挙げた行動ができない。[5]また倭京に大海人皇子の一党が籠もってしまったのなら、東国軍なども徴発して彼らを圧倒しうる。だが東日本の動員を抑止されているので、西日本兵だけで戦わざるをえない。そのように仕組まれてしまったのだ。これは不意に決起して、先手を取った側にしかない利である。

あえていえば、田邊小隅の部隊が倉歴を落としながら莿萩野で敗退したのが大きかった。ここに大軍を投入しても、不破・倭京間を断ち切っておくべきだった。これに成功していれば、大海人皇子の命令が通らず、孤立無援の倭京は攻囲されて近江方の手に落ちていたろう。そうすれば、大海人皇子方に付いていた豪族たちの去就が違ってきたかもしれない。

四　大友皇子の没後と末裔

大友皇子の山陵は、もともと定まっていなかった。即位したと見なされていなかったから当然だが、明治十年六月、近江神宮の南で長等山東麓の滋賀県大津市御陵町にある平松亀山古墳（円墳。亀丘古墳とも）を弘文天皇陵に指定した。「與多王（大友與多麻呂）が父・大友皇子の家地に寺を建立した」とする園城寺の縁起を手がかりに決められたというが、大友皇子の首は不破に送られており、そもそも敗者の遺体が高塚の古墳に埋葬されるかどうか、葬送過程についても疑問がある。

『本朝皇胤紹運録』(群書類従本)によれば、大友皇子の子としては葛野王・壱志姫王・與多王・夜須良麿が見られる。

葛野王は斃《たお》された王者の子として、やはり屈辱的な立場に立たされた。

『懐風藻』によれば、高市皇子没後、持統天皇は孫・珂瑠《かる》皇子(文武天皇)に譲位するつもりで諮《はか》ったが、天武天皇の嫡流を自負する長親王などを推す向きもあって、紛糾していた。そこで葛野王は、
神代より以来、子孫相承けて、天位を襲《つ》げり。若し兄弟相及ぼさば、則ち乱此より興らむ。

と父子直系相続を支持し、そのとき弓削親王が兄・長親王に代わって異議を唱えようとしたところ、これを叱りつけて止めさせた、という。

事実からすれば、神代から父子相承ではなく、近年にも兄弟相承の例は少なくない。しかし持統女帝の腹づもりは珂瑠皇子にあったので、その思惑を読んで、持統女帝におもねったのである。平城上皇の子・阿保《あぼ》親王が承和の変の密告者となったように、自分の父を斃した人たちだとは思っても、時の政権に擦り寄って生きるほかなかった。嘘をいってまで恩に着せる道を選んだ姿を哀れとみるか、逞しいと見るか。どちらともいえようが、この功績もあって正四位・式部卿まで進んだ。

葛野王の子は、『本朝皇胤紹運録』によれば池辺王・聖宝がいる。

このうち醍醐寺を創建し東寺別当・東大寺別当などとなった聖宝(理源大師)は天長九年(八三二)生まれなので、慶雲二年(七〇五)に没した葛野王の子でありえない。天智天皇の六世孫、葛声王の子・恒蔭王と称しているから、葛野王との間には少なくとも葛声王のほか二王がいたことになる。

池辺王は天平九年(七三七)に内匠頭になっており、のち従五位上にまでなった。

池辺王の子が三船王で、天平勝宝三年（七五一）賜氏姓されて淡海真人三船となった。幼時に出家して元開と称して三蔵九経を学び、還俗後は大学頭・文章博士を経て刑部卿にまで昇っている。『唐大和上東征伝』を著わし、『経国集』にも詩文が収録された。

『続日本紀』天応元年（七八一）六月辛亥条の石上宅嗣薨伝には、

宝字より後、宅嗣及び淡海真人三船とを文人之首と為す。

とされていることもあって、『懐風藻』の撰者と目され、神武・仁徳・雄略など歴代天皇の漢風諡号を定めたのも彼かと推定されており、奈良後期屈指の漢詩人であった。

これ以降、三船が受けた淡海真人の氏姓を名乗る人は数多い。

延暦二十四年（八〇五）に吉並王以下十七人、承和十四年（八四七）御友王の子の広野王・大野王、武蔵王の子の福雄王以下四名、貞観八年（八六六）藤王・豊野王など七人、元慶四年（八八〇）にも本野王が賜氏姓されている。

ただし貞観七年に淡海真人を授かった三坂王は、大友皇子の弟の川嶋皇子の後裔であった。『新撰姓氏録』（佐伯有清氏著『新撰姓氏録の研究』本文篇）左京皇別にも、

淡海朝臣　春原朝臣同祖。河島親王之後也《すえ》。（一五八〜九頁）

とあり、川嶋皇子系の王にも淡海真人（朝臣）が賜与されていた。平安期の天皇はたしかに天智天皇系だが、いちばん弟にあたる施基皇子の裔孫である。施基皇子の兄であった大友皇子・川嶋皇子は彼らにとって直系尊属の祖に当たらず、その子たちとは父子の関係にないので、別系を一まとめに淡海氏と称させることとしたようである。

【注】

（1）荒木敏夫氏著『日本古代の皇太子』（吉川弘文館、一九八五年）

（2）拙稿「我はもや安見児得たり—鎌足の実像—」（『古代史の異説と懐疑』所収、笠間書院、一九九九年）

（3）金井清一氏「壬申の『乱』と万葉集」（「万葉古代学研究所年報」一号、二〇〇三年）

（4）拙稿「大海人皇子と大伴氏」（『白鳳天平時代の研究』所収、笠間書院、二〇〇四年）

（5）拙稿「第二章16　壬申の乱で、少数派になるはずの側がなぜ二正面作戦を取ったのか」（『日本史の謎を攻略する』所収、笠間書院、二〇一四年）四十六〜八頁。

（原題は「大友皇子の基礎知識」「歴史研究」六一七号、二〇一三年十二月）

天武天皇の天文・遁甲《どんこう》

一　空前の勝利

天武天皇元年（六七二）六月二十四日の夜半、大海人皇子（天武天皇）はついに近江朝廷に叛旗を翻した。壬申の乱のはじまりである。前年十月から逼塞していた大和・吉野宮を出て、伊賀国を縦断。二十五日には伊勢国に入り、自分の養育に当たってきてくれた湯沐《とうもく》のある美濃国へと向かった。さらに二十七日には野上行宮（岐阜県関ヶ原町）に本拠を定め、全軍の指揮を十九歳の高市皇子に委ねて、戦いの推移を見守った。そして大和と近江を舞台にした約一ヶ月の攻防戦の末、七月二十二日に近江大津宮を落とした。翌日には近江朝廷方の総帥の大友皇子が自害し、ついに反乱軍が天皇とその正規軍を葬り去るという、日本史上では空前絶後の快挙をなしとげたのである。

さて美濃国までの逃避行のさなか、伊賀国の横河（名張川）の手前で、大海人皇子は不思議な行動をとる。おりしも黒雲が湧き立ち、十余丈（一丈は約三メートル）に広がって、天空を動いていった。不思議な気象を目にした大海人皇子は、手元に灯りをつけさせ、携えていた式盤を取り出してその現象を占った。そして「これは天下が二つに分かれる前兆だ。そうであるが、最終的に私が天下を得ることになろう」と予言したのである。

そういえば『日本書紀』（日本古典文学大系本）天武天皇即位前紀に、天皇は「生まれたときから秀でて立派であり、人並み以上の武徳を持っていた」とあり、続けて「天文・遁甲《どんこう》に能《よ》し」とある。

天文・遁甲の知識が日本にはじめて持ち込まれたのは、推古朝であった。推古天皇十年（六〇二）十月に百済僧・観勒《かんろく》が「暦の本及《ためし》び天文地理の書、并て遁甲方術の書を貢」（『日本書紀』）ったとあり、そのときに書生数人を選び観勒のもとで学習させている。この書生のうちで、天文と遁甲を学んだのが大友村主《すぐり》高聡である。この大友村主の名は天智天皇の子・大友皇子の名の由来となっており、大友皇子の養育に当たった氏族である。天智天皇の近くにいた氏族であるなら、同母弟の大海人皇子の近くにいたことにもなるわけで、こうした親縁関係から大海人皇子は大友村主氏に伝えられた天文・遁甲の知識を身につけていったようだ。

では、それはいったいどのような知識だったのだろうか。

二　天帝の意を知る占い

人間は、自分が何か行動しようとして、それがただしいかどうか自信を持てないときがある。先行きうまくいくかどうかも、はなはだ不安になる。そのとき、「良い判断だ」と誰かに認めてほしい。先行きはどうせ知り得ないのだが、「順風満帆だ」とかの言葉が聞きたい。それは口だけの慰め・気休めでないと信じられる根拠もほしい。その根拠を提供しようというのが、天文観測や遁甲による占いである。

天文とは、太陽・月や星の運行あるいは雲などの気象状況の観察を通じて、そこにあらわれているはずの天の意思を探ろうとするものである。この観察を通じて得られるものとして、身近なものには暦がある。前近代においては、広く社会のあり方やじっさいに行われている施政方針・統治実績の是非などについても、天による評価が天地の事物に具体的にあらわされていると思っていた。宇宙の森羅万象は、そもそも天にいる帝（天帝）が操っている。地上の支配を委ねられている地皇がかりに天帝の意思に反している場合には、天体現象等を通じて地上にシグナルを送って「悪いぞ」と伝える。その具体的なシグナルとは、ある星の位置であったり、流星であったり、湧き起こった雲の色や動きだったり、である。こうして、天意に沿った正しい行動になっているのか自信が持てないでいる地皇に、あるいは正しい行動と勝手に思い間違えている地皇に、いま行なっているそれが正しいとか誤っているとかを示すのである。だから統治者には、三歳児が親の顔を見ながらいたずらをしてみるかのように、天文の観測・観察が欠かせない。だから天武天皇も新羅・善徳女王（在位六三二～六四六年）が建てた瞻星台に倣い、天武天皇四年正月五日に「始めて占星台を興《た》つ」（『日本書紀』）とあって、天文観測施設を作っている。どこまで本心かは分からないものの、現代政治家は国民の方を向いて民意がどこにあるかを探ろうとするが、古代日本の政治家は王権神授説だからそうなるのだが、空を見上げて天意がどこにあるかを探っていたのである。

遁甲は「甲を遁れる」という意で、ほんらいは凶事を免れるべく身を隠すための占術である。具体的には、六甲（甲子・甲戌・甲申・甲午・甲辰・甲寅）の日に出陣を避けていたことから名が起きた。他人《ひと》の目を逃れて凶事に当たらないようにするには、相手の動きを読まなくてはならない。だから兵《へい》

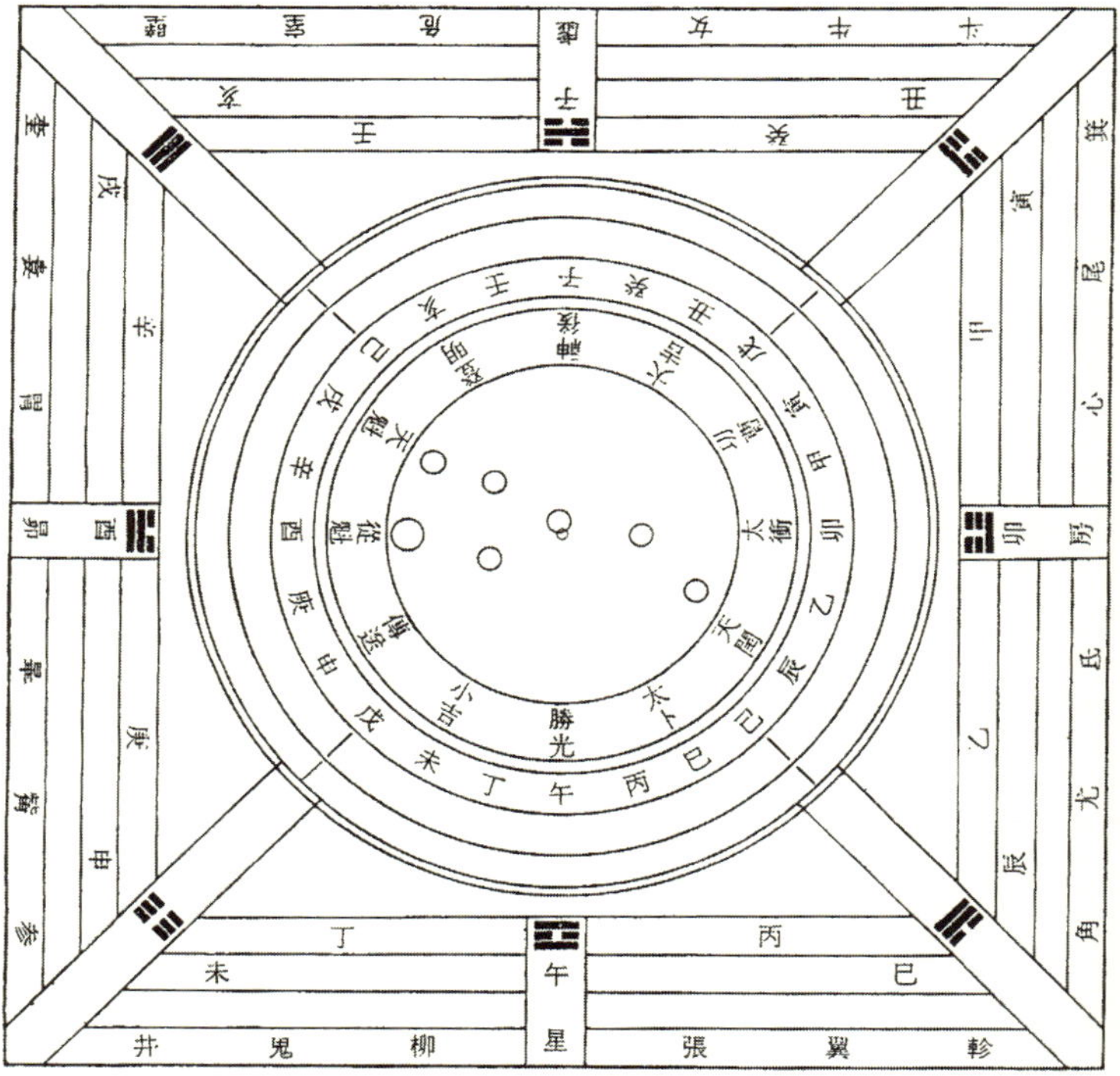

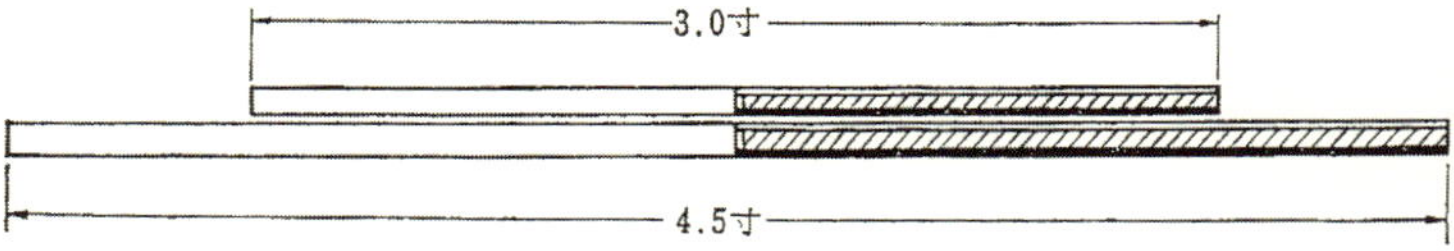

楽浪王盱墓出土，式占天地盤残欠並に同復元図
（東京帝国大学文学部編『楽浪』刀江書院）

法《ほう》の一種と扱われ、彼我の動きを考え、作戦を立てる術《すべ》として採用されていた。

何をどうするのかだが、まずは式盤（栻《ちょく》ともいう）を用いる。式盤を使う占いにはほかにも太一・六任・雷公の占法があるが、使う式盤自体はどれも同じである。壬申の乱当時の式盤は残っていないが、楽浪郡時代の漢の官人・王盱の墓が北朝鮮平壌石岩里にあり、その主槨北室から漢代の式盤が発見されている。(1)

それによると式盤は方盤と円盤の二種類からなり、地を象った方盤の上に天を象った円盤が乗っかっている。サイズは方盤が四寸五分（一三・六センチ）四方で、円盤は直径三寸である。円盤の中央には朱で北斗七星が描かれ、五重の同心円にはまず内側の輪に登明・天魁・従魁・伝送・小吉・勝光・太卜・天罡・太衝・功曹・大吉・神後の十二月神が反時計回りに墨書されていた。次の輪には、十干が甲乙己丙丁戊庚辛己壬癸戊の順で、子丑寅卯龍巳午未申酉戌亥の十二支と適宜交錯しながら、あわせて二十四字が時計回りに記されていた（前頁に掲載）。

滝川政次郎氏の推測(2)では、外側の二輪帯のいずれかに天一・螣蛇（螣虵）・朱雀・六合・勾陳（勾陣）・青龍・天后・太陰・玄武・太常・白虎（白獣）・天空の十二天将が記されていたらしい（並び順は、月神・天将とも『唐六典』巻十四・太卜署令条による）。ついで方盤だが、放射状に出た八本の筋には八卦が書かれ、外縁部にある四本の帯の一番内側には甲乙丙丁庚辛壬癸が、二番目の帯には放射状の筋にかかりつつ十二支が、ともに時計回りに並んでいる。三番目は不明だが、もっとも外側には角亢氐房心尾箕（東方）・斗牛女虚危室壁（北方）・奎婁胃昴畢觜参（西方）・井鬼柳星張翼軫（南方）の二十八宿の星名が反時計回りに記されている。なお円盤・方盤の字のない部分にもともと文字はなく、あるとしても意味のない飾りていどだったようだ。

さて使い方は、神の意思が式盤に宿るように祈った上で、方盤の上に乗っている円盤を回転させる。起点の決め方は分からないが、その物事が起きたときか占うときまたは人事にまつわる関係者の月日と時刻などを干支に置き換えたものでもあろうか。そして円盤が停まったところで、そこにあらわれた神意を伺うのである。

この盤面を読み取る用伝という行為は誰がしても客観的で変わらないが、問題はその盤相をどう判断するかである。このとき遁甲では『遁甲経』という占書に当たり、占おうとする物事にあわせて解釈を施す。じっさいには十二月神・十二天将・八卦の三種類だけで判断し、北斗七星や二十八宿の星は判断材料としないらしい。また平安後期の例では占いの材料として、円盤を三度回転（三伝）させている。「用・中・終」と区別し、記録されたそれぞれの結果をもとにそれぞれの吉凶を判断して、過去・現在・未来など何らかの動きのある断決をしたのであろう。

古代の帰属は不明だが、現代ではたとえば十二月神のうち伝送・小吉・勝光・功曹・大吉・神後、十二天将のうち天一・六合・青龍・天后・太陰・太常は吉とみられている。また『金匱経《きんき》』によると、吉凶の判断では一凶二吉が相殺されて吉、一吉二凶が凶となるという。とはいってもそう機械的でも理屈通りでもなく、占う内容との関係でどれをどれほどの吉・凶と見るかは占書の読み取り方にもかかわって、占者の主観が大いに入る。言い過ぎかとも思うが、どういう結果がほしいかの依頼主の思惑を読み取ることも、このうちにふくまれていたことだろう。

ここまできてどう読み取るのかをはっきりと明らかにできないのには、理由がある。

それは国家機密だからだ。『令義解』僧尼令には、陰陽《おんみょうのとう》頭の職務として「天文・暦数・風雲気色、異有らば密封して奏聞する」とあり、密封だから皇貴族でもわからない。雑令秘書玄象条によれば、こまかい判断内容（占言）は国史に載せないことともなっていた。いや、そもそも規定云々より、誰もがただしく判定できるようであったら、「この気象の変化は、天皇への批判だぜ」とかがすぐに知れ渡ってしまう。その正誤を問わず人心を動揺させて社会不安を煽り、政変・軍乱などに恰好の口実を与えるであろう。為政者にとって、それはまずい。だから占書は秘書として見せられず、読み取り方も私のような浮薄な者には逆立ちしても分からないようにしてある。どうにも、わかる術がないのである。

三　壬申の乱で何を占ったのか

ところで、一刻を争う逃避行のなかだというのに、大海人皇子は式盤や占書などを携えて、いったい何のために何を占っていたのだろうか。

おそらく彼の当時考えていた第一の課題は、いつまで吉野宮に身を潜めているのがよいか。第二は、叛乱拠点とすべき場所を東国・西国のいずれに置くか。この二つの判断であったろう。

大化元年（六四五）九月、古人大兄皇子は吉野宮にいたままでほぼ族滅させられた。いまの都は遠くの近江大津宮であるが、飛鳥には近江方の留守司が常駐している。敵側の監視拠点に近すぎて、決起に適した場所でない。かといってむやみに動けば、近江方から不穏とみなされ、討伐軍を送られる。身の安全をはかるためにここから動くとして、そのタイミングはいつがよいか。

ついで東西どちらに赴くべきか。私たちは結果を知っているので、最初から東国に行こうと決めていたと思い込んでいる。東国は大和王権の軍事基盤であったから、だれもが狙っていた。壬申の乱は東の武器庫・火薬庫の争奪戦だったかのように描いてしまう。しかしそんなことはない。近江朝廷からの動員要請に対し、筑紫大宰の栗隈《くりくま》王は「外敵に備えるための軍兵なので、動かせない」として、これを断わった。また吉備国守の当摩《たぎま》広嶋も従わなかったが、そのために近江方の使者に殺されている。すなわち大海人皇子は西に動いても、あるていどの味方を得られる見込みがあった。どちらに行けば、どれほどの味方が得られ、どれほどの反撃にさらされるか。意思を打診すれば、反乱計画が洩れてしまう。やってみないとわからないが、その前に式盤で天意を聞いておきたかろう。

筆者は、大海人皇子が東国に赴くと決めたのは、「尾張国守・小子部鉏鉤が天智天皇陵造成のために多数の人夫を動員している」と聞いたからだと推測している(3)。二万人が実数かどうか不明だが、ともあれ武器を持たせれば兵卒となる。動員された人夫たちを根こそぎ乗っ取るタイミングを見計らっていたのだろう。この情報を念頭に置きつつ、遁甲式盤を読み取って、ここからどちらに行くのが天意にかなうかを占った。そして決起の日程と拠点とすべき場所などを決定した。拠点としては美濃国不破郡にあるみずからの湯沐を目指すこととしたが、決起つまり出陣の日が六月二十四日の甲申の日となった。遁甲では、ほんらいこの日の出陣を避けるはずだが、あえてそう読み取ったようだ。

この出陣にさいして大海人皇子としていちばん恐れるのは、内通・内紛である。わずかの味方しかいないなかで立てた、政府転覆という勝算のない無謀な計画である。これに加わるなんて、進んで死を選ぶようなものだ。もしも生きるためならば、従者としてこれに荷担するよりも、裏切って計画を密告・内応し、近江方からの恩賞を受けた方がよい。賢いし、現実的である。ということは、大海人皇子からしても困難に見える道程だから、裏切られる危険性が高い。そのなかで裏切りを防ぎ、内部を固める方策は何か。

それが冒頭に掲げた黒雲の式占である。大海人皇子の行動は、天意にかなっている。大海人皇子がみずからいってみても説得力はないが、天象に表された天意というのならば信じる。いちばん手薄であぶなく弱々しい決起の瞬間。ヤドカリが宿を移っているときのような危ない状態を、この天象と式占が救い加護してくれたのである。天の加護のもとに吉野宮を脱出したと聞いて味方に加わる人が増えたとすれば、大海人皇子はこのとき勝利を決めたともいえよう。

【注】

（1）東京帝国大学文学部編『楽浪』（刀江書院、一九三〇年）
（2）「式盤と遁甲」（『日本歴史考古学論叢』所収、吉川弘文館、一九六六年）
（3）拙稿「壬申の乱を疑う」（『古代史の異説と懐疑』所収、笠間書院、一九九九年）

（原題「天武天皇、天文の知識と占いで壬申の乱に勝利する」「月刊歴史読本」五十七巻九号、二〇一二年九月）

古代争乱の軍事学

一　邪馬台国から大和王権成立まで

日本古代国家のさきがけといえば、まずは『魏志倭人伝』（新人物文庫）に見られる邪馬台国とそれを中心とした連合体であろう。

その倭国の風俗記事のなかに、「兵《つわもの》には矛・楯・木弓を用う。木弓は下を短くし上を長くす。竹箭なるも、或いは鉄鏃、或いは骨鏃なり」（四十八頁）という武器関係の記載がある。矛（鉾）と槍の見かけは変わらないが、原義では柄の先に刃の茎部を差し込んだものが槍、刃先の方に柄を差し込んだのが矛である。突き刺してめり込ませた場合、矛では抜くときに刃部が抜け落ちることがあり、槍に比べて性能が劣る。弓は大弓・長弓であり、騎馬民族が（馬上でも扱いやすいので）中央部に弣《ゆづか》のある短弓を用いるのに対し、海洋民族がよく使う種類である。

特色としては『魏志』に刀が見られず、刀剣は『隋書』が初見である。

もちろん銅剣は北九州にすでに入っているが、全国に普及するとともに大型化した。つまりはほんらいの用途が理解されず、武器ではなく祭祀用具と見なされたようである。ということは邪馬台国連合と狗奴国《くな》との戦いでは、刀剣による白兵戦は起こりえない。

武器から戦闘のようすを推測すれば、まず歩兵が弓によって矢を飛ばし、相手からの矢は楯で防ぐ。敵兵が近づいてきたら集まって矛に持ち替えて列をなし、矛先をそろえたいわば槍衾《やりぶすま》を集団で作って突進し、相手が陣形を崩したら個々に取り囲んだ上で、矛で突くか棍棒などで殴打して討ち取る。槍・矛には長い柄があるので、振り回すことによって相手を叩き潰す棒術の効果もある。また武器として特記されないが、戦いの冒頭にはふつう石つぶてを投げ合う。それだけで追い払い、追い落とせるのなら、それにこしたことがない。手間暇かけて作った鏃《やじり》を消費し、訓練した兵士を傷つけるのは、なるべく避けたいからだ。

軍事施設としては「宮室・楼観・城柵、厳《おごそ》かに設《しつら》え、常に人有りて、兵を持して守衛す」（五十～五十一頁）とあり、佐賀県吉野ヶ里遺跡のように柵を構え、掘りあげた溝に逆茂木《さかもぎ》などを立てて、不時の敵襲に備えたかと思われる。堀は高低差を付けるためで、這い上がろうとする相手を一メートルていどの高みから攻撃するだけでも、かなり有利である。

大和王権の歴史書の『日本書紀』（日本古典文学大系本）の神代巻には、伊弉諾《いざなき》神・伊弉冉《いざなみ》神が天の浮橋から天之瓊矛《ぬぼこ》を下ろして磤馭慮島《おのころじま》を作ったとか、天照大神が弟・素戔嗚《すさのお》尊の持つ十握剣《とつかつるぎ》を嚙み砕いて誓約《うけい》したとかあり、矛・剣が古くからあったように記されている。また神武天皇の大和制圧での戦い方も、兄猾《えうかし》は圧死する仕掛けを作って待ち構え、道臣《みちのおみのみこと》命は相手を宴会におびき寄せて刺殺したなどとあるが、主たる戦闘の情景とは思えない。また用いられたという祭祀や武器も『日本書紀』編纂時に思い浮かべられたもので、記事の当該時期に溯った実態描写とはいえない。

そのなかで『隋書』（新人物文庫）には「弓・矢・刀・矟《ほこ》・弩《いしゆみ》・䂎《やり》・斧有り」（一六〇頁）とあり、刀・弩・槍・斧が見られる。

弩は大型の強弓で、矢の貫通能力を高めた武器である。大型で重量もあって固定して用いるため、防衛用の武器か籠城など固定された相手に対する武器である。城砦の攻守をめぐっては、守城用に石弓があり、城砦の壁面をよじ登る敵兵に石を落下させて防禦するもの。これに対して隋軍が使用していた抛石は大石を遠くに投弾する大型装置で、施設を丸ごと倒壊させる力を持った兵器であった。『日本書紀』推古天皇二十六年（六一八）八月条には隋軍の戦利品として「鼓吹・弩・抛石の類十物」が高句麗から献上されたとある。隋に続く唐でも効果的な武器とされて威力を発揮していたが、高句麗・百済などでは器具の製作や実戦での操作に困難さがあり、使用されなかった。日本でも『日本書紀』天武天皇十四年十一月丙午条に「大角・小角・鼓・吹・幡旗及び弩・抛之類、私の家に存くべからず」と見え、律令では衛士が教習する兵器ともされている。しかし宮城警備での使用場面は考えがたく、奈良中期の新羅征討計画時を除いては製造の検討がなされず、武器用語上の知識にすぎなかったようだ。(1)

刀剣が見られるから斬り合いつまり白兵戦を予想するかもしれないが、材料となる鉄の希少性を考えれば、白兵戦ができるほど士卒に満遍なく行き渡るとは考えがたい。また白兵戦は人的損害が大きいので、できるかぎり避けるであろう。おそらく鉄製刀剣は敵が肉薄してきた場合に切り抜けるためで、流入時の鉄砲と同じく、指揮官クラスの護身用だろう。あるいは市原市稲荷台一号墳出土王賜銘鉄剣や行田市稲荷山古墳出土鉄剣・松江市岡田山一号墳出土鉄剣・玉名市江田船山《えたふなやま》古墳出土鉄剣などの銘文鉄剣のように、殺傷用より、権力者の威厳を示す威信財とみられる。

野田嶺志氏は、鉄剣は五世紀中頃から六世紀までの首長クラスの前方後円墳（または陪冢《ばいちょう》）に多く副葬されて独占され、諸階層・諸集団に広範囲に所持されるのを抑制していた。すなわち一般民衆には武器がなく、武力は上層部が独占していたとする（2）。

だがこの当時も基本的には歩兵による集団密集戦法が軸であり、投石・矢戦《やいくさ》をしたあとで矛・槍を構えまたは振り回して突進するスタイルだった。したがって「刀剣がなければ非武装だ」とはいえず、鉄製刀剣・鉄材の独占は権威の象徴に留まる。その意味では、天理市石上・豊田古墳群内の群集墳の副葬品が「鉄鏃のみ」→「鉄鏃＋鉄刀か鉄剣」→「鉄鏃＋複数の鉄製刀剣矛」という差を見せることは注目される。これが豪族軍の序列差や秩序立ての反映ならば、軍の構成が威信財の分与によって維持されていたことになろう（3）。とはいえ豪族配下の戦力はただ優れた一人の指導者が導き、あとは同レベルの烏合の衆というものでもないことも窺える。大隊・中隊・小隊のような編成規模の差があり、それぞれに隊長がいたとわかる。また防人歌作者の肩書きから国造丁→助丁→主帳丁→火長→上丁という身分の層序が知られ、旧国造軍内の階級差の反映と見なされている（4）。それでも、豪族軍の規模・編成や徴発法などの詳細となるとなお明らかでない。

二　大和王権の外征と内乱

大和王権は版図を広げ、国内統合を進めた。そのさいの当初の軍事力は、大和王権の創立を担った葛城・平群・阿倍など臣姓がつく豪族であった。その後、しだいに大王周辺のトモから出身した物部・大伴・佐伯・久米など連姓豪族が大王をじかに支える軍事力として台頭する。古代文献に散見する物部・大伴部・久米部・佐伯部など人名分布は、彼らが進出してその地に配下を作っていった痕跡である。屈服した豪族は国造（名称は後世付けられたもの）に採用し、彼らから奪った土地・人民は屯倉とするほか、一部は侵攻した氏族みずからの部民とし、その地の国造一族の枝族や村長などを管理者に登用して仕切らせた。

また大王は国造の子弟をみずからの王宮に上番させもした。たとえば雄略天皇の泊瀬《はつせ》朝倉宮に仕える長谷部舎人《とねり》や欽明天皇の磯城島金刺《かなさし》宮に仕える金刺舎人などは国造の子弟であり、彼らは武装して大王の親衛軍を形成した。この制度は人質を得ると同時に私的主従関係を築き中央政権の支配力と軍事力も強化されるという、一石三鳥の中央集権化策だった。

こうした大和王権の軍事力は、近隣の朝鮮半島との戦いにも振り向けられた。継体天皇二十一年（五二七）新羅遠征に向かった六万の近江毛野軍も、こうした各地の豪族軍の寄せ集めだったろう。

だが国内戦と異なり、対外戦では騎馬隊が必要となっていた。

四〇四年（永楽十年）のことだが、「高句麗好太王碑文」（新人物文庫）にあるように倭軍は帯方郡に進出したものの、高句麗の騎馬隊の前に歴史的大敗を喫した。四世紀半ばの朝鮮民主主義人民共和国（北朝鮮）黄海北道・安岳三号墳壁画（次頁の図版）からすると、高句麗の騎馬隊は人馬とも甲冑に身を固めているが、弓も刀剣も持っておらず、携えているのは槍のみ。(5) おそらくは倭軍の密集歩兵部隊を騎馬隊が取り囲み、疾駆する馬上から槍で刺突しつつ蹂躙した。倭兵が隊伍を乱して四散したところを個々に撃滅したのだろう。この大敗北を承けて、倭も騎兵を養成すべく河内に馬飼部を置い

安岳３号墳壁画の行列図
『遺跡発掘報告』第３集による

て飼育してみたり、模倣しつつ国内生産で馬甲などの馬具を装備しはじめている。しかし騎乗者は古墳被葬者つまり将軍クラスに留まり、主力とはならなかったようだ。高句麗・百済などはもともと騎馬民族として平原を疾駆して戦っていたが、地勢の異なる倭国内ではあくまでも歩兵同士の戦いが主だったからである。

　天智天皇元年（六六二）、倭は唐に滅ぼされた百済王室を回復しようとして、余豊璋を王に擁立して百済に送った。翌年、新羅軍に押されて周留《する》城《さし》で窮地に陥っていた豊璋を救援するため白村江を溯ろうとして、河口にいた唐の一七〇艘の水軍と対峙した。倭軍は大船団を前・中・後の三軍に分けて突撃させたが、左右から囲まれて四〇〇隻を沈められた。おそらく大船に横腹を狙って体当たりされ、沈まない船は歩兵に斬り込まれ、焼かれたのだろう。

大局的には衆寡敵せずで、唐軍の総数は三〇万人、倭軍の海外派兵はせいぜい六万人が上限であった。倭軍は相変わらず阿倍比羅夫・上毛野稚子など各豪族が率いた私兵であり、『日本書紀』『日本霊異記』によれば参戦したのは郡司層や有姓者など在地有力者だった。つまり豪族の持っていた動員力に左右され、国をあげた戦いはできなかったのである。

このことは、天武天皇元年（六七二）の壬申の乱の段階でもそうだった。大海人皇子は天智天皇が子・大友皇子を後継大王としたことを不満として吉野宮で決起し、飛鳥・美濃からの二正面作戦で政府軍を打倒した。このときの軍隊は、大友皇子側が公的な興兵使によって政府軍を徴発したのに対して、大海人皇子は舎人や美濃の中小豪族を中心とした私兵であった、といわれている。野田氏はおおむねはそういえるとしながらも、内容的にはいずれも私兵であって、対唐戦・国防用の外征軍・親衛軍にはおたがいに手をつけず、白村江などで国軍のかなめとなって戦闘技術を身につけた豪族たちを取り合って戦ったもの、と分析している(6)。

三　律令国家と軍団兵士・軍事施設

こうした豪族を通じた私兵の動員体制から、唐にならった全国一律基準での国民皆兵制度を施行したのが律令国家である。この体制の導入は孝徳朝に企画され、天智朝にはじまる戸籍による個別人身支配と五十戸を一里とする編戸によって緒《ちょ》についた。それがやっと形をなすのは持統朝のことで、大宝元年（七〇一）大宝律令の施行によって完成する。

それまでは一般人民が輜重《しちょう》部隊に組み込まれて物資輸送に動員されることがあっても、主力の兵士として参戦させられることはなかったろう。しかし令制では正丁（一般成人男子）の三人に一人が兵士とされ、地方に置かれた軍団で兵役に就くことを強制された。当時の人口を五〇〇万人とすると、男子は二二七万三〇〇〇人弱で、そのうち成人男子である正丁が四十％として総数九〇万九〇〇〇人。三人に一人を兵士とすると三〇万三〇〇〇人が徴発され、治安のために国内に六十％を残すと海外遠征に一二万一二〇〇人が使える。こうして律令国家は、かつての二倍の兵士を外征に振り向けられるようになった。

軍団からは京都の宮城を警衛する衛士、東国からは北九州沿岸を警備する防人が別に選出されて送り込まれた。また兵士は訓練されてから、東国との境目を警備する越前の愛発《あらち》・美濃の不破・伊勢の鈴鹿の三関や東北地方の白河関・多賀城・胆沢城などの軍事要塞にも配置された。関や城はいずれも軍事施設だが、官庁施設を中心とした公的儀式の場という要素も兼備しており、ただの要塞・城砦ではない。

軍団制はすでに中国で成功していた制度で、その模倣なので組織は系統立っていた。十人が火長《かちょう》に、五十人が隊正《たいせい》に、一〇〇人が旅帥《りょすい》に、二〇〇人が校尉《こうい》に率いられ、一〇〇〇人で一軍団となる。兵三〇〇〇人以上四〇〇〇人以下が小軍、九〇〇〇人以下が中軍、一万二〇〇〇人以下が大軍で、規模によって将軍・副将軍・軍監・軍曹・録事などが配置される。この三軍を統べる場合は、上に大将軍を任じた。軍制は堂々と整っているが、兵士自弁の兵器は弓一張・矢五十隻・太刀一口で、防具は脛巾《はばき》があるだけ。政府支給品として綿甲冑・革甲もみられるものの、全員には行き渡るまい。

装備から想像すれば、歩兵として石を投げ、歩射で矢戦をしたあと、槍の自弁がないから、その後は刀を持って集団で斬り込む突撃戦法らしい。槍に比べれば人的被害は大きくなろうが、徴兵制による兵士はいくらでも補給がきくので、特段の配慮がなされなかったのだろう。そうなると兵士側も上司に特別な恩義もないので、不利・敗勢となればただちに戦線離脱して逃亡する。つまり、軍の瓦解《がかい》が早いのが特色である。

このなかで注目されるのが、「弓馬に便《べん》あらん者」による騎兵隊である。徴発された一般兵士が訓練されもしないで乗馬や弓箭に巧みなはずもないので、彼らは在地有力者の子弟であろう[7]。つまりは軍団を補完するものとして、相変わらず豪族たちの私的兵力が頼りにされていた。一隊のなかに騎兵と歩兵は混ぜないとあるので（軍防令隊伍条義解）、密集歩兵を騎射で援護する遊撃隊であったようだ。この騎射を巧みにする私的武力が、中世の武士団の原型となるらしい。

律令軍団が成立したなかで、天平十二年（七四〇）藤原広嗣の乱、天平宝字八年（七六四）藤原仲麻呂の乱が起こされたが、このとき軍団兵士はどう働いたのだろうか。

広嗣は大宰少弐の権限で管内兵士を徴発し、政府も大将軍・大野東人に一万七〇〇〇の兵を動員させていて、両者が軍団兵士を用いた内戦となった。内実は明瞭でないが、勝敗を決したのは武力を握っていた郡司層の動向で、官軍には長門国豊浦郡少領や豊前国京都郡大領・仲津郡擬少領などが帰服してきたという。軍団は軍毅《ぐんき》の統率が建前だが、実態は郡司に率いられていたことを示している。また後者では、孝謙上皇側は第二次授刀舎人《たちはきのとねり》を淵源とする授刀衛《じゅとうえ》を拠点とし、仲麻呂は首皇子（聖武天皇）を守るために設置された第一次授刀舎人に由来する中衛府《ちゅうえふ》を頼りとした。ともに律令体制に包み込まれてはいるが、おおもととなっている授刀舎人は騎舎人で、機動性の高い騎兵である(8)。歩兵中心の軍団とは別の、地方豪族の私的武力に依拠した軍隊と考えられる。総じていえば一般兵士による軍団制は失敗で、結局は一貫して存在していた豪族・地方有力者の培っている武力をだれがどう組織するかが軍事施策の鍵であった、といえそうだ。ただし、律令制下に郡司の私兵など存在し得ないという見方もつよくある(9)。

【注】

（1）近江昌司氏『「抛」について』（『続日本紀研究』四一五号、二〇一九年三月）
（2）「古代国家と軍事体制」（『古代の天皇と豪族』所収、高志書院、二〇一四年）
（3）広瀬和雄氏「群集墳と武器の副葬」（『別冊歴史読本［四十八号］　日本古代史［争乱］の最前線』、一九九八年二月）
（4）岸俊男氏「防人考」（『日本古代政治史研究』所収、塙書房、一九六五年）
（5）伊藤秋男氏「広開土王の戦い」（『別冊歴史読本［四十八号］　日本古代史［争乱］の最前線』、一九九八年二月）
（6）「古代軍制と壬申の乱―大海人・大友軍の軍団構成―」（『古代の天皇と豪族』所収、高志書院、二〇一四年）
（7）橋本裕氏「律令軍団制と騎兵」（『律令軍団制の研究　増補版』所収、吉川弘文館、一九九〇年）

（8）笹山晴生氏著『古代国家と軍隊』（中公新書、一九七五年）。
（9）松本政春氏「広嗣の乱における郡司の率兵について―錦織勤氏の論に接して―」（「続日本紀研究」四〇九号、二〇一四年四月）

（「歴史読本」六十巻四号、二〇一五年四月）

空前絶後の簒奪王《さんだつおう》・天武天皇――悪の歴史（一）

人物概要

天武天皇は皇太子として実兄・天智天皇による国政改革を支えていたが、兄が子・大友皇子への皇位継承に方針転換したため、政界からの引退を余儀なくされ吉野宮に逼塞した。にもかかわらず大友皇子を擁した近江朝から警戒され、粛清寸前となった。そこであえて死を待たず自己防衛のために挙兵し、ついには近江朝を倒して実力で天皇の位を勝ち取った。政策としては天智天皇のはじめた国政改革を引き継ぎ、その強大な権威・権力をもとにして、天皇を中心とした律令制的中央集権国家樹立にほぼ成功した。

天武天皇（大海人皇子）の犯した悪事とは、ずばり、国家に対する謀反・反乱である。『（養老）律』（日本思想大系本）名例律《みょうれいりつ》には支配秩序を揺るがす罪として八虐が掲げられているが、その最初が「国家を危うくせんと謀る」つまり謀反である。

ここでの国家というのは、国家という抽象的な仕組みや統治機構の意味ではなく、じかに口にするのを憚った表現で、具体的には天皇のことを指す。だから、天皇に対する殺人および殺人予備の罪である。二番目は大逆罪といい、天皇などの山陵（墓）や宮城（皇居）を損壊しようとする行為である。大逆罪に比べれば、謀反は相手への直接的な行為で、衝撃がまったく異なる。もちろんこの行為は極刑とすべき大罪中の大罪であり、いろいろな恩赦・特赦がかりに命ぜられることがあってもその対象からつねに外される赦されざる重罪である。

その大罪を犯したにもかかわらず、日本史上、たった一人だけ罪に問われなかった人がいる。それが天武天皇である。理由は、罪を犯し通すことで、罪を問われる側でなく、罪を問う側に立ってしまったからである。

では、天武天皇のしたことが謀反に当たるのかどうか。本人は「これは決して謀反などでない」といいたいようなのだが、それを以下に検討してみよう。

一　皇太子だったとは、ほんとうか

大海人皇子が謀反でないとする拠り所の一つは、彼がもともと兄・天智天皇の皇太子であったことだ。皇太子であれば、天智天皇が退位または死没した場合にはそのあとを継いで天皇となる。そして天智天皇死没のあとに天武天皇として即位したのだから、その行為は予定された通りで正当である。むしろ天智天皇と天武天皇の間に入ってしまった大友皇子こそが余計者で、混乱の原因であった。だが手間はかかったものの、権利を持っていた者がその権利通りに皇位についた。もとの鞘《さや》に収まっただけ、というわけだ。
これを確認してみよう。『日本書紀』（日本古典文学大系本）天智天皇五年（六六六）三月条には、
皇太子、親ら佐伯子麻呂連の家に往きて、其の所患《やまい》を問ひたまふ。元より従れる功を慨嘆《なげ》きたまふ。

とある。天智天皇五年なのだから、大海人皇子の行動とも見られそうだが、じつは天智天皇はまだ称制であって、正式に即位していない。天智天皇七年正月三日にはじめて「皇太子即天皇位す」となるので、ここでの皇太子とは天智天皇のことである。

そして天智天皇七年五月五日に天皇が蒲生野で狩りをしたときには、

天皇、蒲生野に縦猟したまふ。時に、大皇弟・諸王・内臣及び群臣、皆悉に従なり。

とあり、お供のなかに大皇弟が見られる。大皇弟は次期大王であっていわば世継ぎの皇太子だが、兄の養子となっておらず、血縁関係では弟のままなので大皇弟と称したように読める。また天皇本人のお供が本人のわけがないから、もとより天智天皇でありえない。

ついで天智天皇が重臣・中臣鎌足を見舞ったあとの天智天皇八年十月十五日には、天皇からの使いとして「東宮大皇弟」が藤原内大臣の家に送られ、大織冠と大臣の地位、それと藤原の氏名《うじな》を授けている。

さらに天智天皇十年正月六日には、

東宮太皇弟奉宣して、冠位・法度の事を施行ひたまふ。

とあり、病魔に冒されはじめた天智天皇にかわって新制度の公布・施行に携わっている。諸王に先立って書かれていることもあり、また天智政権の標榜する国政の重要施策を執行する責任を負わされてもいる。つまり枢要な地位にいる人物という感じがする。

そしてその東宮大皇弟のままで、天智天皇十年十月十七日に兄・天智天皇の病床に呼ばれた。天智天皇十年条と天武天皇即位前紀に同じ場面があり、趣旨はほぼ同じだが、言葉はすこしづつ異なる。

天皇、疾病弥留し。勅して東宮を喚して、臥内に引入れて、詔して曰はく、「朕、疾甚し。後事を以て汝に属《つ》く」と、云々。是に、再拝みたてまつりたまひて、疾を称して固辞びまうして、受けずして曰したまはく、「請ふ、洪業《ひつぎ》を奉げて、大后に付属《さづ》けまつらむ。大友王をして、諸政を奉宣はしめむ。臣は請願ふ、天皇の奉為に、出家して修道せむ」と。（天智天皇十年十月庚辰条）

天皇、東宮に勅して鴻業を授く。乃ち辞譲びて曰はく、「臣が不幸き、元より多の病有り。何ぞ能く社稷を保たむ。願はくは、陛下、天下を挙げて皇后に附せたまへ。仍、大友皇子を立てて、儲君としたまへ。臣は、今日出家して、陛下の為に、功徳を修はむ」と。天皇、聴したまふ。即日に、出家して法服をきたまふ。因りて以て、私の兵器を収りて、悉に司に納めたまふ。（天武天皇即位前紀）

という遣り取りがあった。すなわち「天智天皇は病気がいよいよ重くなってきて、東宮を病臥している場に呼び寄せ」た。ここでの東宮は、文中に大友王のことを述べているので、大友王ではありえない。大海人皇子のことを間違いなく指している。そして天智天皇は「病勢が甚だしく進んでいる。これから先のことは、あなたに任せたい」と言い切った。皇太子に後事を任せるのは当然のことであり、ことさらに言われなくとも当然そうなるものだが、大海人皇子はこれをあえて受けず、自分が病気がちであることを理由にして、「洪業はすべて大后・倭姫王にお願い申し上げたい。大友王には、大后を助け諸政の奉宣に当たらせたらよい」とし、後者では「儲君としたらよい」とする。自分は対抗馬にならないよう「天皇の病気回復のために、出家修行して功徳を積もう」というのだ。

それがその場だけの虚言でないことを証明するため、ただちに近江宮の内裏のなかにある仏殿の南に坐って剃髪して沙門姿となり、家に立ち寄ることなく吉野宮に直行したのである。

この話だけならば、なんと兄思いの弟だろう、と涙しそうである。天皇の位よりも、兄を病から救うために自分の俗世の希望や生活を捨てて出家して祈る、とまでいうのだから。

だが、この話には裏がある。

兄・天智天皇の考えていた後継者は、大海人皇子ではなく大友王であった。もともとは大海人皇子にしようとしていたのか、それとも決めておかないで、とうとつに大友王にしたのか、それは不明である。ここでは、大海人皇子が皇太子格だったこととして話を進める。天智天皇十年一月五日の人事で、天智天皇は子・大友王を太政大臣に任命した。太政大臣・左大臣・右大臣・御史大夫の順に記されているから、太政大臣は大臣・御史大夫より上位者である。天皇・皇后の下にあって、人臣の最高位の大臣より上となれば、ほんらいなら皇太子でないか。つまり皇太子がすでにいるが、これを排除できないまま、新しい後継者候補を立てた。二重になったようだが、天皇の本心は明瞭だ。こういう場合は、前任者だけでよければ、別の人を登用したりしない。あとから登場する者こそが、登用者の本命である。皇太子に大海人皇子がいるが、大友王を後継者としたいがために太政大臣という官職を新設し、対抗する地位に就かせた。このまま時が経てば、どちらかが失脚する。いや、大海人皇子がどこかで失脚して終わるはずだった。

だが大海人皇子にとって幸いなことに、天智天皇は病気にかかって、国政を執れなくなった。大海人皇子を政治的に抹殺する機会を、作ることも摑むこともできなくなった。そのなかで病気を見舞いにこさせたときが、大海人皇子を謀反人に仕立てる最後の機会だった。「あとを頼む」といわれたときに「はい」と答えさせればよい。安堵して喜んで家に帰ったところに天智天皇からの兵士を送り込み、証拠となる私蔵の武器を押収するとともに大海人皇子を捕縛し処刑してしまう予定だった。

それを事前に察知した蘇我安麻呂は、天智天皇の腹心の部下でもあったが、あえて大海人皇子に耳打ちする。

是に、蘇賀臣安麻侶を遣して、東宮を召して、大殿に引き入る。時に安摩侶は、素より東宮の好《よみ》したまふ所なり。密に東宮を顧みたてまつりて曰さく、「有意《こころしら》ひて言へ」とまうす。東宮、茲に、隠せる謀有らむことを疑ひて慎みたまふ。

（天武天皇即位前紀／天智天皇十年十月庚辰条）

とあり、「有意ひて」つまり「注意して」と入れ知恵されたのである。

大海人皇子は、だから「天皇としての仕事は皇后に任せ、大友王を補佐として政務を執行させれば」と答え、「何にせよ、私は兄さんの病気平癒を祈るために出家します」として、いち早く近江を脱け出してしまった。殺意を懐いた者同士間の、喰うか喰われるかの腹の探り合いだったわけだ。

もっともこの話、筆者は、呼ばれて行ったのは事実だろうが、内容は話された通りだったと思っていない。同じ会話の内容が『日本書紀』のなかでも右に掲げたように異なるわけだから、もとの内容がどうであったか、わかったものじゃない。

会話内容から、大海人皇子は天智天皇の后・倭姫王を推挙したが大友王の即位は承認しなかったと読み取ったり(1)、天智天皇の病気療養中の執政体制を提案したに留まるとの見解もある(2)。

しかし筆者は、このどちらの解釈でも、天智天皇の見舞いの場面から生きて帰れない、と思う。

天智天皇が聞きたいのは自分の没後の政権の帰趨であり、倭姫王の仮執政などどうでもよいことで、大友王の後継・即位を認めさせないまま帰すことなどできない。大海人皇子としては、「大友王への政権継承は当然です」とか嘘をついてこの場を切り抜ける。倭姫王執政を提案したというのは、壬申の乱が終わったあとで、「大友王の即位を認めたことなどない」といわんがための粉飾である。「大友王を儲君としたら」というのも、後継候補の一人として推挙したにすぎないといい逃れがきく。

さて問題は、天智天皇が大友王を太政大臣に就ける前に、大海人皇子がほんとうに東宮・大皇弟の地位にあったのか、だ。

東宮とは、中国において皇帝の後継者となるべき皇太子が宮殿の東に置かれていたことに因む。陰陽五行説では、東は色なら青、季節なら春にあたるので、春宮とも書かれた。

言葉だけの意味でいえば、この時期の日本に皇太子はありえない。皇太子という言葉は中国皇帝の後継者の意味で、日本国王の後継者は世子《せいし》とされるべきだ。それは東アジア世界の常識だが、日本も華夷思想を取り入れて日本型中華意識を持っており、日本天皇の子を皇太子と称してきた。その不適切さは、いま問うまい。それでも皇太子という名称は、早くて飛鳥浄御原律令、遅くて大宝元年（七〇一）制定の大宝律令で規定されたものであろう。これ以前に皇太子という言葉が使われるはずがなく、『日本書紀』に皇太子と書かれていても、それはすべてあとからの追記である。(3)

もちろんその言葉はあとの時代のものだが、そういう実態があった人物だったから皇太子と記したともいわれそうだ。現代風に例えて、読み手にわかりやすくするつもりだった、と。

それでもこの時代には、皇太子の内容にあたる次期の天皇になることを約束された地位など存在していなかった。天智天皇以前には大兄という称号が存在し、大王の子が営む有力な各王家では一家を代表する王子を一人だけ選んで、大兄と称させた。たとえば崇峻朝あたりなら押坂彦人大兄王・竹田大兄が、皇極朝ならば山背大兄王・古人大兄王・中大兄王が並び立っていた。そして大兄のなかから、王室と臣下たちが協議して大王を選んでいく。そういう制度下であれば、確約された候補者が一人だけになることなどなかった。もちろん衆目の一致する有力な大王候補はどの時代でもいておかしくないが、大王が長命であればその間に大兄が死没してしまうこともあろう。勝手な下馬評はともかく、大王が死没しないうちには、大王の後継者をあらかじめ固定して決めておかないのだ。また王室がいくら推挙しても、臣下の同意がなければ大王に即けない。そういう原則だった。だから王子たちは常日ごろ臣下を抱き込み、臣下は王子の擁立に鎬《しのぎ》を削ることとなっていたのである。

天智天皇は、自分が政局にもてあそばれたという記憶があってかまたは天皇専制をつとに志していたか、大王位の後継者選びに臣下からの干渉を受けたくなかった。大王家の内部事情だけで選び、臣下の承認を要しない存在に変えようとしていた(4)。そこで臣下の容喙を許さず、大王家として皇位継承の原則を内々に定めた可能性がある。

その結論は大王の子が大王となるという直系相続で、それが娘の元明女帝によって「近江大津宮に御宇しし大倭根子天皇の天地と共に長く日月と共に遠く改るましじき常の典と立て賜ひ敷き賜へる法」(不改常典、『続日本紀』〈新訂増補国史大系本〉慶雲四年七月壬子条)として公開され、天武天皇→草壁皇子→文武天皇への継承を提唱するさいの根拠にもなった、と推測できる。

この推測が妥当かどうかは不明だが、ともあれ大王位は臣下の同意を得る必要がなく、天智天皇の定めた一定原則で継承されていくこととされた。だがその直系相続原理では、兄・天智天皇から弟・

大海人皇子ではなく、父・天智天皇から子・大友王への継承が当初案となる。つまり天智天皇は、その原則をいつ決めたかにもよるが、大海人皇子を有力な皇子とかりに認めていたとしても、そもそも東宮と見なすつもりなど一度もなかったことになる。

ともあれ皇太子制度がなかったのだから大海人皇子は皇太子でないし、大兄制下の有力候補者である大兄でもなかった。しかも大海人皇子は天智天皇の後継候補の一人でなおありうるが、病床での頼みを辞退された天智天皇は困り果ててもいない。ただちに大友王を後継に指名し、臣下に繰り返し服従を誓わせている。つまり高く見ても大海人皇子と大友王はともに後継候補として肩を並べる存在で、低く見れば天智天皇の意中の人は即位の当初から大友王であった。

しかしその事実を『日本書紀』にそのまま書いたのでは、天智天皇の決めた大友王に対する謀反人となってしまう。そこで後継予定者であったと思わせる言葉で飾る必要があった。

そう考えてみると、次の言葉からは書き手の苦悩が読み取れる。

天智天皇三年二月九日条に「天皇、大皇弟に命して、冠位の階名を増し換ふること、及び氏上・民《かき》部《べ》・家部《やかべ》等の事を宣ふ」とあって、大化五年二月の冠位十九階制を二十六階に改めている。氏族の現下の力量の大小を区別し、多種類の業績で昇進させる体制にしたのだ。それとともに「其の大氏の氏上には大刀を賜ふ。小氏の氏上には小刀を賜ふ。其の伴造等の氏上には干楯・弓矢を賜ふ。亦其の民部・家部を定む」とあり、こちらは氏族のこの間の栄枯盛衰ぶりを反映し、本宗・傍流・本家・分家の力関係の実態を把握しようとしたものである。ともに来たるべき律令官人制の位階制度との関係性を深めさせる下準備作業として、大事な政策であった。

その内容はともあれ、天智天皇三年に天皇はまだいない。さきに見たように、天智天皇七年に皇太子から天皇になったと記されているから、ほんらいなら皇太子と書かれるべきところである。天皇が弟に命じたというのだから、弟は大海人皇子である。天皇でもなかったこの時期に大海人皇子をすでに皇太子を思わせる大皇弟と記したのは、天智天皇が即位したときに立太子したと記されていないからで、この称号で天智天皇が天皇になる前から弟が皇太子に予定されていたとしたかったのであろう。「皇太子である中大兄皇子の皇太子」というのがいかにも変だから、やむをえず「大皇弟」という聞きなれぬ名称を造り出した。皇太子の弟だから皇弟で、それを尊んで大皇弟になる。さらに「天皇同然の人の後継候補者で、子ではなく弟なので皇太弟とされた」と読んでもらいたかった。だが皇太弟でもないので、「大皇弟」という類例のない名となってしまった。こんな称号が廷内で天皇や皇太子の弟の意味に使われていたのなら、敏達天皇が天皇になったら用明天皇・泊瀬部皇子・崇峻天皇はみな大皇弟だったことになるし、軽皇子（のちの孝徳天皇）も皇極天皇の即位により大皇弟と呼ばれたはずだ。だが軽皇子は即位を要請されたときですら「咨、爾軽皇子」（孝徳天皇即位前紀）とあるだけで、大皇弟などといわれたことなどない。(5) 結局『日本書紀』編者は、大友王が太政大臣になる以前の天智天皇八年十月条から東宮の称をさらに上に付けることとして、先立って跡継ぎとされていたことを鮮明にしてみせているのである。

それでも、皇太子の皇太子など置きえないのなら、大皇弟は皇太子の意味を持たない。東宮大皇弟といかに付け足そうとしてみても、そもそも立太子の記事がない。病床で天智天皇が即位を勧めたとか大海人皇子が固辞したとか密室での出来事は、周囲の人にとっても、読み手にとっても、確認しようがない。確認できないことを「だからあった」とするか「だからなかった」とみるかは読み手の立場次第のようだが、天智天皇は事実として大友王を跡継ぎとした。指名された跡継ぎを軍事力で倒してよいわけがない。百歩譲って皇太子的地位にかつていたとしてもそれは過去のことで、前大王の天智天皇がすでに指名して確定している後継者を力づくで倒してよい理由にはならない。

二　挙兵は正当防衛といえるか

ただ道を歩いていたのに殴りかかられたとしたら、攻撃を躱《かわ》すとともに相手の攻撃能力を封ずるための攻撃をしてもよい、というのが正当防衛の論理である。次期天皇への野望などなく、兄の病気平癒を願って俗世の望みを捨てて吉野宮に籠もった。政治的には無為な出家者として生きようとしているのに、野心を懐く者と見なして生命を狙ってくる。この理不尽な攻撃から自分と家族を守るため、やむをえず決起した。挙兵してみたら同情か本人の権威・人望のせいで多くの味方が付き、天も味方して近江政権を倒せた。それが『日本書紀』の書きようである。

大海人皇子側の見解は、こうだ。

自分が吉野宮に隠遁するにあたり、「自分と一緒に道を修めたいのならこの宮に留まってもよいが、官人として身を立てようと思うのなら戻って仕官しなさい」（天智天皇十年十月二十日条）といった。政界での復権などありえないから、付き随っていても無駄だというのだ。繰り返しせかしたので、半数の者はいなくなった。

ところが天武天皇元年（六七二）五月に、舎人・朴井《えのい》雄君が、是の月に、朴井連雄君、天皇に奏して曰さく、「臣、私の事有るを以て、独り美濃に至る。時に朝庭、美濃・尾張、両国司に宣して曰はく、『山陵造らむが為に、予め人夫を差し定めよ』とのたまふ。則ち人別に兵《つわもの》を執らしむ。臣以為《おも》はく、山陵を為《つく》るには非じ、必ず事有らむと。若し早に避りたまはずは、当に危きこと有らむか」とまうす。

とあり、「私用で美濃に行ったところ、近江朝廷は美濃・尾張の国司に『天智天皇の山陵を造るので、人夫となるものを決めておけ』と指示していました。ところが人夫に渡しているのは武器で、山陵造りとは思えません。何か事変があるのでしょう。対策を立てないと身に危険が及びましょう」と報告した。また、

或いは人有りて奏して曰さく、「近江京より、倭京に至るまでに、処処に候《うかみ》を置けり。亦菟道《うじ》の守橋者《はしもり》に命せて、皇大弟の宮の舎人の、私粮運ぶ事を遮《た》へしむ」とまうす。

とし、「朝廷は近江京から倭京までの道に監視人を置き、通行の状況を報告させている。また菟道橋（宇治橋）の橋守に命じて大海人皇子の舎人たちが私用の食糧を運ばないようにさせている」という報告があった。そこで大海人皇子は、

天皇、悪《はばか》りて、因りて問ひ察めしめて、事の已に実なるを知りたまひぬ。

とあって、ただ部下の報告を鵜呑みにしたのではなく、噂が事実かどうかを確かめさせている。そしてそれは確認できた事実である、とした。このままでは食糧の供給を断たれた上で、尾張・美濃などの兵士に宮を襲撃される。身の危険を察知した大海人皇子は、

朕、位を譲り世を遁るる所以は、独り病を治め身を全くして、永に百年を終へむとなり。然るに

今、已むこと獲ずして、禍を承けむ。何ぞ黙して身を亡さむや。

と、すなわち「皇位を辞して身を引き、療養に努めて天命を全うしようとしてきた。しかしいやおうなく、禍を受けようとしている。自分の身が滅ぼされるのを黙ってはいられない」として、六月二十二日には決起の意思を固め、二十四日に決行となった。『日本書紀』は、決起の理由をそう説明する。

しかし、大海人皇子の耳にしたという事実は、ほんとうのことと思えない。朴井雄君の見聞と提言が決起にとくに大きな影響を与えているが、これに当たる事実は結局確認できない。

雄君のいう通りだったのなら、尾張国守・小子部《ちいさこべのさひち》鉏鉤は大海人皇子が目先の桑名郡家に滞在しているうちに、集めていた（偽装の）人夫・二万人を武装兵士に切り換えて、攻撃か迎撃かの戦闘態勢をとったはずである。とうとつな事態で立ち後れたとしても、一戦も交えずに投降するはずがない。これは大海人皇子があまりに不意に出現したので、近江側に確かめる間も与えられずに指揮権を奪われ、大海人皇子の指揮下に組み込まれてしまったのだろう。

大海人皇子の側近間では、かねて「近江の廷臣は策謀にたけているので、国中に妨害を巡らし、道路も通りにくくなっているだろう」と推測している。だから幹線道路を避けて間道を通ったのだろうが、それにしても近江朝庭の出す攻撃開始の指令待ちとか一触即発の臨戦態勢で待機していたのなら、公的機関の隠駅家《なばりのうまや》が焼かれているのに逃避行に気づかぬはずがなかろう。もしも感知していれば、対策本部の兵士の一部でも出張らせて、大海人皇子の一行数十人など簡単に始末していたろう。

それなのに近江側が大海人皇子軍にはじめて攻撃を加えたのは、七月三日に大野果安が大海人皇子方の大伴吹負を破った大和の乃楽山《なら》の戦いで、ついで五日に大海人皇子軍の美濃・大和間の連絡を遮断すべく近江別将・田辺小隅が鹿深山《こうが》を越え、倉歴《くらふ》を守っていた田中足摩侶《たりまろ》の軍営を攻撃した。これが最初の反撃である。この間八日は、何もしていない。

「いまにも襲撃をしかけてくるつもりだ」と目されている側が、攻撃開始をこれほど躊躇うだろうか。大海人皇子を敵視した攻撃準備が進められていたのなら、即日か数日で応戦できたはずだ。これは、間違いなく大海人皇子側から仕掛けた国家転覆を目指した戦争つまり謀反だったのである。

しかも、これは大海人皇子側が主張するような、咄嗟の自己防衛などでない。計画をかねて練っていたことは、『日本書紀』の記事で露見している。

六月二十四日に吉野宮を出るとき、大海人皇子は駅馬を使った逃避行をしようとして、大分恵尺《おおきたのえさか》・黄書《きぶみ》大伴・逢志摩《おうのしま》を倭京（飛鳥京）の留守司・高坂王のもとに派遣して駅鈴を請求させた。これは断られるのだが、問題はそのあとについての指示である。

即ち大分君恵尺・黄書造大伴・逢臣志摩を留守司高坂王のもとに遣して、駅鈴を乞はしめたまふ。因りて恵尺等に謂りて曰はく、「若し鈴を得ずは、廼《すなわ》ち志摩は還りて覆奏せ。恵尺は馳せて、近江に往きて、高市皇子・大津皇子を喚して、伊勢に逢へ」とのたまふ。既にして恵尺等、留守司のもとに至りて、東宮の命を挙げて、駅鈴を高坂王に乞ふ。然るに聴さず。時に恵尺、近江に往く。志摩は乃ち還りて、復奏して曰さく、「鈴を得ず」とまうす。

とある。「鈴が得られなかったら、志摩はすぐに戻って『得られなかった』と報告せよ」といい、「恵尺は、そこから馬を馳せて近江京に行って高市皇子・大津皇子を連れ出し、伊勢で自分たちと落ち合うようにせよ」と指示した。高坂王が駅鈴を渡さないのなら、不信感を懐いたからと判断できる。

「大海人皇子に不審な動きがある」と勘ぐって、近江宮に注進するだろう。吉野宮には草壁皇子と忍壁皇子しか連れてきておらず、近江京に高市皇子・大津皇子が残っている。大海人皇子謀反となれば、皇子らは人質を兼ねているから、親との連動・関与も疑われて捕縛・監禁される。その前に連れ出せ、という指示だ。

それらも重要な指示だが、使者はもう一人いる。そのもう一人であった黄書大伴の役割は、ここに明記されていない。じつは大海人皇子の重要な指示を伝える役割を果たしていた。それは、事実でわかる。

即日に、菟田の吾城に到る。大伴連馬来田・黄書造大伴、吉野宮より追ひて至けり。

とあり、行動を起こした六月二十四日のその日のうちに　大海人皇子らが菟田吾城（宇陀市）に着いた。そこに、黄書大伴は大伴馬来田を連れて合流した。黄書大伴は、つまり大海人皇子の指示で、大伴氏のもとに派遣されていたのである。『日本書紀』がなぜ、そう記さなかったかは、かねての計画だったことがばれるからである。

この大伴氏の動きが、壬申の乱全体からみて、すごく重要なのである。

ここに記されているように、大伴馬来田は大海人皇子一行を護衛するために逃避行に随行している。だがこの一方で、馬来田の弟・吹負は大和に留まって倭京留守司を攻撃し、倭京一帯を占領にかかっていた。

倭京の占領作戦は、古都を拠点にして、美濃不破と二面から近江京を大きく攻囲するためではない。そんなことは、勝ったあとで語る後講釈にすぎない。まだどれほどの人数が自分に味方するか分からない時点で、わざわざ勢力を二分して二正面作戦を採る計画など立てるはずがない。そんなことをすれば少人数の反乱部隊が個別撃破されるだけだろう。この軍事行動の目的は、倭京周辺にある中央大豪族つまり近江朝方の中枢を担っている豪族の本拠地を差し押さえるためなのだ(6)。

近江に都はあるが、大豪族は遷都したからといって近江に勢力地盤を移したわけじゃない。勢力地盤は大和王権の当初から大和にある。その彼らの土地・家・人々を抑留して人質・物質《ものじち》とすれば、近江方にいる者は動きづらい。大海人皇子側と戦おうとすれば、倭京周辺にある自分の勢力地盤を破壊されかねない。

このさき琵琶湖東岸で大海人皇子軍と近江朝軍が正面衝突するが、どういうわけか戦う前に近江軍が自壊する。そもそも率いている軍内に動揺があるのだ。大海人皇子に人気があって逆らいがたかったから、じゃない。その動揺を醸し出したのは、この倭京が占領されているという事態に、その原因がある。

このとても重要な戦略は、大海人皇子が挙兵したあと決めて指示したものではなかった。大伴吹負は、特段の最終打ち合わせもなく、挙兵の報せをうけるや自動的に倭京の占領へと動いている。つまり大海人皇子と大伴氏の間では、あらかじめ反乱計画が練られていた。『日本書紀』天武天皇元年六月二十六日条にも、

是の時に当りて、大伴連馬来田・弟吹負、並に時の否を見て、病を称して、倭の家に退りぬ。然して其の登嗣位さむは、必ず吉野に居します大皇弟ならむといふことを知れり。是を以て、馬来田、先づ天皇に従ふ。唯し吹負のみ留りて謂はく、名を一時に立てて、艱難を寧めむと欲ふ。

（三九二頁）

とあり、「このころ大伴馬来田と弟の吹負は、時勢の思わしくないのを察して、病気と偽って近江朝廷から退いて、倭の家に引きこもっていた。もともと吉野にいる大皇弟が皇位に即くべきだと思っていた。そこで馬来田は天皇一行に従ったが、吹負は家に留まって一気に名を挙げて事変を鎮めてみせようと考えた」という。

大伴氏ははなから大海人皇子に味方するつもりで、近江朝廷から離れて大和に戻っていた。馬来田が大海人皇子一行の逃避行の護衛におもむき、吹負が倭京占領に向かうという役割分担ができていたことからも、この作戦は大伴氏の協力を大前提にして立てられている。彼らと事前に描いた作戦行動にそっているとみて間違いない。大海人皇子と大伴氏はかつてどこかで落ち合って、近江朝廷への謀反・反乱計画を綿密に練っていたのだ。だから大海人皇子が黄書大伴を派遣して「吉野宮を出た」と大伴氏に連絡するや、自動的に吹負は倭京占領に突入できたのである。(7)

大伴氏にその作戦の開始を伝えるのが、黄書大伴の仕事だった。しかし『日本書紀』の大海人皇子の吉野宮での発言では、そう書かれていない。正当防衛とする文意に合わないからだ。だが大伴氏にとっては、栄光に満ちた晴れの舞台での活躍である。『日本書紀』の原材料となった十八氏の「祖等の墓記」（持統天皇五年八月十三日条）の一つ「大伴氏の祖の墓記」にそう書いて提出していたので、『日本書紀』編者はその記述のまま書き込んでしまった。このために、大海人皇子の悪事は否定しようなく露見してしまった。

大伴氏を恃みの綱として周到な計画が立てられ、謀反計画に全く気づかなかった近江朝廷が受けて立った。倭京とその周辺を押さえられ、喉元に刃《やいば》を突きつけられた状態で、近江朝廷は抵抗した。しかし人質・物質を押さえられて及び腰になった軍では大海人皇子に勝てなかった。そういうことだったのである。

「勝てば官軍で、英雄だ」と書いたが、天武天皇系の天皇の治世下でも「大海人皇子の行動は反乱だ」という話はおおっぴらに語られている。天平勝宝三年（七五一）成立の『懐風藻』の大友皇子伝には「壬申年之乱に会ひて」、天平宝字四年（七六〇）～六年に成立した『藤氏家伝』にも「後、壬申之乱に値ひ」、成立年は不明ながら『万葉集』に天平勝宝四年二月二日収載したという大伴御行と作者不詳歌の題詞にも「壬申之乱平定の以後」（巻十九―四二六〇～一の題詞）とある。[8]

大海人皇子本人は部隊の兵士に赤布を付けさせ、漢の高祖・劉邦が天命を受けて新王朝を樹立した故事に準《なぞら》えた。しかし他姓ではないから、新王朝樹立とはとうてい言えない。言えないのに言うところが、罪悪感のなせる業だろうか。

イギリス国教会牧師で奴隷廃止論者だったベイルビー・ポーテューズ（Beilby Porteus：一七三一～一八〇九）はかつて「一つの殺人は犯罪者を生むが、一〇〇万の殺人は英雄を生む。数は殺人を神聖化する（One murder makes a villain; millions a hero. Numbers sanctify）」といい、チャールズ・チャップリン（Charles Chaplin：一八八九～一九七七）が「殺人狂時代（Monsieur Verdoux）」で主人公アンリ・ヴェルドゥにその文言を語らせて著名になった。英雄は何人殺しても罪に問われず、非難されないどころか、称賛を浴びるという、歴史の皮肉である。

悪は、悪の極みまでとことん尽くせば、結局最善となる。反乱を起こして犯罪者・大悪人と名指しされて非難を受けても、反乱をしきってしまえば、最高のあがめ奉られる善人になれる。大海人皇子だけではない。源頼朝は流罪中の受刑者の身でありながら、後白河院政・平氏政権に叛旗を翻して悪をなした反乱者である。伊勢長氏（北条早雲）は足利茶々丸を討って堀越公方を滅ぼし、織田信長は十五代将軍・足利義昭を山城の槇島城で捉えて天下の差配権を奪った。『読史余論』（岩波文庫本）で信長は、新井白石に「凶逆の人」とまでいわれている。善か悪かで捉えれば、ともにその当初は凶悪の人である。しかしそもそも善悪は固定したものでなく、容易に入れ替わる回り舞台のようなものだ。究極の悪をなす歴史は、「すなわち」あらたな善を作り上げる歴史でもある。

【注】

（1）遠山美都男氏著『壬申の乱』（中公新書、一九九六年）。
（2）和田萃氏「殯の基礎的考察」（『日本古代の儀礼と祭祀・信仰』上所収、塙書房、一九九五年）
（3）荒木敏夫氏著『古代の皇太子』（吉川弘文館、一九八五年）
（4）森田悌氏著『天智天皇と大化改新』（同成社、二〇〇九年）
（5）仁藤敦史氏著『女帝の世紀』（角川書店、二〇〇六年）では、「有力な王族たる『大皇弟』〔王弟〕の意」（七十三頁）とするが、この言葉はほかに使われた形跡がなく、当時の一般用語と解釈する必要はあるまい。苦し紛れの『日本書紀』編纂者の造語とみてよい。
（6）拙稿「第二章16　壬申の乱で、少数派になるはずの側がなぜ二正面作戦を取ったのか」（『日本史の謎を攻略する』

所収、笠間書院、二〇一四年）

（7）拙稿「大海人皇子と大伴氏」（『白鳳天平時代の研究』所収、笠間書院、二〇〇四年）

（8）金井清一氏「壬申の『乱』と万葉集」（「万葉古代学研究所年報」一号、二〇〇三年）

（関幸彦氏・山本博文氏共編『悪の歴史　日本編上』所収、清水書院。二〇一七年）

第二章

天平政界の再編と暗闘

悪魔の守護神・藤原不比等――悪の歴史（二）

人物概要

藤原不比等は近江朝の重臣といわれる鎌足の子で、持統朝から元正朝まで廷内で重きをなした。極官は右大臣。政府が最重要課題としてきた大宝律令の編纂に従事し、完成後も養老律令の編纂を進めた。国家建設の基礎となる律令制度の普及・浸透に努めるとともに、平城京建設を主導した。一方で藤原氏の繁栄にも意を注ぎ、娘の宮子・安宿媛（光明子）を文武・聖武両天皇の嫡妻とし、天皇家の外戚の地位を獲得。また庶子・房前を参議として太政官政治に参画させ、一氏一代表を覆して藤原一族による公卿独占への道を開いた。

一　長親王の立場から

一九九〇年から二〇〇五年にかけてプロ野球で活躍した選手に、佐々木主浩《かずひろ》投手がいる。彼は横浜大洋ホエールズ（のち横浜ＤｅＮＡベイスターズ）・シアトルマリナーズに所属し、日本で四十三勝三十八敗二五二セーブ、アメリカで七勝十六敗一二九セーブの成績をあげた。横浜がリードした場面で彼が登板すると、相手チームはすでに負けたも同然だった。彼の投げる球はとても打てないからだ。だから相手から見て悪魔の守護神つまり魔神といわれ、風貌が大映の映画の劇中主人公に似ていたこともあってハマの大魔神という渾名《あだな》が付いた。絶対の守護神は味方ならこの上なく心強かろうが、立場が違えばこれほどの悪魔はいない。

藤原不比等は、その意味で悪魔の守護神であった。自分を有利にするためのそうした守護神を探していたのは、持統天皇（鸕野皇女）であった。

筆者の推測では、持統天皇の人探しはこういう方法だ。(1)

持統天皇は皇后として称制中の持統天皇三年（六八九）正月から退位する十一年までの九年間で、三十一回も吉野宮（宮滝）に行幸した。もちろん吉野宮は、甥の大友皇子を推戴する近江朝を滅ぼそうと、孤立無援となった夫・天武天皇とともに決起した思い出の地である。戦死や刑死をも覚悟したここでの悲壮な決意がなければ、天武朝も持統朝もなく、大夫（閣僚）たちもここにいない。現政権の原点に立ち帰って往時の思いを見つめ直すことは、政権が仲間割れしそうなときに有効である。でも、だからといって一年に三〜五度も必要か。それほど不安定な政治状況だったなら、もっと政変の兆しが看取れよう。

そこで、この行幸の目的は陰謀を画策できる政治能力があり、かつ甘い誘いにも迷わず窮地でも主人を裏切らない信頼できる部下を見出すこと。宮殿では重臣たちとしか話せず、若い人といえば内舎人《うどねり》のような重臣の子としか接しない。こうした閉ざされた環境のなかでは人材の発見や密命を託せる人物かどうかの評価などできない。ところが行幸は、宮廷内でいつも接触する顔ぶれとは異なる。政界序列の高い重臣をすべて引き連れていたら、留守政府の判断に支障が出る。重臣が同行しなければ、中下級の役人たちと向き合える。これは普通ない場面で、この従者を入れ替え、かつ彼らと膝を交えて語り合うことで、その能力と本心を試せる。そういう場のなかで、持統天皇は藤原不比等を見出した、と思うのだ。
何回目のどこでどんな話をした、とかの証拠などない。ただそうでもしないと持統天皇と不比等がどこで・どうして結びついたのかが分からないので、そうした推測をしてみた。
持統朝の当初、不比等は近江朝の重臣といわれる中臣鎌足の子として、いわば冷や飯食いの立場にあったはずだ。『藤氏家伝』（沖森卓也氏・佐藤信氏・矢嶋泉氏共著『藤氏家［鎌足・貞慧・武智麻呂伝］注釈と研究』吉川弘文館、一九九九年）には、
帝、群臣を召して浜楼に置酒したまふ。酒酣にして歓を極む。是に、大皇弟長き槍を以て、敷板を刺し貫きたまふ。帝驚き大きに怒りて、執害はむとしたまふ。大臣固く諌め、帝即ち止めたまふ。大皇弟、初め大臣の所遇の高きことを忌みたるを、茲れより以後、殊に親ぶること重みしたまふ。後に壬申の乱に値ひて、芳野より東土に向ふときに、歎きて曰ひたまはく、『若使、大臣生存きてあらば、吾豈此の困に至らむや』と。（二一二頁）
とあり、近江宮・浜楼宴席での長槍刺突事件で大海人皇子（天武天皇）が天智天皇から処刑されかかったのを、鎌足が天皇を諌めて取りなした。それで大海人皇子から大きな信頼を受けたとする。だが、これは藤原仲麻呂が捏造した、記事の辻褄合わせだろう。
筆者は鎌足が近江朝の重臣だったと思っていないが[2]、近江方の臣僚ではあったろう。その嗣子であれば、まともな仕事ぶりでは、天武・持統朝で出世する道など開けない。不比等は持統天皇三年に判事に任ぜられ、ときに直広肆（従五位下相当）であった。ここから七年で四階上がった直広弐（従四

位下）になって、資人五十人を賜るとの殊遇を受ける。判事というから法律に明るく、大宝律令編纂に携わって活躍したとみておかしくない。だが、しょせんは実務官僚であり、立案のさいの下働きである。その仕事内容について持統天皇から親しく話しかけられたり、目をかけられたりする場には招かれない。そういう彼をとことん信頼して股肱《ここう》の臣とみなすまで十二分に話し込める場がどうやって持てたのか。それが行幸への随行という場であったら、どのようにでも設定しやすいと思うのだ。もとより想像を逞しうしたものではあるが、その蓋然性はあると思う。

では持統天皇は、既存の重臣たちでなく、股肱の臣をどうしてことさらに必要としていたのか。

そのはじまりは、最愛の子・草壁皇子の死没だった。

夫・天武天皇のあとを草壁皇子が継ぎ、そのあともその子・孫と繋いで行かせたかったのに、肝要《かなめ》の草壁皇子が二十八歳の若さで没してしまった。もともと朱鳥元年（六八六）九月に天武天皇が死没したあと、草壁皇子が継ぐことへの異論はだれにもなかった。草壁皇子は天武帝の子のなかで皇女の産んだ最年長の男子だったし、後見役となるべき実母も生きていた。しかも天武天皇八年（六七九）五月の吉野会盟で草壁皇子がほかの皇子より格上だとすでに承認されていた。それに二番手に位置していた大津皇子は天武天皇の殯《もがり》のさなかに謀反の罪で処刑され、だれも対抗者などいなかった。

しかし草壁皇子は病弱だった。天武天皇の没後にすぐ即位できず、鸕野《うの》皇后（持統天皇）は草壁皇子を庇《かば》う形で称制つまり天皇権限を代行した。時間を稼いで、病気の平癒を祈った。それなのに草壁皇子はついに即位することなく、持統称制三年四月に死没してしまった。

問題はここからである。

草壁皇子が死没したとき、その子・珂瑠《かる》皇子はまだ七歳。平安中期ならともかく、当時の感覚だと天皇はじっさいに自分の実績と判断に基づいて執政できなければならず、この年齢では即位資格にはど遠い。となれば、天武天皇のほかの皇子、草壁皇子の弟たちから後継者を選ぶのが穏当である。

天皇には多数の女子が配されているので、皇子も多数いる。そのなかの序列は、第一に皇女所生の皇子、ついで中央豪族出身者所生の皇子、地方豪族出身者所生の皇子の順になる。

とすると皇女では大江皇女所生に長《なが》親王・弓削《ゆげ》親王、新田部皇女所生に舎人親王が、中央有力豪族出身では藤原五百重娘《いおえのいらつめ》所生に新田部親王、蘇我大蕤娘《おおぬのいらつめ》所生に穂積親王がいる。彼らの誕生年が不明なので、叙位の出発点となる浄広弐になった年で並べると、穂積親王（持統天皇五年以前）、長親王（持統天皇七年）、舎人親王（持統天皇九年）、新田部親王（文武天皇四年）の順である。長親王は第四皇子で、舎人親王が第三皇子なので、長幼順は逆転しているが、生母の序列は大江皇女の方が高かった。そのために長親王が先んじている。こまかいことはともあれ、結論的には長親王を軸にするが、皇女所生でかつ年長者である舎人親王を考慮するか、豪族出身者所生の穂積親王まで候補に入れて議論するか。意見が相異するとしても、そのていどの範囲での対立・紛糾だった、はずだ。

草壁皇子没後の長親王は、皇族・臣下が共通して一致できる皇位継承候補なのだ。嫡子が若くして死没すれば、その弟がいわば家督（家長）を継いで、それが次からの嫡流となる。まして草壁皇子はまだ天皇となっていないので、皇室の家長に坐ったことがない。前家長の天武天皇から家長を引き継ぐのは、まずは天武天皇の子たちだ。その世代に該当者がいないなら、孫の世代を探してもいい。その点、かりに長親王でなくとも何人ものちゃんとした候補者がいるのだから、大枠でこの三人以外の異論など起こりようもなかった。

だが、鸕野皇后の考えはちょっと違った。草壁皇子の遺児・珂瑠皇子に継がせよう。自分の血を分かつた草壁皇子系の直系に、これからさきも皇位を継がせようとしていた。これに同意する者は皇室内にほとんどおらず、いるとして草壁皇子妃の阿閇《あへ》皇女くらいだったろう。

四面楚歌のなかで持統天皇がやるべきことは、第一に天武系の皇子が皇位に即かぬようすること。そのために自分が持統天皇として即位し、珂瑠皇子が即位できるようになるまでの期間をなんといわれようと埋めつくす覚悟を決める。

第二に、後継者にしたい珂瑠皇子の格付けを高めること。草壁皇子が即位しないままに没したため、珂瑠皇子はただの二世王である。一世の親王が多数存命しているなかでは、あきらかに見劣りする。そこで草壁皇子は即位したも同然とみなすよう作為し、宮廷儀式で「日双斯《ひなみし》皇子」（『万葉集』巻一―四九）「日並《ひなめし》皇子」（巻二―一一〇題詞）の称を付けた歌を詠ませた。とはいえ歌の世界でのことで、当時の政界・宮廷人に広く認知・承認されていたわけではない。それでも「即位式を待っていただけで、即位は決まっていた」から「天皇も同然」とする論理を繰り返し展開したであろう。ちなみに草壁皇子が宮廷内で准天皇として公認されたのは、慶雲四年（七〇七）四月に皇子の崩日［持統天皇三年］四月十三日が国忌と定められた時点である。

第三に、あらたに嫡子を選んで嫡系相続を続けるより、直系相続の方がよりよいとする根拠を造り出すこと。理屈としては、継承順位を直系と決めてしまった方が、天皇没後ごとにだれが適任かを議論するより悶着《もんちゃく》が起こりにくい。悶着が起きれば臣下の容喙を許すこととなり、政変など不穏な政情を招きかねない。一定の原則を立てておいた方がいい、とはいえる。だが候補となる人物の評価を抜きに大王位を委ねる人を機械的に決めてしまうという原則は、まともな神経なら抵抗感を覚えるはずだ。しかも天武系の皇族間で、それが原則として確立されていたわけでも討議されていたわけでもない。持統天皇が天智天皇の娘であることを利用し、天智天皇が大友皇子を即位させるさいに構想していたと思われる皇位継承のあり方を「不改常典」として準備した。これが廷内に公表されるのは元明女帝のときだが、持統天皇としては自陣営内で通用する論拠としていたのだろう。

鸕野皇女は皇太后でもあり、天皇でもある。皇室内の重鎮として、不満を懐く皇族を上から抑えることはなんとかできる。しかし裁定に不満を懐く皇子と廷臣が結託して叛旗を翻せば、ことはなりがたい。そこでこの綱渡りの皇位継承を支持し、廷臣側の反撥を抑えてくれると信じられる人材が必要であった。

だが、天武天皇を支持して壬申の乱をともに戦ってきた廷臣たちが、天武天皇の遺児を支持するのは当然である。持統天皇の案は、天武天皇の子世代を敵に回すものだ。天武政権下で恵まれてきた人が、この条件のもとで味方となってくれる確率は低い。そうなると、天智天皇・大友皇子政権側に付いていたために今は冷や飯食いになっている人材が好ましい。「特別だ」といって引き上げてやれば、感謝して忠誠を尽くすと約束するだろう。ただし欲得や功名心の有無だけでなく、個人的に律儀で忠実な性格と優れた献策能力を持ち合わせ、強い信念と実行力を持ち合わせていること。そうした選抜基準のもとで、不比等が適任者として抜擢されたのだろう。筆者は、吉野行幸のなかで持統天皇は不比等を見出し、「草壁皇子系皇統の守護神」として選ばれたのだと思う。

持統天皇に抜擢された不比等が、具体的にどこで何を画策し、どの場でどう動いたのか。それは一つも明らかでない（文武天皇が不比等に下した宣命に、「汝は歴代の天皇に仕え、今も亦朕の重臣として政務を助けている」とし、五〇〇〇戸を贈った。個々の内容は不明だが、大きな功績があると思われる）。瀧浪貞子[3]氏は、原則を破った珂瑠皇子の即位を承認する見返りに、藤原宮子の文武夫人入内が決まった、とする。だがこうした個々の事実レベルの話となると、そう確定するだけの証拠はない。それでも持統天皇念願の「草壁皇子→（持統天皇）→珂瑠皇子（文武天皇）」の継承を果たし、さらに文武天皇没後に起きたほぼ同様な男子直系相続である「文武天皇→（元明天皇）→（元正天皇）→聖武天皇」の継承も実現した。そのさいに彼の力が大きかったことは、「国家珍宝帳」（寧楽遺文本）所載「黒作懸佩大刀」相伝の由来が雄弁に物語る。すなわち、

> 右、日並皇子常に佩き持ちし所、太政大臣に賜ふ。大行天皇即位之時、便ち大行天皇に献つる。崩ぜし時、亦太臣に賜ふ。太臣薨ぜし日、更に後太上天皇に献つる。（『寧楽遺文』四四一頁）

とあり、刀は草壁皇子→不比等→大行天皇（文武天皇）→不比等→後太上天皇（聖武天皇）と渡った。女帝を排し、不比等と直系男子の天皇との間でのみ遣り取りされた。つまり直系男子のいない間はこの刀の形で托された皇位を不比等が預かって守り抜き、それを男帝にたしかに伝えたとの意味が、この刀には込められている。草壁皇子直系の守護神の役割を不比等が果たしおえたことが、象徴的に物語られている。もちろんこの由緒書は天平勝宝八歳（七五六）六月に不比等の子（光明皇后）・孫（藤原仲麻呂）が作ったもので、不比等の生きていた時代の証言ではないが[4]。

だが延暦七年（七八八）春、桓武天皇は藤原百川から献じられた刀を百川の子・緒嗣に与え、自分

を皇太子に擁立してくれた百川への謝意を述べている（『続日本後紀』〈新訂増補国史大系本〉承和十年［八四三］七月二十三日条）。刀の授受は百川・緒嗣を皇統の守護神とみなしてのことだ。この行為は、黒作懸佩大刀の由来譚を知っていての話であり、宮廷内では隠れもなき事実とされていた。それに守護神として皇統を守り抜いた業績でもなければ、右大臣にも昇れまい。また上席の左大臣・石上麻呂を藤原京留守官に置いたまま、平城京遷都を主催・主導するような非礼・不遜なこともとうてい許されなかったろう。

不比等が守護神としてなした事績は知られないが、こんなたぐいだという例ならある。

『懐風藻』（日本古典文学大系本）葛野王の伝記に、持統天皇が譲位の意向を示したとき皇族会議が紛糾した様子が記されている。

高市皇子薨りて後に、皇太后、王公卿士を禁中に引きて、日嗣を立てむことを謀らす。時に群臣各私好を挟みて、衆議紛紜《ふんうん》なり。王子進みて奏して曰はく、「我が国家《みかど》の法と為る、神代より以来、子孫相承けて、天位を襲《つ》げり。若し兄弟相及ぼさば則ち乱此より興らむ。仰ぎて天心を論《かた》らふに、誰か能く敢へて測らむ。然すがに人事を以ちて推さば、聖嗣自然に定まれり。此の外に誰か敢へて間然せむや」といふ。弓削皇子座に在り、言ふこと有らまく欲りす。王子叱《いさ》び、乃ち止みぬ。皇太后其の一言の国を定めしことを嘉《よ》みしたまふ。（八十一～二頁）

とある。すなわち、高市皇子が死没し、持統天皇が譲位したあと、だれをあらたな天皇とするかで候補者名があがり過ぎたのか、衆議紛紛とした。そのとき、葛野王は「子孫相承して天位を継いでいる。兄弟に及ぼせば世の中が乱れる。後嗣はおのずから決まっている」と述べた。これに弓削皇子が抗弁しようとしたのを、叱りつけて抑えた、とある。持統天皇は珂瑠皇子に譲りたいから登極していたわけでもあり、もとより珂瑠皇子と決めてほしい。だが弓削皇子は、兄・長親王こそが適任といいたい。葛野王は、その発言を語気の威嚇によって止めたのである。

葛野王の発言は歴史的に見て誤りであり、それを会議の決定とするのは不公正である。履中→反正→允恭も安康→雄略も兄弟相続だし、つい一〇〇年前にも敏達→用明→崇峻→推古と兄弟姉妹で継いでいる。なにより会議を主宰している持統天皇の夫は、天智天皇の弟ではないか。子孫相承・直系相続の原理など、すこしも通則でない。

弟の発言に対する多数の支持を期待していた長親王の心中は、どうだったか。葛野王を正論によって批判しようとしないほかの皇族を見て、どれほど悔しく思ったろう。自分に都合のよい理不尽さ・不公正さには口を噤《つぐ》み、自分たちの間だけで通用するきれい事でその場を押し切る。話を変えて攻撃に出、威嚇して押さえ込む。それが政治力であり、それを請け負うのが悪魔の守護神である。不比等は親王と結ぼうとする貴族を日常的に威嚇し、持統女帝の意向に臣下を従わせていたのであろう。「嫌な奴」というのが、反対側の人たちの間での評価となる。一方には頼りになる善人であれば、他方には力で押さえつける大悪人。それが社会のありさまで、いま現に多くの職場でふつうに行われていることだろう。

二　大夫氏族の立場から

藤原氏における不比等の歴史的価値は、守護神としての一時的な業績などでない。氏族としての繁栄の基を開いたことにある。秘策を練って、政務内容を審議する場である公卿の会議つまりいわゆる閣議に不比等だけでなく子・房前《ふさきき》が出席できるようにしたのである。

大和王権下で政務内容を議するのは大夫《まえつぎみ》であり、大王の前で彼らが審議をつくした上で大王の最終決裁を仰ぐ、という形になっていた。その大夫には、大和王権の中枢を形成する臣姓豪族・連姓豪族のなかでも代表的な十数氏族の氏上から数名選ばれた。もちろん氏族の利益を代表するわけで、一氏族からは一人しか選ばれないし出席しない。氏族の代表者の意見が、氏族連合によって形作られている大和王権の見解となる。そういう論理であり、それが長いこと基本原則として認められ、常識・慣習というか不文律となっていた。

たとえば慶雲二年（七〇五）四月の公卿（大夫とほぼ同義）の顔ぶれは、右大臣に石上麻呂、大納言に藤原不比等・紀麻呂、中納言に大伴安麻呂・粟田真人・高向麻呂・阿倍宿奈麻呂であった。物部氏の一流である石上氏、和珥氏の一流の粟田氏、蘇我氏の一流と称する高向氏、それに古来の名族である大伴・紀・阿倍の各氏が代表者を送っている。藤原不比等はもともと中臣氏の一流だが、ここにいられるのは持統天皇の引きによるものである。

ところで大宝二年（七〇二）五月二十一日、大伴安麻呂・粟田真人・高向麻呂・下毛野古麻呂・小野毛野が勅命により「朝政に参議せしめ」られた。このうち上位三名は右のように中納言となっており、小野毛野も和銅元年（七〇八）に中納言になったが、下毛野古麻呂はその地位に据え置かれたままとなった。小野氏は春日氏の一流かもしれないが、近江国滋賀郡小野村を本拠とする地方豪族で、下毛野氏も下野国の名を負う地方豪族である。これらを加えても、各氏からは代表者が一人づつしか登庸されていない。

もっとも振り返れば、一氏族から一人しか代表者を送り込んだことがない、というわけでもない。たとえば天智天皇十年（六七一）、天智天皇は重臣五人に繰り返し大友皇子への忠誠を誓わせた。その五人とは、左大臣の蘇我赤兄、右大臣の中臣金、御史大夫（のちの大納言）の蘇我果安・巨勢比登・紀大人である。蘇我氏からは、赤兄と果安の二人が同時に出ている。赤兄は大臣・蘇我馬子の孫で、倉麻呂（雄当・雄正）の子である。兄の石川麻呂が誅殺され、兄・連子も死没したため、蘇我嫡流家の氏上となったらしい。果安の方は系譜が不明だが、赤兄の子ではなく、庶流らしい。同氏族から二人も採用したのは、おそらく蘇我氏が分裂し、一氏族としての一致した行動をしていないから。つまり庶流が財務基盤を分有して独立し、氏族としての利害を異にし、独自の利害を主張しているから。つまり大和政権の一構成員として、独自な見識を持つ氏族と見做してよい状態だったからだろう。こうした慣習はすでに成立していたが、それでも本宗と独立した傍流の同席にとどまる。

ところが、養老元年（七一七）十月、不比等の子・房前が朝政に参議することとなった。これは、まったくあらたな事態であった。

養老五年十月にも長屋王とともに、参議房前として元明上皇の遺詔をうけている。房前の登庸が不比等の政治力によることはあきらかだろう。皇位継承について正論を口にできない雰囲気が作られていたとしても、それが不比等の役割だった。だが、この人事は藤原氏の我欲じゃないのか。氏族の利害はその代表者が閣議に一名来てその事情を説明すればいい。氏として父子の利害発言が基本的に異なりようもないから、閣議に父子二名で来るべき理由がない。蘇我馬子も蝦夷と一緒に執政したことはなく、蝦夷は大臣位を象徴する紫冠を入鹿に私的に授けたことはあったが、閣議に二人並んだことなどない。閣議で自分の発言力を二倍にするための露骨な画策である。これは前例のない、権力づくの横暴である。いや、じつは発言権を三倍にするはかりごとである。

房前は次男で、嫡男に武智麻呂がいる。『藤氏家伝』（家伝下）によれば子どものときの武智麻呂は、

> 幼くして其の母を喪ひ、血の泣して摧け残《そこな》はれ、漿《こみず》も口に入らずして、幾《ほとほと》に将に性を滅さむとしき。茲より尫弱く、進趣すれども病饒りぬ。（二九二頁）

とあり、つまり病弱のため立ち遅れたのかもしれない。だが嫡男なのだから、やがて閣僚の一角を占める。そうなれば父子三人が並び立つかも。一人くらいいいじゃないかではなく、これを許せば三人が並び立つ日も遠くない。そういう意図が見え見えなのだ。

だが、そうと気付いたとして、これを阻止できるのか。

おそらくここで展開されたのは、律令官僚制は氏族の利害を反映して運営されるものでなく、個人の資質・業務達成能力が登庸の規準だから、という藤原氏内の論理だったろう。それに臣下側から珂瑠皇子（文武天皇）・首皇子（聖武天皇）を支えるという役割のためだから、天皇家もこれを黙認している。持統上皇を嗣いだ元明上皇という後楯もあるなかで、だれがどうやって不比等のあからさまな藤原勢力拡大の画策を、魔の手を払い除《の》けられたろうか。

それでも、貴族たち[5]は自分の立場・利害に直接関係するので、さすがにつよく抵抗したようである。筆者の調べたところでは、中納言以上と参議との間には大きな差が付けられている[6]。参議はあくまでも政府諮問委員会委員か実習・見習い的な存在であって、中納言以上の正式な公卿メンバーについて

は奈良中期まで、藤原氏をふくめて一氏族一代表の原則が堅持されている。大夫氏族として、最後の一線はなんとか固守できていた。

というのは、房前は参議になったものの、四年後に任じられた武智麻呂、五年後の阿倍広庭、十二年後の多治比県守、十四年後の葛城王（橘諸兄）にすべて追い抜かれ、参議に止《とど》められた。天平三年（七三一）には房前・宇合・麻呂の三兄弟が参議に並んだが、そのなかのだれも中納言になれてない。つまり正式な公卿である納言以上に、一氏族から二人を出させることは辛うじて防いでいる。ちなみに、この原則がついに突き崩されたのは、右大臣藤原豊成がいるのに、光明皇太后が仲麻呂を中納言→大納言として送り込んだときである。それでも、不比等が藤原氏から複数の朝政官を出す端緒を開いたのではある。そのことが、のちに公卿の大半を藤原氏が占めるもととなった。他氏の相対的な凋落はここに始まる。

藤原氏は、天皇家に利用されるだけでなく、天皇家の上を蔽《おお》ってもいく。不比等は天皇の寵用を拠り所にして、文武天皇の夫人《ぶにん》として娘・宮子を、首皇子（聖武天皇）の妃に娘・安宿媛《あすかべひめ》（光明子）を送り込んだ。その政治力を見せつけたのが、和銅六年（七一三）十一月の石川・紀二嬪の称号剝奪事件である。

文武天皇元年（六九七）八月には文武天皇の夫人が宮子で、紀竈門娘《かまどのいらつめ》と石川刀子娘《とねのいらつめ》が嬪とされたとみえる（『続日本紀』原文には「妃」とあるが、誤字である）。「後宮職員令」には「夫人は三位以上」「嬪は五位以上」と見え、夫人が格上であった。とうぜんだが、この差は生まれてくる皇子の格付けの差となる。宮子所生の首皇子の地位が一段高いのだが、不比等はなお不安だったらしい。そこで竈門娘と刀子娘の嬪号を何らかの理由を付けて剝奪し、皇子の広成・広世は臣籍に降し、母の氏名によって石川朝臣と名乗らせた。皇族扱いすらさせず、皇位継承候補から完全に抹殺したのである。この当時こんな露骨な画策ができる人は不比等しかいない。

それにしても、一度懐《いだ》いてしまった不安・心配を心のなかから消し去るのは難しかろうが、処刑されていないことからすれば問えるほどの罪はなかったはず。罪のない者に大恥をかかせ、異腹とはいえ娘婿の実子をそこまで追い込む必要があったのか。周囲を配慮なく破壊し続ける魔神に情けを求めるなど、しょせん無理な話だろうが。

三　庶民の立場から

大宝律令の制定に携わった不比等は、当の本人が自信を持って作ったのであるから、もちろん律令制度の守護神となった。それがいかに非情なもので規定を適用された人がどれほど辛くとも、そうした古代庶民の声は史料にふつう残らない。だが、不比等のすることに反対した人がいた。そのため、汲み上げられた被支配者の怨嗟の声がいまに伝わった。

反対したのは橘諸兄《もろえ》で、諸兄が変更した部分は不比等を信奉していた光明皇太后と藤原仲麻呂にほとんど覆《くつがえ》されて不比等時代の状態に戻された。そのために、ぎゃくに何が争点だったのかが明瞭にわかるのだ。

天平十年五月に東海・東山・山陰・西海等道諸国の健児《こんでい》を停止し、天平十一年六月に兵士の徴発を停止するにあたり国府の兵庫を白丁（一般の人）に守らせるよう指示した。天平十一年五月には「諸国の郡司、徒《いたずら》に員数多くして任用に益無し」とし、不比等時代に分割していた国も和泉を河内に、安房を上総に、能登を越中に、佐渡を越後に合併させて国司を減らすとともに、いちいちあげないが郡司も減員した。また不比等政権下では里を郷と改字した上で二〜三分割したあたらしい里（小里）を設置し、また郷戸を分割して房戸を立てさせていたが、天平十一年末から十二年初頭に里（小里）を廃止。ついで天平十五年五月には墾田永年私財法を出し、公地制原則を放棄して土地の私有を認めた。天平十六年には賤民視されてきた馬飼・雑戸を良民とする放賤従良政策を採ってもいる。(7)

つまり、九州南部と東北中部の律令国家から見れば辺境にあたる地域では軍事衝突もまだあるが、内地での戦闘は歴史的にもほとんど起きてない。また遣唐使が平和的に行き交っているなかでは、対唐戦争も当面起こりそうにない。そんななかで、兵士としての軍事教練を続けて、人民の生業をことさらに妨げる必要があるのか。国郡を分割し国司や郡司を多く採用すれば、支配の網目はこまかくなる。平均二十五人もいる郷戸より、八人前後で一家の生活単位に近い規模となる房戸を摑んだ方が、行政の目は行き届く。しかし目の届きすぎは、かえって人々の活力を失わせる。陰でひそかになされる自分だけの生産の工夫と富の蓄積が、あたらしい時代を切り開くのであるから。墾田永年私財法が出される前は、農民が余暇に任せて切り開いてきた一畝分のほまち田（外持田・私持田）ですら、六年ごとの班田収授法の機械的運用で収公されていた。これでは日常的に努力しようという気が起きない。これが律令制度の確立・浸透で得られた、地方支配の成果の実態である。

しかも律令制度下では、庶民に従来なかった重い負担が加わえられている。

それが運脚制度である。従来、被支配者に課されてきた税物《ぜいもつ》は国内支配者の国造のもとに届ければ

国名変遷地図

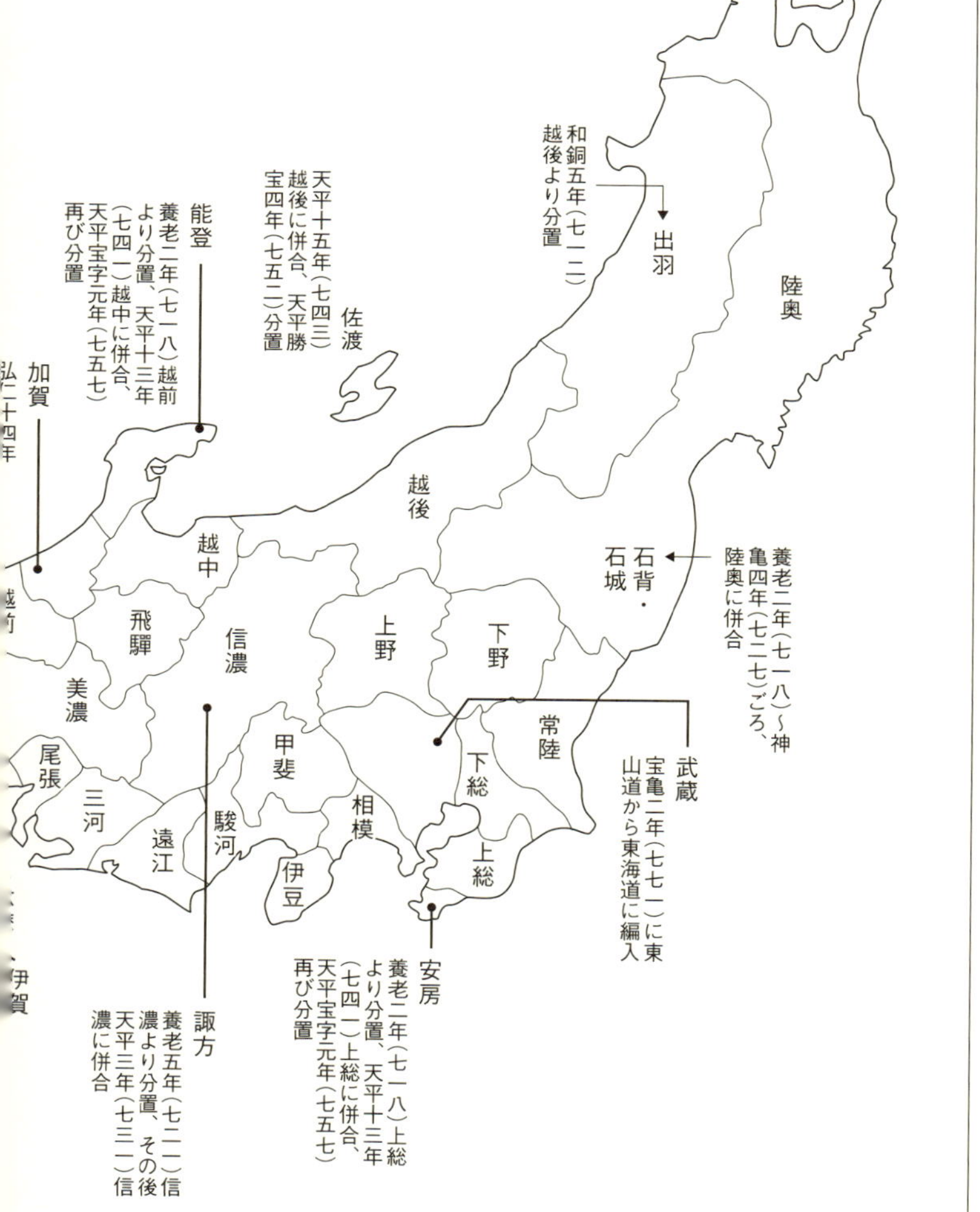
和銅五年（七一二）越後より分置
出羽
陸奥
佐渡
天平十五年（七四三）越後に併合、天平勝宝四年（七五二）分置
能登
養老二年（七一八）越前より分置、天平十三年（七四一）越中に併合、天平宝字元年（七五七）再び分置
加賀
弘仁十四年
越後
越中
飛驒
信濃
上野
下野
石背・石城
養老二年（七一八）～神亀四年（七二七）ごろ、陸奥に併合
美濃
尾張
三河
遠江
駿河
甲斐
伊豆
相模
下総
上総
常陸
武蔵
宝亀二年（七七一）に東山道から東海道に編入
安房
養老二年（七一八）上総より分置、天平十三年（七四一）上総に併合、天平宝字元年（七五七）再び分置
諏方
養老五年（七二一）信濃より分置、その後天平三年（七三一）信濃に併合
伊賀

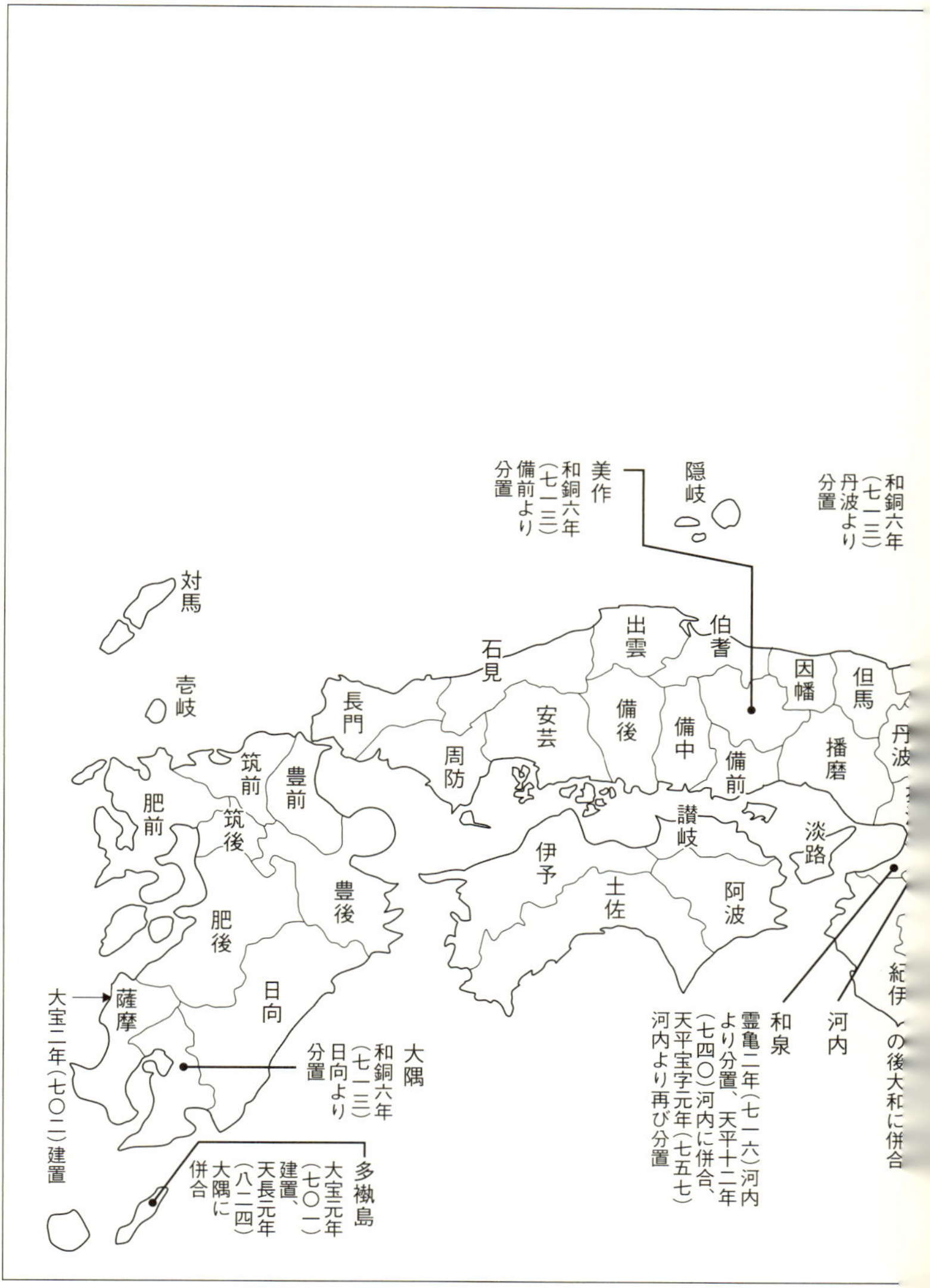
和銅六年（七一三）丹波より分置
隠岐
美作
和銅六年（七一三）備前より分置
対馬
壱岐
石見
出雲
伯耆
因幡
但馬
丹波
長門
安芸
備後
備中
備前
播磨
周防
筑前
豊前
肥前
筑後
讃岐
淡路
伊予
土佐
阿波
豊後
肥後
日向
薩摩
大宝二年（七〇二）建置
大隅
和銅六年（七一三）日向より分置
多褹島
大宝元年（七〇一）建置、天長元年（八二四）大隅に併合
和泉
霊亀二年（七一六）河内より分置、天平十二年（七四〇）河内に併合、天平宝字元年（七五七）河内より再び分置
河内
紀伊
の後大和に併合

よく、労役もほぼその勢力範囲内での就労であった。しかし律令の規定では下野国の人も土佐国の人も、納めた税物を平城京まで直接無償・自弁で運ばなければならない。この制度の目的は間接支配を否定して、中央集権国家権力の偉大さを郡司層と庶民に思い知らせるためだけだったのだから[8]、人民レベルでの迷惑などまったく考えない、独りよがりで無慈悲な負担である。

もともと律令制度は、対唐戦争用の兵士を中央主導で総動員する方策として採用されたところがある。しかし中国と日本では歴史過程が違い、つまり国情が異なる。中国の歴史と社会のありように即して規定されたものを、いくらか手直ししたにせよ、おおむねそのまま日本に適用しようとすれば、無理と無駄が生じる。それを力づくで隅々まで適用させようとする不比等は、庶民からみれば時代錯誤の赤鬼か悪魔でなかったか。あまりに画一的な生活を強《し》いられれば、生きた心地がしない。人は、生きているというだけで生きた心地がするわけじゃないのだ。

天平宝字元年（七五七）七月二日に発覚したの橘奈良麻呂の変についての尋問と処分が終わって、七月十二日に孝謙天皇は「諸司幷《ならび》に京畿内の百姓村の長以上」を招集してこの変乱の次第を言い聞かせた。このとき京・畿内の村長以上が呼ばれたということは、奈良麻呂の呼びかけが村長らの支持を受けていたことを意味する。橘氏は臣籍降下した苦労知らずのたんなる旧皇族でなく、庶民の生活感覚や政策への反発に気づける為政者だった、ということである。

読み進めての感想は、どうだろうか。不比等は持統天皇の腹心として草壁皇子系の守護神となり、藤原氏全盛の基礎を作り、そして何よりも律令国家体制の樹立・普及に努めた。私たちが見ている古代国家の基礎を固めた、不世出の政治家である。それが歴史的にみたときの彼の評価であろう。

だがそれは同時代の人たちにとって、そうであったか。仲間内ではまたとなく信頼される人であっても、その評価は同時代の人たちに実感できたことだったのか。「歴史を創った」とか、「中興の祖」とかいう歴史的評価は、いかにも汎《ひろ》く慕われた善人を思わせる。しかしともに生きていた多くの人を黙らせ、多くの人たちの不満を押し潰し、人々の反撥に耳を貸さなかったから、その評価がある。歴史を語る者は、そうした一面つまり巨悪の一面もあることを忘れてはなるまい。

「善と悪」で物語るとき、「悪人とみられているが、じつは善人だった」とか「悪とはいえず、善と評価しなおすべきだ」などと描くことで新鮮味を醸し出すこともできる。しかしその考えは、何か間違えている。悪とか善とかは、それを物語る人・それを読む人の立場によるものであり、絶対悪も絶対善もない。善と評価しなおせるとすれば、それは立場を変えているからだ。だれを悪とみるか、なにを悪とみるか。その人物・事件を描こうとする人の立っている場所・位置が問われているのである。それにそもそも悪をなした本人は、悪と思って行動していない。押し通して達成されれば善になるはずだったものが、切り取られた部分の行為をもとに悪とみなされてしまうだけ。善も悪も、つねに人の行動基準とはならない理由である。


【注】

（1）拙稿「持統女帝の吉野行幸の狙い」（『万葉集とその時代』所収、笠間書院、二〇〇九年）

（2）拙稿「藤原鎌足像はどのようにして作られたのか」（前掲『万葉集とその時代』所収）

（3）『帝王聖武』（講談社、二〇〇〇年）二十三頁。

（4）仁藤敦史氏著『女帝の世紀』（角川書店、二〇〇六年）三十三頁・二三二頁では、仲麻呂による潤色・捏造とする。たしかに草壁皇子からの伝授と記載されていても、厳密には記載したときの認識にすぎない。宮廷人の誤解もありうるし、祖先顕彰に意欲的な仲麻呂によることさらな捏造もありうる。

（5）拙稿「万葉集時代の古代宮廷情勢」（辰巳正明氏編『万葉集』と東アジア』所収、竹林舎、二〇一七年）

（6）瀧浪貞子氏「参議論の再検討」（『日本古代宮廷社会の研究』所収、思文閣出版、一九九一年）

（7）拙稿「天平という時代」（「高岡市万葉歴史館叢書」二十五、二〇一五年三月）、本書所収。

（8）松原弘宣氏は運脚について、「調庸物の運京の原則を調庸負担者が陸路・人担で輸納させることを通して個別人身支配を貫徹しようとした」（「第一部第一章　古代の民衆交通」『日本古代の交通と情報伝達』所収、汲古書院、二〇〇九年。五十七頁）とし、郡領氏族を通した間接支配を排除するためだったとする。（関幸彦氏・山本博文氏共編『悪の歴史　日本編上』所収、清水書院、二〇一七年）

天平という時代

「二〇一二夏季高岡万葉セミナー」のテーマは「聖武天皇の時代Ⅰ」で、その第一講で天平時代の概説をというのが主催者からの依頼であった。おそらくその意図は「聖武天皇が輝いていた天平時代を中心として、聖武天皇が存命であった時代の概括的な見通しを提供してほしい」という希望だったろう。こじんまりとした仕事の依頼をおおごとにしてしまって悪いが、本稿では、天平という元号をめぐって、天平時代とはそもそもいつまでのことなのか。その元号に為政者のどんな意識が垣間見られ、どうして変化していったか。いままでついぞ詮索されてこなかったことについて、そこに問題があることを感じ取っていただきたいと思う。

一　「天平」時代の時期とその理念

1．天平という元号の由来は何か

天平時代のもととなる天平という元号名は、『続日《しょくに》本紀《ほんぎ》』（新訂増補国史大系本）神亀六年（七二九）六月己卯条に「左《さ》京職《きょうしき》、亀の長さ五寸三分。闊《ひろ》さ四寸五分なるを献つる。其の背に文有りて云はく、天王貴平知百年と」とある記事に由来する。このときの左京大夫は、藤原麻呂だった。不比等の四人の息子の末子で、策謀家でもある。かつて長屋王《ながやおう》の誣告《ぶこく》事件では、兄・武智麻呂《むちまろ》に指図されてだろうが、(1)自分が管轄する左京の住人である漆部君足《ぬりべのきみたり》・中臣宮処東人《なかとみのみやこのあずまひと》を密告者に仕立てて、左大臣の長屋王を自殺に追い込んでいる。その左京職が献上してきたのだからまたぞろ眉唾物だろうが、亀の背中に「天王貴平知百年」という文字が刻まれていた。その言葉の意味は、「天皇は貴く、その平安な治世は百年に及ぶであろう」(2)である。

これを承けて聖武天皇は、『続日本紀』神亀六年（天平元年）八月癸亥条の宣命《せんみよう》で「うつしくも皇朕《わ》が政の所致《いたせ》る物に在らめや。此は太上天皇の厚き広き徳を蒙《こうむ》りて高き貴き行ひに依りて顕はし来る大き瑞物《しるしもの》ぞと詔る命を衆聞へと宣る。辞別《ことわ》けて詔はく。此の大き瑞物は天に坐《いま》す神・地に坐す神の相うづなひ奉り福《さきわ》へ奉る事に依りて顕しく出たる瑞に在るらしとなも神随所思《かながらおも》ほし行《め》す。是を以ちて天地之神の顕はし奉つる貴き瑞に以《よ》りて御世の年号をば改め賜ひ換へ賜ふ。是を以ちて神亀六年を改めて天平元年と為す」（一一八頁）といい、聖武天皇と元正上皇の善政を言祝《ことほ》いだ大瑞とみなして、元号を改めた。現在の執政ぶりを天帝が祝福しているという慶祝・奉祝気分のなかで、不比等の娘で聖武天皇夫人《ぶにん》である安宿媛《あすかべひめ》がさらに光明皇后として冊立されていくのである。

しかしもちろん「負図亀《ふみおへるかめ》一頭献らくと奏し賜ふと所聞《きこ》し行《め》す。驚き賜ひ恠《あや》しみ賜ひ所見行し、歓び賜ひ嘉《よ》み賜ひて所思行《おもほしめ》さく」（同上）というほど素直な自然現象ではなく、さきだってだれかが釘状のもので亀の甲羅《こうら》をいたく傷つけ、しばらくして傷痕が生々しくなくなってから持ち込んだものである。そうでなければ、藤原氏が管轄する左京の範囲で、長屋王の変後という疑心暗鬼の雰囲気のなかで発見されることなど、ありえない。だれかがいや麻呂が、配下のだれかに作らせた動物虐待・「やらせ」の一品である。

こうした詮索の当否はともかく、こうして天平という元号が登場した。

2. なぜ四字年号になり、それが続いたのか

天平という元号は天平二十一年四月十三日まで続き、四月十四日に天平感宝元年（七四九）と改元された。この改元は、陸奥国小田郡で砂金が発見されたことを祝ったものである。ちょうど東大寺本尊の毘盧遮那仏を鍍金《めっき》するための金を、どうやって調達するかと悩んでいたところだったから、砂金の発見は聖武天皇の芳志に感応して天が与えてくれた授かり物と思えたろう。この元号はわずか三ヶ月半で改元され、七月二日には天平勝宝元年（七四九）となった。これは聖武天皇が譲位し、皇太子であった娘・孝謙天皇が即位したからである。天皇が代われば、かならず元号を変更する。治天《ちてん》の君が変わったからだ。ぎゃくに元号が変わらなければ、その天皇の治世は続いていることにもなる。かつて筆者は、淳仁天皇が即位しても改元されなかったのは、孝謙上皇の統治が継続していて、共同統治者が増えたにすぎないからだと述べたが、(3)それはこの意味である。勝宝とは勝《すぐ》れた宝の意味で、宝は砂金のこと。意味するものは感宝と同じである。改元しなければならなかったが、産金の感動が十分すぎるほど廷内に残っていたというか、元号の意味までまだ変えたくないという雰囲気がまだ漂っていたのだろう。

これにつづいて、天平勝宝九歳八月十八日が、天平宝字元年（七五七）と改元された。このきっかけは、孝謙女帝の寝所の天井に、「天下太平」の文字が浮かび上がったから。これも孝謙天皇が善政

を行なっていて、それを天が褒め称えているという雰囲気の演出である。だれかが孝謙天皇の寝所に忍び込んで、字を書き込んだのである。おそらくははじめはうっすらだが、しだいに酸化などして濃くなり、鮮明になってくるような素材で書いたのだろう。そうでなければすぐに気付かれて、「昨日まで綺麗《きれい》だったのに、だれがこんなところに悪戯書《いたずらが》きしたの」とか怒られてしまうだろうから。さらに駿河国益頭郡《やいづぐん》から、蚕が「五月八日開下帝釋標知天皇命百年息」と読めるように産卵した、という報告も付け加えられた。これもだれかが、そのように並べ変えたのである。

そして天平宝字九年一月七日が、天平神護元年（七六五）になる。これは天皇の交代によるもので、前年九月に太師《だいし》（太政大臣）の藤原仲麻呂が失脚し、孝謙上皇軍に湖西《こせい》に追い詰められて斬死となった。十月には仲麻呂に擁立されていた淳仁天皇が廃位され、淡路島に配流《はいる》となった。そしてこれに代わって孝謙上皇が重祚《ちょうそ》し、天皇（称徳天皇）となった。こうして治天の君が入れ代わったことによる、通例の改元である。

やがて、天平神護三年八月十六日に、神護景雲元年（七六七）と改元される。このときには、平城京東南の上空に七色の雲が見られたとか、伊勢外宮《いせげくう》の上に五色の瑞雲が現れてやがて神宮を覆ったとか、さらに平城宮の陰陽《おんみょう》寮《りょう》からも瑞雲が見られたとか、の報告が相次いで上がってきた。善政を言祝ぐ天の声を嘉みして改元し、この元号が神護景雲四年十月一日に光仁天皇が即位して宝亀と替えられるまで続いた。

いま天平という元号のあとの五つの元号について、その改元の理由などを解説してきた。この五つの元号は、すべて四字である。日本の元号は、現在（二〇一二年）の平成をはじめ保元・応仁・元禄・昭和など二文字が通例となっている。四文字の元号は、大宝元年（七〇一）から続く日本元号の長い歴史のなかでも特異で、奈良後期のこの期間にしか見られない。

筆者がこのことに興味を懐いたのは、「歴史読本」五十三巻一号（二〇〇八年一月）で特集された「日本の年号」で「四字年号の採用とその経緯」（『万葉集とその時代』所収）を執筆したからだった。それまでは、岸俊男氏が『藤原仲麻呂』（吉川弘文館）で指摘されていることを思い起こすに過ぎなかった。それは、この四字年号が採用される政治的背景についての興味深い考察である。

光明皇后は、一世代ほど前に中国の皇帝であった武則天《ぶそくてん》（則天武后）に憧れていた。武則天は臣下の推戴を受けて合法的に登極した中国史上唯一のまた歴《れっき》とした女帝なのだが、中国ではいまだに彼女を皇帝として認めない。則天武后つまり后であったとはするが、皇帝に数えない。宮廷を舞台に計略・暗殺・策謀を駆使した一代の女傑であったが、光明皇后は同じ女性であることに親近感を懐いたのだろう。光明皇后のそうした嗜好を熟知していた藤原仲麻呂が、その意を体して廷内に発議したもの、という推測である。

これは、至極妥当な推論である。光明皇后が実権を握っていた時期には、官庁・官職の名前が漢風に改められた。例えば太政官が乾政官《けんせいかん》とか、民部省が仁部省《じんぶしょう》とか、右大臣が太保《たいほ》とかのたぐいである。あるいは諸国の民の憂いを聞いてこさせるために問民苦使《もみくし》を派遣したり、米価安定のために平準署《へいじゅんしょ》を置いたりとかもある。これらは行政制度の真似だが、とくに官吏任用・昇進のさいの必読文献とされた『維城典訓《いぜいてんきん》』は、武則天の書いた政治の訓戒の書であった。これらの模倣は武則天の政治に憧憬を懐いていたことの表われといえる。

さて四字年号の話に戻るが、中国王朝で採用された四字元号は十四例ほどある。年代順にあげると、建武中元（後漢《ごかん》、五六〜五七年）・太平真君（北魏《ほくぎ》、四四〇〜五〇年）・天冊万歳（周、六九五年）・万歳登封（周、六九五年）・万歳通天（周、六九六年）・太平興国（北宋、九七六〜八三年）・大中祥符（北宋、一〇〇八年）・延嗣寧国（西夏《せいか》、一〇四九年）・天祐垂聖（西夏、一〇五〇〜五二年）・福聖承道（西夏、一〇五三〜五六年）・天安礼定（西夏、一〇八六年）・天儀治平（西夏、一〇八六年）・天祐民安（西夏、一〇九〇〜九七年）・建中靖国（北宋、一一〇一年）である。このほかに、始建国（新、九〜一三年）のように三字、天授礼法延祚（一〇三八〜一〇四八年）・天賜礼盛国慶（西夏、一〇七〇〜七四年）のように六字の例もある。

光明皇后・仲麻呂政権下の元号に影響しうるのは、もちろん八世紀以前のものであり、はじめの五つだけ。そのうち、はるか昔の後漢の建武中元や国交すらなかった北魏の太平真君が影響するはずがない。すると武則天の天冊万歳・万歳登封・万歳通天を直接の手本として、そのあり方に倣《なら》って日本でも四字年号を採用してみた。そう考えるのが、よかろう。

3. 日本の四字年号の特色は何か

ここで振り返ってみると、日本の四字年号には天平感宝・天平勝宝・天平宝字・天平神護・神護景雲とあるが、五元号のうちの四つの頭には共通して天平という文字が冠されている。偶然にしては揃いすぎであり、これはどうしたことなのか。またこのことは、この時代において何を意味していたと考えるか。

日本の四字年号は、武則天治下の四字年号の真似だと記した。天冊万歳・万歳登封・万歳通天の三種では、万歳がすべてに共通している。だが、かならずしも冒頭につけられてはいない。また万歳は、日本の天平のように、その一つ前代の元号名でもない。天冊万歳の前は、証聖だった。武則天の治下は四字年号もあるが、むしろ二字年号の時代の方が長く元号の数も多い。この四字年号を続けたあとは神功・聖暦・久視・大足・長安となって、二字年号が列なっている。

ちなみに中国のほかの王朝の四字年号例でも、北宋の太平興国は太宗《たいそう》治下の冒頭の元号だが、そのあとは雍熙・端拱・淳化・至道で二字年号になっている。また同じ真宗《しんそう》治下の大中祥符は、咸平・景徳に続くものだったが、そのあとは天禧・乾興となった。中国の西北部に建国した夏（通称は西夏）には、四字年号が数多く見られる。毅宗《きそう》（昭英皇帝）のとき、延嗣寧国・天祐垂聖・福聖承道と連続しているが、そのあとは【示+覃】都《しゃと》・拱化になる。あとを嗣《つ》いだ恵宗《けいそう》（康靖皇帝）も乾道・天賜礼盛国慶・大安のあと、天安礼定としている。この四字年号はそのまま続いて、崇宗《すうそう》（聖文皇帝）は天儀治平・天祐民安としたから三連続となったが、そのあとは永安・貞観・雍寧・元徳・正徳・大徳と二字年号に戻されている。

つまり中国では、四字年号が三回連続したこともあるが、同一皇帝の治下が四字年号だけで通されたことはなく、二字年号も前後または中ごろに混ぜて使用されている。また、四字年号が異なる治世を跨がったことも夏の恵宗→崇宗間であるが、そうした場合でも元号の一部を共有したりすることはなかった。

こうした状態を見てくると、日本における四字年号の特色が判然としてくる。

日本では、四字年号が聖武天皇・孝謙天皇・淳仁天皇・称徳天皇という四代に跨がって、途切れることなく続けられた。しかもその四代の天皇治下の元号は、すべて統一して天平という元号が頭に冠されていて、一連のものだとだれの目にも判るようになっている。さらにこの冠された元号は、その直前の元号である天平を採っている。これらはたんなる偶然の積み重ねでなく、何らかの考えのもとに意図的に連続性をもたされた年号群と思われる。この連続性・統一性の中身を探れば、そこに制定者つまり国家最高レベルの為政者たちの何らかの政治的意図を探ることができる。そういう意味がこの四字元号群にはある、と推測し得ないだろうか。

いや少なくとも、ここに何かの問題がある、と。それには、同意をいただきたい。これについての筆者なりの謎解きの答えは、いちおう用意してある。以下に述べていくが、それがほんとうに妥当な解釈かどうかはわからない。いま性急に結論づけてしまうことよりも、筆者にとってのいちばんの希望は、「この連続した元号は自然でない。ここに何らかの問題が潜んでいる」「解けていない問題がここにある」と認めてもらうことである。答えの詮索には、とりあえず筆者からの提案を叩き台とされるとしても、読了後にそれぞれで考え続けてもらいたい。

4.「天平」時代の王権はだれが保持していたか

右のことに「問題がある」と認識してもらえるならば、あとは読者諸氏が謎解きされるさいの参考ていどの話である。

筆者は、天平を冠した四字年号を続けたことには、ときの権力者のある政治意識が反映されていると考える。天平のはじめから神護景雲までの時代の実権がどこにあったか。それを、まずは確認しておこう。

神亀元年（七二四）二月四日に元正天皇が譲位し、聖武天皇が即位する。ここから天平十七年（七四五）くらいまでは、聖武天皇が権力を保持していたといってよい。藤原四子《よんし》から橘諸兄《たちばなのもろえ》へと執政の委任先を替えたが、聖武天皇の治世である。天平二十年に元正上皇が死没するが、元正上皇は聖武天皇の保護者であって、上から王権を遠隔操作するような黒幕的な存在ではなかった。このときには、むしろ聖武天皇の体調の方が問題で、『東大寺要録』（国書刊行会本）巻一／本願章第一に「十九年丁亥三月、仁聖皇后《にんしょうこうごう》、天皇の不予《ふよ》に縁り、新薬師寺を立て、幷《あわ》せて七仏薬師像を造る」（十五頁）とあって、光明皇后の眼には聖武天皇の弱っていく姿が見えはじめていた。

天平勝宝元年（七四九）七月二日、聖武天皇は孝謙天皇に譲位したが、実権は聖武天皇の正妻で孝謙天皇の母にあたる光明皇太后に移った。光明皇太后は、天平宝字四年（七六〇）六月七日に死没している。その間十一～二年、権力は光明皇太后が保持していたとみられる。天平勝宝八歳五月二日に聖武上皇が死没するが、その七七日つまり四十九日に聖武上皇の遺愛の品が東大寺毘盧遮那仏に献納され、最終的に東大寺正倉院に納まる。このときの献物の趣旨と献納物の一覧が記された文書の一つが「国家《こっか》珍宝帳《ちんぽうちょう》」（『大日本古文書』四、一二一～七一頁）である。この珍宝帳は光明皇太后の意思を表明したものだが、その紙面には天皇御璽《てんのうぎょじ》が所狭しと捺されている。これにより、天皇御璽は寄進者である光明皇太后の手もとにあったことが明白である。聖武天皇が譲位したとき、ほんらいは即位した孝謙天皇のもとに天皇御璽が渡されるべきだ。だが、じっさいの保持者は光明皇太后であり、天皇権限は天皇御璽とともに光明皇太后に帰していたのである。

光明皇太后が天皇権限を代行し、事実上の最高主権者として振る舞っていたことは、よく知られている。聖武天皇が譲位した一ヶ月後に紫微中台《しびちゅうだい》が置かれ、そこから光明皇太后・藤原仲麻呂のルートを通じて各省庁にじかに命令が出されはじめる。これにより左大臣・橘諸兄を首班とする太政官政治は蔑《ないがし》ろにされ、紫微令《しびれい》（のち内相）で大納言の藤原仲麻呂が政治の主導権を握ることになった。そして二勢力間の暗闘を乗り切って、仲麻呂は諸兄を失脚させ、諸兄の子・橘奈良麻呂《ならまろ》の軍事クーデタを未然に阻んで、政権を確乎たるものにしたのだった。

しかし仲麻呂政権は光明皇太后の後ろ盾あってのものであり、皇太后の死没によって拠り所を失った。皇太后の死没時には、孝謙天皇は譲位して淳仁天皇がすでに登極《とうぎょく》していた。光明皇太后の生きていたときにはかれら二人とも実権がなかったのだが、光明皇太后の没後にその権限を受け継いだのは孝謙上皇だった。天平宝字四年六月以降、称徳天皇として重祚して神護景雲四年（七七〇）八月四日に死没するまで、孝謙上皇は天皇権限をずっと保持した。そのことは、淳仁天皇との間に隙を生じ、帝権分裂という事態になったとき明瞭になる。孝謙上皇は、淳仁天皇に対して「政事《まつりごと》は常の祀りと小事は今の帝行ひ給へ。国家の大事と賞罰の二柄は朕行はむ」（『続日本紀』天平宝字六年六月庚戌条）つまり国家の大事と賞罰の決定は孝謙上皇が、日常的祭祀と小事は淳仁天皇が行なうと宣言した。淳仁天皇がもともと権力を持っていてそれを取り上げるのならば、相手も抵抗するだろうから、こんな宣言をしてみても口先の強がりであり、事態をそう簡単に変えられようはずもない。ただちに戦闘をしかけて淳仁天皇側にある権限を剥奪しなければ、潰されるだけだ。それをせずに天平宝字六年六月三日から同八年九月十一日まで二年以上にわたって平城京内で対峙するだけで済ましていたのは、すでにして孝謙上皇には国家の大事と賞罰の決定権があった。つまり上位の権力は孝謙上皇がもともと独占的に保有していたからである。帝権分裂といわれる宣言の時点ではじめて分裂したのではなく、現実の権限に大小差のある状態があって、それをあたらめて臣下に確認させたにすぎなかったのである。

すなわち表向き、天皇位は聖武天皇→孝謙天皇→淳仁天皇→称徳天皇と継がれている。だがじっさいの権力は、聖武天皇→光明皇太后→孝謙上皇（称徳天皇）という順に継受されていたのである。

5. 権力のありかと四字年号との関連は何か

この聖武天皇→光明皇太后→孝謙上皇（称徳天皇）という継承のさまが、天平を冠した四字年号の制定のさまに照応している。筆者は、そう思う。

天平十九年には聖武天皇はすでに病臥しはじめており、実権は光明皇后に移っていた。しかし光明皇后は天皇でないので、この権力の転移を理由にした改元はない。元号は天平感宝・天平勝宝と変わるが、いずれも光明皇后（皇太后）の執政下である。このとき光明皇太后が天平という聖武朝を象徴する元号を冠して継承させたのは、聖武朝をそのまま続けていることを内外に知らしめたい、という意図があってのことだったろう。聖武天皇という夫の存在がなければ、皇后が執政する拠り所がない。光明皇太后は、聖武天皇の正妻としてはじめて執政できるのである。だから元号は、天平という聖武朝の元号を冠しておくことにこだわった。勝宝元年でも宝字元年でもだめで、天平勝宝・天平宝字としておく必要があった。光明皇太后の執政は、聖武朝の継承であり、その延長なのだ。天平という時代の、一つのバリエーションなのだ。そう思わせたいのである。廷臣たちからすれば、紫微中台を通した光明皇太后の執政は、天皇御璽を抱え込んでいることで成り立っているものの、全く統治機構を逸脱した無法な行為である。だからこそ、この光明皇太后の統治が、聖武朝の元号を負ったまたは冠した聖武朝の一部にあたることを強調しなければならなかった。そういうことだと思う。これによって孝謙天皇の統治は事実上消去され、孝謙朝ではなく、まだ聖武朝の一部であると意識させられた。だから「天平」勝宝という聖武朝の元号が冠されているのだ。光明皇太后も孝謙天皇もともに、あるべきだった聖武朝をその正妻としてその娘として代理権限で執行しているにすぎない。資格が完備されているわけではなく、いやないからこそ、天平の元号を冠することで国事執行の正当性の根拠としようとしているのである。

天平勝宝八歳五月二日に聖武上皇が死没することで、聖武上皇という拠り所は失われた。代行すべき元の人物がいないのだから、執務代行という看板はもはや使えないところである。だが、聖武上皇の正妻であるということで執政してきた実績をもとに、実在しない聖武上皇のその代理人として聖武朝を続けるのである。もはや意味を失ったはずの天平という旗印・冠を下ろさずに「天平」宝字とし、聖武上皇の代理人が存在するうちは、まだ天平・聖武朝が続いているという逆転した発想を人々に強制したのである。

天平宝字四年六月七日に光明皇太后が亡くなっても、聖武天皇の代理権限は孝謙上皇に引き継がれ、天平宝字の元号が続けられる。もちろん淳仁天皇が即位していて、淳仁天皇は聖武天皇の代理人とはいえないはずである。しかしそもそも淳仁天皇の時代は淳仁天皇の治世でなく、その当時は孝謙上皇の治下と思われていた(4)。そのことを、宮廷内の人々はみな承知していた。というのは淳仁天皇の即位にさいして、改元されなかったからである。天皇の即位年か翌年につまり天皇の即位にかかわって改元がなされなかった古代天皇は、淳仁天皇ただ一人である(5)。これは、淳仁天皇の時代が孝謙上皇の治下であることを意味する。孝謙上皇が前代に引き続いて、そのまま統治している。そういう意味である。だから淳仁天皇が即位しても、聖武朝が続いているかのように「天平」宝字という天平を冠した元号が続けられていくのである。淳仁天皇が天皇となっているのに淳仁天皇の治世でないと見なされていたことは、筆者だけの想像でなく、日々使われている元号を見ればその当時の廷臣のだれにも一目瞭然で判ることだった。

淳仁天皇の時代は孝謙上皇の治世であり、つまりは聖武天皇の治世の延長である。そして孝謙上皇が称徳天皇となっても、天皇として統治できる拠り所は聖武天皇の権限代行者としてであった。権限代行者が統治しているから、聖武朝が続いている。「天平」神護として天平が引き継がれたのは、そうした統治権限の源泉を明示するためだった。そう考えれば、四字年号になぜ天平が連続してしかも上に冠されるかが理解できると思う。

こうした理解は現代人である筆者の突飛な発想、奇抜な後講釈、と思われるかもしれない。しかしこれは、その当時を生きていた『日本霊異記《にほんりょういき》』の作者である薬師寺僧・景戒《きょうかい》が理解していた時代観でもある。奈良後期の京内に在住した一僧侶でも、そうと知っていたのだ。

それは、『日本霊異記』(新編日本古典文学全集本)の話の年代表記の仕方を逐っていくと判る。上巻の末から中巻にかけて聖武朝の話が並んでいて、中巻の末に淳仁朝の話があり、下巻冒頭からが称徳朝の話になっている。たとえば中巻六縁は、「聖武天皇の御代に、山背国相楽郡《やましろのくにさがらかぐん》に、発願《ほつがん》の人有りき」ではじまる。これならば、聖武朝の出来事とみなしてよかろう。ついで中巻九縁には「大伴赤麻呂は、武蔵国多磨郡の大領《だいりよう》なりき。天平勝宝の元年の己丑の冬の十二月十九日に死に、二年の庚寅の夏の五月七日に、黒斑《くろまだら》なる犢《こうし》に生れぬ」とあり、これは年号からして孝謙天皇の治下だが「孝謙天皇の御代」と記されていない。そのあとの中巻十一縁は「聖武天皇の御世に、紀伊国伊刀郡《いとぐん》桑原の狭屋《さや》寺の尼等発願して」とはじまる。『日本霊異記』はおおむね時代順に並んでいるので、中巻九縁以下は、孝謙朝の話のはずである。それがそう記されず、以下中巻三十八縁まで聖武天皇の御世とされている。そして淳仁天皇の治世下の話が続く。つまり孝謙天皇の御世（御代）という記載は、『日本霊異記』のなかに一度もないのである。これは「孝謙天皇の治世がすなわち聖武天皇の治世である」と見なされていたことを意味している。「聖武天皇の御代」と書かれていても、孝謙天皇の御代がふくまれている。孝謙天皇の御代を聖武朝の一種とみなしているのである。それは中巻三十六縁に「聖武太上天皇《だいじようてんのう》のみ世に、奈良の京の下毛野寺《しもつけのでら》の金堂の東の脇士の観音の頸、故《ゆえ》无くして断《き》れ落ちぬ」の話があり、聖武太上天皇のみ世とあることで察せられる。聖武天皇が太上天皇であるとは、現代人の常識としては、つまり孝謙天皇の御代である。それなのに、孝謙天皇の御代と記したくないから、太上天皇の御代としたのである。これを「いまや太上天皇になっている聖武が天皇であったとき」と理解することもできそうだが、もしそうすると『日本霊異記』内の多くが「聖武太上天皇の御代」と書かれるはずとなり、むしろ問題が大きくなってしまう。要するに、孝謙天皇の登極・統治は無視されているのである。つぎの淳仁天皇は廃帝となったが、中巻三十九縁では「奈良の宮に天の下治めたまひし大炊《おおい》の天皇の御世、天平宝字の二年の戊戌の春の三月に」とあって廃帝でも天皇扱いされているのに、である。

さらに不思議なことだが、称徳天皇はかならず「帝姫阿倍《ていきあべ》の天皇の御代」とされ、帝姫という父・娘の系譜関係の説明がつけられている。「文武天皇の皇子の聖武天皇」などとは書かれないのに、である。たとえば下巻一縁は「諾楽《なら》の宮に大八洲国御宇《おおやしまぐにおさ》めたまひし帝姫阿倍の天皇の御代に、紀伊国牟婁郡《むろぐん》熊野の村に、永興禅師といふひと有りき」とある。だれもがだれかの息子であり娘であるのに、わざわざ帝の姫つまり聖武天皇の姫だと記す必要があるだろうか。これは景戒にとって、聖武天皇の姫であることが、治世を認める拠り所だと意識されていたからであろう。すなわち『日本霊異記』は、孝謙朝を聖武天皇の御世と理解し、称徳朝を帝姫の治世つまり聖武朝の延長と理解した(6)。それは、天平を冠した四字年号が存続していた時代に生きた人にとっては、共通の時代認識だった。そういうことであろう。

読んだばかりではただちに承引できない解釈かもしれないし、違和感もあるかもしれない。それでも、天平という元号がなぜ共通に冠されるのか。また『日本霊異記』はなぜ孝謙朝を認めないのか。これからは、これを未解決で解いていくべき問題として見すえていただきたい。繰り返すが、元号は、国家の最高レベルの意思として決定されるものである。『日本霊異記』を通じて景戒個人の思念を窺っていくのとは、わけが違う。この元号名の決定・施行をめぐって考える過程で、いろいろな解釈が出てくることを期待したい。

二　天平を冠した四つの時代の特色

1．律令制の浸透を希求した時代

ここからは天平という元号を冠した約四十年を辿り、各時代の特色を摑んでいきたい。まずは天平元年（七二九）から天平九年までである。聖武天皇治下だが、藤原不比等の四人の子が権力行使を委ねられていた。この時期は、父・不比等が邁進してきた方向性を引き継いで、律令制度の浸透と充実をはかっていた。

天平元年三月に「口分田を班《わか》つこと、令に依りて収授するに、事に於て便ならず。請ふ、悉《ことごと》く収めて更に班たむ。並びに之を許す」（以下、特記しなければ『続日本紀』記載。天平元年三月癸丑条）とあり、口分田の班給をやり直させる。規定上は、口分田は六年に一度すべて収公し、あらためて班給することになっていた。しかしじっさいは一度班給されたら、生涯同じ場所が与えられている。そうしないと六年目が近づくごとに疎《おろそ》かにされ、収公したときには荒れ地となっていかねないからである。公共物つまり自分のものにならないと、ぞんざいに扱われるもの。だから収公などしなかったのだが、繰り返して班田収授するうちに、村の田圃はパッチワークのように分割され、各自の口分田はあちこちに分散してしまっていた。班給のもととなる公田（乗田とも）が近在に豊富にないので、数十キロメートルも離れたところで班給されてしまうのである。この事態の抜本的解決のため、住民の近くに班給されるように再配分しようという試みである。これは律令制度の趣旨にそい、原則を守り抜いていこうとする施策であった。

天平元年四月には「内外文武の百官及び天下の百姓、異端を学習し幻術を蓄積し、厭魅《えんみ》呪咀《じゅそ》して百物を害《そこな》ひ傷《や》ぶる者有らば、首は斬し従は流せん。如《も》し山林に停住し詳《いつわ》りて佛法を道《い》ひ、自ら教化を作《な》して、伝習して業を授けて、書符を封印して、薬を合せて毒を造り、万方恠《かい》を作して勅の禁に違犯する者有らば、罪亦た此《かく》の如くならん」（天平元年四月癸亥条）と命じたが、『令義解《りょうのぎげ》』（新訂増補国史大系本）雑令秘書玄象条にある「凡《およ》そ秘《ひ》書玄象《しょげんぞう》の器物・天文の図書《ずしょ》は、輙《たやす》く出すことを得ず。観生《かんじょう》は占書を読むことを得ざれ。其の仰ぎ観て見えむ所は、漏泄《ろうせつ》することを得ざれ。若し徴祥《ちょうしょう》災異《さいい》有らば、陰陽寮奏せよ」とする規定、あるいは『令義解』僧尼令禅行条の修行法の規定を、確認しているだけである。直接には国家仏教の埒《らち》から外れた行動をしようとする行基集団やそのほかの在野の巫覡《ふげき》集団の動きへの対応だが、いずれも律令法の遵守を呼びかけたにすぎない。

また天平六年正月の官稲混合令は「諸国をして雑色の官稲、駅起稲《えききとう》を除く以外は、悉く正税に混合せしむ」（天平六年正月庚辰条）と着手し、「諸国の駅起稲をして、咸悉《みなことごと》く正税《しょうぜい》に混合せしむ」（天平十一年六月戊寅条）とある駅起稲混合で完成する。これはあたらしい制度を立てようとか、律令制度の規定以上に国司の権限を強めようとか、したものではない。中宮職《ちゅうぐうしき》とか兵部省《ひょうぶしょう》などの中央官庁は、前代の遺制で律令制下でもなお官庁独自の財源を持ち、職員を現地に派遣して直接経営をしていた。国司は赴任した国の独占的管轄者・最高権力者のはずなのに、これでは立ち入れない部分、支配権限外の地を残してしまう。そこでそれらを国司管轄に移し、受け持ち領域を隈なく直接支配できるように改めた。そして中央官庁が個別財源を持つという、反律令的な遺制を取り除いた。その後は律令制下のほかの中央省庁と同様に、中央政府に一括して集められた税物《ぜいもつ》が民部省から配分されることとなったのである。律令制的に統一するための改制である。(7) この時期の施策は、要するに律令制度の趣旨に即して、制度をより充実・浸透させる方向であった。

2. 反律令制的施策がなされた時代

つぎは、天平十年から天平十七年あたりまで。天平九年に天然痘が流行し、政権を担っていた藤原四子が相次いで死没した。聖武天皇は急遽橘諸兄を登庸《とうよう》し、政務に当たらせることとした。この諸兄政権の性格は、きわだっている。反大宝律令的、あるいは反不比等・反四子的であった。天平十年五月に「東海・東山・山陰・山陽・西海等道諸国の健兒《こんでい》を停む」(天平十年五月庚午条)、天平十一年六月に「兵士を停むるに縁りて、国府《こくふ》の兵庫は白丁《はくてい》を点じ、番を作りて守ら令めよ」(天平十一年六月癸未条)と発令し、諸国の健児と兵士の徴発を停止させた。郡司の子弟を健児として訓練し、地方の治安維持の中核部隊とする。また庶民から兵士を徴発して、治安と国防に当てる。そうした律令国家構想が、一時消滅した。もちろん「凡そ兵士の簡《えら》び点《さ》さむの次《つい》では、皆比近《ひきん》にて団割《だんかつ》せ令めよ。隔越《かくおつ》することを得ざれ。其の応《まさ》に点して軍に入るべきは、同戸の内、三丁毎に一丁を取れ」という『令義解』軍防令兵士簡点条の全面的な否定であった。

天平十一年五月に「諸国の郡司、徒《いたづら》に員数《いんずう》多くして、任用に益無し。百姓を侵し損ひて蠹《と》を為すこと実に深し。仍《よ》りて旧員を省《はぶ》きて改め定む。大郡には大領・少領・主政《しゅせい》は各一人、主帳《しゅちょう》は二人。上郡には大領・少領・主政・主帳、各一人。中郡には大領・少領・主帳、各一人。下郡も亦同じ。小郡には領・主帳、各一人」(天平十一年五月甲寅条)と改められた。しかし官吏の増員は、不比等・四子たちが推進してきた施策である。統治の極意は「分割して支配せよ（Divide et impera）」（フランス国王ルイ十一世の言葉）といわれるが、なるべく小さな単位に分割して支配する。それが効率的である。管理対象が広ければ目が行き届かなくなるし、集まって団結でもされたら手強《てごわ》くなる。官吏数を増員して、官吏一人あたりの管轄対象者数を少なくすればするほど支配網は精緻になり、律令制度は個々人にまで浸透する。ぎゃくに多くすれば支配の密度が粗くなり、律令制度が蔑ろにされる危険性を高くすることとなる。

じつは同様の趣旨の改編が、このころ多発している。律令規定の地方行政区画は国郡里だったが、霊亀三年（七一七）不比等の主導で里は郷となり、郷が三〜四の小里《こざと》に分割された。それまで里長《さとおさ》のもとにいる一二〇〇人を五十人の郷戸主で管轄していたのを、房戸主をふくめた一五〇人から二〇〇人で手分けして管轄すればよいことにしたのである。支配の網目は格段にこまかくなり、より行き渡ったであろう。ところが諸兄はこの小里を天平十一年末から十二年初頭のどこかで廃止し、郡郷制つまり郡里制に戻してしまった(8)。

国郡の分割もそうだ。不比等の時代には、越後から出羽を、丹波から丹後を、備前から美作を、日向から大隅を、河内から和泉を、上総から安房を、越前から能登を相次いで分割・建置させている（本書二一二〜三頁の国名変遷地図参照）。支配の網の目をこまかくするためには、分割してできるかぎり国司を増やした方がよいからである。しかし諸兄は、和泉を河内に、安房を上総に、能登を越中に、佐渡を越後に、それぞれ合併させた。なお、諸兄が行なった合併は、光明皇太后・仲麻呂政権下に河内から和泉が、上総から安房が、越中から能登が、越後から佐渡が分置されて、完全に否定されてしまう。

天平十五年五月には「聞く如《なら》く、墾田は養老七年の格に依り、限り満つるの後は、例に依りて収授す。是に由り、農夫怠倦して、開ける地、復た荒る。自今以後、任《まま》に私財と為し、三世一身を論ずること無く、咸、悉に永年取ること莫《なか》れ」（天平十五年五月乙丑条）という墾田永年私財法が発布された。これは大化二年（六四六）正月に大化改新詔で示されて以来、国家の悲願とされてきた基本中の基本原則であった。豪族の土地を国家所有に移すのに、為政者たちはどれだけ畏れ、対応に苦慮してきたことだろうか。その公地制・公地原則を、諸兄はこともなげに破ったのである。

そして天平十六年二月「天下の馬飼《うまかい》・雑戸《ざつこ》の人等を免《ゆる》す。因りて勅して曰く、汝等《いましら》今負ふ姓は、人之耻《は》ぢる所也。所以、原免して平民に同じうす。但し既に免ずるの後は、汝等が手伎《わざ》、如《も》し子孫に伝習せしめざれば、子孫弥前姓より降《くだ》して、卑《ひ》品《ほん》に従はしめむと欲す。又、官の奴婢六十人を放ちて、良に従はしむ」（天平十六年二月丙午条）とし、放賤従良政策を実施した。律令官僚機構を下支えしてきた雑戸の身分を縛らず、良民として解放したのである。

辿ってきて、諸兄がいかに反律令的で反藤原氏的であったかが諒解できたろう。だが諸兄は反時代的なあくどい人物というわけではなく、人々に生きた心地をさせる政治を目指していたのである。筆者は、そう思っている。

支配の網の目をこまかくされれば、被支配者側は息苦しく窒息しかねない。律令の規定は、しょせん机上の作文である。そんな支配者側の都合で作られた規定など気にせず、縛られず、自由な発想でおおらかに生きるのが仕合わせというものだろう。日唐間・日羅間の対外戦争の危機はとっくに遠のいているのに、規定されているからといって軍事訓練を続けさせ、人々をむだに疲弊させる必要などない。ほまち田のようなわずかな墾田を努力して作っても、六年ごとに取り上げられる。それは非常識である。これではたとえ日常生活で余力があっても、だれも開墾しようとするはずがない。だから個人所有とさせたい。それならば萎えていた開墾意欲も蘇る。律令にあわせた息苦しい生き方をさせず、現実の人々に生きた心地を味合わせることを求める。それが国家統治者がもっとも希求すべきことだ。そう思ったのだろう。

子の奈良麻呂の軍乱が未然に鎮圧されたあと、光明皇太后や孝謙天皇は「京畿内の百姓《ひやくせい》村長以上《のむらおさ》」（天平勝宝九歳七月戊午条）を招集して訓戒している。ということは、奈良麻呂のクーデタの呼びかけは貴族たちだけでなく、村長にも広く支持されていたわけである。橘氏のやってきた施策には、その内容は十分定かではないが、村人たちに汎く支持されるような暖かみがあったのだろう。

3．唐風趣味・儒教理念の時代

光明皇太后は聖武天皇から実権を譲られるや、ただちに藤原仲麻呂を登庸し、天平勝宝元年（七四九）八月に設置した紫微中台を舞台に執政させた。着手したのは、まず橘諸兄の施策の否定であった。天平十八年十二月十日には京畿内と諸国の兵士を再徴集することとし、天平十一年六月二十五日の諸兄の施策を真っ向から否定した。

諸兄は、みずからの別業《べつごう》のある相楽にかつて恭仁京《くにきょう》を誘致した。そこはほんらい山背国の国域だったが、恭仁京ができたので「大養徳国《おおやまとのくに》」恭仁宮と呼ぶこととなり、大和国に編入されていた。「大和国＋恭仁京」を大養徳国と名付けたといってもよい。これを天平十九年三月に「大養徳の国を改め、旧に依りて大倭の国と為す」（天平十九年三月辛卯条）とし、恭仁京の地をもとの山背国に戻させた。

ついでながら、「大倭国から大養徳国」「大養徳国から大和国へ」という変転も諸兄施策とそれへの反撥の例の一つだったようだ。『続日本紀』天平九年十二月丙寅条に「大倭国を改めて、大養徳国と為す」とあるが、大養徳国に変えた人物も、大養徳国から大和国に戻した時期もよくわかっていない。これについて嵐義人氏は「橘諸兄に鍾愛されて藤原氏の恨みを買った玄昉は、天平九年八月に僧正となり（諸兄は七月に右大臣）、十七年十一月に失脚、翌十八年六月に死去した。この偶合を拠りどころに考えるなら、解答は一つ。大養徳は、玄昉の撰、諸兄の制定、藤原氏の否定である」[9]とし、天平宝字元年五月に政権の座についた藤原仲麻呂がこれを覆して大和に改めたと推測している。証明できていないが、蓋然性は高そうである。

天平勝宝四年二月二十一日には雑戸が復活し、天平十六年二月十二日の諸兄の発令が撤回された。天平宝字元年（七五七）には諸兄が合併した和泉・安房・能登・佐渡の諸国が、ふたたび分割されて復活している。そして天平宝字六年二月十二日に健児が復活し、天平十年五月三日の諸兄の発令も否定された。諸兄政権下で採られた政策で、残されたのは封主《ふうしゅ》に封戸《ふこ》の租を全給することと墾田の永年私財法くらいである。いずれの貴族にとっても有利なものだけが、撤回されなかったことになる。

諸兄は、みずからのとった施策がおおむね否定されるなか、天平勝宝八歳二月二日に左大臣を辞職した。

さてこの時期の施策の特色は、唐風趣味の儒教政策。それにつきる。

天平宝字元年四月「其れ天下の百姓成童之《せいどうの》歳《とし》は、則ち軽徭に入れ、既に冠するの年は、便《すなわ》ち正役に当つ。其の労苦を愍《あわれ》みて、用て懐《こころ》に軫《うごか》す。昔者、先帝も亦此の趣有れども、猶未《なおいま》だ施行せず。自今已後、宜しく十八を以て中男と為し、廿二已上を正丁と成す」（天平宝字元年四月辛巳条）とし、さらに天平宝字二年七月「去る天平勝宝九歳四月四日の恩詔に依りて、中男・正丁、並に一歳を加ふれども、老丁・耆老《きろう》、倶《とも》に恩私を脱す。望み請ふ、一に中男・正丁に准《なぞら》へて、非常の洪沢に霑《うるお》はむと欲さん者《とい》へり。請ふ所理に当れり。仍りて須《すべから》く憫矜《びんきん》すべし。宜しく天下諸国に告げ、自今以後、六十を以て老丁と為し、六十五を以て耆老と為す」（天平宝字二年七月癸酉条）と続け、結果として課税年齢を十七歳から六十五歳であったのを十八歳から六十四歳までに短縮した。正丁の年齢が二十一歳から六十歳であったのも、二十二歳から五十九歳までとした。人々にとって、これはかなりの恩恵と感じられたことだろう。

天平宝字三年五月には「諸国の義倉《ぎそう》、輸少くして、用多し。甚だ格の旨に乖《そむ》けり。仍りて去る慶雲三年の格を撿ずるに、自今以後、中々已上の戸の粟《ぞく》を取りて、以て義倉と為せ。又和銅八年の格を案ずるに、諸国輸《いだ》す所の義倉数少なく、儻《もし》年熟らざれば何を以て飢を救はむ。自今以後、資財を銭に准へて卅貫以上を上々戸と為し、廿五貫以上を上中と為し、廿貫以上を上下と為し、十五貫以上を中上と為し、十貫以上を中々と為せ。今諸国の義倉を撿ずるに、国勢略同じくして、輸す所懸隔す。又給用に至りては諸国同じからず。或は斗を以て差と為す。或は升を以て法と為す。窮民、是れ一つなるに、賑給《しんごう》各殊《こと》にす。自今以後、実に依りて輸さ令む。其の給用法は、貧乏の差を量り、斗を以て基と為し、存済を得せ令むべし」（『類聚三代格《るいじゅうさんだいきゃく》』〈新訂増補国史大系本〉巻十四／義倉事所引天平宝字二年五月二十九日付太政官符。四一二頁）とし、義倉による窮民救済の充実を図っている。

ついで天平宝字三年五月には「頃《このごろ》聞く。三冬の間に至りて、市辺餓人多し、と。其の由を尋ね問へば皆云く、諸国の調脚、郷に還へることを得ず。或は病に因りて憂苦し、或は粮《かて》無くして飢寒す、と。朕窃《ひそ》かに茲《ここ》を念《おも》ひて情深く矜愍す。宜しく国の大小に随ひて、公廨《くがい》を割《さ》き出し、以て常平倉《じょうへいそう》と為し、時の貴賤を逐ひて糴糶《うりかい》して利を取り、普《あまね》く還脚《かんきゃく》の飢苦を救ふべし。直《ただ》に外国《げこく》の民を霑すのみに非ず。兼て京中の穀の価を調へむ。其れ東海・東山・北陸三道は、左平準署《へいじゅんしょ》、之を掌《つかさど》れ。山陰・山陽・南海・西海の四道は、右平準署、之を掌れ」（天平宝字三年五月甲戌条）とし、京内の米の安定供給と価格安定策を立てている。

そして、ポーズにすぎないといえばそうだが、天平宝字二年正月には「朕聞く。天に則《のっと》りて化を施すは、聖主の遺章。月に順《したが》ひて風を宣《の》ぶるは、先王の嘉令《かれい》なり。故に能く二儀愆《あやま》つこと無く、四時和協し、休気、率土《そつど》に布き、仁寿、群生に致せり。今者三陽既に建て、万物初て萌せり。和景、惟《こ》れ新にして、人、宜しく慶を納《い》るべし。是を以て使を八道に別ちて、民苦を巡問せしめ、務めて貧病を恤《めぐ》みて、飢寒を矜《あわれ》み救ふ。冀《こいねが》ふ所は撫字《ぶじ》之道。神を将《もち》て仁を合はせ、亭育《ていいく》之慈、天と与《とも》に事を通《かよわ》し、疾疫咸却き、年穀必ず成り、家に寒窶《かんく》之《の》憂《うれい》無く、国に来蘇之楽《らいそのたのしび》の有らむことを。所司宜しく知りて清平の使《つかわ》を差し、勉めて賑恤を加へ、朕の意に称《かな》ふべし」（天平宝字二年正月戊寅条）といい、問民苦使を京畿と七道に派遣した。また天平宝字三年五月にも「朕、縈味《けいまい》を以て、欽《つつし》みて聖烈を承《う》く。六合《くに》に母として臨み、兆民を子として育《はぐく》めり。一物之或は違《たが》ふことを見れば、堯心《ぎょうのこころ》之未《いま》だ洽《あまね》からむを恨む。万方之罪有るを聞きては、湯責《とうのせめ》を想ひて多く愧《は》ず。而るに今大乱、已に平らぎて、逆臣遠く竄《かく》せられぬ。然れども猶天災屡見《しばしばあらわ》れて、水異頻りに臻《いた》れり。窃かに恐る、聴、黎元《れいげん》を隔たり易《やす》く、人、寃枉《えんおう》を含み、鑿、宇宙に周《めぐ》らし難く、家、鬱憂《うつゆう》を懐かむことを。庶《ねがわ》くは、博く嘉言を採り、傍《あまね》く妙畧を詢《はか》て、衆智に憑きて国を益し、群明に拠りて以て人を利せんと。宜しく百官の五位已上、緇徒《しと》の師位《しい》已上をして、悉く意見を書せしめ、密封して表を奉り、直言正対して、隠諱《いんい》有ること勿《な》から令む。朕、宰相と与に、審《つまび》らかに可否を簡ばしめ、須らく聖徳と詐り称して、苟《いやし》くも媚《こび》て容るるを取り、面しては肯て陳べること弗《な》く、退きて後毀を遺すべからず。普《あまね》く遐迩《かじ》に告げて、朕が意を知らしめよ」（天平宝字三年五月甲戌条）として、廷臣たちから広く意見を聞こうという柔軟で寛容な姿勢を示してもいる。

「律令の規定だけでは、しょせん人民の生活を守りきれない。民を慈しむ心をもって政治に臨むべし」という為政者の建前としての儒教的理念が露わすぎるが、諸兄のように律令政治を否定せず、律令制度を慈悲で補完するというのが、反目し合った両者の政治観の大きな相異点だったのだろう。

4．仏教政治の時代

最後の時代区分は、称徳天皇・道鏡政権の時代である。はじまりは、天平宝字六年（七六二）六月の孝謙上皇・淳仁天皇間の帝権分裂からとも、天平宝字八年九月十一日の藤原仲麻呂の乱のときから、ともいえる。

この時代は道鏡が政権の座について仏教政治の時代と目されているのに、じっさいには仏教的政策への偏りはほとんど見られないとされてきた。

たしかに天平宝字八年十月に「放鷹《ほうよう》司を廃し、放生《ほうじょう》司を置く」（天平宝字八年十月乙丑条）で生類を慈しむとか、天平神護元年（七六五）三月に「今聞く、墾田は天平十五年の格に縁るに、自今以後、任に私財と為し、三世一身を論ずること無く、咸悉く永年取ること莫れ、と。是に由りて、天下の諸人、競ひて墾田を為して、勢力之家は百姓を駈役《くえき》し、貧窮の百姓は自存《じそん》するに暇《いとま》無し。自今以後、一切禁断して、加墾《かこん》せしむること勿れ。但し、寺は先来定める地、開墾の次では、禁むる限りに在らず。又、当土の百姓の一二町は、亦《また》、宜しく之を許すべし」（天平神護元年三月丙申条）とある加墾禁止令が仏教優遇の施策だったていど、といわれている。

もちろんほかにも、天平神護元年（七六五）には「天皇、西大寺を造り、七尺の金銅四天王像を供養して、安置す。件《くだん》の天等像の三躰は、鋳奉りて意の如く成り畢《おわ》んぬ。今一躰は七度に至るまで鋳損じ未だ熟さず。天皇誓ひて曰く、朕若し此の功徳に依りて永く女身を異《か》へて仏道を成すべければ、銅沸き手に入り、今度は鋳成らん。若し願ひ階《かな》ふべからざれば、朕が手焼き損なはれ、之を以て験《しるし》と為せ。爰《ここ》に御手《て》疵《きず》无く、天像成り了んぬ。見る者、聴く者、称歎すること極まり罔《な》し（彼の寺の記）」（『扶桑略記』〈新訂増補国史大系本〉天平宝字九年同年条）とあって、東大寺に対応させた大寺・西大寺が建てられている。また神護景雲元年（七六七）正月には「勅すらく、畿内七道の諸国、一七日の間、各、国分金光明寺に於て、吉祥《きっしょう》天悔過《てんけか》之法を行へ。此の功徳に因《よ》りて、天下太平に、風雨時に順ひ、五穀成熟し、兆民快楽にして、十方の有情、同じく此福に霑はむと」（神護景雲元年正月己未条）、神護景雲三年正月には「東内《とうない》に御《ぎょ》して、始めて吉祥悔過を行ふ」（神護景雲三年正月丁丑条）とあり、はじめは諸国に置かれた国分寺で、ついで宮中で、吉祥天悔過がはじめられている。これは吉祥天を本尊として最勝《さいしょう》王経《おうきょう》を読んで罪過を懺悔するとともに、その年の五穀豊穣を祈願する仏教的な法会であった。

右のような施策は見られるものの、仏教政治とするには仏教寺院や僧侶へのきわだった政治・経済的な優遇策がなく、従前の趨勢とあまり変わらない。そうともいえる。仏教重視政策に対する貴族の抵抗などがあったことを、臆測で読み取ることもできるかもしれない。

しかし、そういう評価でよいのだろうか。

筆者は、称徳朝はやはり仏教政治だったと思う。何を作ったか、何の利益を優先したか。そういうことしか指標にしえないのだろうか。天平宝字八年九月に道鏡を大臣禅師《だいじんぜんじ》としようとして、孝謙上皇は「然れども佛教を隆《さかん》にせむと欲すること、高位に無くば、則ち衆を服することを得ず。緇徒を歓奨すること、顕栄に非ざれば、則ち速かに進ましむること難《かた》からむ」(天平宝字八年九月壬戌条)といっている。そしてその言葉通りに、天平神護二年には道鏡が法王(太政大臣相当)となり、圓興禅師が法臣(大納言相当)、基貞禅師が法参議(参議相当)となっている。この体制、つまり僧侶が公卿に列して国政に関わっていることが、まさに仏教政治なのである。天平神護二年四月に「比日之間《ひじつのあいだ》、念《おも》ふ所有るに縁りて、三宝に帰依して、行道懺悔《ぎょうどうざんげ》す」(天平神護二年四月丁未条)とあって、天皇自身が仏教に身を委《ゆだ》ねている。すなわち称徳朝は国政を貴族・仏僧と仏門に帰依した天皇の三者が共同で執り、国家と人民の安寧が仏教の加護に委ねられている。そういう意味で、仏教国家・仏教政治的な性格を色濃く帯びているといえよう。

こうして見てくると、称徳朝の元号が天平神護・天平景雲というように天平の続きだという表示にならず、神護景雲になってしまったことも、この流れのなかで理解できそうだ。

天平神護と神護景雲には神護が共通する。この神護とは、「神」と書かれているが、じつは「仏」護の意味である。仏は「蕃神《あだしくにのかみ》」(『日本書紀』〈日本古典文学大系本〉欽明天皇十三年〈五五二〉十月条など)つまり他国の神の一種と見られていたのである。藤原仲麻呂の乱を鎮められたのは仏の加護によるものであり、上皇側は仏法に守られていた。そう自覚し、天平神護として天平を引きずったままで仏教国家建設を目指した。しかし道鏡に心を奪われ、道鏡というパートナーを得たことで聖武朝から自立する意識が生じ、「王を奴と成すとも、奴を王と云ふとも汝の為むまにまに」(天平宝字八年十月壬申条)との思いも昂じて聖武朝の延長線から離脱。聖武天皇の権限代行者であることを、意識的に罷《や》めた。道鏡を神護とみなして提携したために、天平という元号を使わずに、神護を通じて用いた。そう解けるのでは、と思う。

【注】

(1) 拙稿「長屋王の無実はいつわかったのか」(『万葉集とその時代』所収、笠間書院、二〇〇九年)
(2) 新日本古典文学大系本『続日本紀』二、二一三頁の当該項の脚注二三。
(3) 拙稿「淳仁天皇の后について」(『白鳳天平時代の研究』所収、笠間書院、二〇〇四年)
(4) 注3に同じ。
(5) 室町時代になると、後円融・後小松・称光の三天皇は連続して即位したものの、改元していない。これ以降も、後土御門・後奈良・後陽成・後水尾の各天皇が即位時に改元しない。これらの例は朝廷の財源が乏しく、関係行事を執行できないために元号をあらたに制定できなかったもので、淳仁天皇即位のときとは理由が異なる。なお承久三年（一二二一）四月に即位した仲恭天皇も改元していないが、これは順徳天皇が同年五月の承久の乱に参画するために譲位を急いだせいである。乱は鎮められ、七月に退位したため、改元の時間がなかった。

（6）拙稿『日本霊異記』の時代観」（「金沢工業大学日本学研究所　日本学研究」十三号、二〇一〇年十二月）

（7）拙稿「官稲混合について」（『白鳳天平時代の研究』所収）

（8）鎌田元一氏「郷里制の施行と霊亀元年式」（『律令公民制の研究』所収、塙書房、二〇〇一年）

（9）「地名は誰が名づけるのか―現行制度と『大和』をめぐって」（「日本『歴史地名』総覧」、新人物往来社、一九九四年十月。のち『余蘊孤抄―碩学の日本史余話』所収、一三〇～一頁、アーツアンドクラフツ、二〇一八年）

※本稿は、二〇一二年八月十八日に高岡市万葉歴史館講義室で行われた「二〇一二夏季高岡万葉セミナー」の第一講「天平という時代」の講義内容を採録したものである。

（高岡市万葉歴史館編『高岡市万葉歴史館叢書』二十五号、二〇一三年三月）

気づかぬ聖帝・聖武天皇――悪の歴史（三）

人物概要

聖武天皇は、元明・元正両女帝を挟み、文武天皇の嫡子として待望されて即位した。藤原不比等の娘・光明子を異例の皇后に立て、彼女とともに仏教に深く帰依した。都には毘盧舎那大佛を本尊とする東大寺を創建し、また全国に国分寺を建設させ、それらの建造や供物・読経などの功徳によって国家安寧を目指すいわゆる鎮護国家思想を実践した。孝徳朝以来の中央集権国家が完成の域に達し、もっとも順調に作動していた律令国家の最盛期を現出した。王宮での豪奢な生活は、今日も東大寺正倉院宝物に垣間見ることができる。

一　未曾有の疫病流行にどう対処したか

かつて母・八洲子と旅行することがあり、そのとき母は「いまここで倒れたら、助けてくれるの」と聞いてきた。筆者は「いやぁ、知らないふりをして、『みなさ～ん、だれか倒れてますよ。救急車を呼んで下さい』というよ。親が倒れているのを助けても当たり前でだれも助力してくれないかもしれないが、善意の第三者のふりをしたら多くの人が助けてくれるからね」と答えたことがある。

これはもとより冗談だが、通りがかりでも病気などで困っている人を見かければ普通助ける。それを自動車を運転しているときに歩行者などに当てて怪我をさせたのに、救護もせずに立ち去ったら、保護責任者遺棄致傷という犯罪である。当てた人がまずは救助（保護）すべき責任者の立場にあるからだ。目にしたにもかかわらず自分が犯した罪と気づかないのも、見なかったふりをするのも、また罪である。

それでは、聖武天皇はどうだろうか。

聖武天皇は、稀代の仏教篤信者である。仏教の力をもって、国家の安寧を図る。そのために全国の国ごとに国分寺を建立させ、そこに自分が心を込めて書き上げた金字の金光明最勝王経を納める、というのだ。それまで中央王宮の近くには百済《くだら》大寺や大安寺など仏教寺院が作られたし、各氏族も飛鳥寺や山階《やましな》寺・久米寺・紀寺などの氏寺を建ててきた。またかつて天武天皇十四年（六八五）三月二十七日には「諸国に家毎《ごと》に、仏舎を作りて、乃ち仏像及び経を置きて、礼拝・供養せよ」（『日本書紀』〔日本古典文学大系本〕）と命じ、天武天皇が帰依を勧め普及に努めたのは確かだが、命令通りの状態にはならなかった。その点、国分寺はいまも各所に国分寺の地名や国分寺址の遺構が見られ、国府から見える範囲の近接地につぎつぎ実現していった。

この事業は『続日本紀』（新訂増補国史大系本）天平十三年（七四一）三月二十四日条のいわゆる国分寺建立の詔に、

宜しく天下の諸国をして各々七重塔一区を敬ひ造り、幷びに金光明最勝王経・妙法蓮華経各一部を写さしめ、朕又別に擬して金字の金光明最勝王経を写して塔毎に各々一部を置か令めよ。冀ふ所は、聖法之盛なること、天地とともに永く流《つた》へ、擁護之恩、幽明に被らしめて恒に満たしめん

ことを。（一六四頁）

とあり、近年田畑の稔りがよくなく疫病が頻発しているので、災いや障害を消滅させるため、「天下の諸国にそれぞれ七重塔一区を造って、そうした功徳のあるという金光明最勝王経・妙法蓮華経を各一部を書写させ、自分も金泥の字で金光明最勝王経を模して写経したものを塔に納めよう」。これによって「仏法が盛んになって天地とともに永く流わって、仏法の擁護の恩恵に死者・生者ともに満たされるようにさせたい」とある。著名な詔勅でもあり、国分寺創建の指示はこれにはじまったと一般に理解されている。

だが、どうやら天平九年三月三日に出された「国毎《ごと》に釈迦仏像一軀・挟侍菩薩二軀を造り、兼ねて大般若経一部を写さしめよ」（『続日本紀』）とある詔命がそもそもの起点だったようで、さらに天平十二年九月に起きた藤原広嗣の乱による国家転覆・秩序崩壊に怯え、そこに尼寺建立の構想が付加された。ここまで膨らんだ全体構想について、天平十三年の詔は国分二寺の創建としてあらためて説明・指示するものだったらしい(1)。ついでながら、大般若経の読経・写経では招福攘災の効果があがらなかったとして、金光明最勝王経の写経に変更している。疫病流行などが下火になってきたのが、金光明最勝王経の効果・功徳と見なされたわけである。

東大寺創建については、国分寺創建の発令から二年後の天平十五年十月十五日の発願だった、と詔にある。この日に、

朕、薄徳を以て、恭しくも大位を承け、志兼済に存し、勤めて人物を撫づ。率土の浜、已に仁恕に霑《うるお》ふと雖も、而ども普く天之下、未だ法恩に浴せず。誠に三宝之威霊に頼りて、乾坤相泰かに

東大寺大仏殿

万代之福業を修め、動植咸く栄えんことを。粤《ここ》に天平十五年歳次《やど》る癸未十月十五日、菩薩の大願を発《おこ》して、盧舎那佛の金銅像一軀を造り奉る。

と大きな志を披瀝している。その目的は「仏法の威光と霊力によって天地の生きとし生けるものすべてが永劫に安泰であるよう、巨大な仏像を造顕してその功徳をすべての衆生が受けよう」とし、そのために天平十五年十月十五日、「菩薩の大願を発して、盧舎那佛の金銅像一軀を造る」と決意したのだという。

この話の辿り着くところは、つまり聖武天皇は国民思いの名君であって篤信の聖帝だ、ということになる。西大寺が発想されていないなかですでに東大寺と命名していることからすれば、中国との関係で東海の大寺《おおでら》（国立寺院）を建てるのだという「仏教大国」を目指す自負心すら看取れそうだ。

しかし、本当に賢帝・名君なのだろうか。

国分寺創建を発案した天平九年には、赤裳瘡《あかもがさ》（天然痘）が国内に大流行していた。前年の二月に阿倍継麻呂らが遣新羅使となって感染し、彼らが帰国したことで朝鮮半島の病原菌が持ち込まれたのか、まずは北九州に天然痘が蔓延した。だから十月には九州全域の田租が免じられ、天平九年四月には貧疫の家々に湯薬が施されている。

天然痘はときとともに東進し、六月には都でも流行りはじめて官人たちが病臥した。中央宮廷での朝務はしだいに担い手がいなくて立ちゆかず、業務停止の事態へと追い込まれた。翌天平十年には畿内諸国の田租が免除となり、天平十一年にできるはずだった班田収授のもととなる戸籍作りは異例ながらまる一年間延期されることとなった。あまりに多数の死者を出したために生存者の異同が把握しきれず、基礎資料からの作り直し作業を迫られたのであろう。天然痘は駿河など東海道諸国にも流行し、日本列島をまさに総なめにしていった。

抵抗力の弱い高年者が死没し、免疫のない幼少・弱年者が命を失い、ついで壮年の男女がつぎつぎと死んでゆく。田畠を耕そうにもそこに立てる人がそもそもおらず、村のなか家のなかには高熱に冒され苦しんで倒れている人がごろごろしている。治っても、厳しい闘病生活で体力はすでに奪われている。そうした光景があったはずだ。生き残った人たちがやっと立ち上がり、どうやって家庭生活を再建し、村落共同体を再編していこうか。放棄されている耕地や灌漑施設の再稼働をどう進めるか。それに、すぐは答えもでまい。

それほどに労働人口が減り、農村の労働力が傷付いた。まさに疲弊のきわみにある。人々を休ませるために数年にわたって税を免除し、生活を立て直すための十分な時間をとってやるべきだ。そんなときに、「そうだ、国分寺を作ろう」と発案するのが聖王の慈悲か。佛の加護を求めるために東大寺を創建しようというのが、心底、民を思って命令すべきことなのか。いやそれでも、民のためを思い、これをいま造るよう指令することが民のためになると思っていたのならば、善意に満ちた発想だったのならば民を慈《いつく》しんだことになるのか。

東大寺の工事もそうだ。しかも東大寺の本尊・毘盧遮那佛は、二度作られようとしていた。一度目は紫香楽宮《しがらきぐう》近くの甲賀寺で、大仏の祖型となる塑像《そぞう》（粘土像）が作られた。骨柱を立て、それに縄で柱を組み合わせ、柱と柱の間に木舞《こまい》を付け、それらに縄を巻き付ける。その上に粘土を貼り付け、作りたい像と同じ大きさまでに仕上げる。巨大な塑像が見られていたはずだ。やがて原像に合わせて外側の型を取り、ついで原像の表面を五・六センチほど削り取って、外側の型と像の間に溶けた青銅を流し込む。ところがその最初の塑像ができたところで、都が紫香楽宮から平城京に戻り、その東郊にあらためて東大寺を営むこととなった。ここは聖武天皇の夭逝した長子・基王を供養する金鐘寺《こんしゅじ》（金鍾寺）があったところである。思い入れはあったものの、広大な伽藍を構えられるだけの広さがとれなかったので、山を削って平地にし、その残土で大仏殿の西側の谷を埋めたてた。また甲賀寺のときと同じように塑像を作り、今度は溶けた青銅を流し込む作業まで進んだ。そして溶銅を流し込む溝を作りながら、八度に分けて高さ十六メートル弱・重さ三八〇トンもの巨大な青銅像を造りあげた。青銅を溶かすための坩堝《るつぼ》はたびたび破裂し、多くの死傷者を出した。雨曝《あまざら》しのままにもできないので、桁行《けたゆき》二九〇尺（約八十六・一メートル）×梁行《はりゆき》一七〇尺（約五十・五メートル）で正面柱間《はしらま》が七間の現大仏殿より左右二間づつ大きな大仏殿を建てて蔽《おお》ったのである。

これらを実施するさいの労働力は、国分寺なら無償の雑徭労働（国司の指示のもとで、六十日以下の労役に従事する）を動員したかもしれないが、東大寺建設では無償の歳役《さいえき》（国家事業で、十日の労役に従う）を使っていない。歳役は賦役制度に名はあるが現実に実施されたことがなく、(2)すべて庸物で代納させていたからだ。七四五年と七六二～三年の三カ年における東大寺建設関係のおもな労働者は、仕丁と雇役丁であった。役所の下働きに徴用されていた仕丁《してい》が三十一％、有償の雇役丁《こえきてい》が五十四％だった。(3)また「造寺材木知識記」（『東大寺要録』所収）によると役夫の延べ人数は二一八万弱とあるが、その大半に賃金が払われていたようだ。国分寺建設の主力もおそらくは雇役だったろう。しかし雇役は有償であるが半強制的で、雑徭と違って就労期間も上限がきられていない。雇用の財源には第一に歳役の代納物である庸物を使うが、諸国の正倉にある正税穀も使った（「三善清行意見封事」）。どのみち人民側が「対価があっても雇役などやりたくない。いまは生活再建でそれどころじゃない」といっても、「お前らのためだ」といわれつつ現場で酷使される。そんなことが、慈愛に満ちた天子のやることだろうか。

それだけではない。東大寺大仏殿の内部では青銅像表面の穴を塞ぎ、磨きをかけ、そして水銀に砂金を溶かし込んだ金アマルガムを塗布していく。塗布面に火を近づけると水銀が蒸発し、金だけを薄く残す鍍金法である。しかし閉ざされた大仏殿内で作業すれば、蒸発した水銀を吸い込んだ人たちがいわゆる水俣病に冒される。その当時に鍍金と病気の因果関係など把握できたはずもないが、大仏殿工事に携わった人に限ってつぎつぎ異変が現れる。その異変を仏罰とも思わず、どうでもいいことと意に介さなかったのだろうか。

だいたい、日本列島全体を総なめにした未曾有の疫病流行に遭って、農村がかつてない疲弊を体験しているのをみているのに、なぜ地方に蓄えられた義倉を開用せよと指示しないのか。

義倉とは飢饉対策で、人民の戸を富裕層の九等戸とそれ以外の等外戸に区分し、九等戸が資産の富裕度に応じて粟を拠出する制度だと説明されている。天平二年の安房国で四一五戸のうち三二七戸が等外戸で、中中戸・中下戸が各二戸、下上戸が三戸、下中戸が十一戸、下下戸が六十九戸。越前国でも一〇一九戸のうち九二〇戸は等外戸で、九等戸は一割未満の富裕者である。彼らが拠出した義倉粟にはなにより即効性が期待されていたので、常置するだけで、一時的にでも貸し付けることを禁じていた。これこそいちばん手近な、頼りになる備蓄だった。だがそれすら、天然痘の流行にさいして用いていない。こんなとき使わないで、いつ使うつもりだったのか。たとえ飢死しても、預貯金に手を着けない。そんな備蓄は生きるのに必要なのか。村々の人民が死に絶えてから配りはじめても、意味ないだろうに。

じつは、義倉以外でも、国家の使用できる稲はまだ豊富に蓄えられていた。

それは租穀である。中国で発想したときの租にはもともと凶作・飢饉などへの備蓄の意味があったろうが、日本では国家としての戦役・褒賞など国家事業に用いるため、おそらくは大宝律令によって備蓄が制度化された。租は中央宮廷に運ばれず、諸国国府の倉屋（正倉）に留め置かれた。支出は褒賞などにわずか使うていどだったから、次第に膨大な蓄積となっていく。まずは和銅元年（七〇八）に租穀をいわば定期預金と普通預金のように不動穀・動用穀とに区分し、天平宝字七年（七六三）三月にはその不動穀を納めている不動倉の鉤《かぎ》を中央政府に進上することとさせた。つまり国司の判断で非常用・救急用に使う可能性を封じたのである。『復元天平諸国正税帳』（現代思潮社本）によれば、聖武天皇の時代には三十～四十年分の租穀が備蓄され、正倉は中央政府の貴重な金庫となっていた。(4)

ところが、『本朝文粋』（新日本古典文学大系本）巻二／延喜十四年（九一四）四月二十八日付の三善清行の封事「意見十二箇条」によれば、欽明天皇の代に仏教が伝わって以降しだいに寺塔を建てる者が多くなって、

> 降りて天平に及び、いよいよ以て尊重され、遂には田園を傾けて多に大寺を建つ。其の堂宇之崇、仏像之大、工巧之妙、荘厳之奇、鬼神之製の如き有りて、人力之為すに非ざるに似たり。又、七道諸国をして国分二寺を建てしむ。造作之費、各其の国の正税を用ひ、是に於て天下之費十分にして五。（一四八頁）

とあり、しだいに贅を尽くした寺院建立とその荘厳《しょうごん》が行われてきたことが描写されている。ここでの国分二寺の造作は一例をあげただけのことで、東大寺造営などでの費えももちろん含まれたろう。そして下文になると、さらに長岡京・平安京の造営で十分の三が、仁明朝に十分の一が、応天門・大極殿の修復で十分の〇・五が費やされた。かくして十世紀初頭の今はほとんど地方にあったはずの政府財源がなくなっている、と概嘆してみせている。

ともあれ、聖武天皇の治世下は平安宮廷人の記憶にもあざやかなほどの濫費《らんぴ》時代として記憶されていた。もちろん国家事業のための蓄えだから、国分寺や東大寺建設などに用いても不正な流用でない。しかし建設資材はほとんど無償だろうから、支出の大半は人件費と食費である。それで国家の蓄えの

十分の五を費やしたというのだから、動員された人たちは数知れない。

その動員・徴発は、農村が疲弊しきっていたこの時期にはたしてやるべきことだったのか。その米穀は、長期間の厳しい労働の対価としてでなく、疲弊した農村の立ち直りのために無償で渡されるべきでなかったのか。さらに天平十二年からの五年間には、平城京が放棄されて恭仁《くに》京の建設がはじまり、そうかと思えば難波宮に遷るといい、他方で紫香楽《しがらき》宮が作られる。そしてふたたび平城京に還都した。猫の目のように変わる遷都宣言のたびに、仕丁・雇役の民が動員される。時を弁《わきま》えない度を超した徴発は、自分の意思表示や浪費のためなら、他人の辛苦などどれほども意に介さない暴君の所業に近かろう。

二　眼前で立て続けに起きる政変をどう捌いたか

農村が疲弊していても、宮廷の奥にいる聖武天皇はその光景をじかに見ていない。気付けなくとも、彼の罪とはいえない。弾劾法廷での被告人としてなら、そう弁明できるかもしれない。

では彼の眼前の、宮廷のなかで起こった長屋王の変についてならどうなのか。長屋王の処刑について、聖武天皇は明瞭に関わって最終判断を下したはずである。

どれほどの複雑な経緯があったわけじゃない。『続日本紀』天平元年二月十日条によれば、

左京の人従七位下漆部造君足・无位中臣宮処連東人等、密を告げ、左大臣正二位長屋王、私に左道を学びて国家を傾けんと欲すと称《い》ふ。

とあり、左大臣の叛意を密告してきた。それを承けて、式部卿の藤原宇合《うまかい》が先頭にたち、衛門佐・左

右衛士佐らが率いた六衛府の兵が平城宮の東南隅に面した長屋王邸を取り囲んだ。翌日、舎人親王・新田部親王や中納言の藤原武智麻呂らが糺問に当たり、翌十二日には長屋王が王命により自尽させられた。妻の吉備内親王と子の膳夫《かしわで》王・桑田王・葛木王・鉤取《かぎとり》王らも、同日縊死《いつし》させられた。

国家転覆とは天皇に反逆する罪であり、こうした疑獄事件はふつう嫌疑内容が事実だったかどうかが不明なままに終わるのだが、この事件に限っては問われた長屋王がその罪状を認めたと考えがたい。というのも天平十年七月十日に、かつての密告者・中臣宮処東人は憤激した長屋王の旧部下・大伴子虫に斬殺された。その記事について『続日本紀』編者は、「東人は即ち長屋王の事を誣告《ぶこく》したる人なり」として誣告つまり無実だったと注記しているからだ。子虫は、かつての主人・長屋王が無実だったのにこういう経緯で陥れられたのだと、その密告したさいの裏事情を明かされたのだろう。誇らしげに語られたその経緯に、子虫は憤ったのである。

この事件は、筆者の考えでは藤原武智麻呂が長屋王誣告・処刑の主犯で、宇合・麻呂がその陰謀に従属的に荷担。房前は関与しなかった、と思う。(5)

この事件の背景つまり長屋王の失脚を画策した理由は、かつては聖武天皇の夫人《ぶにん》で藤原不比等の娘である光明子（安宿媛《あすかべひめ》）を皇后に冊立《さくりつ》するためとされてきた。待望の第一皇子だった基王が満一歳にもならずに死没し、同年中に誕生した縣犬養《あがたいぬかい》広刀自所生の第二皇子・安積《あさか》親王が有力な皇位継承となる趨勢が濃厚になった。藤原腹の皇子に継承させたい藤原氏は、光明子を広刀自と同格の夫人から皇后へと格上げすることで、第三皇子の皇位継承権を確保しようと考えた。そして万一のさいには、皇后から女帝として即位することまでも展望した。だが律令条文（後宮職員令）に則れば「妃二人　右は四品以上」とある。夫が即位すれば妃は皇后となるわけだが、品位を授けられているのは皇族しかない。つまり皇后には皇族出身者しかなれない。この条文を楯に取られれば、もはや動きようがない。こうした律令条文の墨守を金科玉条とする融通の利《き》かない長屋王を、まずは政界から排除しておきたかった、という解釈である。(6) この解釈は、長く定説の観があった。

しかしこの理解は近年見直され、長屋王は律令条文を楯に聖武天皇が希望した藤原宮子（聖武天皇の生母）への大夫人号の献呈を阻んだりしていない。しかも第三皇子誕生の気《け》も見られないうちから皇后に冊立しておくことが必要だったのか、いまから考えると、この解釈ははなはだ疑問点が多い。

むしろ高市皇子の多大な功封を受け継いでいる長屋王の存在とその豪奢な生活ぶりは、宮廷内でかねて脅威とみなされていたのでなかったか。また従来三世王とされてきた長屋王の子たちが、霊亀元年（七一五）二月に吉備内親王所生の子に限って皇孫（二世王）と認定された。長屋王は天武天皇→高市皇子→長屋王だから二世王であり、長屋王の子はとうぜん三世王である。しかし長屋王の妻・吉備内親王は、母・元明女帝の娘でかつ元正女帝の妹なので、一世の内親王となる。すると母を辿れば、長屋王の子は二世王となる、という認定である。この処置により、長屋王と吉備内親王の子たちが、皇位継承候補の圏内に近づいた。これらのことで藤原氏が長屋王家に敵対的感情を懐いた、と解釈されるようになってきた。(7)

いまその思惑の推測の当否がどうであろうとも、無実を叫ぶ長屋王とその妻子に最終的に死を宣告したのは聖武天皇である。藤原氏の思惑を理解してそれに同意したから決断したわけでもなかろうから、天皇として独自に「罪有り」とする判断を下したのだろう。その結果の責任は、武智麻呂のみが負わされるものではない。大納言の武智麻呂がいかに仕組み企んでも、上席の左大臣長屋王に死の宣告などできまい。この断罪は、聖武天皇にしかできないものだった。

ではなぜ、聖武天皇は長屋王を刑死させたのか。

前年九月に基王が満一歳にもならずに死没し、その原因が長屋王の呪詛にあると思った、とする理解が古くからある。しかし罪状は国家転覆つまり天皇への反逆であって、皇太子の調伏でない[8]。何にせよ長屋王の弁明は信じず、他人任せの情報を真に受け、みずからの治世下で最高官に据えていた臣下をまともに信用しなかった。そしてそれが誣告であると知って、自分の不明を恥じなければならない状況となっても、なお画策した武智麻呂らを処分も排斥もできない[9]。これは何だ。

天平十年、阿倍内親王（のちの孝謙天皇・称徳天皇）を皇太子に立てた。

聖武天皇の皇子としては安積親王が存命しており、その母・広刀自も地方豪族出身などでない。阿倍内親王を立てて安積親王の行く手を遮ってみせたところで、独身の彼女にはこのさき皇統を繋ぐ後継者ができるわけもない。また天平十六年の時点で唯一の聖武天皇の皇子であった安積親王は十七歳になっている。なぜ、阿倍内親王を廃太子して、安積親王を立太子させないのか。皇太子がいても、それを待たせて元正天皇は即位している。それならば聖武天皇が譲位し、阿倍皇太子を超えて安積親王が即位することも、できなくない。聖武天皇自身が十六歳で光明子と結婚しているのに、なぜ安積親王の妃を選んだ形跡すらないのか。これらの判断には藤原氏の画策も関わっていようが、聖武天皇としてはどうすべきだったろうか。疑問を記すにとどめて、いまこれ以上この話は進めないが。

聖武天皇は、天平十九年に新薬師寺が発願されたころにはすでに病気に罹《かか》っていた。新薬師寺が、そもそも聖武天皇の病気平癒を祈願する寺だったから、それは確実である。しかしその二年前の天平十七年に、橘奈良麻呂は佐伯全成《またなり》に対して「陛下、枕席安からず。殆ど大漸に至らんとす。然ども猶皇嗣を立つること無し」（『続日本紀』天平宝字元年七月四日条）と語っており、もうこの時点ですでに病床にあったようだ。そして天平感宝元年（七四九）七月、皇太子・阿倍内親王に譲位した。

ただ退位したとはいえ、上皇として物事を判断できる状態にはあった。

天平勝宝七歳（七五五）十一月に聖武天皇がかねて寵用してきた左大臣・橘諸兄が飲酒の席で呟《つぶや》いた言葉を祇承人・佐味宮守に密告され、廷内では無礼で反状の見られる問題と取り沙汰された。その内容は不明だが、翌年二月に諸兄は致仕《ちし》（退職）した。しかしその問題について、聖武上皇は「優容して咎めず」（『続日本紀』天平宝字元年六月二十八日条）とあり、罪に問わないよう指示している。では、そうしたことを判断して指示できたのなら、聞きたい。なぜ、妻の前代未聞・空前絶後の横暴を目にしていたはずなのに、まったく止めようとしなかったのか、と。

聖武天皇は体調を崩し政務に堪えられないとして譲位し、天平勝宝元年七月二日に孝謙天皇があらたに登極した。もちろん天皇大権は、孝謙天皇に帰する。そのはずだったが、天皇大権は光明皇太后のもとに収められた。天皇大権の象徴である天皇御璽《ぎょじ》（内印）は光明皇太后のもとにあり、彼女が聖武上皇の没後に東大寺に寄捨したものの一覧である「国家珍宝帳」の全面に繰り返し捺されている。聖武上皇から孝謙天皇に引き渡されず、妻の光明皇太后が内印を回収してしまったのだ。もちろん印鑑に象徴される天皇大権もまるごと、である。

そして、とんでもない官制改革が行われた。

光明皇太后の家政は皇后宮職が担当していたのだが、その役所を拡大・改編して紫微中台という国務執行機関に仕立て上げたのである。

紫微とは紫微垣《しびえん》のことで、北極星を中心とした星の集合体の名である。北極星は北半球において恒久的に動かない星で、天子の例えとなっている。天子は北極に位置して一貫して動くことがなく、臣下はすべて北を仰ぎ見る。こうした文字の解説はともあれ、現実の政治では紫微省は開元元年（七一三）に玄宗が中書省を改名したもので、中台は高宗・武則天時代に尚書省を改めて中台と称したことにちなむ。つまり紫微中台とは天皇の意思を代表する中書省（紫微省）と政務執行機関である尚書省が合体したものであって、天子の意を承《う》けたらその意のままに執行する役所という意味になる(10)。この省庁の看板は、天皇独裁・専制を実行するために合併した総合官庁であると名乗っているのだ。

光明皇太后は聖武天皇の正妻としての権利を使ったのか、孝謙天皇の母としての権利を用いたのか、そのどちらなのかは不明だが、ともあれ聖武天皇から天皇御璽（内印）を受け取ったまま、天皇に渡さなかった。そして天皇御璽保有者として、超越した権力を行使しはじめた。

光明皇后と左大臣橘諸兄は異父兄妹だが、政治についての考え方がまったく異なっていた。

諸兄は、藤原不比等が行なってきた律令制度を社会に浸透させる施策をつぎつぎ覆した。律令制度の厳密な施行は、人民のためにならないと考えたのだろう。兵士・健児を停止し、細分化・緻密化した国域をもと通りに合併させ、墾田私有を許可して公地制度の大原則を放棄し、馬飼・雑戸を解放して良民とした。不比等の娘である光明皇后には、これが気に入らなかった(11)。

だが藤原氏の当時の出世頭だった右大臣藤原豊成では、温和な性格のゆえに、諸兄の反不比等政策の実施を止められない。光明皇后は豊成に見切りをつけ、豊成の同母弟・仲麻呂を破格の叙位で特進させた。だがどうやっても、左大臣・右大臣が満員では、仲麻呂を大納言までしか昇進させてやれなかった。太政官内の序列を崩せない以上、同じ土俵にいては諸兄の執政を止められないと考えて、光明皇太后は聖武天皇が退いた翌月に紫微中台を発足させたのである。

国政の審議は光明皇太后と紫微令（長官）・藤原仲麻呂のもとでまず行なわせ、そこでの決定内容は天皇御璽の力を使って八省に流して先んじて施行させてしまう。ほんらいは太政官の公卿《くぎょう》たちが審議し、天皇の諒承をうけた上で決定とし、その合意した決定内容を八省に流して施行させるものだ。天皇・太政官による国家意思の決定という律令官制機構の基本的な枠組みと八省への政務の流れを、この役所は完全に壊してしまった[12]。孝謙天皇や大臣らは判断する間もなく、太政官内では大納言にすぎない仲麻呂の判断が左大臣・右大臣の判断を上回っている。独善的破壊的な政治体制が、上皇の眼の前に展開していた。

法律的にいえば、律令というものはたしかに天子の執政に当たり自分が統治するさいの政務の要領を示しただけであって、そのときどきの自分の判断をなんら縛るものでない。律令の規定と矛盾しようと、たとえ朝令暮改といわれようと、必要と思えば自在に変更してよい。そういう性格のものだ。だがそれを拠り所に業務を遂行しようとしている臣下は、そうそう安易に変えられちゃたまらない。律令の官制や職務規定は、遵守されるべきものだ。とつぜんしかも天皇でもない皇太后が、こんな滅茶苦茶な執政をしはじめていいのか。こんなとき、聖武上皇はなぜ皇太后の暴走を止《や》めさせないのか。上皇の立場ならできることであるし、聖武上皇にしか太刀打ちできない。しかも、光明皇太后の夫ではないか。妻を叱責して天皇御璽を天皇に渡させ、天皇↓太政官↓八省の行政の流れを恢復させないで、こんなときになぜ静観してしまうのか。

だが聖武天皇という人は、自分のすることにしか関心がなかったようだ。

聖武天皇は、自分を聖帝・賢君だと思っていたふしがある。それが玄昉《げんぼう》と吉備真備の登庸である。『書経』大禹謨にある「野《や》に遺賢無し」を気取り、民間に隠れた人材がいなくて、優れた人材はみな官に登庸されているようにする。そうすればいい政治ができる。遺《のこ》されている賢人を見抜いて、活躍できる公の場を与えてやる。賢帝である自分だけがそれをなしうる、と信じていた(13)。

玄昉も真備も、ともにたしかに優れていた。

玄昉は、霊亀二年（七一六）に学問僧として中国に渡り、唐の天子（玄宗）から三品に准じて紫の袈裟を賜った。つまり中国が高僧中の高僧と認定してくれた傑物である。天平七年に帰国した後にももちろん日本での紫の袈裟の着用が認められていて、天平九年には宮中に設定された内道場《ないどうじょう》に出入りを許された。そこで聖武天皇の生母・藤原宮子の看病に当たり、産後三十七年間も果たしていなかった母子の対面を実現させたのである。しかし「栄寵日に盛んにして、稍《よう》く沙門の行いに背《そむ》けり。時の人、之を悪《にく》」（『続日本紀』天平十八年六月十八日条）んだという。つまり才能に溺れたのか、僧侶としての活動範囲というか節度を超した言動をしてしまって、人々の反感を買ってしまったらしい。

吉備真備も中国で二十二歳から十七年間も留学していて、天平六年に帰国した。その学問は儒学・律令・礼儀・軍事・工学・音楽など広範囲で、かつ深かった。天平九年には下道《しもつみち》氏という地方豪族出身者としては異例の出世を果たして、貴族に列した。その博学ぶりを発揮し、橘諸兄政権の顧問的存在として活躍した。光明皇太后・藤原仲麻呂らには疎《うと》まれて地方に追いやられたものの、孝謙上皇のもとで復活し、道鏡政権下では廟堂第二位となる右大臣を務めた。

この二人は聖武天皇が登庸したものと見られており、藤原宇合（式家）の子・広嗣は「安易な抜擢は名門貴族の指定席を奪い、長年政界で培われてきた身分秩序を乱す」と考えたようだ。そこで「天平九年以来の疫病や飢饉などの災異は、聖武天皇の施政が悪いと判断している天の声だ」とし、天平十二年九月、君側の奸つまり玄昉・真備を排除することを名目としたが、じつは聖武天皇の退位を迫る軍乱を大宰府において起こした。(14) 聖武天皇は「広嗣は、親の宇合もつねに除き棄てようとしていた凶悪な者」として貴族の代表的意見でもない特殊な見解だと宣伝してはみたものの、内心は激しく動揺していた。敗退した広嗣は新羅への亡命を試みて失敗するが、「われは大忠臣なり。神霊われを棄てんや」といって憚らないほどの自信を見せていた。その一方で聖武天皇の方は自分の評価に疑心暗鬼となり、平城京にいたたまれなくなって五年間も畿内各所を彷徨することになったのである。

『日本霊異記』（新編日本古典文学全集本）上巻・三十二縁には、聖武天皇の行ないを記した話がある。天皇は神亀四年（七二七）九月中旬に添上郡山村で狩りをした。追い出された鹿が一頭、細見《ほそめ》里の住人の家に紛れ込んだ。家の人は事情を知らずに捕らえて食べてしまったが、それを聞いた天皇は彼らを逮捕させた。だが、たまたま基王誕生による大赦があって助かった、という。

この話は仏教説話集だからもとより仏の功徳を語るものだが、これを聴いている人々に「そうだろうとも」と思われなければならない。つまり聖武天皇は自分の都合でしかものを見ない、独善的な支配者である。人民の事情などには聞く耳を持たない、と。(15) 光明皇太后が何をしようと見たくないものは見えなかったこととして頬被《ほおかぶ》りし、遺賢の抜擢についても自分の都合のよいようにしか理解しない。こういう人を何と呼ぶべきなのか。専制君主、といえば聞こえはよいが。

天武天皇は大逆・反乱を起こしたが、それを正当防衛行為に見せかけようと史書に作為した。ということは、したことが悪行であるとの自覚があった。藤原不比等は、草壁皇子系だけでの皇位継承を守り抜き、藤原氏の繁栄を策した。力尽くで押し通して見せたが、自分のすることに無理があって、反対の立場の人たちがいることは承知していた。では、聖武天皇はどうだったか。自分のしていることは善であり、自分はこのうえない善人で賢明な君主として君臨した。事実、そう描くことも容易にできそうだ。しかしそれは主観的な意図であって、現実がどうであったのか。その結果は見ていなかったし、自分がしたことでない周囲の出来事には何も気づこうとすらしなかった。その立場の人に期待されていることに無為であるという、自覚のない「悪」。これがもっとも質《たち》が悪いかもしれない。

【注】

（1）拙稿「国分寺の基礎知識」（『歴史研究』六六一号、二〇一八年五月）
（2）拙稿「調庸の力役的性格」（『天平の政治と争乱』所収、笠間書院、一九九五年）
（3）田名網宏氏著『古代の税制』「第四章律令国家の税制／造営と雇役」（至文堂、一九六五年）
（4）拙稿「不動および動用穀について」（『白鳳天平時代の研究』所収、笠間書院、二〇〇四年）

（5）拙稿「長屋王の無実はいつわかったのか」（『万葉集とその時代』所収、笠間書院、二〇〇九年）
（6）岸俊男氏著『藤原仲麻呂』（吉川弘文館、一九六九年）、中川収氏著『奈良朝政争史』（教育社歴史新書、一九七九年）四十九〜五十頁。
（7）寺崎保広氏著『長屋王』（吉川弘文館、一九九九年）二五六頁、木本好信氏著『奈良平安時代の人びとの諸相』（おうふう、二〇一六年）二十七頁・『藤原四子』（ミネルヴァ書房、二〇一三年）一四〇頁、勝浦令子氏著『孝謙・称徳天皇』（ミネルヴァ書房、二〇一四年）三十一頁。ほかに仁藤敦史氏著『女帝の世紀』（角川書店、二〇〇六年）四十二頁では、「王家の巨大な家産を背景とした政策的な対立」が提起されている。瀧浪貞子氏著『女性天皇』（集英社新書、二〇〇四年）一三二頁では、子が二世王となったので、父の長屋王は一世王＝親王の待遇を受けることになったとする。
（8）瀧浪貞子氏著『帝王聖武』（講談社、二〇〇〇年）一一五頁には「天皇をも巻き込んだ疑獄事件とみてまず間違いない」とし、原因は「皇太子基王の夭死以外には考えられない」とする。
（9）木本好信氏前掲『藤原四子』一〇七頁。
（10）瀧川政次郎氏「紫微中台考」（『律令諸制及び令外官の研究』所収、角川書店、一九八六年）
（11）拙稿「天平という時代」（『高岡市万葉歴史館叢書』二十五号、二〇一三年三月）。本書所収。
（12）木本好信氏著『藤原仲麻呂』（ミネルヴァ書房、二〇一一年）六十三頁・九十六頁。
（13）中川収氏前掲『奈良朝政争史』七十九頁には、「聖武専制政治」と説かれている。
（14）拙稿「藤原広嗣の乱と聖武天皇」（『天平の政治と争乱』所収、笠間書院、一九九五年）
（15）瀧浪貞子氏前掲『帝王聖武』一一一頁では、「君臣の理を超えた行為だったから」と理解する。
（関幸彦氏・山本博文氏共編『悪の歴史　日本編上』所収、清水書院、二〇一七年）

女帝確立への階梯――中継ぎから自立へ

一　皇后から天皇へ

近年、女帝についての議論がさかんになった。現在の閑院宮系の皇統に男子の皇族が生まれず、女帝を立てざるを得ない状況になっていたことが、そのきっかけのようだ。時代社会が要請した議論はとりあえず悠仁親王の誕生で沙汰止《さたや》みとなったものの、歴史学界での議論はその後も続いている。

古代の女帝といえば、推古天皇にはじまり皇極天皇（斉明天皇）・持統天皇・元明天皇・元正天皇と続いて孝謙天皇（称徳天皇）に終わる、六人・八天皇である。周知のごとく、推古天皇は敏達《びだつ》天皇の、皇極天皇は舒明天皇の、持統天皇は天武天皇の大后であり、元明天皇の場合は草壁皇子（日並知皇子）が後継者として確定していたため事実上の天皇と見なしてよく、その妃であったからだ。たしかに自営業の社長が死没した場合、その妻が社長を継いで会社経営を続けることはよく見聞きする。狭い職場で日常的に社長である夫の横にいれば、その仕事内容・交際範囲・交渉術とその成果もみな見聞きしており、見よう見まねで同じ仕事ができてしまう。しかしそれは共働《ともばたら》きの自営業だからである。国家の総帥となる地位に、なぜ適任者として后妃が即《つ》けるのか。なぜ、推古女帝のときから即けるようになったのか。なにを役割として即いたのか。それらを中心課題として議論がなされてきた。まずは、「なぜ后妃を選び、なにを托そうとして女帝に立てたのか」を中心として考えてみよう。

さて、選ばれた后妃について、仁藤智子氏は「王族の出身、后として共同統治の経験、不婚だが統治者としての教育を積んでいること」[1]が女帝の条件であると纏められ、所功氏なども「経験と見識の豊かな皇太后（三十九歳）が、皇統史上最初（東アジアでもはじめて）の『女帝』㉝推古天皇となられた」[2]とされている。

もちろん大王とともに、また横にいる后妃が、優れた人物であることは好ましい。そうあってほしい。しかし「経験と見識の豊かな皇太后」であると、どうやって知るのであろうか。また「統治者としての教育を積んでいる」というのは、どの場で共同統治者といえる経験をし、皇后としてどこで統治能力を開示・実践してきたというのだろうか。現代社会の男女平等重視の視点が先入主として掲げられたもので、歴史的考察によって帰納された結論でないように思える。

というのは、『日本書紀』（日本古典文学大系本）をもとに皇后の事績を探っていっても、そうした教育・実践がなされているとする明証をあげられないからだ。

『日本書紀』の応神天皇以降の記事をみる限り[3]、のちにみるが、輝かしい政績をあげた鸕野《うの》皇后（のちの持統天皇）や光明皇后などは皇后の代表者でなく、むしろ例外である。

仁徳天皇の大后は、嫉妬深いことでつとに知られている葛城磐之媛《いわのひめ》である。

大王は吉備海部黒比売を後宮に召したが、黒比売は大后からの嫉妬を怖れて本国に逃亡した。ついで宮中にいた丹波出身の桑田玖賀媛を気に入ったが、大后の嫉妬に阻まれて召せないでいるうちに死没した。そこで仁徳天皇二十二年正月、大王は正面切って大后に「八田《やた》皇女を迎えるように」と申し入れ、拒絶し続ける大后との間に歌を詠みかけ合った。

大王　貴人《うまひと》の　立つる言立　儲弦《うさゆづる》　絶え間継がむに　並べてもがも
大后　衣《ころも》こそ　二重《ふたえ》も良き　さ夜床を　並べむ君は　畏《かしこ》きろかも
大王　押照る　難波の崎の　並び浜　並べむとこそ　その子は有りけめ
大后　夏蚕《なつむし》の　蚕《ひむし》の衣　二重著て　囲み宿《やだ》りは　豈《あに》良くもあらず
大王　朝嬬《あさづま》の　避《ひ》介《か》の小《を》坂《さか》を　片《かた》泣《な》きに　道行《みちゆ》く者も　偶《たぐ》ひてぞ良き

精解は省くが、意味としては「予備の弦としたいだけで、本物が切れたときに使うのだ」と詠むと、大后は「衣ならば重ね着でもよいが、夜の床を二つ並べるなんて恐ろしい」と返した。大王が「難波の並び浜の地名のように、その子は二人並んでいられると期待していたろうに」と詠み、大后は「夏の蚕が繭を二重着て囲んで（繭の外型を作ったあと、内側に糸を重ねていくことをいうか）宿るように二人の女を侍らせる、というのはよくない」と答えると、大王はさらに「坂を半泣きで歩く人でも、並んで行く道連れがいるのがよい」と返した。大后はもはや返歌をせず、けっきょく許可しなかった。それなのに大王は大后が御《み》綱葉《つなかしわ》を採りに出かけた隙に、八田皇女を宮中に納れてしまった。独善的な暴挙に怒った大后は二度と宮中に戻らず、筒城岡《つつきのおか》の南の宮に留まったまま死没した。

允恭天皇の大后の忍坂大中姫命にも、そうした事績がある。

允恭天皇元年十二月、群臣たちの懇請にも拘わらず、夫は即位をためらっていた。彼女は群臣たちの困り果てている姿をみかねて、洗手水をみずから捧げ持ったまま登極を要請した。夫は背を向けたままで、何の言葉もなく四~五刻（約一時間）がすぎた。歳末の凍えるような寒さのなかで昏倒しそうになっている妻にやっと気づいた夫は、ついに即位を承諾した。そこで忍坂大中姫命は群臣に「いま、天皇のみしるし（璽符）を奉りなさい」といった。即位に大きな役割を果たしたといえるが、それは大后になる前の段階である。大后としては、允恭天皇七年、新室宴で大王の琴にあわせて舞を舞った。当時は舞った人が座の長に娘子を奉ることが慣例となっていて、せかされた大后はしかたなく妹・衣《そ》通《とおし》郎女《のいらつめ》を奉った。大后の嫉妬を怖れた衣通郎女は天皇のお召しを拒んだものの、烏《い》賊《か》津使《つのお》主《み》の命を賭した説得に負けた。宮中には入らなかったものの、近くの藤原に設けられた殿舎に住んだ。大后の心痛に配慮して衣通郎女は河内の茅渟《ちぬ》に移されたものの、大王の寵愛は変わらない。大王が足繁く通うことについて、大后は「弟姫（衣通郎女）を嫉《ねた》む気持ちはないが、たびたびの行幸は百姓の苦しみとなるから回数を減らすように」と諫めた、という。

　これらの話が歴史的事実だったかどうか定かでないが、この二例だけでも、後宮女性の管理権が一括して大后の掌中に握られていたことが窺える。後宮にどういう女性を納れるのかには大后の同意が必要不可欠であり、大王の恣意的な命令や上意下達で押し通せない。両者とも大后の嫉妬が原因と語られているが、それは物語的な脚色であって、じっさいには王統間・氏族間の利害関係などを配慮した政治判断が加えられていたのだろう。

　なお中国では、天子は寝所をともにする女性を自在に選べるが、その妃の部屋に赴くという通知書に「承知した」という皇后の捺印がなければ入室できなかった。つまり女性との個別の関係については、皇后に上位の許可権・拒否権が認められていた。[4]

大后の次の登場場面は、新室宴《にいむろうたげ》などでの侍宴、行幸の随行である。

侍宴・陪席については、仁賢天皇二年九月条に話がある。

顕宗天皇の大后だった難波小野は、儲君であったときの億計《おけ》皇子（のちの仁賢天皇）に無礼な振舞いをした覚えがあり、大王となった彼に咎められることを怖れて自殺した。それは顕宗天皇が同席していた宴会でのことで、大王は、兄・億計皇子が瓜を食べようとして、何か探していることに気づいた。そこで小刀を大后に渡して、持って行かせた。そのさい大后は立ったまま小刀を瓜皿に置き、さらに酒を酌み、立ったまま億計皇子を呼んだ。それらの行為は問われれば無礼に当たる、とかねて気に病んでいたのであった。

また、雄略天皇即位前紀には、安康天皇暗殺に関係しての侍宴記事もある。

安康天皇三年八月に大王が湯浴みのため山の宮に行き、その楼《たかどの》で酒宴を催していた。そのさい中蔕《なかし》姫《ひめ》皇后の前夫である大草香皇子が殺害されたさいの事情が語られたのだが、たまたま床下にいた大草香皇子の子・眉輪《まよわ》王がそれを聞いてしまった、という場面が描かれている。酒宴での陪席例だが、宴会というほどでなく、夫婦の晩酌ていどの話かもしれない。

行幸の随行例では、『万葉集』（日本古典文学全集本）の記事がある。

舒明天皇の大后・宝（財）皇女の「熟田津に　舟乗りせむと　月待てば　潮もかなひぬ　今は漕ぎ出でな」（巻一―八）の左注に、

「飛鳥岡本宮に天の下治めたまふ天皇（舒明天皇）の元年己丑、九年丁酉の十二月、己巳の朔の壬午（十四日）、天皇・太后、伊予の湯の宮に幸す。……（斉明）天皇、昔日の猶し存《のこ》れる物を御覧して、当時《そのとき》に忽ちに感愛《めで》の情を起こしたまふ。

とあり、随行時の思い出が語られている。『日本書紀』には舒明天皇十一年（六三九）十二月十四日に伊予の湯の宮に行幸したとあるから、『万葉集』引用書の年紀が誤っているのかもしれない。ただし『日本書紀』舒明天皇十一年条でも大后が随行したとはない。そうではあるが、遊幸記事にいちいち記されていなくとも、大后などはとうぜん随行していたとみなすべきなのかもしれない。

あとは大した記事内容でないが、仁徳天皇の二代目の大后となった八田皇女の事績が記されている。隼別皇子の反乱に同母妹・雌鳥《めとり》皇女が巻き込まれ、処刑されることになった。そのとき、妹の装着品を奪わないよう懇請した、とある。

皇后（大后）の所業にまつわる『日本書紀』などの記事は、おおむねこのていどである。すなわち皇后が、宮廷での大王・大夫らの執政や審議の内容に容喙し、賛成・反対の意思を表示したことはない。あるいは、大王の決裁の前に、同意や独自な意見を求められたりする場面も、『日本書紀』にまったく見られない。皇后が意思を示し賛否を表明している場面は、後宮管理にかかわる問題に限られている。

その意味で通じるのは、鸕野皇后が要請した吉野会盟である。

天武天皇八年（六七九）五月六日、鸕野皇后は、天武天皇を介して草壁皇子・大津皇子・高市皇子・河嶋皇子・忍壁皇子・芝基《しき》皇子を吉野宮に集め、皇子の序列を明瞭にさせる儀式を執行させた。

天皇は、

朕、今日、汝等と倶に庭に盟ひて、千歳の後に、事無からしめむと欲す。奈之何《いかに》。

と呼びかけ、皇子らはみなともに「理、実灼然《いやちこ》なり」と答えた。そして草壁皇子尊が最初に進み出て、

天神地祇及び天皇、証めたまへ。吾兄弟長幼、幷て十余王、各異腹より出でたり。然れども同じきと異なりと別かず、倶に天皇の勅に随ひて、相扶けて忤《さか》ふること無けむ。若し今より以後、此の盟の如くにあらずは、身命亡び、子孫絶えむ。忘れじ、失《あやま》たじ。

と誓約した。それにつづいて五人の皇子がつぎつぎ同じように誓約した、という。誓約した内容は変わりなく、天武天皇がいった「同母一産の兄弟のように諍いを起こさないように」との言葉を承けていちように宣誓したのだが、関心事はその順番にある。草壁皇子が六人のなかで先駆けて宣誓したということは、草壁皇子が皇子たちの首座にあることを天武天皇・鸕野皇后と六人皇子のなかで承認しあったという意味である。例えは悪いが、通夜・告別式における焼香順である。親族代表でトップで焼香した人がその一家の族長であり、続く順番が家のなかでの位置づけというわけである。

鸕野皇后にとっての懸案は、彼女の姉で前正妻だった大田皇女が産んだ大津皇子の位置づけだった。草壁皇子の方が年上だが、問題は生母の格付けをどう評価するかである。現在の鸕野皇后所生の草壁皇子と前正妻の大田皇女所生の大津皇子は、どちらが格上なのか。これは事実上の後継天皇を決めることに繋がるので、さすがに皇后の管理権限内では差配できない。しかし皇后として、公に告知するよう促すのは仕事であろう。彼女には皇子の序列を決めさせ、それを公告するよう促す職務権限がある。序列の決定は、天皇だけでなく「皇后の盟ひたまふこと、且天皇の如し」とあって皇后も天皇と同様に関わっているので、皇后にほんらいこの件に関与する権限のあったことも窺われる。

後宮管理には、すでに見たように大王の妻妾たちの入内の可否・同意があるが、延長すればその妻

妾所生の皇子・皇女たちの管理も権限下・職域内に入るのではないか。いや、そもそも後宮に入内する女性の管理というのは、後宮にいる女性を管理したいんじゃなくて、彼女たちが産んだ子を管理するのが最重要な目的だろう。そう考えれば、敏達天皇十四年（五八五）敏達天皇の没後に、額田部皇后（のちの推古天皇）が籠もって奉仕していた大王の殯庭《もがりのにわ》を、穴穂部《あなほべ》皇子（敏達天皇の庶弟）が次期か次々期の大王候補を目指して訊《たず》ねようとしたことも理解できる。大后は後宮のまた皇族の管理者で、つまり皇子を管理する立場にあったのだ。

これらの仕事への関与が見られる一方、大王が主宰している宮廷政治への介入はまったく見られない。宣化天皇四年（五三九）十月の宣化天皇死没後、安閑天皇の皇后・春日山田皇女は登極を求められたとき「万機の難きに、婦女安ぞ預らむ」（欽明天皇即位前紀）と答えて拒絶している。

もちろん宮廷に出なかったわけではない。宮廷政治に参加した記事をあえて探せば、大王への朝貢儀礼に出席している。

『日本書紀』天武天皇八年十月甲子条に、

新羅、阿《あ》飡《さん》金項那・沙《さ》飡《さん》薩虆生《さちるいしょう》を遣して朝貢る。……天皇・皇后・太子に、金銀刀旗の類を貢ること、各数有り。

とあり、天皇・皇太子と並んで新羅からの朝貢使謁見の儀式に参列している。また「或本に云はく」で明瞭な例とはいえまいが、崇峻天皇五年（五九二）十月四日、天皇に東国の調として猪を奉つる儀式があり、天皇は「猪の首を斬るように、自分が憎く思う奴の首が斬りたい」と呟いた。それを聞いていた妃・大伴小手子《こてこ》は、大臣・蘇我馬子にただちに通報させた、という。「天皇、猪を指して詔して曰はく」とあるから、妃はその小さな呟き声が聞こえてかつその情景を目の当たりにしていた。つまり、大王の横に並んでこの儀式に参列していたのであろう。

たしかに春日山田皇女は即位を求められており、天智天皇から即位を要請された大海人皇子は「洪《ひっ》業《ぎ》を奉《あ》げて、大后に付属《さず》けまつらむ」(天智天皇十年十月庚辰条)といい倭姫王を推薦した。敏達天皇の皇后・額田部皇女が推古天皇となり、舒明天皇の皇后・宝皇女が皇極天皇(斉明天皇)となり、天武天皇の皇后・鸕野皇女が持統天皇となった。これらの事実をもとに、皇后は天皇とともに執政にかかわっており、そのおりに養われたまたは発揮された政治的手腕を買われて即位を要請された。あるいは皇后となる前に、そうした執政にたえる力量が見込める女性が皇后となっている。冒頭に掲げたように、皇后その人にある政治経験・政治能力が根拠となって天皇に立てられた、とする理解がある。

しかし右に見たように、皇后には宮廷における執政の経験など見られない。そんな記事はない。朝貢儀式に参加するのは政務であり、執政ともいえる。しかし朝貢は特定の天皇個人に対するものでなく、国家を代表する大王家への継続的な服属儀礼なので、大王家として対応するために大王家の重要な構成員である皇后も出席している。大王と大后は夫婦であるが、役割は異なる。大王の横にいるから、同じような仕事の経験を積んでいるといわれても、納得できまい。現代の総理大臣(首相)・大統領夫妻は並んで出席する場所がいくつもあるが、だからといって政治的に同格ではない。首相や大統領は選挙で選ばれた政治家だが、その夫または妻は政治家でない。政治家としての仕事はできないし、見よう見まねでやったからといってそれで政治家の資質が養われるとはいえまい。

もともと大王の横にいれば大王に即けるだけの政治的力量が養われているとするなら、自営業の会社社長のように、なぜ男子大王つまり夫のあとにはその妻が継ぐという習慣にならなかったのか。そのことがむしろ不思議となってしまう。この観点は、歴史的な見方ではなく、「男女の資格は平等であるべきだ」という現代人の先入主によって生じた、現代社会向けの見解ではないのか。

筆者からすれば、登極を要請されたときの皇后の執政能力はまったく未知数であり、適任者だと思える根拠があって即位を求められたわけじゃない。登極のさいに問われたのは政治的能力でなく、すでについている地位にまつわる役割である。皇后は後宮および皇子の管理者であるから、その職能・権限の延長として、あらたな天皇を創出するまでのいわば管財人のような仕事をするよう求められた。管財人であれば、ほんらいは相続する本人でありえない。だから財産などの運用については、大きな変更ができない。そういう大きな制約と条件の枷《かせ》を嵌《は》められた上で、大王位を継いだのだろう。

二　女帝としての仕事

①推古天皇の遺詔

右のような制約と条件のもとで女帝に立てられたのが、推古天皇・皇極天皇（斉明天皇）である。

崇峻天皇五年（五九二）蘇我馬子による崇峻天皇の弑殺のあと、竹田皇子・押坂彦人大兄皇子がそろって病気だったらしく、敏達天皇の大后の任務として継げる皇子の成長までを託された。古典的な理解であるが、そう考えるのが穏当だろう。

敏達天皇の没後に異母弟の穴穂部皇子が敏達天皇の殯庭《もがりのにわ》を訪れて額田部皇后に「大王への推挙」を懇請したと思われるのも、欽明天皇が安閑天皇の皇后・春日山田皇女に即位を要請して逆に即位を求められたのも、太后からの推挙が大きな意味を持っているからである。

『日本書紀』に聖徳「太子」とあるように厩戸皇子が儲君だったが、退位・譲位する慣例がなくて、推古天皇三十年（六二二）推古女帝が没する前に厩戸皇子が四十九歳で死没してしまった、という見解がつとに見られる。だから軽皇子（のちの孝徳天皇）は三韓朝貢という国際舞台でわざと皇極女帝を失敗させ、失脚させて退位に追い込んだのだともする。(5) しかし皇極天皇がこのときとりわけての論議もなく反対も受けずに譲位できたのなら、そもそも女帝が生前に譲位できないという絶対的な縛りなどなかったのであろう。水谷千秋氏は、(6) 事実上称制していた飯豊青皇女から顕宗天皇・仁賢天皇への、また継体天皇から安閑天皇への譲位の例をもって、大化改新前から譲位はあったともされている。

つまり推古女帝にとって、厩戸皇子は後継者でなく、あくまでも助力者であった。

後継者の本命は押坂彦人大兄皇子の子・田村皇子（のちの舒明天皇）であり、遺詔も「天下は大任なり。本より輙く言ふものに非ず。慎みて察にせよ。緩らむこと不可」（二一六頁）「軽しく輙く来《ゆくさき》の国政を言ふものに非ず。是を以て、汝田村皇子、慎みて言へ。緩らむこと不可」（二二〇頁）とあって、天下・国政に触れてそのさいの心得を説諭している。これに対して、山背大兄王は後継者でないことを「汝肝《きも》稚《わか》し。而して誼《とよ》き（アレコレ）言ふこと勿。必ず群臣の言に従ふべし」（二二〇頁）と諭されている。病床に二人を呼んだのではたしかに紛らわしいし、一つしか聞かない山背大兄王が「自分こそ本命とされた」と誤解するのもわからなくないが、二つ並べれば田村皇子だけに委ねるつもりだったことは明らかである。大王家としてだれを候補者として、どちらを推すか。それが前大后として登極した人に託された、最大の仕事だったのだ。もちろんそれを承認して推戴するかどうかの判断は、大夫層の審議となるのだが。

②譲位した皇極天皇

大后の役割を相続問題での管財人と解けば、皇極天皇が退位する理由も説明がつく。

皇極天皇は舒明天皇の大后で、舒明天皇十三年（六四一）十月九日の舒明天皇没後に即位した。当時は舒明天皇の長子・古人大兄皇子と大后の子・葛城《かづらき》皇子（中大兄皇子・開《ひらかすわけ》別皇子ともいう。のちの天智天皇）と用明天皇の孫・山背大兄王の三者が鼎立《ていりつ》している状況にあり、世代順では山背大兄王、血統上は中大兄皇子、権力者の後楯の大きさでは古人大兄皇子が有力であった、とされてきた。しかし筆者は、推古女帝の没した直後ならば同じく二世王である田村皇子と山背大兄王はともに有力後継候補者となるが、舒明天皇の一世王として古人大兄皇子・中大兄皇子が存在する時点では、山背大兄王はもはや大王候補者でなかったと思う。また古人大兄皇子も、年齢的に三十二歳前後であり、舒明天皇のあとを継ごうとしていたのなら継ぎえた。それをしなかった以上、後楯の蘇我氏にも本人にも、もはや後継者となる積もりがなかったのだと思う。つまり皇極天皇の登極は、中大兄皇子の即位を待つためのものであった(7)。

ところが皇極天皇四年（六四五）六月、飛鳥板蓋宮での三韓朝貢儀式のさなか、中大兄皇子が大臣・蘇我入鹿を暗殺した。これによって皇極女帝は、退位を決断。中大兄皇子に譲位しようとして固辞され、古人大兄皇子にも辞退され、弟・軽皇子が孝徳天皇として即位する。健全な状態にある大王の生前退位ははじめてで、のちに重祚するのも彼女が初例である。

女帝が退位した理由は、いまもなお明らかでない。

かつて「あたらしい古代史の会」（平成九年一月例会）の席上、中村修也氏は「中大兄皇子が朝廷の重臣を殺戮した以上、女帝としてはこれを処罰しなければならない。それができなかったから退位したのだ」と筆者に対して発言された。そののち同氏は「皇極の退位にしても、軽王子による大王位の簒奪であり、乙巳の変自体が大王位の簒奪を目的としたクーデター(8)」とされてもいる。

筆者はそもそも乙巳の変を皇極女帝と中大兄皇子の共同作業とみているので、軽皇子の簒奪政権だなどと思っていない。また「朝廷の重臣の暗殺は処罰対象となる」という理解も、中大兄皇子はちゃんと「鞍作、天宗を盡し滅して、日位を傾けむとす」という罪状を用意しており、国家転覆罪での誅殺という形を取っている。捏造であろうとも罪状に見合う証拠・証言を示しながら容疑を固めさえすれば、女帝が中大兄皇子を褒賞するとしても、処分などされるはずがない。それでもさらに罪が問われるべき行為だったというのなら、代わって即位した孝徳天皇とてもけっきょく罪に問わざるをえまい。それなのに、なぜ中大兄皇子は問罪されずに済まされるのか。説得的な説明になっていない。

そうではなく、皇極天皇が退位・譲位したのは、中大兄皇子らが国政の大改革（大化の改新）に着手するつもりがあったからだろう。女帝はたしかに天皇だが、この時期の女帝の役割には中継ぎという制約があり、大規模な改革を主導する権能が与えられていなかった。そういうことであろう。

三　変質する女帝

①皇后経験にこだわらない持統天皇

従来の女帝のあり方からの転機をなしたのが、持統天皇である。その一つは皇后時代における執政経験であり、いま一つは「非皇后出身の女帝」の創出である。

女帝になる前、皇后としては執政に関与しなかったとした。しかし天武天皇の治世下では、『日本書紀』持統天皇即位前紀・天武天皇二年条にあるように、

> 始めより今に迄るまでに、天皇を佐《たす》けまつりて天下を定めたまふ。毎《つね》に侍執の際に、輒ち言《こと》、政事に及びて、毗《たす》け補ふ所多し。（四五八頁）

とあるし、宮廷政治という舞台で天皇と並んで律令制定の指示を出している（天武天皇十年二月甲子条）。天武天皇十年二月甲子・是日条で「草壁皇子尊を立てて、皇太子とす。因りて万機を摂めしたまふ」とある草壁皇子とともに、朱鳥元年（六八六）七月癸丑条で「天下の事、大小を問はず、悉に皇后及び皇太子に啓《もう》せ」とあって、皇后は万機を摂行する皇太子より上位の資格で執政にあたっていたことが読み取れる。すなわち、皇后として政務の大事を行う力を持ち、藤原遷都・飛鳥浄御原律令施行などを手がける現実的な政務能力を発揮することになる。まさに小事のみに制限された女帝から、大事を行う女帝に転身したのである。

持統天皇は権限を拡大した女帝となれたが、『懐風藻』（日本古典文学大系本）葛野王伝によれば次期天皇を専権的に指名できず、選定会議の発議という固有の仕事しかできなかった。

高市皇子薨りて後に、皇太后、王公卿士を禁中に引きて、日嗣を立てむことを謀らす。時に群臣各私好《しこう》を挟みて、衆議紛紜《ふんうん》なり。王子進みて奏して曰はく、「我が国家《みかど》の法と為る、神代より以来、子孫相承けて、天位を襲《つ》げり。若し兄弟相及ぼさば則ち乱此より興らむ。仰ぎて天心《てんしん》を論《かた》ふに、誰か能く敢へて測らむ。然すがに人事を以ちて推さば、聖嗣自然《おのづから》に定まれり。此の外に誰か敢へて間然《かんぜん》せむや」といふ。弓削皇子座に在り、言ふこと有らまく欲《ほ》りす。王子叱《いさ》び、乃ち止みぬ。（八十一〜二頁）

とあり、「時に群臣各私好《しこう》を挟みて、衆議紛紜なり」とあるのだから、持統天皇が発した提案を皇族・臣下が押し戴くという上意下達のような形にならなかった。持統天皇が何か発言したという痕跡すらなく、討議の場を設定する以上のことをなしえていない。鸕野皇后の胸中を忖度した葛野王が長親王を立てようとする弓削親王の発言を抑えたことで、なんとか珂瑠《かる》皇子（のちの文武天皇）の即位に漕ぎ着けたのである。のちに光明皇太后・孝謙天皇が、聖武天皇の遺詔で立太子した道祖王を廃し、大炊王をみずから推薦したのとは大違いだ。

それでも、新機軸の企画を立ててもいた。

従来の女帝は、すべて大后・皇后つまり正妻・嫡妻である。だから、皇后としての政治経験が問われたとかいわれてきた。だが持統天皇は、珂瑠皇子の即位にあたって、皇后経験のない長女の氷高《ひだか》内親王を中継ぎの天皇となるよう画策したのである。

鸕野皇后は、持統称制三年（六八九）四月十三日、即位を期待していた子・草壁皇子に先立たれた。これで天武天皇の子たちは、自分たち異母兄弟から天皇が立つと思った。ところが鸕野皇后は草壁皇子の遺児・珂瑠皇子（文武天皇）を後継と心に定め、成長するまでの日々をすべて埋めつくそうと皇位を継承した。不満がくすぶるなか、もっとも即位にふさわしくない最年長の高市《たけち》皇子を太政大臣に迎え、事実上の儲君とした。皇太子待遇の共同統治者であって、持統女帝としては一代限りの即位を受け容れるという大きな妥協を強《し》いられた。持統天皇十年（六九六）、持統女帝からすれば幸いにも、その高市皇子が死没した。十五歳で若すぎるとの批判もあったろうが、持統天皇は珂瑠皇子への即位をこの機に強行した。ただ持統天皇には、大きな不安があった。どうやら、文武天皇がきわめて病弱な体質であったようなのだ。じっさいに文武天皇は二十五歳という若さで死没し、その父・草壁皇子も二十八歳で夭折している。そこで、文武天皇が即位しても、やがて后妃に授かるだろう子（じっさいは首皇子、のちの聖武天皇）を幼な児のまま遺して死没してしまうだろうと、見ただけで予見できた。祖母としての贔屓目《ひいきめ》でも、それは歴然としていた。そこで持統女帝は、当時生まれてもいなかった文武天皇の皇子に無事に継承させるため、文武天皇の姉・氷高皇女（内親王）の結婚を止めさせた。もちろん文武天皇の死没からその皇子の即位までの間、女帝として立って皇位を埋めさせるためである。(9)

遠山美都男氏は「草壁皇子は病弱だったといわれるが、この当時、二十八歳での死は決して早死にではない。彼が健康面・精神面において天皇として不適格であったと見なすのは間違いである(10)」と言い切るが、さすがに「間違いだ」とまで断定するのは言い過ぎだろう。天皇・皇后と草壁皇子を皇太子格で参画させているのに、天武天皇十二年二月一日にさらに大津皇子を参政させたのは、天武天皇が後継者としての草壁皇子の不適格さを認識していた蓋然性が高い。

もっとも氷高皇女の即位計画は持統天皇派内部の諒解で、天武系諸皇子をふくめた天皇家全体の合意事項でなかった。具体的にいうと大江皇女所生の長親王が「氷高皇女は皇后であったことがなく、即位した前例などない。つまり登極する資格がない」と反対し、自分に嫡系を譲り、即位させるよう要求した。そのため、儲君に指名されていたにすぎないが天皇となるはずでつまり事実上の天皇ともいえる草壁皇子の、その正妃である阿閇皇女が准皇后格で急遽元明女帝として即位することに変更された。『続日本紀』元明天皇即位前紀および即位の宣命によれば、文武天皇が母・阿閇《あへ》皇女に執拗に登極を要請したことになっているが、それは体面を繕ったにすぎまい。というのも長親王が没するや、その三ヶ月後に、元明女帝は「待ってました」とでもいうように、さっさと氷高皇女に譲位してしまうからである。

「持統天皇が、皇后の経歴のない氷高皇女を即位させるつもりだった」と推測したのは、和銅八年（七一五）九月二日に元明天皇が「長期間帝位にいて疲労困憊したので、譲位したい」といいだしたとき、三十六歳の氷高皇女が独身でいたからである。あまりに都合がよすぎる。草壁皇子の娘で文武天皇の姉でもある内親王の氷高皇女なら、どこの正妻を押しのけてでも嫡妻として迎えられる。そのような高い格付けの彼女が独身でいるはずがない。とすれば、十六歳から十八歳のいわゆる結婚適齢期に、「結婚するな」と止められたのである。当時そんな発言力・強制力を持ち得たのは持統天皇しかいない。独身でなければ、さすがに登極はさせられない。もし配偶者がいれば、氷高内親王が即位した途端に、夫こそが彼女を上回る皇位継承適任者となってしまうからだ。そういう矛盾したような事態を避けるためにも、氷高内親王は独身でなければならなかった。しかし反対をうけたため、急先鋒だった長親王の死没を待って、元明女帝から譲位される形で登極したというわけである。

なお、筆者の解釈を補強して東野治之氏[11]は元正女帝は聖武天皇の養母と見なされており、「文武天皇の后妃的立場」にあったと指摘された。元正女帝は、天皇家のなかでは文武天皇の皇后格という地位にあったとみなされ、女帝の地位に登る資格を得たわけである。

ともあれ持統天皇は、大后・皇后になったことのない皇女が、中継ぎとして天皇に立つことを企画した。自分で企画したのであるから、もちろん女帝としての役割を全うするためという条件はつけられようが、皇后を歴ないことを是認・許容したのである。女帝という立場の確立にとって、前皇后という資格が外されたことは大きな前進であった。

こうして、長親王・穂積親王という天武系諸皇子中の実力者が死没して対抗馬が立てられないとみるや、元明女帝は余力を残して、持統天皇派で練ったかねての計画通りに氷高内親王を元正天皇として登極させた。ただし、元明女帝が登極にあたって「近江大津宮に御宇しし大倭根子天皇の、天地と共に長く日月と共に遠く改むましじきの常の典と立て賜ひ敷き賜へる法」を根拠としているように、直系相続を実現するための手段としての女帝という枷があることは前提条件だったが。

また皇極天皇は孝徳天皇に、持統天皇は文武天皇に、元明天皇・元正天皇は聖武天皇に、それぞれ譲位している。女帝は目的を果たしおおせれば、また女帝擁立の条件から逸脱しそうになったら、すみやかに譲位するというのが、この時代にはなお暗黙の諒解とされていたようだ。

②立太子・結婚を導入した光明皇后

こうした女帝像をさらに大きく変化させたのが、光明皇后だった。

光明皇太后は、聖武天皇が孝謙天皇に譲位すると、その天皇大権を代行して事実上の天皇として振る舞った。出生が天皇家でないから、天皇に取って代わろうとか、天皇になろうとかは考えない。しかし、天皇大権をみずから行使しようとしてきたのは事実である。

孝謙女帝が即位し、新天皇の治世を象徴する天平勝宝へと改元がなされてひと月しか経たないうちに、紫微中台を新設した。紫微とは紫微垣《しびえん》のことで、北極星を中心とした星の集合体の名である。北極星は北半球において恒久的に動かない星で、天子の例えに用いられる。天子は北極に位置して動かず、天子が臣下に向かう場合すべて南面することとなる。その名を付けた紫微省は中書省・中務省と同様で、天子の意を承けて作業する役所のこと。天皇直属の役所を、みずからが「天皇」代行として営むといっているのも同然である。また中台は尚書省のことで、日本の行政官庁では太政官にあたる。つまり天皇の命令を承けてただちに施行する行政機構が出現したのである。一時代前の唐に、中国史上唯一の女帝・武則天（則天武后）が在位していた。光明皇后は、その武則天を敬慕し、彼女の制定した『維城典訓』を日本の官吏の必読書と定め、「圀」などの則天文字を導入した。また役所の名前をたとえば太政官を乾政官、治部省・民部省を礼部省・仁部省などと改称させたり、玄宗皇帝が天宝三年（七四四）を「三載」としたのに倣って天平勝宝七年（七五五）を「七歳」と変えさせるなど、自己の漢風嗜好を強く押し出した。

こうしたそれまでの日本の慣習・前例にこだわらない光明皇后であったので、女帝についても従来の考えを踏襲しなかった。

娘・阿倍内親王をまず史上初の女性皇太子に立て、そして「配偶者のいる女帝」の創出に成功したのである。

天平十年正月十三日に「阿倍内親王を立てて、皇太子と為す」（新訂増補国史大系本『続日本紀』）とあるように、阿倍内親王が立太子した。従来は前大王の死没時に次期大王候補者が複数いるとかまったく弱年者しかいないとかの状況に応じて、大后が政争を抑えるとか、候補者の成長を待つために即位した。そうした状況になるかどうかは、前大王の死没時における候補者たちの状況によるから、なりそうだからと予想して女性の皇太子を立てておくことなどありえなかった。女帝は急になるものであって、あらかじめ立太子などしない。その点で、阿倍内親王の立太子は、そうした旧来の常識を破るものだった。

これには、神亀五年（七二八）九月に光明子所生の基王が死没し、その年のうちに夫人の縣犬養広刀自が安積親王を産んだことが関係した。

基王の病没と安積親王の誕生という事態を承けて、翌天平元年八月二十四日、藤原氏は光明子の立后という対応策をまず取った。夫人から皇后に冊立され、皇后が有する後宮管理権と後継者問題の発議権を獲得したのである。この狙いは、聖武天皇の後継者の外戚氏族が藤原から縣犬養へと移ってしまうのを防ぐことにあった。夫人の光明子がこのさき男子を産んでも、同じく夫人の縣犬養広刀自所生の安積親王は年長の皇子であり続ける。これでは安積親王の即位が順当で、外戚は母方の縣犬養氏となる。そこで光明子が産むであろう第二皇子を同格の夫人の子同士とならぬよう、正妻所生の嫡子とするために光明子は皇后となった。

しかし藤原氏の対応策は、それだけに留まらなかった。皇后所生の第二皇子が安積親王を超えて即位する準備はできた。だがそれは環境を調えただけであって、懐妊した場合でも、第二皇女の蓋然性がほぼ五割。皇子であっても、また夭逝するかもしれない。現にいない皇子が生まれると予想してその処遇をあらかじめ決めただけでは、対策じゃない。阿倍内親王がいて、安積親王は成長しているのに、皇后所生の第二皇子はいない。それが眼の前の現実であり、この条件のまま進む蓋然性がある。そうと仮定したら、天平元年という時点で藤原氏はどういう対応策を取りうるのか。さきを見通して、最善となる策を立てておく。それが政治家だろう。自分に都合の好い予想だけを立て、希望を胸に懐き、天の加護・恵みを待って光明皇后の男子懐妊を祈るだけで済ませる。そんな鷹揚で能天気な政治家集団など、どこにいるというのか。

そこで立てられた策とは、将来のこととしてだが、事態がこのまま推移した場合には、安積親王と阿倍内親王を結婚させる。あるいは皇后所生の第二皇子がかりに生まれても、その誕生の時期によっては、阿倍内親王と安積親王を結婚させる。それが、藤原氏の考え得る最善策でなかったか[12]。

天皇家の異母兄妹間の結婚は、欽明天皇の子で石姫皇后（宣化天皇の娘）所生の敏達天皇と蘇我堅塩媛所生の額田部皇女（推古天皇）の例があり、同母兄妹の婚姻でなければ忌避されない。この時点の安積親王は一歳で、養老二年（七一八）生まれの阿倍内親王は十一歳。もちろん、このときはできれば第二皇子・第三皇子の出産やその立太子が望ましいと考え、必ずしも施行するつもりまでなかったかもしれないが、心の準備と覚悟くらいしたろう。

ところが天平も八年あたりになり、阿倍内親王が十八歳となっても、光明皇后に懐妊の兆しがなく、第二皇子は生まれない。切札である阿倍内親王をだれと結婚させるか、そろそろ藤原氏部内では決めてあるそれを明らかにすべき時期となった。吉備内親王は二世王の長屋王と結婚させたのに、姉の氷高内親王が結婚しないのは不思議と思われ、廷臣たちはそこに何らかの陰謀を感じたろう。同様に超一級の貴種である阿倍内親王が結婚しないことは、さまざまな政治的臆測を呼ぶ。だから、適齢期になっているのに、どうして結婚の相手の選定がなされないのかをはっきりさせなければならない。意中の配偶者は安積親王だといいたいところだが、発表しようにも安積親王がまだ適齢期になっていない。誕生すべき皇后所生の第二皇子と成人に向かう安積親王を秤にかけ、どちらかを待っていたのが、天平十年代の政界のありようだった。

そんななかだったが、見切り発車のように藤原四子と光明皇后の案のうちの後者に向けて具体化をはじめざるをえなかった。阿倍内親王の立ち位置を内外の廷臣たちにはっきりすべきときが来ていた。そこで、まずは阿倍内親王を立太子させた。その意味は、安積親王が成人して将来天皇となるとしても、その前に藤原腹の阿倍内親王が政治的に優位な立場にあると知らしめる。皇太子の座を奪うことで、阿倍内親王が草壁皇統の嫡系かどうかとかの理屈ではなく、天皇位にすでに近くなっている藤原腹の阿倍内親王と結婚しなければ、安積親王の即位は認められないという姿勢を示した。つまり安積親王に皇太子となった阿倍内親王の夫、やがては孝謙天皇の夫となり、藤原系の皇統に取り込まれる形になるよう求めたのだ。

ここからさきは、①阿倍内親王が皇太子を辞して、天皇・安積親王の皇后となり、その間の男子を世継ぎとすることで藤原系と縣犬養系を統一する。②阿倍内親王がさきに即位して、しばらくして安積親王に譲位する形。孝謙上皇と天皇・安積親王の夫婦共同統治という二案がある。実現しなかったのでどちらとも判断しづらいが、おそらくは後者である。

立太子からさきの数年は、安積親王が結婚年齢に達するのを待つだけだった。安積親王が十七〜八歳になる天平十七〜八年を、光明皇后や藤原四子の子たちはただ待ちわびた。

ところが天平十六年閏正月十三日、安積親王は十七歳で病没。阿倍内親王の立太子工作と安積親王の処遇案は意味を失い、この計画は頓挫した。しかもこのころから聖武天皇が病気がちになり、譲位が取り沙汰された。皇太子であった阿倍内親王は、やむなく孝謙天皇として即位した。

この理解によって、かねて不思議に思っていたことが解消する。

というのは、橘奈良麻呂は佐伯全成にクーデタ計画への参加を求め、「陛下の枕席安からず、殆ど大漸に至らんとす。然れども猶皇嗣を立つること無し。恐らくは変有らん」（『続日本紀』天平宝字元年七月庚戌条）と口にしたという。だが、これが女性である阿倍内親王では皇嗣とならないという意味だったのなら、天平十年にこの台詞をいっていたはずだ。なぜ天平十七年だったのか。それが、筆者には分からなかった。これは、こういうことだったのだ。すなわち、安積親王が死没して、すでに廷内に知られしかも廷臣間では支持が多くて高い期待が寄せられていた「阿倍内親王と安積親王の共同統治案」が烏有に帰したから。それから一年経っても代替案は示されず、白紙のままで無為無策。阿倍内親王は安積親王との間を繋ぐためにいたのに、安積親王に替わる繋ぐべき相手は今度はまったく決まらない。聖武天皇の不予・重病という情報もあるなかで、後継者問題について審議するという皇太后の発議すらないという不安定な状況が、廷内の一波乱・政変が起きる危険性を感じさせたのであろう。

この阿倍内親王の立太子案は、かねて不婚で待機させられながら長親王・弓削親王らの反対で即位を危うく阻まれそうになった元正上皇の希望も考慮し、藤原氏・光明皇后のもとで立てられたもののようだ。聖武天皇もその案を承認したろうが、案作りそのものに参画していたようには見えない。

そう思うのは、聖武天皇が娘・不破内親王の婿・塩焼王に期待を寄せているからだ。聖武天皇にとっては、藤原系も縣犬養系もなく、ともに息子であり娘である。そこで不破内親王を通して草壁皇統を繋げようと、塩焼王に近づいていた。だが期待に反し、塩焼王は天平十四年十月に女孺四人とともに平城宮の獄舎に下されたのち伊豆国三島に流された。しかしこの時点で塩焼王に期待を寄せていたのなら、聖武天皇は阿倍内親王と安積親王との結婚・共同統治に必ずしも賛成でなかったのだろう。後述のように天平勝宝八歳（七五六）五月に光明皇太后との協議もないまま「道祖王を皇太子に」と遺詔したことも、両者の擦れ違いを感じさせる。光明皇太后と孝謙天皇が道祖王をすぐに廃太子したことからみても、聖武上皇は光明皇后と話し合っておらず、藤原氏の立案に参画していないようだ。

阿倍内親王は未婚のまま立太子し、ついで独身のままの孝謙女帝であり続けた。これによって結果として元正女帝と同様な「女帝は独身」という形になってしまった。しかし光明皇太后は、未達成となった「配偶者のいる女帝」案をまったく諦めることなく、計画の実行を一途に追い求めていた。そしてその成就された形が、孝謙女帝と淳仁天皇との結婚であった[13]。

聖武上皇は天平勝宝八歳（七五六）五月二日に死没するが、孝謙女帝の後継者は遺詔していた。娘婿の一人・塩焼王がだめなら、もう一人の娘である井上内親王の婿の白壁王（のちの光仁天皇）にするかと思いきや、天智天皇系の白壁王はさすがに憚られて採用しなかった。そこで、血の繋がらないのを承知で、塩焼王の弟の道祖王を指名した。しかし事前にこの案を光明皇太后に話していなかったらしく、約一年経った天平勝宝九歳三月に皇太后は孝謙女帝と臣下たちを集め、道祖王の廃太子を決定した。そして、翌月大炊王の立太子を決めた。

この大炊王がのちに淳仁天皇となるのだが、この天皇にはいろいろと不可思議なところがある。

第一に、孝謙天皇から譲位されたのは天平宝字二年（七五八）八月一日で、ふつうなら天皇が変われば改元される。ところが改元されないまま、天平宝字八年十月に廃帝とされる。一度も自分の元号を立てていない。改元されないのは、前の天皇の統治が続いていることを意味する。(14) つまり孝謙上皇が変わらずに統治者として君臨している。それならば、統治者としての淳仁天皇などそもそも不要で、いったい何のための天皇だったのか。

第二に、淳仁天皇には皇后が置かれていない。また妃・夫人なども見られない。藤原仲麻呂の私邸・田村第に居候していたときには粟田諸姉という内縁の妻がいたが、立太子にさいして諸姉は後宮職員に採用されただけ。夫人にはされていない。となると聖武天皇が没した以上、聖武天皇と光明皇后の血を承けた皇子女は孝謙女帝しかいない。その孝謙女帝が結婚していないのだから、淳仁天皇を即位させれば淳仁天皇系に皇統が移動することになる。それならばそれで、いちはやくまたたくさんの淳仁天皇の子女が必要となるはずである。にもかかわらず、なぜ妃・夫人・嬪などをまったく納れないのか。かりに諸姉がなお妻でいたとしても、皇統を繋ぐ子が現に出生していない以上、夫人などを後宮に納れるべきだろう。それとも淳仁天皇をワン・ポイントで登極させて、またぞろ後継者を巡る争いを続けさせたいのか。淳仁天皇の登極が解決法だったのなら、これによって何が解決されようとしていたのか。

この二つの疑問は、光明皇太后のある思惑を嵌め込めば解ける。

それがさきに記した、孝謙女帝と淳仁天皇との結婚なのだ。淳仁天皇が皇后・夫人などをいっさい納れないのは、孝謙女帝との間の子しか要らないからである。孝謙女帝を通じて、聖武上皇の血を繋がせる。そのための婿であり、本命は聖武上皇の孫となる淳仁天皇・孝謙女帝との間の子である。つまり純粋に淳仁天皇にはじまる皇統に移譲してしまうつもりなどなかった。妻を上皇とし、夫が天皇となる。「阿倍内親王と安積親王の婚姻という解決策」で立てた構想を、光明皇太后は忘れていなかった。いや一貫してその構想の実現を目指していた。孝謙女帝は上皇となっても統治は続けるから改元しないが、天平宝字二年八月以降は夫である淳仁天皇と共同統治する。十四年前に一度は頓挫したかに見えた「上皇・天皇の二人天皇体制」をついに成就させたのである。

淳仁天皇と孝謙上皇が夫婦関係とされていたことは、当時の人たちも知っていた。『続日本紀』にある即位の宣命に淳仁天皇は「前の聖武天皇の皇太子と定め」（天平宝字三年六月庚戌条）られて即位したとあって宮廷内でも淳仁天皇が孝謙女帝の娘婿つまり聖武天皇の義理の子となったことが諒解されていたし、『日本霊異記』（新編日本古典文学全集本）には仲麻呂追討のことを「大炊の天皇、皇后の為に賊たれ」（下巻三十八縁）と記していて、京内外の人々も仏教説話を聞くことによって二人の関係を知りえた。

じっさいには仲を執り持った光明皇太后が死没すると、孝謙上皇（称徳天皇）は看病にあたってくれていた道鏡を寵愛し、一方の淳仁天皇は藤原仲麻呂に依存して執政しはじめたため、しだいに隙を生じた。天平宝字八年九月十八日、孝謙上皇がついに仲麻呂を追討し果たすと、翌月には淳仁天皇もその一味として廃帝とされ、天平神護元年（七六五）十月二十二日に配流先の淡路島で変死させられた。

結果は予期せぬことになったが、光明皇太后によって女帝像は大きく変わった。「女帝は立太子しない」との慣習を破って、男帝と同様に皇太子になる前例を作った。そして女帝を軸となる上皇とし、男帝を天皇とする共同統治体制を作り上げた。「天下は朕が子いましに授け給ふ。事をし云はば、王を奴と成すとも、奴を王と云ふとも、汝の為むまにまに」（『続日本紀』天平宝字八年十月壬申条）という聖武天皇の詔も裏付けとなって、もはや女帝は完全な主権者であり、権限の執行範囲を制限された中継ぎじゃなくなった。だからついに譲位することなく、帝位を終身離れなかったのである。譲位しなかった女帝はじつに推古女帝以来であったが、このときの女帝はすでに男帝と遜色ない「完全なる天皇」に成長していた。

四　女帝の制度的確立を目指して――井上皇后の謀反

宝亀元年（七七〇）八月、称徳天皇は後継者を指定することなく死没したようだ。側近の吉備由利が内意を聞いていて、右大臣・吉備真備は由利からその遺志を伝えられていたともいう。その虚実・当否はともあれ、真備は、長親王の子である文室浄三《ふんやのきよみ》・大市（邑珍とも）を推した（『日本紀略』〔新訂増補国史大系本〕宝亀元年八月癸巳条所引「百川伝」）。それなのにとうとつに遺詔が発表され、白壁王が立太子し、その十月に光仁天皇として即位した。

白壁王の父は天智天皇の子・志貴皇子（施基・芝基とも）であり、壬申の乱後は天武系諸皇子が代々天皇となったり天皇候補とされてきたが、天智系皇子は埒外《らちがい》とされてきた。近年、天智系・天武系という分別はその時代になく、同格・同等に扱われていたとする見解も示されている(15)。しかし、天智系に対する差別感があったことは事実である。聖武天皇は娘・不破内親王の婿・塩焼王を後継者と一時は目《もく》したが、眼鏡違いと認めて配流にした。それならつぎの後継候補は娘・井上内親王の婿・白壁王であるはずなのに、遺詔では白壁王を採らず、塩焼王の弟・道祖王を指名した。白壁王では宮廷内の支持が得られないと思えたからであり、天智系・天武系のこだわり、天智系への差別感は強くあった。

ともあれ白壁王は光仁天皇となり、十一月、正妻である井上内親王が皇后に冊立された。ところがそれから一年半も経たないうちに、井上皇后は大逆罪で逮捕されて皇后の地位を下ろされた。大逆罪は重罪中の重罪で、廃后のさいの宣命では「裳咋足嶋《もくいのたるしま》、謀反の事、自ら首《あらわ》し申せり」「謀反の事に預かりて隠して申さぬ奴等」（『続日本紀』宝亀三年三月癸未条）などといっているから、謀反すなわち天皇をじかに廃立しようと画策したものと思われる。

いったいどういう事件だったのかを、解いてみよう。

井上内親王は、養老二年（七一七）の生まれのようだ。『水鏡』（岩波文庫本）に「宝亀三年に帝井上の后と博奕《はくえき》し給ふとて……この后御年五十六になり給ひき」（八十九～九十頁）、『霊安寺御霊大明神略縁起』（巻第六十六［神祇部六十六］、続群書類従本）に「宝亀六年乙卯四月廿五日ニ、御年五十九歳ニテ御カクレアリキ」（三四〇頁下段）とあり、ともに逆算すると出生は養老二年となる。『霊安寺御霊大明神略縁起』は長禄二年（一四五八）の成立で、『水鏡』の方が十二世紀末の成立だからすこしましだが、ともにいまいち信憑性が低い。しかし推測の手がかりがほかにないので、とりあえずこれに従っておく。父は聖武天皇、母は夫人の県犬養広刀自で、安積親王・不破内親王という弟妹がいる。元正女帝の即位にあたり養老五年（七二一）九月に「皇太子の女井上王を以て斎《いつき》内親王と為す」（『続日本紀』養老五年九月乙卯条）とあって、斎宮として伊勢に送られた。わずか五歳であった。二十二年後の天平十六年（七四四）閏正月に実兄の安積親王が死没し、解任されて二十八歳で平城京に帰還した。ほどなく白壁王と結婚する。娘の酒人《さかひと》内親王は天長六年（八二九）八月に七十六歳で没しているので、逆算すると天平勝宝六年（七五四）三十八歳で酒人内親王を産んだ。つぎの他戸《おさべ》王は、『水鏡』によると「この御腹の佗戸親王は、帝の第四の御子にて、御年なども未だ幼なくおはしまして、今年十二にぞなり給ひしかども、……こぞの正月に東宮にたち給ひしぞかし」（九十頁）とあり、宝亀二年正月二十三日の立太子のときは十一歳だった。すると井上内親王は四十五歳（天平宝字五年）で他戸王を産み、他戸王は宝亀六年四月二十七日に十五歳で没したこととなる。なお、四十歳代の出産はその当時決して高齢出産というわけでもなく、どこにでもざらに見られた(16)。

白壁王と結婚したのがいつなのかは明瞭でないが、井上内親王が二十八歳（七四四）から三十六歳（七五三）までの間で、おそらくその早い時期であろう。というのは、白壁王の嫡妻だった高野新笠《たかののにいがさ》がその地位を奪われ、そのために子の山部王（のちの桓武天皇）・早良《さわら》王の血統断絶が策される。山部王は王子女が生まれないよう婚姻を止められ、早良王は出家・受戒の上で大安寺に入れられている。

井上内親王所生の王子女の血脈だけが残るようにしているのだから、白壁王が聖武天皇の娘婿として有力視されていたのか。白壁王は龍潜《りゅうせん》のときつまり天皇になる前に、多くの皇族たちのように政変に巻き込まれて失脚・落命しないよう「或は酒を縦《ほしいまま》にして迹《あと》を晦《くら》まし、故を以て害を免るるは、数《あま》たたびなり」（『続日本紀』光仁天皇即位前紀）といい、聖武天皇の譲位以来、自分が皇位継承者に担がれないよう身を隠してきた、という。つまりは、有力な皇位継承者と見なされていたかのように語っている。だがさきに見たように、聖武天皇は不破内親王の婿・塩焼王を後継者にと期待しても、その次には井上内親王の婿より、塩焼王の弟を優先している。天平廟堂における白壁王は、「すくなくとも後継者争いでは、天智系ゆえに埒外の皇子」扱いだったのだ。

　それが臣籍に降下した皇族（文屋浄三・大市のこと）よりは、天智系の王族の方がまだよいという理由で、藤原良継・永手・百川らに擁立された。[17]もちろん天智系皇子は一代限りで、そのあとは聖武天皇の血を引く井上内親王の子・他戸王が継ぐ。つまり聖武天皇→光仁天皇→他戸王で「聖武天皇系の男子の血統にやがて戻る」計画だということで宮廷内の諒解が得られていた。吉備真備らにとっても、遺詔の偽造を疑い、啞然としながらも、ことさらに事を荒立てて反対しなければならないほどの奇策でもなかった。

　しかしそれらは男系の相続で見ているからで、井上皇后の目にこの状態はどのように映っていたか。夫の白壁王は天皇で、子の他戸王もやがて天皇となる。自分だけが埒外にあって、皇后として夫と子に影のように寄り添って見守るにすぎない。そういう役回りである。しかし天智系の夫が天皇になれるのは、自分のおかげでないのか。聖武天皇の血を引く他戸王が皇太子にふさわしいというのなら、他戸王よりも自分の方が聖武天皇の血をもっと多く引いている。なにしろ自分は聖武天皇の娘であって、倉本一宏氏流に表現するなら「聖武天皇濃度」１／２である。他戸王は１／４にすぎない。光仁天皇などは、母が紀橡姫、祖母が越道伊羅都売。「聖武天皇濃度」どころか、溯っても「草壁皇子濃度」「天武天皇濃度」は皆無である。

そこで顧みるに、天皇としてもっともふさわしいのは自分でないのか。光仁天皇が即位する根拠も、他戸王が即位する源も、もとはすべて自分に発している。自分こそが即位するのにふさわしい人なのだ。しかも、その寸前まで眼前にいて統治していた前天皇・称徳女帝と自分とでは何が違うのか。藤原氏からみれば大違いだろうが、井上皇后からみれば「同じく聖武天皇の娘」である。はじめこそ孝謙女帝は独身でいたが、淳仁天皇と結婚して、上皇・天皇の組み合わせとすることでこの問題は解決している。自分が即位すれば万事解決する。それでもなお白壁王をあえて天皇にしたいというのなら、自分を皇后でなく、天皇としたあとすぐに上皇にすればいい。あるいは光仁天皇をもう即位させてしまったというのなら、光仁天皇がすぐにでも譲位して上皇となり、井上皇后を天皇として共同統治者にすればいい。孝謙女帝のときにできていたことが、自分のときにはなぜできないのか。女帝が天皇として完成されてしまっているのに、女帝になれるのに、なぜ我慢させられて、ことさらに不適格な光仁天皇を立てつづけているのか。孝謙（称徳）女帝の後塵をつねに拝してきた屈辱感と憤りが蘇《よみがえ》って、光仁天皇の退位を求める巫蠱《ふこ》による大逆事件となったのではないか。

まさに女帝になる人物としての自覚と自負心が、すでにできあがっていた。「女帝としての登極はもはや自分の確乎たる権利である」と、彼女には確信していえる状況にあったのだろう。

宮廷びとからすれば、女帝は成長しすぎた。男帝と並んで女帝が即位を要求するようになっては、候補者が多くなりすぎる。本来の「男帝から男帝への継承」を望む声が高くなり、井上皇后の声は圧殺された、のである。仁藤智子氏（前掲「女帝の終焉」）は、井上皇后の娘・酒人内親王が桓武天皇妃となったものの、藤原乙牟漏を立后させたことで女帝の時代にピリオドが打たれた、とされている。再確認はたしかにそのときとなろうが、井上皇后の登極を力づくで阻んだときこそが、女帝のほんとうの終焉時期だったと思う。女帝が成長して完成しきれたことが、皮肉にも、女帝滅亡の原因となったのである。

【注】

（1）「女帝の終焉」（『日本歴史』八三七号、二〇一八年二月）

（2）『皇位継承のあり方』（ＰＨＰ新書、二〇〇六年）一六七頁。

（3）筆者は、応神天皇が大和王権で一次的な創業者と見られていたと見ている。拙稿「応神天皇の祖型」（『古代の王朝と人物』所収、笠間書院、一九九七年）参照。

（4）三田村泰助氏著『宦官』（中公新書、一九六三年）七十七頁。

（5）遠山美都男氏著『大化改新』（中公新書、一九九三年）二一一〜三頁。

（6）『女帝と譲位の古代史』第二章飯豊皇女、三十五〜五十九頁。（文藝春秋、二〇〇三年）

（7）拙稿「蘇我入鹿と乙巳の変」（『翔』六十号、二〇一八年八月）本書所収。

（8）『偽りの大化改新』（講談社現代新書、二〇〇六年）九十頁。

（9）拙稿「元正女帝の即位をめぐって」（『白鳳天平時代の研究』所収、笠間書院）

（10）『天平の三姉妹』（中公新書、二〇一〇年）二十三頁。

（11）「元正天皇と赤漆文欟木厨子」『橿原考古学研究所論集』［第十三］所収、一九九七年。のち『日本古代史料学』（岩波書店、二〇〇五年）に収録。
（12）拙稿「阿倍内親王の立太子構想」（『歴史研究』六七三号、二〇一九年八月）
（13）拙稿「淳仁天皇の后をめぐって」（『白鳳天平時代の研究』所収、笠間書院、二〇〇四年）
（14）室町時代になると、天皇の即位と改元が照応しない例が頻出する。後円融天皇は応安四年［一三七一］、後小松天皇は永徳二年［一三八二］、称光天皇は応永十九年［一四一二］にそれぞれ即位したが、改元されていない。以降も後土御門天皇・後柏原天皇・後奈良天皇などに、そうした例が見られる。これは宮廷財政が枯渇しており、即位式のあとに改元の儀を行う資力が不足していたためである。
（15）遠山美都男氏著『古代の皇位継承』（吉川弘文館、二〇〇七年）
（16）拙稿「養老五年下総国戸籍にみるいわゆる高齢出産者の年齢」（『歴史研究』六四九号、二〇一七年三月）・「東国御野・大宝二年戸籍にみるいわゆる高齢出産者の年齢」（横浜歴史研究会創立三十五周年記念誌「壮志」、二〇一七年十一月）
（17）倉本一宏氏著『奈良朝の政変劇』（吉川弘文館、一九九八年）

※本稿の基本は平成三十年三月十七日に大神神社大礼記念館で開催された第二六七回三輪山セミナー「女帝たちの成長―飛鳥から天平へ―」の講演内容を筆記したものだが、「三、変質する女帝　②立太子・結婚を導入した光明皇后」部分は、二〇一八年十二月に加筆修正した。

（「翔」五十九号、二〇一八年四月）

桓武天皇の即位事情とその政治構想

一　渡来系氏族と白壁王

平成十三年十二月、今上《きんじょう》天皇はサッカー・ワールドカップの日韓共同開催にふれて「桓武天皇の生母が百済の武寧王《ぶねいおう》の子孫であると、『続日本紀』に記されていることに、韓国とのゆかりを感じています」と述べられた。

桓武天皇（山部王）は、天平九年（七三七）、白壁王《しらかべ》（のちの光仁天皇）と高野新笠《たかののにいがさ》との間に生まれた。新笠は高野朝臣《あそみ》氏の出身となっているが、そもそもは和史《やまとのふひと》氏の一員である。高野朝臣を名乗る人が二人しか見当たらないので、白壁王が即位したため、顕彰して妻・新笠と舅に当たる和乙継《おとつぐ》の氏・姓《かばね》だけを改めさせたものらしい。もとの和史氏は百済系渡来人で、百済王の末裔と称した。

そのことは『続日本紀』（新訂増補国史大系本）延暦八年（七八九）十二月壬子条の新笠崩伝に、

皇太后、姓は和氏、諱《いみな》は新笠。贈正一位乙継の女《むすめ》なり。母は贈正一位大枝《おおえ》朝臣眞《ま》妹《いも》なり。后の先は、百済の武寧王之子純陁《ジュンダ》太子より出づ。

とあり、この記事がさきの発言の根拠である。崩伝ではこれに加えて、百済の遠祖・都慕王《ツモ》（朱蒙《チユモン》）は、河伯《かわのかみ》の女日精《にっせい》に感じて生める所なり。皇太后は、其の後《すえ》なり。
因りて以て諡《おくりな》を奉つる。

ともある。

史のもともとの意味はフミヒト（文人・書人）で、朝廷の文書作成・記録に携わる渡来系氏族に付けられた姓である。

加藤謙吉氏によれば、大和政権の行政機構に伴う文書事務の担い手の必要性と南北朝統一の兆しが見られる国際情勢に対応した外交業務を推進するために、六世紀半ばから後半にかけて渡来系氏族の有識者を選抜して大和王権の傘下に再編・組織して造り出した集団であるらしい。難波吉士《なにわのきし》も大和王権の外交問題の解決のために組織された渡来人集団だが、伽耶《かや》出身者による難波吉士は新羅の「任那《みまな》の調」貢進を推進することを目的としたので、大化二年（六四六）貢進内容が変更されると役務を失った。これに対し、史姓は遣唐使などによる対中国外交に携わり続け、九世紀まで外交の舞台で活躍した、という(1)。

右のような由来だったのなら、史姓氏族は、数多い渡来系氏族のなかから選抜されたエリート集団である。そこでその待遇にふさわしく武寧王の末裔という説話が掲げられているが、それははたして事実だろうか。

武寧王は百済十八代目の王であり、『新撰姓《しんせんしょうじ》 氏録考証《ろくこうしょう》』は後継王子の余昌（威徳王）が純陁にあたるとする。また『日本書紀』（日本古典文学大系本）武烈天皇七年四月条に百済王が骨族《こつぞく》（王族）の斯《し》我《が》君を派遣し、その斯我の子・法師君が倭 君《やまとのきみ》氏の祖《おや》となったとあり、その倭君氏が和史氏の前身と推測されてもいる。しかし余昌が純陁と同一人という証拠も、斯我が王族だったかも、ともに疑わしい。名が一致しないのは後世の付会と見るべきで、武寧王に接続させるために子（祖）の名を捏造し、始祖を加上《かじょう》したと受け取るのが穏当だ。

それにしても、なぜ皇族が渡来系氏族の人と姻戚関係を結んだのだろう。

というのは、少なくとも平安初期の宮廷には渡来人に対する強い偏見があったからだ。桓武天皇の外祖父・乙継の孫で、皇太后・新笠の甥にあたる和史（のち朝臣）家麻呂《いえまろ》は従三位中納言に昇ったが、『日本後紀』（新訂増補国史大系本）延暦二十三年四月辛未条の薨伝には「人と為《な》り木訥《ぼくとつ》、才学無く、帝の外戚を以て特に擢《ぬ》き進め被《ら》れたとある。それに続けて「蕃人相府《しょうふ》に入るは、此より始まる」と書かれ、貴職についた家麻呂だが身分の下の者でも旧知の人には厭わず手を握りつつ親しく語り合った、という。つまり廷内では蕃人と蔑《さげす》まれ、周りの貴族たちから親しく遇されることがなかったわけである。それなのになぜ、よりによって血の高貴さを尊ぶ皇族がそういう渡来系氏族と姻戚関係を結んだのか。

それは、おそらく藤原氏の影響であったろう。

藤原氏では、不比等が田辺史氏に養われたことに因《ちな》んで、田辺氏の姓である史を名乗った。また不比等の娘・安宿媛《あすかべひめ》つまり光明皇后の名は、河内国安宿郡（大阪府柏原市南部と羽曳野市南東部）に因むらしい。この安宿郡は百済の昆有王（末多王とも）の後裔と称する安宿戸氏（飛鳥部氏とも）の本拠地だが、田辺史氏の本拠地でもある。『日本書紀』雄略天皇九年七月条には「飛鳥戸郡の人田辺史伯孫《はくそん》が女《むすめ》は、古市郡の人書首《ふみのおびとか》加龍《りょう》が妻なり」とあり、伯孫は本拠地の飛鳥戸郡から娘を嫁がせている。

不比等にとって安宿郡は馴染みの地であり、かねて見知った同郷氏族に娘の養育を委ねたのだろう。(2)それに桓武天皇の寵愛した女孺《にょじゅ》・百済永継は、安宿奈杼麻呂《などまろ》（飛鳥部奈止丸）の娘でもある。不比等を事実上の祖とする藤原氏の周縁には、渡来系氏族が数多くいたものと思われる。

たとえば秦氏。秦氏との間には、姻戚関係を築いている。藤原式家・種継は秦朝元《ちょうげん》の娘の、北家・葛野麻呂《かどのまろ》も秦嶋麻呂の娘の子である。かなりのちの人物の話をしていると思うかもしれないが、種継の父・清成が母と結婚したのは、清成の父・宇合《うまかい》の計らいによる。当時の婚姻はもとより政略結婚であり、結婚する清成本人の意思でなく、その父母の意思である。とすれば秦氏の娘との婚姻は、種継の血縁関係やそれに伴う政治基盤の話でなく、二世代上の宇合の地域構想や政治思考が表現されているのだ。同様に、南家・継縄の妻は百済王明信だが、婚姻の差配は父・豊成の意思である。葛野麻呂の父・小黒麻呂《おぐろまろ》が秦氏の娘を娶ったのも父の鳥養か、祖父が存命中の縁組だから房前の意思かもしれない。不比等、次世代の房前・宇合、その次の世代の豊成・鳥養らに、渡来人との婚姻を受け容れる考えがあった、ということである。

加藤謙吉氏によると、(3)秦氏は広域に分布する膨大な集団を傘下に収める巨大氏族で、諸史料からすると東は上野・下野・武蔵、北は加賀・越中、西は筑前・豊前まで、三十一ヶ国・八十郡にいた。氏族員は『日本書紀』欽明天皇元年八月条には秦の戸籍登録者数「七千五十三戸」、『新撰姓氏録』山城国諸蕃では秦の民の総数「九十二部、一万八千六百七十人」とある。秦氏は六世紀半ばの欽明朝ころ、「渡来系のミツキの貢進集団として、人為的に編成された」（一二八頁）もので、大和王権におりおりに必要なものをミツキとして造り出す集団であった。そのさいのおもな貢進物が養蚕・機織製品だったからハタと呼ばれたが、屯倉《みやけ》や蔵の管理にも、土木にも、朱砂・水銀・銅採取などの鉱業や製塩業にも、要望に応えながら乗り出していった。ただし作業内容に高度な生産技術を伴わなかったため、官僚機構で高官につく族員を出すことはなかった。また氏族内部も統制がとれておらず、族長権も十分に確立していなかった、とされる。それでも広範囲な族員の分布と多数の人材は魅力的である。木本好信氏によれば、(4)平城京北隣の山背国は北部の葛野郡・愛宕《おたぎ》郡が秦氏の本拠地で、中南部の宇治郡・紀伊郡・久世《くぜ》郡にも族員が分布している。紀伊郡には秦大津父《おおつち》(『日本書紀』欽明天皇即位前紀)、久世郡には秦男公《おぎみ》・弟麻呂(『大日本古文書』四巻四二七頁)が見えるし、最南の相楽《さがら》郡での恭仁《くに》京大宮垣築造の功績で秦嶋麻呂は十四階特進して従四位下に昇った。破格の昇進は、破格の業績があってこそ。そうした業績を上げえたのは、秦氏の力がこの地域に及んでいたからだ。平城京への遷都を導いた藤原氏にとり、その北に本拠地を持って全国に組織網を巡らせる秦氏との接触・提携は望むところで、時間の問題だったろう。

宮廷内には前記のように渡来人を蕃人とする差別感が汎《ひろ》く根強くあったが、藤原氏にそうした傾向は見られない。小黒麻呂は兵部卿・民部卿などを歴任して大納言に昇り、種継は近衛少将・左衛士督などの武官や式部卿を経て中納言に昇った。藤原氏のなかで議政官に昇る者は八省の卿や六衛府などの武官の長となるが、彼らは出世街道を順調に辿っていて、渡来系氏族の出身者が母であることが支障となった形跡などない。

藤原氏のこうした開明的な感覚に倣って、白壁王も渡来系氏族との婚姻を受け容れたのだろう。もちろん天武系皇子しか持て囃されず、施基《しき》皇子の子で天智系皇子はいわば冷や飯食い。そうした注目されない環境に置かれていたからでもあるが。

二　山部王の登極

山部王が即位するには、前提として父・白壁王が天皇になっていなければなるまい。二世王ならまだしも、一介の三世王では即位など話にならない。さらに白壁王も天智天皇の血統であって、天武系皇子の即位しか考えられていないこの時期にはまったく天皇候補でなかった。

奈良中期の天皇は、聖武上皇の娘・孝謙天皇（のち称徳天皇）である。しかし孝謙天皇は独身の女帝であり、その後継者は決まっていなかった。そこから話をはじめてみよう。

まず聖武上皇・光明皇太后の当初の考えは、自分たちの子を即《つ》けるつもりで、基《もとい》王が生まれるとすぐ皇太子に立てた。二歳で基王が没した後は、次男の誕生に期待した。じっさいに生まれないなかでは、夫人《ぶにん》・縣犬養広刀自《あがたいぬかいのひろとじ》所生の安積《あさか》親王が恃《たの》みの綱だった。しかしその安積親王も十七歳で死没すると、聖武上皇は次善の策として娘・不破《ふわ》内親王の嫁ぎ先の塩焼《しおやき》王（新田部《にいたべ》親王の子）を後嗣にと内々思い定めていた。女系を通じて聖武上皇の血脈が承け継がれるからである。ところが塩焼王は後宮に勤務する女孺らと不祥事を起こして天平十四年（七四二）十一月伊豆三嶋に配流《はいる》となり、廷内で品性・資質を疑われることとなった。そこでもはや自分の血脈を諦め、遺詔では塩焼王の弟・道祖《ふなど》王を皇太子に指名した。だがそれは、光明皇太后らにいとも簡単に覆された。

光明皇太后は、聖武上皇の子の出産を最後まで追い求めたが、聖武天皇の死没で果たしえないことが確定した。すると孝謙女帝の子の出産を模索し、大炊《おおい》王（舎人《とねり》親王の子）を淳仁天皇として孝謙天皇と同格とするとともに夫として添わせた。淳仁天皇に皇后・夫人などがいっさい見えないのは、孝謙女帝との間の子でなければ、聖武天皇の血脈を継がないからである。[5] しかし光明皇太后の存命中は二人の仲も続いたが、死没するや仲違いを生じた。藤原仲麻呂の乱に関与した罪で淳仁天皇は廃帝となり、淡路に流された上でたぶん処刑された。

称徳天皇は深く仏教に帰依したこともあって、法王に任じた道鏡を天皇に即けるつもりがあったようだ。天皇にする意思がまったくなければ、宇佐八幡の「道鏡を天皇に」という託宣がほんとうかどうかなど確かめさせまい。却下または無視すればよいだけなのだから。このことについて遠山美都男氏は、聖武上皇の娘・井上《いのえ》内親王が白壁王との間に他戸《おさべ》王を産んでおり、他戸王に繋ぐだけの役割ならば道鏡でもよかった、と肯定されている。[6]

称徳女帝は結局後継者を指名しなかったようで、右大臣吉備真備が廷内の意見を纏めようとして、天武系の長《なが》親王の子・文室浄三《ふんやのきよみ》ついでその弟の大市《おおち》を推した。後宮で称徳女帝に近侍した吉備由利（真備の子か姉妹）を通じて内意を聴いていたともいう。だが内意が決まっていたのならば、詔を遺したであろう。ともあれ天武系の三世王以上は他に志計志麻呂《しげしまろ》・川継くらいしか存命でなく、[7] 彼らを仲麻呂の乱の罪人の子として除くと、異論の立てようのない良案であった。

しかし藤原永手《ながて》と良継（宿奈麻呂《すくなまろ》）は、浄三には子が多くて次世代で問題を起こしかねないという副次的な理由で強硬に反対した。浄三・大市もとりあえず辞退したため、真備の提案は頓挫。さらに百川《ももかわ》（雄田麻呂《おだまろ》）が画策して称徳女帝の遺詔と称する偽りの宣命《せんみょう》を読み上げ、白壁王の擁立を決めさせてしまった（『日本紀略』［新訂増補国史大系本］宝亀元年八月癸巳条所引百川伝）。

では、白壁王は藤原氏になぜ擁立されたのか。

遠山美都男氏は、(8)天武系と天智系とが対立しているという構図を疑い、そもそもそうした分け隔てがなかった、とされた。たしかに聖武天皇は縣犬養広刀自との娘・不破内親王を塩焼王に納れ、娘婿の塩焼王を後継者としようとした。同じくその妹の井上内親王が白壁王に嫁いでおり、白壁王も聖武天皇の娘婿にあたる。白壁王を天智系と分け隔てして疎んじる考えなどしていなかったとする見解も、吉野《よしの》会盟《かいめい》以来の天智系皇子の処遇を見ると、肯《がえ》んじたくなる。目の付け所は面白い。だが塩焼王の擁立を諦めた聖武上皇が遺詔に記したつぎの後継者は、白壁王でなかった。娘婿の弟といま一人の娘婿とを秤にかけて天武系皇子を採ったのは、聖武上皇にはやはり天智系への差別感があったのだろう。王系にこだわりがまったくなかったのなら、井上内親王の夫を推したであろうから。

こうした差別感のあるなかで、白壁王が擁立された。真備も驚くような意外な人物を、なぜ藤原氏は立てたのか。だがこれはさほどの意外性もないことで、白壁王は暫定の王座で、やはり本心は天武系の他戸王の擁立にあった。藤原氏にとって、文武天皇・聖武天皇の即位に執拗に抵抗した長親王、その子の浄三などは、いやな思い出の存在だった。(9)だから藤原腹ではないが、聖武天皇の娘である井上内親王の子を採ったのだろう。

ところがそうなると、それほど苦心して立てた他戸王を棄て、山部王になぜ乗り換えたのか。それが問題となる。

というのは、山部王は父・白壁王が天皇になったので三世王から皇位に近い一世の親王とたしかになれたが、親王とされてもなお注目される存在になってなどいなかった。むしろ山部王（実弟の早良《さわら》王も）の血統は、当時意図的に消されようとすらしていたのだ。
山部王の皇子には安殿《あて》親王（平城天皇）・神野《かみの》親王（嵯峨天皇）・大伴親王（淳和天皇）がいるが、年長の安殿親王の誕生は桓武天皇三十八歳の宝亀五年（七七四）、神野親王と大伴親王の誕生は五十歳の延暦五年（七八六）である。安殿親王の誕生が遅く、それに連動して嫡子・高岳親王の誕生もまた遅くなっていた。そのため安殿親王の即位時には実弟・神野親王を皇太子に立てねばならず、のちに復位しようとしたときには政変（薬子の変・平城上皇の乱）になってしまった。

山部王の実弟・早良王は、皇族でいることすら許されなかった。東大寺等定僧都《そうず》を師として羂索《けんじゃく》院《いん》（三月堂）に寄住し、十一歳で出家し、二十一歳で受戒している。その後、神護景雲二年（七六八）に大安寺東院に移住していたことまで分かっている。光仁天皇が即位したので、やっと還俗して親王となった（『日本古代人名辞典』四巻・「親王禅師」項）。こうした履歴では、山部王・早良王とも、結婚適齢期に妃を配されるはずもなかった。

これに対して、他戸王は山部王が二十五歳の天平宝子五年（七六一）ごろ生まれた。井上内親王が白壁王の妃にいつなったかは不明だが、天平十六年に安積《あさか》親王の死没によって伊勢斎宮を退去したあとである。これを妻として受け容れるや嫡系は身分の高い井上内親王（→他戸王）の方になり、先んじて結婚していた高野新笠が作った山部王の血統は無嗣子《むしし》断絶《だんぜつ》へと追い込まれようとしていた。かりに天平十九年二品に叙されたおりに井上内親王が白壁王妃となったとすれば、そのとき山部王は十一歳である。その方針が変わって山部王が子作りを始めるのは、宝亀四年一月に山部王が三十七歳で皇太子となって以降のことである。

王宮では、宝亀元年に井上内親王が光仁天皇の皇后に立ち、翌年一月には他戸王が皇太子となった。公認されていたこのシナリオが狂ったのは、いつ、そしてなぜか。

時期は、立后・立太子までは既定路線通りなので、宝亀二年一月から同三年三月に井上内親王が廃后されるまで。理由は井上皇后の大逆事件で、他戸王はその縁座《えんざ》となった形だが、罠に嵌められたかもしれないので、発表通りに信じてよいか分からない。

だが発表通りであったことも十分に考え得る。井上内親王には動機があるからだ。もともと自分が即位するつもりだった。同じく聖武天皇の縁戚でありながら、藤原氏系の光明皇太后や孝謙女帝ばかりが権力を持ち、縣犬養系は埒外に置かれてきた。しかし他戸王への中継ぎという役割だったら、持統・元明・元正・孝謙の四女帝がしていたように自分ができる。いや他戸王の母であり聖武天皇という権力の源泉により近い自分こそが権勢を保持すべき存在であって、天智系の白壁王よりまた聖武上皇の娘婿より、娘である自分の方がはるかに皇位にふさわしいのでは。その自負心から光仁天皇への不満が生じ、孝謙上皇と淳仁天皇の関係に倣って、光仁天皇に譲位して上皇となり、自分の登極を計るよう求めたのではないか。

それでも、「だからただちに山部王を担《かつ》ぎ出す」ことにはならない。

だが井上皇后の発想が、藤原氏を刺激することはありそうだ。安積親王の立太子を阻み、塩焼王の失脚を救わず、井上内親王も伊勢斎宮に送り込んだ。縣犬養広刀自所生の子たちへの冷たい仕打ちは、すべて光明皇太后や藤原氏の策謀である。藤原氏らの政治工作を恨まず犠牲者がいない家とは、浮沈定まらない政界の動向から度外視されていたゆえに無関係に過ごしてきた天智系皇子たちしかいない。

もちろん、人並みかそれ以上の才覚あってこその擁立ではあろうが。

山部王を擁立したのは、藤原百川である。

桓武天皇は百川の子・緒《お》嗣《つぐ》を先見的に寵愛し、十五歳の元服にさいして殿上《てんじょう》に呼んで手づから加冠《かかん》し、封戸《ふこ》まで与えた。さらに刀を授けて「是、汝の父の献つる所の劒也。汝の父の寿詞《よごと》、今に未だ忘れず」（『続日本後紀』〔新訂増補国史大系本〕承和十年七月庚戌条所引緒嗣伝）とし、その十四年後にも「其の父の元の功、予尚忘れず。宜しく参議に拝して以て宿恩に報ずべし」と語った。

『公卿補任』（新訂増補国史大系本）宝亀二年条（百川項）には、

素《もと》より心を桓武天皇に属《つ》け、龍潜《りゅうせん》の日共に交情を結ぶ。宝亀天皇践祚の日に及び…公、数《しばしば》奇計を出だし、遂に他部《おさべ》を廃し、桓武天皇を太子と為す。

ともある。桓武天皇が百川に凄く感謝しているのは分かるが、百川が具体的にいつ何をしたかは不明である。井上皇后の本心が露わになるよう挑発したか、動く気などなかったのを誣告《ぶこく》して罠にかけたか。いずれにせよ、何もしていなかったらこれほどは感謝されまい。

『水鏡』（岩波文庫本）には、ほかの書に見られないこまかな顛末が記されている。

宝亀三年の某日、光仁天皇と井上皇后が博奕《はくえき》（賭け事）をして、戯れに「われまけなば、さかりなる男を奉らん。后まけ給ひなば、色、容雙《ならび》なからん女を見させ給へ」（八十九頁）と提案した。光仁帝が負けて、后は提案の実行を迫った。そこで仕方なく百川の献言をうけ、后には継子にあたる山部親王を奉った。后はこのとき五十六歳で、山部親王は三十六歳になっていた。后は山部親王に熱中してしまい、「常にこの親王をのみよび奉り給ひて、帝を疎《うと》くのみもてなし奉り」さらに「みかど恥ぢ恨み給ふ御心、やうやう出で来」（九十〜九十一頁）るようになった。そして帝を軽んじて「帝をとく失ひ奉りて、我御子の東宮を位に即け奉らんという事」のために「后まじわざをして御井に入れさせ給」うたという。その井戸に入れたものが発見され、宮中で知らない人がいないという状態になった。百川は帝の許可を受け、このことを実行した皇后宮の八人を成敗した。ところが后は「わが宮人どもをば、いかで殺さするぞ」と居直った。そこで縫殿寮に押し込め、さらに后を内裏から出させようとした。それなのに出もせずに巫覡《かんなぎ》を集め、「君をあやまち奉らんと謀」（九十二頁）るつまり呪詛させた。百川の調査したことを帝も確認し、皇后の封戸なども停止させたが、后には反省の色がない。そこで百川は「東宮もしばしばしりぞけ奉りて、心をしずめ奉らん」と献言し、帝の諒解をえた。そこで百川は偽りの宣命を作成し、皇后・皇太子を放逐する宣命を太政官に宣布させた。帝は百川に「后猶こり給はず、しばし東宮をしりぞけんとこそ申しこひつるに」と難じたが、百川は「しりぞくとは永くしりぞくる名なり。母罪あり。子驕《おご》れり。誠に放ち逐はんに足れる事なり」（九十二頁）と返答した、という。こうして井上皇后と他戸皇太子を排除して、山部親王が立太子した。その功績はすべて百川にある、という筋書きである。

山部親王を近づけて光仁天皇との間を疎遠にさせ、一方で他戸皇太子の一日もはやい即位の実現のために呪詛するよう仕向けた、ということになる。しかし継子の山部親王と深い仲になったから、今度は山部親王を即位させようとした、というわけではない。山部親王を近づけたのは、光仁天皇との仲を裂くきっかけを作っただけだ。子の即位を早めるために帝の呪詛したという話の展開なら、山部親王に執心した話など捏造しなくともよかったのでは。もとより『水鏡』は十二世紀末の成立で、事件との間には四〇〇年のときがある。その間に片鱗も見られなかった叙述を、しかも筋が通ってもいない話を、「当時の真相を伝える貴重な資料」とみなすことなどとうてい無理である。ということは桓武天皇を擁立するために、桓武天皇が感謝しても感謝してもなおし切れないとするほどの何を百川がしたというのか、やはり解らない。

三　桓武天皇の政治構想

この時期もっとも画期的な出来事は、皇統が天武系から天智系に変わったことである。光仁天皇が天智系なのだから、その画期は光仁天皇のときと見ればよいだろうか。しかし遠山氏の指摘のように、光仁天皇は聖武上皇の娘婿として評価されたもので、その登極は他戸王への中継ぎ役であった。天武系に取り込まれ、利用される持ち駒だった。天智系天皇としての即位ではなく、天武系側に移籍しての救援投手《リリーフ・ピッチャー》とさえいえる。

その証拠となるのが、国忌《こき》の廃止である。

国忌は天皇崩御の忌日に、毎年その死没を悼んで宮廷行事や政務を取りやめ、終日追善供養を行う。はじまりは天武天皇で、のち天智・持統・岡宮《おかみや》（草壁皇子）・文武・元明・元正・聖武・孝謙（称徳）の九天皇（一人は皇子）と藤原宮子・光明皇后が加えられた。天智天皇はやや異色に思われるが、持統天皇の父としての顕彰であろう。それ以外の十人は、天武系天皇とその生母に限られている。

国忌対象者について、光仁天皇は父母の施基皇子（春日宮天皇）と紀橡姫《とちひめ》を加えたものの、天武系天皇などの国忌はそのままにした。光仁天皇は天武系を中継ぎするものとして擁立され、天武系に連なって即位したから、天武系の国忌を守らざるをえなかったのだ。

だが桓武天皇には天武系との繋がりがまったくないから、遠慮会釈なく切り捨てた。延暦十年（七九一）三月二十三日、天智・聖武二天皇を除く九人の国忌をまとめて廃止した。[10] 聖武天皇は天武系最後の男帝として廷内になお慕う雰囲気が残っていて、停止しづらかったようで、平城天皇の大同二年（八〇七）五月になって廃止されている。これらの廃止と入れ替えには、「自分は天武系でない」という皇統転換を示す象徴的な意味があった。つまり光仁朝に画期性はなく、時代の画期は桓武朝にこそあった、といえよう。

では、桓武天皇は画期的となるどんな政権を構想したか。

それを物語るのが、延暦四年と六年の十一月冬至の日に交野《かたの》の柏原で行なった、天神を祀る郊祀《こうし》という特殊な祭儀である。

この天神とは宇宙の最高神で、天下・宇宙を司る。天を主宰する神が天命を下し、天の子として選ばれた地上の支配者にその統治を委ねる。冬至の日をわざわざ選んでいることからすると、唐で行われていた「毎歳冬至に昊天上帝《こうてんじょうてい》を円丘に祀」（『唐令拾遺』祀令四甲）る儀礼を模範にしたようだ。そこでは昊天上帝つまり天帝が地上で祀っている者（祭祀者すなわち地皇）に天命を下して、帝王に任じる。毎年することで、繰り返し天命を確認するわけである。

その模倣だとすれば、桓武天皇はこの祭儀を執行することにより、従来のつまり天武系天皇が『日本書紀』で取り纏めた日本型の国土統治権高天原決定説を棄て、中国型の天帝→地皇（天子）の天帝依嘱説を採用したことになる。より中国的に、中華思想を本格的に取り込む姿勢を示したのである。

しかも郊祀の祭文には「高紹《たかつぐ》天皇の配神作主、尚《ねが》くば饗けたまへ」（『続日本紀』延暦六年十一月甲寅条）とあって、高紹天皇すなわち父・光仁天皇の神主《しんしゅ》（位牌）を配置して祀るといい、天照大神でも神武天皇でもなく、光仁天皇をわが王朝の祖に担ぎ上げた。[11] 天皇として、権力の源泉に対する構えを変えているように見える。

中華帝国に準《なぞら》えた国造りのために、桓武朝では、たしかにそれまでにない氏祖伝説の捏造が進められる。

前田晴人氏によると、[12] 桓武天皇は津（菅野）真道《まみち》に、

夫れ百済の太祖都慕《チュモン》大王は、日神霊を降して扶余を奄《おお》ひて国を開き、天帝、籙を授けて諸の韓を惣《あわ》せて王と称せり。云々　（『続日本紀』延暦九年七月辛巳条）

と奏上させた。奏上の意図は、渡来系氏族のたんなる格上げでない。天皇みずからも高句麗王・百済王との縁戚関係にあるかのように表明して「蕃人」系譜に繋げ、そこから反転して高句麗・百済・新羅・渤海等の「蕃国」を包摂し従属させた日本国皇帝という小中華の帝王像を顕示することにあった、とされた。この構図にそって百済の王族集団が形成され、その従属過程が描かれていく。

具体的には、真道の氏祖伝承は『古事記』『日本書紀』になかったが、貴須《キス》王（十四代近仇首《キンキユウス》王）に辰孫王という孫を捏造し、津氏を百済王族の末裔に仕立てた。高野新笠についても「后の先は、百済の武寧王之子純陁太子より出づ」として百済王族の出身者のように装わせ、さらに百済・義慈《ぎじ》王の子孫にあたる真正の王族・百済王氏とは「百済王等は朕之外戚なり」（『続日本紀』延暦九年二月甲午条）と、偽称している。

百済王を従え、高句麗（渤海は高句麗遺民が樹立した国と自称していた）・新羅の朝貢をかねて得てきて、さらにその血脈を包摂した存在として、いまの自分がいる。これによって朝鮮三国と日本を束ねる小中華帝国の主《あるじ》になった。唐帝と肩を並べる存在になれた、と桓武天皇は思ったことになろう。

しかしそれならば、この構想はかつてもあったのでは。

中野高行氏によれば、[13] 天智朝に小中華帝国を構築したとする思いがあり、その立場にふさわしいものとして天皇号が発案された、とする。

すなわち斉明天皇六年（六六〇）七月に百済・義慈王が唐軍に降伏し、王族は中国に連行された。王室再建のために百済遺臣たちが豊璋《ほうしょう》王の送還を求めてきたのに応え、斉明天皇七年九月、中大兄皇子（のち天智天皇）は余豊璋に日本の大織冠《たいしょくかん》の冠位を授けた上で、王とさせるべく百済に送り込んだ。つまり豊璋は日本の冠位を受けたのだからその臣下であり、それが王になったのなら百済王は日本の臣下に列《つら》なったこととなる。この構想は白村江戦いでの百済滅亡後も残り、日本に亡命することとなった百済王族の禅広《ぜんこう》（善光）が百済王氏という形で臣下となった。また高句麗滅亡後は、大宝三年（七〇三）四月に若光《じゃっこう》が高麗王《こまおう》氏を授けられたといい、高句麗王も日本のなかに場を移して臣従する形となった。さらに新羅や国内の蝦夷・隼人らの朝貢も受けたので、天智朝は天皇と自称し小中華帝国の主を自負した可能性がある。

これがただしいなら、桓武天皇の帝国構想は曾祖父の案を拡げ、前田氏のいわれるように天帝の意向に沿いいまは消え去った諸韓の王と日本王の血脈を統合して極東唯一の天子に昇った、と考えたのかもしれない。それならば、それは天武系政権が築き上げた『日本書紀』史観、「天壌無窮の神勅」

による独占支配理論からの離脱を図ろうとした、という意味になる。これはたしかに天武系皇統からの明瞭で根本的な脱却となるが、天命のありようによっては王朝交替を認めてしまいかねない[14]。だから養老五年（七二一）にはじまった宮廷での日本書紀講筵は、桓武朝にこそたしかに一度もなかったが、その後は平城朝の弘仁三年（八一二）、仁明朝の承和十年（八四三）、陽成朝の元慶二年（八七八）、醍醐朝の延喜四年（九〇四）、朱雀朝の承平六年（九三六）、村上朝の康保二年（九六五）と受け継がれる。桓武天皇の発想は画期的だったが、天武系天皇を仰いできた時代から政権の座に坐っている貴族たちにとって継承されづらい考え方だったようである。

【注】

（1）『渡来氏族の謎』祥伝社新書、第四章・第五章、二〇一七年。

（2）瀧浪貞子氏著『光明皇后』（中公新書、二〇一七年十月二十五日発行）「第一章父不比等と母三千代／（1）幼なじみ」には、安宿媛の由来について「河内飛鳥の安宿郡との関係をいうのであれば、三千代よりも父の不比等のほうを重視すべきではないか」（一頁）として、以下に安宿郡と田辺史氏の関係を説かれている。筆者の草した本稿「桓武天皇の基礎知識」（「歴史研究」六五六号）も田辺史氏に由来するとしているが、この掲載誌の発行は二〇一七年十一月十日で、瀧浪氏の稿が先んじて公表されている（発行日はふつう十日ほど繰り下げられていて記載の通りでないものだが、それはともに同じであろう）。しかし筆者が瀧浪氏の書を読んだとき、雑誌はすでに印刷の段階にあった。すなわち、この行論の類似は奇しくも偶発的に起きたことである。念のために記しておく。

（3）加藤謙吉氏著前掲『渡来氏族の謎』第三章。

（4）『藤原種継』（ミネルヴァ書房、二〇一五年）
（5）拙稿「淳仁天皇の后について」（『白鳳天平時代の研究』所収、笠間書院、二〇〇四年）
（6）『古代の皇位継承』（吉川弘文館、二〇〇七年）一七四〜六頁。
（7）志計志麻呂・川継は、兄弟とされてきた。しかし上代語辞典編修委員会編『時代別国語大辞典上代編』（三省堂、一九六七年）によれば「しけし」は「きたない意か」とされ、志計志麻呂は「固有名詞であるが、『穢き奴として…其の名は穢麻呂と給ひ』（四四詔）の『穢麻呂』と同様、有罪の者を改名せしめた悪い名であり、このシケシと関係ある命名であろう」（三五〇頁）としている。したがって、もともとの実名ではなく、川継が事件によって貶名を付けられたものとする。ところが伊集院葉子氏著『古代の女性官僚』（吉川弘文館、二〇一四年）には、学業（唱歌師）に優れた者として「置染連志祁志女」（『続日本紀』養老五年正月甲戌条）の名が見られる。正七位下の宮人だが、事件に関与したとする履歴も見られないし、褒賞記事に（かりに溯らせたとしても）悪意のある名など記さないだろう。なお計と祁の発音はともに甲類に属し、齟齬しない。となれば清音ならシコフ（醜夫）などと同様に一見悪い名にみえるが厄除けの意味を持たせた命名、濁音なら「繁し十麻呂」の意と考えてよいと思う。つまり「志計志麻呂と川継は別人」と考えておくのが穏当、ということになろう（拙稿「氷上志計志麻呂の名」「龍谷日本古代史ゼミ報告」八号、二〇一九年三月）。
（8）遠山氏前掲『古代の皇位継承』一〜四頁および一八八〜九〇頁。
（9）拙稿「元正女帝の即位をめぐって」（『白鳳天平時代の研究』所収、笠間書院、二〇〇四年）
（10）『続日本紀』延暦十年三月癸未条によるというが、この条には国忌を廃された具体的な人名が記されていない。人名の推定は、『国史大辞典』（吉川弘文館）五巻の「国忌」項による。
（11）井上満郎氏著『桓武天皇』（ミネルヴァ書房、二〇〇六年）八十四頁。
（12）『桓武天皇の帝国構想』（同成社、二〇一六年）
（13）「天智朝の帝国性」（『日本歴史』七四七号、二〇一〇年八月）

（14）吉田一彦氏著『「日本書紀」の呪縛』（集英社新書、二〇一六年）、第五章「過去の支配」九十三〜四頁。

（原題「桓武天皇の基礎知識」「歴史研究」六五六号、二〇一七年十一月）

桓武天皇はなぜ祟りと信じたのか

一　怨霊という認識

鈴木哲氏・関幸彦氏共著『怨霊の宴』(1)は、怨霊信仰の基礎をなす天平政界の争いから鎌倉幕府成立前夜までの政争と、その時代社会を構成する人々の思惑を絡め、怨霊の性格の変転を考察した興味深い著作である。

早良《さわら》親王の怨霊が桓武天皇に取り憑き、次いで伊予親王をめぐる淫刑《いんけい》（恣意的な処刑）が、怨霊たちの宴《うたげ》の除幕式となった。最初は早良親王・井上《いのえ》皇后や伊予親王・藤原吉子あるいは承和の変の橘逸勢《はやなり》など、無実なのに処刑された人たちの無念の思いが罠にかけた側の人たちに祟《たた》るものだったが、しだいに政権の主導権を取れなかったために不満を懐いた者たちも怨霊に加わり、主役の性格が入れ替わっていく。

たとえば将門征伐の恩賞を阻まれたという藤原忠文が小野宮実頼とその一門に、村上天皇の後嗣をめぐって敗れた民部卿藤原元方と娘・元子が対抗者の藤原師輔・安子の一族と冷泉天皇から三条天皇および小一条院（敦明親王）までに、蔵人頭・大納言登庸を阻まれたという藤原朝成が摂政藤原伊尹《これただ》の家系に、また藤原顕光（兼通の子）が娘婿の小一条院の廃太子を恨んで道長の三人の娘すなわち寛子（敦明親王女御）・嬉子《よしこ》（後朱雀天皇夫人）・妍子《きよこ》（三条天皇中宮）に、それぞれ怨霊となって襲いかかった。無実なのに陥れられたことを恨んだのではなく、自分の行く手を遮られ政権から疎外されて不満を懐き、実権を握った一門の子孫に怨霊となって祟る。そういういつの世にもありそうな因縁話へと広がっていく。

また一方で、応天門の変で犯人と断定されて失脚させられた大納言・伴善男は恨みを残し、娘婿・斉世《なりよ》親王の擁立を計ったと讒訴《ざんそ》されて失脚し怨霊化した右大臣・菅原道真は左大臣藤原時平や蔵人頭藤原菅根《すがね》から醍醐天皇の一統にまで祟ったが、善男の怨霊は「行疫流行神」となり、道真の怨霊は雷神となる。疫病・雷神への変身という受け取り方は、その底部に文人官僚やそれに煽動された民衆たちの支配への抵抗運動が吸い上げられたものでもあった。

社会的な広がりと怨霊の性格の変容がときを逐《お》って描かれており、まとまりのよい仕上がりとなっている。

しかしながら、怨霊信仰発生のもととなった桓武天皇の思いが、いま一つ理解できない。桓武天皇は、なぜ祟りと信じたのか。あるいはその祟りがどうして早良親王のものだと信じたのか。桓武天皇が怨霊の存在を公然と認知したことで、これ以降に同様なことがあると怨霊のしわざとされる傾向を生じた。

桓武天皇以前に同様なことが起きてもそうした認識をされたことはなく、祟られるとか怨霊になっていると考えられてこなかった。一連の政治的陰謀事件の加害者やその一族にふりかかった悲劇の原因が、かねての出来事の祟り・恨みと思われた兆しがない。だから、そう特記されたこともない。その意味で早良親王事件は記憶されるべき大きな結節点的な出来事であるが、桓武天皇がどうして怨霊の仕業と認識したのか。そう認識した理由、そう認識できた理由については、何も追求されていない。

二　早良親王の冤罪と死

神護景雲四年（七七〇）八月四日に称徳女帝が後嗣を決めることなく死没したため、臣下たちは誰を天皇に推戴するかの議論をはじめた。

『日本紀略』（新訂増補国史大系本）宝亀元年（七七〇）八月癸巳条に引かれた藤原百川伝によれば、右大臣・吉備真備ははじめ天武天皇の孫で長親王の子である御史大夫・文室浄三《ふんやのきよみ》を皇太子に推挙した。百川は左大臣・藤原永手と内大臣・藤原良継とともに「浄三真人、子十三人有り。後世如何」と反対していたが、真備はそれを聞かずに皇太子冊立を図った。だが、本人が固辞。さらに浄三の弟・大市（邑珍）を推したが、大市も辞退した。その一方で百川は、

> 百川、永手・良継と与に策を定め、偽りて宣命の語を作り、宣命使を庭に立たせ、宣制せしむ。右大臣真備、舌を巻き如何ともする無し。百川、諸仗に命じて白壁王を冊し、皇太子と為す。
> （前篇十二・二四四頁）

とあり、永手・良継と策を巡らして称徳女帝の遺詔を偽造し、その真偽を問うまもなく宣命使に宣告させ、天智天皇の孫で施基（志貴）皇子の子・白壁王を皇太子に冊立《さくりつ》してしまった、という。

擁立された白壁王すなわち光仁天皇は、和乙継《やまとのおとつぐ》の娘・高野新笠との間に、つとに天平九年（七三

七）山部王、天平勝宝二年（七五〇）早良王を儲けていた。そのほかに、聖武天皇と県犬養広刀自（夫人）の娘・井上《いのえ》内親王との間にも、まずは天平勝宝六年に酒人女王を、ついで天平宝字五年（七六一）ごろに他戸王を得ていた（『水鏡』による）。登極するにあたって、光仁天皇は三十四歳であった長子の山部親王を抑え、皇后に井上内親王を据えるとともに、当時十二歳くらいの三男・他戸親王を皇太子に立てた。

これは、光仁天皇が天智系であることへの廷臣たちの反発を和らげるためであったろう。

文武天皇・元正天皇・聖武天皇・孝謙天皇（称徳天皇）・淳仁天皇と天武系の皇子・皇女が繋いできており、白壁王自体は天智系でも、天武系に繋がる井上内親王と結婚している。その間に生まれた他戸王が継げば、女子を介して天武系の天皇が継続する。そうなると思うからこそ、浄三・大市を擁立した真備はともかくとして、かりに偽の宣命と判っていてもそれを問題にすることなく、多くの廷臣たちも白壁王の擁立を容認したのであろう。

天平最末年ころ（井上内親王が伊勢斎内親王から戻ったのは、二品を授与された天平十九年か。結婚はそれ以降）の白壁王と井上内親王との婚姻時にそこまで考えていたわけではなかろうが、神護景雲四年の時点では、政界全体としての落としどころ・妥協案として十分有効な人選といえる。

そのさい、光仁天皇の子であった山部王・早良王は継体天皇登極のおりの安閑・宣化両帝と欽明天皇の対立のように将来の禍根となりかねないため、山部王には妻妾を置かせず、早良王は婚姻のない出家遁世をさせて、意図的にこの系統の子孫が残らないようにさせた。山部親王が子を作るのは、皇太子になった宝亀四年以降で、三十七歳のときからである。このことは偶然でないと思うが、それが次の悲劇の火種を播くことになる。

それはともあれ、話はここから急展開する。

百川は政界を圧伏させて白壁王の擁立に成功したが、もともと当時としては六十二歳と老齢であった光仁天皇に期待していたわけでなく、やがては山部王を推戴したいと考えていた。そういう理解もなくない。桓武天皇が百川の子・緒嗣に語っている言葉が、百川との早くからの交流を推測させるからである。そして先の先を読む偉大な政治家としての慧眼《けいがん》ぶりを、行間というか書かれていないところに看取ろうというのである。そうなると、生母が渡来系の和氏出身の高野新笠である三世王では皇位継承の有力候補となりえないので、まずは反対の少ない中央豪族・紀氏出身の橡姫《とちひめ》を生母とする白壁王を先に立てる。そこから牙を剝きはじめて、おもむろに他戸王の排除へと向かう、という理解になる。だがこれからさきの経緯をこの時点で見通すのはどんな人もさすがに無理で、やれば自分の思惑がすべて当たり、人が意のままに動いているというのが前提となる辻褄の合いすぎた後講釈となってしまう。井上皇后のこの先の動きを、そこまで事前に予測するのはいくら百川でも難しかろう。

ともあれ『続日本紀』（新訂増補国史大系本）宝亀三年三月癸未条には、

皇后井上内親王、巫蠱《ふこ》に坐せられて、廃せらる。

とあり、宝亀三年五月丁未条には、

天之日嗣と定め賜ひ儲け賜へる皇太子の位に謀反・大逆人之子を治め賜へれば卿等百官等天下の百姓の念へらまくも恥かしかたじけなし。

などという理由により、「皇太子他戸王を廃して庶人と為す」となったとする。

本居宣長は『続紀歴朝詔詞解』（本居宣長全集本、第七巻）で、

思ふに此皇后は、聖武天皇の姫御子にましませば、高野天皇の例のごと、又御みづから御位に昇坐まほしく思召ける御心などにやおはしましけむ。（六巻・四五四〜五頁）

と鋭い目で追及するが、謀反・大逆とあるからには光仁天皇に向けた何らかのそれなりの言動がなされたのであろう。大逆に問われたというのにその後もなお画策がやまず、宝亀四年十月に光仁天皇の同母姉・難波女王が死没すると、

初め井上内親王、巫蠱に坐せられて廃せらる。後に復《また》難波内親王を厭魅《えんみ》す。是の日、詔して内親王及び他戸王を大和国宇智郡の没官之宅に幽す。（『続日本紀』宝亀四年十月辛酉条）

とあって幽閉され、宝亀六年四月己丑条に「井上内親王・他戸王、並に卒す」として死亡が確認されている。母子が偶然に同日に死没するとは考えがたく、服毒死を強要された処刑と考えてよかろう。

しかし大逆や厭魅の事実が明るみに出ているのに、一年半も処断されない。また拘束・拘禁中だというのになお厭魅ができるような開放的な状態におかれている。その処遇の方が不自然である。すくなくとも大逆に当たるようなことを口にしても、後述するように、なおそれを罪に問いにくい政治状況があったのだろう。悲惨・凄絶な事件だったが、ともあれ一〇〇年以上続いた天武系皇統との訣別を意味する象徴的な事件であった。この血の粛清をくぐりぬけて、宝亀四年正月二日（戊寅）、四品の中務卿であった山部親王がやっと皇太子として登場する。

それから約八年が経った。

天応元年（七八一）四月三日（辛卯）、光仁天皇は病気のために譲位し、四十五歳になっていた山部

親王は桓武天皇として即日即位したが、そのおり皇太子に立てられたのは、実弟の早良親王だった。

早良親王は当時三十二歳になっており、桓武天皇にことがあればただちに登極可能な年齢に達していた。いやそんな人は、この人しかいなかったのだ。この当時の桓武天皇唯一の男子で宝亀五年（七七四）の生まれである安殿親王（平城天皇）は、まだ八歳でしかなかった。

神亀四年（七二七）十一月には、聖武天皇は夫人・光明子から生まれたばかりの基王を皇太子にしている。「生後わずか一ヶ月強でしかない赤子でも立太子させたことがある。その前例を踏襲する」と桓武天皇が宣言できなくもないが、基王の場合は皇太子候補者がまだ一人もいないなかで、その空白が埋まることへの期待があった。また聖武天皇にはその時点ですでに四年の治政の実績があり、妻方姻戚の公卿たちの支えもある。そういう聖武天皇と、卑母所生でまだ廷臣の把握もできておらず、自分を支持して動くのかどうかすら疑わざるを得なかった桓武天皇とでは、発言力と執政環境に大きな違いがある。八歳の子をことさらに立太子させようとするのは、冒険だろう。光仁天皇の指揮・指示があったからかもしれないが、廷臣たちの感覚でも早良親王の立太子が穏当とみたであろう。

だが桓武天皇から見れば、この流れで早良親王が即位すると、このさきの皇太子すなわち皇位は天皇となった早良親王に指名権が移り、桓武天皇の子たちは指名されないだろう。つまり桓武天皇の後裔は、このさき庶流とされていく蓋然性が高くなる。

安殿親王の先行きに不安を感じながらも、歳月は流れた。

延暦四年（七八五）九月二十三日（乙卯）の亥の刻、造長岡宮使であった中納言兼式部卿の藤原種継が「賊に射られて薨」（『続日本紀』）じた。

『日本紀略』延暦四年九月乙卯条によれば、

賊襲に射られ、両つの箭、身を貫きて薨ず。

とある。この箭傷がもととなって、翌日死没した（『続日本紀』）。種継は桓武天皇の寵臣で、長岡宮・長岡京の設営を任されていた。その種継を襲撃したのは、桓武天皇の施策へのあからさまな反対であり挑戦である。桓武天皇は平城宮から急遽長岡に入り、有司に命じて実行犯などの捜索・捕縛を行わせた。その結果、下手人は近衛府の伯耆桴《ほうきのいかだ》麿《まろ》と中衛府の牡鹿《おじかのき》木積《づみ》麿《まろ》で、共謀して命じたのは大伴継人・大伴竹良・大伴真麿・大伴夫子・佐伯高成らであった。そして継人・高成らの供述では、真の首謀者は事件の二十日ほど前に死没していた中納言・大伴家持であり、

故中納言大伴家持相謀りて曰く、宜しく大伴・佐伯両氏を唱び、以て種継を除き、因りて皇太子に啓して、遂に其の事を行ふべし、と。（『日本紀略』前篇・二六〇頁）

とみんなに謀った、という。

家持は、かつて光明皇太后・藤原仲麻呂らが好きなように権力を濫用するなかでも隠忍自重し、不満分子・反対勢力の政変・反乱計画にも与せず、二十一年も位階を上げられることなく過ごした(2)。律令国家の権力中枢に叛旗を翻すことの難しさは十二分に知っていたであろうが、早良親王の春宮大夫《とうぐうだいふ》となっていちばん身近かに侍るなかで、早良親王の即位が脅かされる危険性を知悉《ちしつ》していた。その暗雲を払ってやりたい、と思ったとしても不思議ではない(3)。

『日本紀略』延暦四年九月庚申条では、

今月廿三日の夜亥の時、藤原朝臣を殺す事に依りて勘賜するに申さく。藤原朝臣在るは安んぜず。

此人を掃ひ退けむと。皇太子に掃ひ退けむとて、仍りて許し訖ぬ。近衛桴麿、中衛木積麿二人を為て殺しきと申す云々。（前篇・二六〇頁）

とあり、皇太子が許可を与えて下手人を差し向けたものと断定している。しかし拷問と自白の誘導によって、どうとでも自由に答えを引き出せたであろう。家持らは、早良親王本人のためになるようにするとしても、「軍事政変が成功したら、はじめて擁立を打診しよう」というような、本人に知らせないうちちの計画であったろう。だがこの情報は、政権側のいいように加工されて利用された。

二十八日（庚申）皇太子・早良親王は内裏より東宮に帰され、そこから戌《いぬ》の刻に京外に出されて乙訓《おとくに》寺に幽閉された。「皇太子はこの計画を知っていて、陰謀に荷担していた」と判断されたからだ。

『日本紀略』によれば、早良親王は、

是の後、太子自ら飲食せず、十余日を積ぬ。宮内卿石川垣守等を遣して船に駕せ、淡路に移送せしむ。高瀬橋の頭に至る比、已に絶ゆ。屍を載せ、淡路に至りて、葬る云々。（前篇・二六一頁）

とあり、飲食を断って餓死し、濡れ衣を着せられての不当な措置につよく抗議する意思を貫き通したのである。その生涯を顧みれば、なんとも哀れである。十一歳で出家させられ、二十一歳のとき東大寺で受戒し、大安寺に住まわされていた。そういう人生かと思ったら、父が幸運にも天皇になったため一躍人もうらやむ親王となり、兄の即位で皇太子に立てられた。絶望のあと、一転して幸運が巡ってきたと思ったが、今度は濡れ衣によって犯罪者とされて暗転。自分は何もしていないのに、他人のしたことや思惑に左右されて、幸不幸を往復させられた。どこが自分の、自分らしい人生といえるのか。自分がこうだったら、どうだろう。その無念な気持ちを恨みを、餓死によって表現することくらいしか、彼の意思でできる行為は残されていなかった。

十月八日（庚午）桓武天皇は藤原小黒麿らを天智天皇の山科山陵、壱志濃王らを光仁天皇の田原山陵に、当麻王らを聖武天皇の後佐保山陵に遣わし、廃太子を報告させた。そして廷内が鎮まった十一月二十五日（丁巳）に十二歳になっていた安殿親王を立てて皇太子とし、後味は悪くてもともあれこれで後嗣問題はすべて決着がついたかにみえた。

それでも、どこか気になっていたらしい。

確証があって自信を持てる処断だったのなら、謀反・反乱に与した罪人の墓などどうあっても保護すべきでない。それなのに延暦九年、淡路国司に令して早良親王の墓に守家一烟を宛て、近隣の郡司を警衛に当たらせた（『日本紀略』延暦十一年六月庚子条）。というのも、桓武天皇の周辺に、ただならぬ雰囲気が漂いはじめてきたからだ。延暦七年五月四日（辛亥）、桓武天皇の夫人《ぶにん》で大伴親王（淳和天皇）の母である藤原旅子が死没した。光仁天皇擁立の功臣・藤原百川の娘で、まだ三十歳の若さだった。翌延暦八年十二月二十八日（乙未）には桓武天皇の生母・高野新笠が亡くなり、その翌延暦九年閏三月十日（丙子）には、桓武天皇の皇后で安殿親王・神野親王（嵯峨天皇）の母である藤原乙牟漏が三十一歳で死没。乙牟漏は、藤原良継の娘である。ついで坂上苅田麿の娘で高津内親王の母であった坂上又子（全子）も、延暦九年七月二十一日（乙丑）に死没している。偶然といえばそうに違いないが、巷に流行病が蔓延しているわけでもないのに、自分の周りの人たちだけがつぎつぎ斃《たお》れていく。父や自分を擁立してくれた功臣の娘たちまた自分より弱年の妻たちの命が次々奪われることに、いやな思いを懐きはじめた。

そこに、追い討ちがかかる。早良親王をことさらに廃して立てた皇太子・安殿親王の身体に、異変が見られるようになったのだ。

延暦九年九月三日（丙寅）、「京下の七寺に於て経を誦ましむ」とし、その理由として「皇太子の寝膳、適に乖けるか」（『続日本紀』）とする。延暦十一年六月五日（戊子）にも「畿内の名神に奉幣《ほうべい》す。皇太子、病むを以てなり」（『日本紀略』）と続いていて、十日にその理由が明らかとなる。

『日本紀略』延暦十一年六月癸巳条に、

皇太子、久しく病む。之を卜ふに、崇《す》道《どう》天皇の祟りと為す。（二六六頁）

とあり、病気は早良親王（のちに崇道天皇と諡《おくりな》する）の怨霊が祟ったものと卜定された。この卜定は陰陽師がして陰陽寮（中務省）から伝えられたものか、卜部がしたものを神祇官が伝えたものか、いささか明瞭でない。陰陽師は「占筮して地を相《み》るを掌る」とあるが、おもに未来を予測する仕事である。卜部は鎮魂や卜兆での吉凶を定める。どちらかといえば、神祇官からの奏上ではなかったか。鎮魂の対象が陵墓だったため、その後は治部省の動きが中心となっていく。朝廷はただちに諸陵頭（治部省管轄）・調使王らを淡路国に派遣してその地の墓に眠る霊に奉謝した。そして、延暦九年に墓守として守家一烟を充てていたものの、延暦十一年六月十七日には「敬ひ衛るを存はず、祟り有らしむるを致す」ことになったと考え、「自今以後、冢の下に隍《ほり》を置き、濫《みだ》りに穢さ使むること勿れ」（『類聚国史』［新訂増補国史大系本］二十五・追号天皇、一五五頁）と命じて、衛生的で鄭重な扱いに改めることとした。

この時期の朝廷の動向を記録しているはずの『日本後紀』は現在かなり散逸していて、延暦十一年から十五年六月まで、延暦十六年四月から十七年まで、延暦十九年から二十二年までの記事がなく、諸書の逸文を集めるほかない。桓武天皇の動静は十分に逐《お》えず、早良親王への措置もよくわからない。その残されたわずかな記事のなかからでも、早良親王の怨霊の慰撫《いぶ》はまだまだ終わらなかったことが読み取れる。

延暦十八年二月十五日（己丑）には、兵部大輔で中衛少将・春宮亮兼任の大伴是成と伝灯大法師位の泰信らを淡路に遣わし、幣帛を捧げて崇道天皇の霊に奉謝した（『日本後紀』）。延暦十九年七月二十二日（己未）には桓武天皇の詔命によって、故皇太子・早良親王に崇道天皇の称号を追贈し、故廃皇后・井上内親王にも皇后の復称を許し、その墓を山陵と称することとさせた。これにともなって、大伴是成が陰陽師・衆僧を率い、淡路国の崇道天皇の山陵に鎮謝した（『類聚国史』二十五・追号天皇、一五五頁）。延暦二十四年正月十四日（甲申）、桓武天皇の病がしだいに重くなるなかで、崇道天皇の奉為《おおんため》の寺を淡路国内に建てることになった。同年四月五日（甲辰）には、崇道天皇の奉為に諸国に小倉を建てて正税四十束を納めさせ、国忌および奉幣の例に預からせ、怨霊に謝するよう指示した。同年七月二十七日（甲午）には、唐国の物を山科陵（天智）・田原陵（光仁）・崇道陵（早良）に献って慰撫した。同年十月二十五日（庚申）、崇道天皇の奉為に一切経を書写させ、それに従事した書生たちについて功に随って叙位や得度をさせて優遇した。

そして大同元年三月十七日（辛巳）には、ついに早良親王が怨霊化するもととなった藤原種継殺害事件で首謀者と見なされた者たち、すなわち大伴家持・藤原小依・大伴継人・紀白麻呂の名誉回復までさせた。「延暦四年の事に縁りて配流之輩、先に已に放還す。今思ふ所有りて、存亡を論ぜず、宜しく本位に叙すべし」とあり、大伴家持を従三位、藤原小依を従四位下、大伴継人・紀白麻呂を正五位上などに叙した上で、「崇道天皇の奉為に、諸国国分寺の僧を令て、春秋の二仲月別に七日、金剛般若経を読ましむ」（『日本後紀』）として、全面的に復権させた。「罪はなかった」と公認したのだ。その命令を内外に発したころ、桓武天皇は正寝において崩御したのであった。

死没しようとするその寸前まで、早良親王の怨霊の鎮撫・慰謝に努め続ける生涯を送ったのだ。早良親王の霊魂が無実を叫んで怨霊と化し、桓武天皇とそのまわりの妻妾や安殿親王らに祟っている。繰り返しそう思い悩んでいたことは、点々とした記事からでも十分に読み取れる。自分の身の回りに起こる不祥事とかつて罪に陥れた早良親王の死とを関連づけ、身の周りに起こる不可解な不祥事の原因は早良親王の怨霊による祟りだと考えた。

しかし、それはなぜなのか。なぜそう思い、なぜそう思えたのか。桓武天皇は日本史上はじめてになる怨霊の祟りという現象を、なぜそうだと認識したのか。あるいは、できたのか。

というのも、明らかに冤罪と知られている事件を例として彼我の状況を比較すれば、この疑問の意味がわかる。

たとえば、『続日本紀』神亀六年（七二九）二月辛未条に長屋王の謀反事件の記事がある。当時左大臣だった長屋王は、従七位下漆部《ぬりべ》君足・无位中臣宮処東人という下級官吏によって「私かに左道を学び、国家《みかど》を傾けんと欲す」と密告され、結果として妻・吉備内親王とその子らとともに服毒自殺を命じられた。しかし同書天平十年（七三八）七月丙子条に、密告した中臣宮処東人が長屋王にかつて仕えていた大伴子虫に斬殺される事件が起こり、その記事は続けて「東人は即ち長屋王の事を誣告したるの人なり」とした。誣告つまり無実なのに罪を着せようとした人物が密告しておこされた冤罪事件だったことを、正史編纂者が認めている。天下の人が知る世間公認の、あからさまな冤罪であった。となれば、その被害者である長屋王の最期は、取り返しの付かない無念の死としてあまねく人々に知られていたであろう。それなのに、それでもこれらの事件の捏造側の関係者でその祟りや怨霊に怯《おび》えたという人はいない。筆者は関係者の叙任記事の検討から、首謀者は藤原武智麻呂と論断した。[4] この誣告冤罪事件の主導者である武智麻呂や手足となって立ち働いた宇合《うまかい》・麻呂らがその八年後に天然痘で同時に死んでいくことを思えば、この疫神が長屋王の怨霊だったと噂してもよかったろう。罪に問うて死に追いやった聖武天皇が天平末年に長く病に悩まされるのも、長屋王の怨霊の祟りと噂されておかしくない。しかし長屋王に罪が無かったと知られていても、聖武天皇にそうしたことをとくに気にした様子はなく、右大臣となった武智麻呂も叙位を抑留される制裁こそしばらく受けていたが、死んだ者の霊に祟られて悩んでいた様子などない。

近時、寺崎保広氏は、天平九年十月二十日の叙位で従五位下安宿王を四階あげて従四位下、黄文王を无位から従五位下、円方女王・紀女王・忍海部女王を従四位下となっていることについて「長屋王の子女に限ったこの異例な叙位は、政治的な意味からは説明しにくい。私は、当時の人が天然痘蔓延を長屋王の祟りと考え、その霊を鎮めるための政策としての叙位であったと推定している」[5]とした。もしこの見解が認められるとすれば、霊が祟るいわゆる怨霊思想の嚆矢となり、時代の画期をなす出来事となる。また、これを怨霊思想の嚆矢と認める研究者も少なくない。

しかしこの叙位は、宮廷において長屋王の無罪が確信できたために問罪の理由が消え、位階を奪うなど降格させている根拠がなくなったので、事情に合わせて復権させた人事であろう。もともと長屋王の件は誣告だったつまり無実だった。いまとなればそれは周知のことだが、それが無実だとわかった時点はまだ明瞭でない。いちばん遅くに推定すれば、『続日本紀』の編纂時という説も立てうるからだ。だから、長屋王の子女を復権させる叙位が行われたこの時点こそが無罪と判明したときだ、と推定する根拠にしてよいとすら思う。そういう解釈もあれこれなしうるのだから、長屋王の霊の祟りを恐れた叙位だなどという結論にはただちに辿り着かない。この叙位の前後に、怨霊の存在・出現を思わせる記事などないし、もしも天然痘流行が長屋王の怨霊の祟りだと認識されていたとすれば、国分寺建立が天然痘の流行のさなかにそもそも発願されていたことからしても、(6) 国分寺建立の目的として怨霊の鎮魂に触れられるはずである。それが見られないのは、天然痘流行が怨霊のせいだとする認識など成立していなかったから。そうみておくのが穏当である。

溯れば、『日本書紀』(日本古典文学大系本) 皇極天皇二年(六四三)十一月丙子条には、斑鳩にいた山背大兄王が蘇我入鹿の派遣した軍に討ち取られる事件が記されている。山背大兄王に問われるような罪はなく、入鹿の父・蝦夷が「噫《おお》、入鹿、極甚だ愚癡《おろか》にして、専行暴悪す。儞《い》が身命、亦殆からずや」といい、私利私欲による暴走だったと嘆いて見せている。山背大兄王からすればあきらかに無念の死となるから、話のつごうではその二年後に起きた乙巳の変での入鹿一族の悲劇はこの祟りだったと展開させてもよい。だが政変での入鹿の横死は、その因果で捉えられていない。また同書大化五年(六四九)三月戊辰条によると、右大臣・蘇我倉山田石川麻呂も娘婿の中大兄皇子に謀反を疑われ、かつ弁明を拒んだために山田寺で親子揃って自害する事態に陥った。そのきっかけとなった蘇我日向の密告は虚偽で、石川麻呂邸から没収した資産のうち「好き書の上には、皇太子の書と題《しる》す。重宝の上には、皇太子の物と題す」とあり「皇太子、始《いま》し大臣の心の猶し貞《ただ》しく浄きことを知りて、追ひて悔い恥づることを生し」（大化五年三月是月条）とし、死没後に嫌疑が晴れた。これも無辜の石川麻呂の怨念により、その祟りで壬申の乱において天智天皇の子が倒された、という因果にしてもよい話である。ついで淳仁天皇は孝謙上皇（称徳天皇）の夫であったと推定されるが、(7)天平神護元年（七六五）十月に淡路から脱出して称徳女帝に処分の非を訴えようと藻掻いた。垣を踰えても配所から脱走して都に迫ろうとする行動には、天皇として夫として不当な処遇を受けたことへの無念さが感じられる。それなのに、淳仁天皇の怨霊が称徳女帝に祟ったとはいわれない。天平政界では、無辜の被殺者も悲劇の死者も死ねばただひたすら沈黙するだけであって、怨霊騒ぎになどならない。それは死んだ者は死んでしまっただけで、もはや現世に関われない。怨霊の存在など、誰も信じていなかったからである。

もちろん、霊の働きを信じていたとする史料はある。

天平十二年九月、藤原広嗣は大宰府で挙兵し、「時政の得失を指し、天地の災異を陳《の》」べて聖武天皇の政治を非難した。(8)しかし徴兵に手間取り、かつ大野東人が率いる政府軍との板櫃《いたびつ》川を挟んだ攻防戦で敗れ、やむを得ず値嘉《ちか》島から新羅へと逃亡を図った。ところが東風が吹き耽羅《たむら》島は見えているというのに、船は海中に留まって進まない。やがて遠値嘉島の色都島に吹き戻され、値嘉島長野村で捕縛・斬殺された。この耽羅島への途中で、広嗣は「我は是れ大忠臣也。神霊、我を棄てんとするや。乞ふ、神の力に頼りて、風波暫く静かならんことを」（『続日本紀』天平十二年十一月戊子条）といった、という。ここには神の霊を信じていると見られるが、それは自分の外側に神霊が存在するという意味であって、自分の霊魂が離れて物を動かす力になるとは考えていない。

その広嗣の霊魂が怨霊となり、玄昉《げんぼう》に祟ったとする著名な説話もある。

天平十八年六月五日、筑紫観世音寺が落慶の日を迎え、当時大宰府に左遷されていた玄昉が供養の導師とされた。ところが輿に乗せられた玄昉が供養していると、にわかに身が天に捕捉され、空中に舞い上がったまま忽然として消失してしまった。後日、その首ははるか離れた奈良・興福寺唐院（現在の頭塔）に落ちた、という。広嗣の非難した真の相手は聖武天皇だったが、表向きの目的は寵愛された玄昉・吉備真備の排除とされていたので、広嗣の怨霊は玄昉の身を襲ったというわけだ。それが当時の事実ならば、桓武天皇の怨霊信仰に先立って、広嗣の怨霊が認知されていたことになる。

この話を載せる『扶桑略記』（［新訂増補国史大系本］扶桑略記抄二、九五頁）は皇円の著作で、平安末期に成立した仏教関係記事を中心とした歴史書である。編纂・著述時期には怨霊信仰がひろく知られており、それを反映させた作話とみられる。

ところが、この話は『続日本紀』天平十八年（七四六）六月己亥条の玄昉伝にも垣間見られる。

僧玄昉死す。……尊びて僧正と為し、内道場に安置す。是自り後、栄寵日に盛んにして、稍く沙門の行に乖《そむ》けり。時の人之を悪《にく》む。是に至りて徙所に死す。世相伝へて云ふ、藤原広嗣の霊が害せる所と。（一八八頁）

とある。『続日本紀』に「広嗣の霊魂が怨霊となって玄昉に祟った」とあるのならば、これこそが人間の霊が祟った怨霊信仰の先駆けとなろう。

しかし厳密には「時の人云ふ」ではなく「世相伝へて云ふ」である。「時の人云ふ」ならば起こったその時の証言であろう。たとえば『日本書紀』舒明天皇即位前紀に「毛津走《に》げて入る所無し。頸を刺して山中に死せぬ。時の人の歌ひて曰はく、畝傍山　木立薄けど　頼みかも　毛津の若子の　籠らせりけむ」（二二六頁）とある。あるいは入鹿暗殺の前兆として皇極天皇三年（六四四）六月是月条に「老人等の曰はく、『移風《ときかわ》らむとする兆なり』といふ。時に、謡歌三首有り」として「其の三に曰はく、小林に　我を引入て　奸《せ》し人の　面も知らず　家も知らずも」などは、事件に近づけた読み替えによる牽強付会の解釈であろうが、それでもその歌謡自体は当時流行のものであろう。これに対して「世相伝へて」となると、のちに世論を蒐集して溯って解釈しているのを採用したように受け取れる。すなわち『続日本紀』が編集された時期つまり怨霊の存在がすでに汎《ひろ》く認められていた時期に書かれた記事であるかもしれないので、奈良時代のその当時に語られていた民間説話とする証拠としがたい。

やはり確実なところは、桓武天皇が怨霊思想を信じた最初ということになる。そうだとすれば、それはいったいなぜだったのか。

三　桓武天皇の怨霊思想

筆者は、その淵源は渡来系氏族の間で長く懐《いだ》かれてきた観念だと思う。母・和氏の祖が持っていた感覚が、母・高野新笠を通じて桓武天皇の思念に影響したのではなかったか。

精査しつくしたわけではないが、怨みを遺した人の霊が悪霊となって恨まれるべき相手やその一族・一統に祟ったという鮮明な記事は『三国史記』（学習院大学東洋文化研究所本）列伝中に見当たらなかった。そうしたなかだが、『三国史記』巻四十七・列伝第七にある讃徳・奚論《けいろん》の話はそれに近似している。讃徳は新羅の真平王から百済との国境線ぞいにある椵岑《かしん》城の県令に任ぜられていたが、建福二十八年（六一一）十月、百済の大軍に囲まれてしまった。真平王はただちに援兵の指示を出したが、上州・下州・新州の三州将軍は百済軍に阻まれたので救援を諦め、城の危機を見過ごした。讃徳は、危急を救わない将軍たちの不義に激昂した。そしてなお三ヶ月持ちこたえたが、ついに食糧も水も尽きて落城寸前となった。そこで彼は、

吾が王、我に一城を以て委ぬ。而るに全うすること能はず、敵に敗るる所と為る。願はくは死して大厲《だいれい》と為り、百済人を喫《く》らひ盡くし、以て此の城を復さん。（三九八頁上段）

といって、腕まくりし目を瞋《いから》せて槐樹《えんじゅ》に激突して死んだ。やがて城は陥落し、兵士は降伏した。それから七年後に讃徳の子・奚論《けいろん》が金山幢主となり、漢山州都督の辺品と軍を興して椵岑《かしん》城を百済から奪い返した。しかしすぐに百済軍の逆襲に遭い、迎え撃つなかで戦死した。そのとき彼は、

昔、吾が父、身を此に殞《おと》せり。今、我、百済人と此に戦ふ。是、我が死する日なり。（三九八頁下段）

と言い残し、敵兵のなかに斬り込んでいった、という話である。

この讃徳の言に見られる大厲は、鬼の字と組み合わされて厲鬼などともいわれる。疫病神であり、祟りをなす禍いの神である。この話の展開だけではいささか不可解で、讃徳が奚論《けいろん》を助けていないので、読み手にはさしたる感動がない。それはいまは措くとして、恨みを懐いた人物が大厲となり、自分を滅ぼした相手に祟ることを公言していることに近似するものが感ぜられる。

いま一つ、著名な事例がある。それが文武王の海中王陵（水中王陵ともいう）である。文武王は新羅王朝三十代の王で、諱《いみな》は金法敏。父・武烈王（金春秋）のあとを承《う》け、唐と連合して高句麗を滅ぼした。高句麗滅亡後に直轄地への編入を目論んでいた唐と対決し、高句麗・百済の遺民の独立運動・反唐運動を容認する形で実質的に後援し、ついには唐勢力を朝鮮半島から駆逐。統一新羅の時代を実現した王である。

その文武王について『三国遺事』（学習院大学東洋文化研究所本）巻第二・文虎王法敏には、

二十一年（六八一）、永隆二年辛巳を以て崩ず。遺詔により、東海中の大巌の上に葬る。王、平時常に智義法師に謂りて曰く「朕が身、後、願はくは護国の大龍と為り、仏法を崇め奉りて、邦家を守護せん」と。（一〇九頁）

とある。龍になるとはあるが、自分の霊魂がその没後も国内に留まり、白村江戦いなどで軍事衝突した仮想敵国の倭から新羅を守護しつづけようとしたという意味である。『感恩寺寺中記』では「文武王、倭兵を鎮めんと欲して……海龍と為る」とあって倭国を睨みつづけるため、ことさらに日本海に直面する海中に造らせたとする。(9) この王陵は慶尚北道慶州市北面奉吉里にいまも残っていて、海岸線から二五〇メートル離れた大王岩（岩島）の中央に十字の裂け目があり、その中心部に長さ三×幅二・二×厚さ一・一メートルの蓋石に覆われた墓棺が置かれている。(10)

死没した人物が守護神となる話は、日本でも平安初期の坂上田村麻呂になれば見られる。『田邑麻呂伝記』（群書類従本、巻六十四）には、

（弘仁）二年五月二十三日薨ず。時に年五十四。即日絁六十九疋……役夫二百人を賜ふ。……同

二十七日山城国宇治郡栗栖村に葬る（今俗に呼ぶに馬背坂と為す）。時に勅有りて、甲冑・兵仗・劔鉾・弓箭・糒塩を調へ備へて合せ葬らしめ、城の東に向けて立ちて窆《うめ》る。即ち勅して行事を監臨せしむ。其の後、若し国家に非常の事有る可くんば、則ち件の塚墓、宛も鼓を打つが如く、或は雷電の如くす。爾来将軍の号を蒙りて凶徒に向かはん時は、先づ此の墓に詣でて、誓ひ祈れり。

とある。すなわち弘仁二年（八一一）五月、嵯峨天皇の勅命により、死没した坂上田村麻呂の遺骸に甲冑・武器・食糧を添え、平安京の東向きに葬らせた。場所は宇治郡栗栖村で、現在の京都市山科区勧修《かじゅうじ》寺東栗栖野町にあたる。そこに立ち姿のままで埋めることで、東夷・蝦夷に不穏な動静が伝わった場合には鳴動して報らせ、田村麻呂の霊魂が威嚇して抑止するよう祈念した、というのである。海中王陵に比べれば、これは土中であってしかも臣下の墓である。だが人の霊魂が死して守護神となるという役割が似ており、同工異曲の挿話といってよい。

こうした感覚が嵯峨天皇のなかにあるのは、嵯峨天皇が渡来系文化に懐かれて育ったからでないのか。桓武天皇の子であるから、高野新笠は祖母にあたる。祖母から聞いてもいいし、外戚からの伝聞でもいい。もちろん桓武天皇が即位したあとの子であるから、すでに藤原・紀・多治比・石川・大伴など在来の氏族員に囲まれていたろう。渡来系氏族出身の祖母らの話に日常的に浸っていたとはいえないが、死者にも死んでなおかつ力があることを信じる感覚は、そもそも既存のその当時の日本社会に見られなかった。それをある日とうとつに信じはじめるには、そう信じている異文化との接触がどこかで必要になる。その異文化の種は、渡来系氏族の間に持ち込まれていたのでなかったか。

ただし、この話を伝える『田邑麻呂伝記』の成立年は不詳である。『江談抄』（新日本古典文学大系本）巻六には「田村麿卿伝は弘仁の御製なり」（二三六頁）とあり、『田村麿卿伝』が『田邑麻呂伝記』と同じであるならば、嵯峨天皇の著作で、承和九年（八四二）以前の成立となる[11]。いまだ同一の著作物との確証は得られていないが、作者の詮索はともあれ記述内容が事実を伝えているとすれば、桓武天皇一家の特殊な感覚の由来を物語る恰好の資料となる。

この「死者にも、死んだあとなお力が発揮できると信じる感覚」が、他戸親王・早良親王らの怨霊信仰の源なのではないか。死んだ者は現世に対してもはや無力である。人に悪さをするのは生きている人であって、死んだ人は生きている人に対して何もできない。死んでしまえばすでに過去の人であり、恨むことすらできない存在になると思ってきた。飛鳥政界や天平政界は、そういう環境だった。長く、そういう社会文化・社会思想しかなかった。これに対しこのときの権力者間で、「死んだものにも力がある」。そういう感覚がとうとつに生じたのだ。

その感覚は、「願はくは死して大厲と為り、百済人を喫らひ盡くし、以て此の城を復さん」といった讃徳の言葉に含まれている。さきに記したように、場面描写は完結していないようである。これが特異な話として人々に語り伝えられたというのならば、子・奚論が根岑城を回復したとき、讃徳の霊が百済兵を食らい尽くす場面があって、それで回復を遂げたのであろう。そうでなければなるまい。それが讃徳の力添えだと思えたから、その前触れとして「願はくは死して大厲と為り、百済人を喫らひ盡くし、以て此の城を復さん」と記したのである。もしそうした力が助けになっていなかったのなら、讃徳死没時の虚しい破れかぶれの言葉など記しておく必要がない。この話には「この霊が助力していた」という因果関係が込められ、物語られている。そうだとすれば、死せる者でも活躍できると

写真１　大王岩遠景

写真２　海中王陵の墓石

いう感覚が、新羅・百済の双方いや朝鮮半島の社会では育った。

死した者が敗れた者に味方し、かつて勝った者にやがて祟る。援兵に見捨てられて憤激した将軍の怨念が、彼を殺戮した百済兵に仕返して、やがて百済を敗戦に導く。新羅将軍の死没と百済兵の敗残という二つのまったく方向の異なる事実について、その間に因果関係を認め、それが怨念を懐いた霊魂のせいだと結びつける思想が存在する。そしてそれが新羅側にそうと認められれば霊魂は善魂・守護神となるが、対手の百済側にとっては呪いを以て殺戮する悪鬼・大厲と見なされよう。海中王陵の文武王も、同様である。文武王の死霊は龍となって新羅を守るが、攻めようとする倭兵にとっては同じ死霊が悪鬼・大厲として禍をなすはずである。それを悪鬼・大厲と描くか善神・善魂と描くかは立場の違いでしかなく、思想として懐かれている内容はまったく同じである。

すなわち新羅・百済など朝鮮半島につとに見られた死霊観が存在し、渡来した氏族たちの社会ではそれを受け継いできた。その死霊についての思想が平安朝になってはじめて日本の社会思想に影響力を持ち、死霊が怨念を懐けば生きている人々に祟るという朝鮮半島の社会にあった思想・思念が、日本の宮廷内ではじめて共有されるに至った。もちろん朝鮮半島にしか育たなかった特異な思想というわけでもあるまい。東洋思想の発信地である中国文化にあったか、または百済・高句麗などのもとである北アジア・北方騎馬民族の習俗にその淵源があったかもしれない。さらに溯って訊《たず》ねていく必要があるだろう。

ともあれ、桓武天皇が祟りであることを信じたのはそうした渡来文化の思想基盤をすでに持っていたからで、彼が信じたことによって日本宮廷内に怨霊思想が蔓延したのであろう。渡来人の社会ではかねてそうした因果関係を把握していたが、社会の上層部が気にしていなければ、とくに蔓延することなどなかった。上層部のとりわけてその頂点に立っている天皇が「ここに因果関係が有る」と認めてしまったことが、朝廷が怨霊思想に縛られ怨霊が宮廷に跋扈するもととなった。そう思う。

渡来人・渡来文化に接したからだとした場合、たとえば藤原氏でもかなりの接点がある。かねて述べたように[12]、藤原不比等は河内国安宿郡に本拠を置く渡来系氏族の田辺史氏に養育されたとみられ、その娘・光明皇后（安宿媛）もその安宿郡に盤踞する安宿戸氏にちなむ名であった。渡来系氏族の雄である秦氏との関係では、秦朝元の娘が藤原清成との間に種継を、秦嶋麻呂の娘が藤原小黒麻呂との間に葛野麻呂を産んでいる。浅からぬ縁が読み取れるし、藤原氏が渡来人世界と交流するなかで怨霊思想に触れ、たとえば長屋王・藤原広嗣・橘諸兄・同奈良麻呂・藤原仲麻呂・塩焼王・道祖王などの大厲化を信じてもおかしくない。怨霊となって祟るという文化をすでに理解できていたかもしれない。しかし現に藤原氏としては「怨霊が祟っている」と提起しなかった。かりに藤原氏の一部で怨霊思想を知って信じたとしても、そう信じない多数の政界人の心を動かしえないし、臣僚間のさらに一部の人たちの観念では政府機関をあげた供養・鎮魂など具体化できない。桓武天皇が信じたからこそ、天皇が政府機関や山陵・神社・寺院などに働きかけて国が動いた。国が動いたから、怨霊思想は社会的に認知され、存在するものとして対応策が採られるようになったのだ。政界のトップ・政府機関を動かす者が信じたことが、なにより大きかったのではないかと思う。

もっとも史料的根拠としてはまだ不十分であり、いまは問題のいとぐちを示すにとどまる。問題提起である。それでも怨霊思想がはじまる理由については、そこからはじまるという時期だけでなく、はじまる理由も明らかにすべきで、このさき検討を深めていく必要がある。そのことはかりに長屋王からとしても、広嗣からとするにしても、どのみち求められるべきものである。

【注】

（1）新人物往来社、二〇〇一年。
（2）拙稿「大伴家持のためらい」（『古代の王朝と人物』所収、笠間書院、一九九七年）
（3）拙稿「大伴家持をめぐる四題」（『古代史の異説と懐疑』所収、笠間書院、一九九九年）
（4）拙稿「長屋王の無実はいつわかったのか」（『万葉集とその時代』所収、笠間書院、二〇〇九年）
（5）『長屋王』二六〇～一頁、吉川弘文館、一九九九年。「『若翁』木簡小考」『奈良古代史論集』二所収、一九九一年、参照。
（6）拙稿「国分寺の基礎知識」（「歴史研究」六六一号、二〇一八年五月）、二十五頁。
（7）拙稿「淳仁天皇の后をめぐって」（『白鳳天平時代の研究』所収、笠間書院、二〇〇四年）
（8）拙稿「藤原広嗣の乱と聖武天皇」（『天平の政治と争乱』所収、笠間書院、一九九五年）
（9）小林健彦氏「新羅国の文武王と倭国—文武王の海中王陵に見る対日観—」（「新潟産業大学経済学部紀要」四十三号、二〇一四年二月）によると、倭兵襲来から国を護るという思想は本来のものでなく、後年の人による付会とする。
（10）文武王は六八一年七月の没時に「西国之式に依りて、火焼葬を以てす」（『三国史記』）と遺詔して火葬を選び、これが朝鮮半島での火葬墓の史料上の初見となった。火葬は新羅でこのあともしばらく続けられるが、この火葬習慣は日本にも影響して、文武天皇四年（七〇〇）の道昭を嚆矢として持統天皇（七〇二年）・威奈大村（七〇七年）・下道圀勝母（七〇八年）・伊福吉部徳足比売（七一〇年）・僧道薬（七一四年）・太安万侶（七二三年）・小治田安万侶（七二九年）・行基（七四九年）など天皇・貴族・僧侶などの間で火葬墓が盛行する。火葬は平安時代の事例もあるが、天平八年の遣新羅使派遣以降に日羅関係が冷却して国交が険悪化すると衰微し、日本ではふたたび土葬が主流になる。

（11）『国史大辞典』（吉川弘文館）九巻、当該項目。

（12）拙稿「桓武天皇の基礎知識」（「歴史研究」六五六号、二〇一七年十一月）の「一、渡来系氏族と白壁王」。「桓武天皇の即位事情とその政治構想」と改題して本書所収。

（「翔」五十八号、二〇一六年三月）

蝦夷《えみし》社会と阿弖流為《あてるい》

一　蝦夷とはどういう存在か

蝦夷とは、古代の東北地方に居住し、大和王権・律令国家に阿順《あじゅん》せず、反抗的で容易に服属しなかった人々の称とされている。そのため、大和王権・律令国家はしばしば征討軍を送り、九世紀初頭に青森県南部までの制圧をやっと果たした。

右のようにいちおう記せるのだが、こう記すと、執筆者は「蝦夷が大和王権・律令国家にほんらい服すべき勢力とみなしている」立場にある、と読み取られる危険性がある。

周知のように、蝦夷とは中華思想の論理のなかに出てくるものである。

高徳の天子が天帝の委嘱をうけて中国中原を支配するのだが、いくら高徳でも世界中の地域をくまなく同質に支配することなどできない。中央部は天子が直接支配するが、遠隔の地域についてはその地を現に支配している首長を王に任命して臣下としての国を持つことを許容する。ただし現代見られるような独立国の国王の意味ではなく、中国の天子を守護する藩屏《はんぺい》国の統治を担当する臣下たる王である。いわば銀行本店の頭取が天子で、各地域の支店長が国王である。支店長は、支店の運営を任されて支店内ではもっとも偉いが、本店から見ればその支配下の一行員に過ぎない。そうした関係と似ている。そうした支店にあたる中国の四周に存在する国が藩屏国で、かれらを地域的に概括するとき、総称して北部外縁に居住する人々を狄《てき》、南部の人々を蛮、西部の人々を戎《じゅう》と呼び、夷は中国の東部外縁に棲む人々の称である。中華と夷狄とで構成されるという世界観を、華夷思想といっている。

この論理内容からすれば、東アジアではもとより中国しか懐《いだ》きえない世界観のはずだが、この思想は周辺国に輸出・導入されていく。たとえば朝鮮半島諸国も、自国王を天子とみなした中華思想を展開しはじめた。高句麗の好太王は永楽太王と自称し、北朝北魏の登国六年、南朝東晋の太元十六年にあたる辛卯年・三九一年を永楽元年とした。天子の特権である元号を、みずからを天子になぞらえた上で制定したのである。近代になっても李氏朝鮮は明の正統な後継者を自任しており、朝貢の対象である清ですら北虜・夷狄と位置づけ、西洋はそれより劣る禽獣とみなしていた。自国を世界最上の中心国とし、あまりにも気高い自負心を懐いていた(1)。

この朝鮮半島諸国には後《おく》れたが、日本にも中華思想が流入してきた。

日本国王がみずから天子（天皇）と称し、天子のみが行なう建元をして大宝・慶雲などと定めて頒下したのである。唐帝を同格対等な天子と位置づけ、みずから富本銭・和同開珎などの銭貨を製作させた。この中華思想の適用として天皇を中心とする華夷思想の構図を持ち込み、日本帝王の高徳に接するための朝貢を新羅・渤海からうけ、百済王氏・高麗氏を廷臣として従わせる。蕃国・外臣の上に立つ日本の冊封体制が、七世紀後半の天智朝・天武朝のいずれかで成立した。そうなるとその思想展開に合わせて、日本の周囲でも北狄・東夷・南蛮の諸民族が討伐されたり、恩沢《おんたく》によって帰化するという場面が見られなければならない。つまり「観念に見合った現実」が創出されることとなった。だから、蝦夷ははじめから帝王の治める内地人より劣った野蛮な存在と思念された。

　蝦夷と記せば、通常の人の姿をしておらず蝦《えび》のように背を屈《かが》め、地面を這って歩く土蜘蛛を連想する。土蜘蛛ならば、その名のように穴居生活こそがふさわしい。彼らは先見的に帝王に討たれるべき邪悪な存在と観念され、未開ゆえに感化と侮蔑の対象と目された。蝦夷の棲む処は賊地であり、彼らの行ないはすべからく邪悪な獣心による無分別な反抗。対応する律令国家は見下しながらも慈愛に満ちた教化をし、ときには軍事征伐で反抗心を抑えつけて王化・恩徳に浴させる。内地化は侵攻・侵略でなく、非文化圏に文明・文化の恩恵を与える開拓なのだ。だから律令国家に帰属した蝦夷は俘《ふ》囚《しゅう》・夷俘《いふ》つまり捕虜・囚人と見なされた。律令国家の社会秩序に組み込まれる場合の位置づけは、はなから未開で無教養・乱暴な罪人同然の待遇しかなかった。

　そうなると、東北地方に現住する人は侮蔑された蝦夷の後裔となるが、近代国家のもとではそういう展開にならないよう、蝦夷はアイヌ・コロポックルなどの異民族だとする説が立てられたりした。根拠があっての話ではなく、国家内の融和を目指した国民的配慮、論理上の必要からであった。

　中尊寺金色堂にある俘囚長・安倍氏の血を引く藤原四代の木乃伊《ミイラ》の分析が、社会の注目を浴びたのもその確認・根拠づけのためだった。

　アイヌ人は身長一五六センチほどで、頭骨は小さく、長幅指数は七十六・五。指紋は西欧型の乙種蹄状紋が多い。眉が隆起し、鼻根が窪んでいる。それに対して四検体は身長一六〇センチ前後で、頭骨の形は小さくて長幅指数は八十前後。清衡・秀衡の指紋は東洋型の渦状紋で、眉・鼻根にはアイヌ人的特色がない、という結果だった。清衡の父方には藤原氏の血も入っているから、検体として適切かどうかも問題だが、そもそもアイヌ人かどうかと問うている前提にも問題が多い。(2)

というのも蝦夷は劣った異民族と描かれているが、そもそも同等な社会を持った内地と同種の人たちではなかったか。あるいは異民族だが対等な社会組織・戦闘力を持つ勢力と抗争していたのかも。そうとすれば、その間の関係は一方的な征討・征伐でなく、対等者間の戦争・侵略であろう。東北地方という未開地を「開拓」しているのではなく、すでに生活して居住している人たちがいた。ヨーロッパ人のした「新大陸（アメリカ大陸）の発見」は、「発見された」人にとってはただの外来者の来航である。すでに生活し居住している人たちの土地を律令国家が奪うのならば、それは占領・編入である。言葉にするときの執筆者の立脚点が前提的に問われる。そういう問題がまずある。

二　東北動乱はどのように推移したか

古代日本の中央政権（大和王権・律令国家）は、古代の全期間を通じて東北地方にいるいわゆる蝦夷勢力と攻防を繰り返していた。

大和側からみて、とりうる一つの攻略策は融和・懐柔で、蝦夷在地の首長勢力とゆるやかな同盟を結ぶことだった。四世紀後半には福島県で会津大塚山古墳（全長九〇㍍）、五世紀前半に宮城県仙台市周辺で遠見塚古墳（同一一〇㍍）・京銭塚古墳（同六一㍍）、五世紀後半に宮城県名取市で雷神山古墳（同一六八㍍）、六世紀初頭には岩手県奥州市水沢区付近に角塚古墳という前方後円墳が築かれている。前方後円墳という墳墓は、大和地方で特異に発達した埋葬形式である。自分たちが首長と仰いだ人をどう葬るか。葬儀のあり方というのは、いまでもそうだが、かなり保守的慣行のなかで執行されるものだろう。それが蝦夷首長の墳墓に導入され強制されているとなると、蝦夷の首長がやや劣位《れつい》となる同盟関係がこの時期にすでに築かれはじめたものとみられる。とはいえこの同盟はいわば浮島のような状態の在地首長との連携であり、周辺全域まで従っていたわけではなかろう。だから大和勢力からの「面を確保しようとする侵攻」はべつにかつ不断になされていた。侵攻軍の中心は阿倍臣氏・大伴連氏であるが、丸子連氏・物部連氏・蘇我臣氏なども適宜参戦した。これら中央からの派遣軍に、北関東在住の上毛野君氏・下毛野君氏が与力して、継続的にかつ執拗に経略が進められていったらしい(3)。舒明天皇九年(六三七)に蝦夷が叛し、討蝦夷将軍となった上毛野形名《かたな》はいったん敗走したが、形名の妻が女軍《めいくさ》を指揮・奮戦してついに撃退したという話もある(『日本書紀』[日本古典文学大系本]舒明天皇九年是歳条)。

大和勢力は、七世紀半ばまでに福島県を支配下に組み込んだようだ。斉明天皇四年(六五八)・五年には阿倍比羅夫に一八〇艘の船師《ふないくさ》を率いさせ、日本海側の蝦夷を攻略させている。律令国家が成立すると、和銅二年(七〇九)陸奥鎮東将軍に巨勢麻呂、征越後蝦夷将軍に佐伯石湯《いわゆ》を任命し、遠江・信濃・越中以東の十ヶ国の兵士を動員した大規模な掃討・慰撫《いぶ》作戦を展開した。この戦果は不明だが、このあたりから東北地方には約二十の城柵が作られる。出羽方面には出羽柵・秋田城・雄勝城・由利柵が、陸奥方面では神亀元年(七二四)ごろ成立した多賀城に続き、牡鹿・新田・色麻《しかま》・玉造の諸柵、やがて桃生・伊治《これはる》・覚鱉《かくべつ》の諸城が建てられていく。

養老四年(七二〇)、按察使・上毛野広人が陸奥蝦夷の反抗で殺されると、律令政府は太平洋側を担当する征夷将軍に多治比県守、日本海側を担当する鎮狄将軍に阿倍駿河を任命して派兵。神亀元年三月陸奥大掾・佐伯児屋麻呂《こやまろ》が多賀城の設置に反発したとみられる蝦夷に討たれると、同年中に藤原宇合《うまかい》を大将軍に任じて陸奥を、小野牛養《うしかい》を鎮狄将軍として出羽を、それぞれ鎮定させた。

大規模な征討活動はここまでで、この派兵からしばらく軍事行動はなりを潜める。それは陸奥鎮守将軍だった大野東人《あずまひと》の戦略が奏功したものらしい。東人は軍事力でなく、鎮圧には恩賞・慰撫で誘った。そうして帰順してきた蝦夷の協力によって、抵抗していた蝦夷を言葉で説得して抑える。現地の知恵を用いて、反発・抵抗を押さえ込むことに成功したからのようだ。(4) 東人は出羽国守・田辺難破の言をかりて「軍を発《おこ》して賊地に入るは、俘狄を教喩し城を築きて民を居らしめんが為なり。必しも兵を窮めて順服を残害せんとするに非ず」(『続日本紀』[新訂増補国史大系本] 天平九年四月戊午条)とし、それを「東人以為《おもえ》らく然《しか》りと。又東人の本計」と表明している。そうして約二世代の平和が得られたのだった。

しかしその後、文室綿麻呂《ふんや》が「宝亀五年(七七四)より当年(弘仁二年、八一一)に至る惣て卅八歳、辺寇屢《しばしば》動き」(『日本後紀』[新訂増補国史大系本] 弘仁二年閏十二月辛丑条)と回顧した三十八年にも及ぶ大軍事行動時代が訪れる。

思い返せばその予兆は、宝亀元年の宇漢迷公宇屈波宇《うかめのきみうくつはう》の発言にすでに見られていた。公の姓をうけているのだから律令国家にとって味方のはずの帰順蝦夷だというのに、彼らが蝦夷地に逃げ帰るさいに「一、二の同族を率いて、必ず城柵を侵さん」(『続日本紀』宝亀元年八月己亥条)と揚言していったというのだ。

宝亀五年七月、海道の蝦夷が決起して橋を焚き道を塞いで往来を絶ち、桃生城を襲った。政府は坂東八ヶ国に動員をかけて一万人以上を集め、按察使・大伴駿河麻呂に討たせた。しかし現地の鎮守府が「賊の為す所は狗盗鼠窃《くとうそせつ》なり。時に侵掠すること有りと雖も、而ども大害を致さず。今茂る草に属《あた》りて之を攻むる、臣恐くは後悔すとも及ぶこと無からん」（同上書宝亀五年八月辛卯条）と報告し、つまり大きな害はないから、攻めなくともよい。攻めればむしろ後悔しかねない、と言上した。軍を興《おこ》したのに戦わないで帰るというのでは、納得されまい。当然のように政府から譴責され、仕方なく遠山村に入った駿河麻呂は「歴代の諸将未《いま》だ嘗《かつ》て進討せざるに……直ちに進撃して其の巣穴を覆す。遂に窮したる寇《あだ》を奔亡せしめ、降る者相望ましむ」（同上書宝亀五年十月庚午条）つまり投降した者が見渡す限りだったと景気のよい報告を返した。だがそれは、もとより虚報である。実態としては宝亀六年に入っても「蝦夷の余燼、猶未だ平殄せず」（同上書宝亀六年十月癸酉条）とあって収まらず、かえって出羽「国府を遷さん」と願ってくるほどだった。

宝亀七年二月に軍士二万を動員し、さらに出羽から四〇〇〇の援兵も得たのだが、五月に出羽国志波村で決起した蝦夷のために政府軍は敗走した。宝亀八年十二月にも出羽の蝦夷に敗れ、「官軍利あらず。器仗を損失す」（同上書宝亀八年十二月癸卯条）とある。それでも宝亀九年六月には按察使・紀広純以下二二六七人に行賞があり、五年にわたる戦闘はいちおうけりが付けられた。この行賞には吉《き》弥侯伊佐西古《みこのいさすこ》・伊治公呰麻呂《これはるのきみあざまろ》など蝦夷側の人名が見られるので、戦闘では成果がなかったものの、現地の蝦夷たちを懐柔して味方にしていく策が奏功して事態を鎮静させたのだろう。

律令政府はこの軍事衝突に懲り、胆沢に本拠地をおく蝦夷勢力のこれからさきの南下を事前に食い

東北の城柵と大和勢力の北進

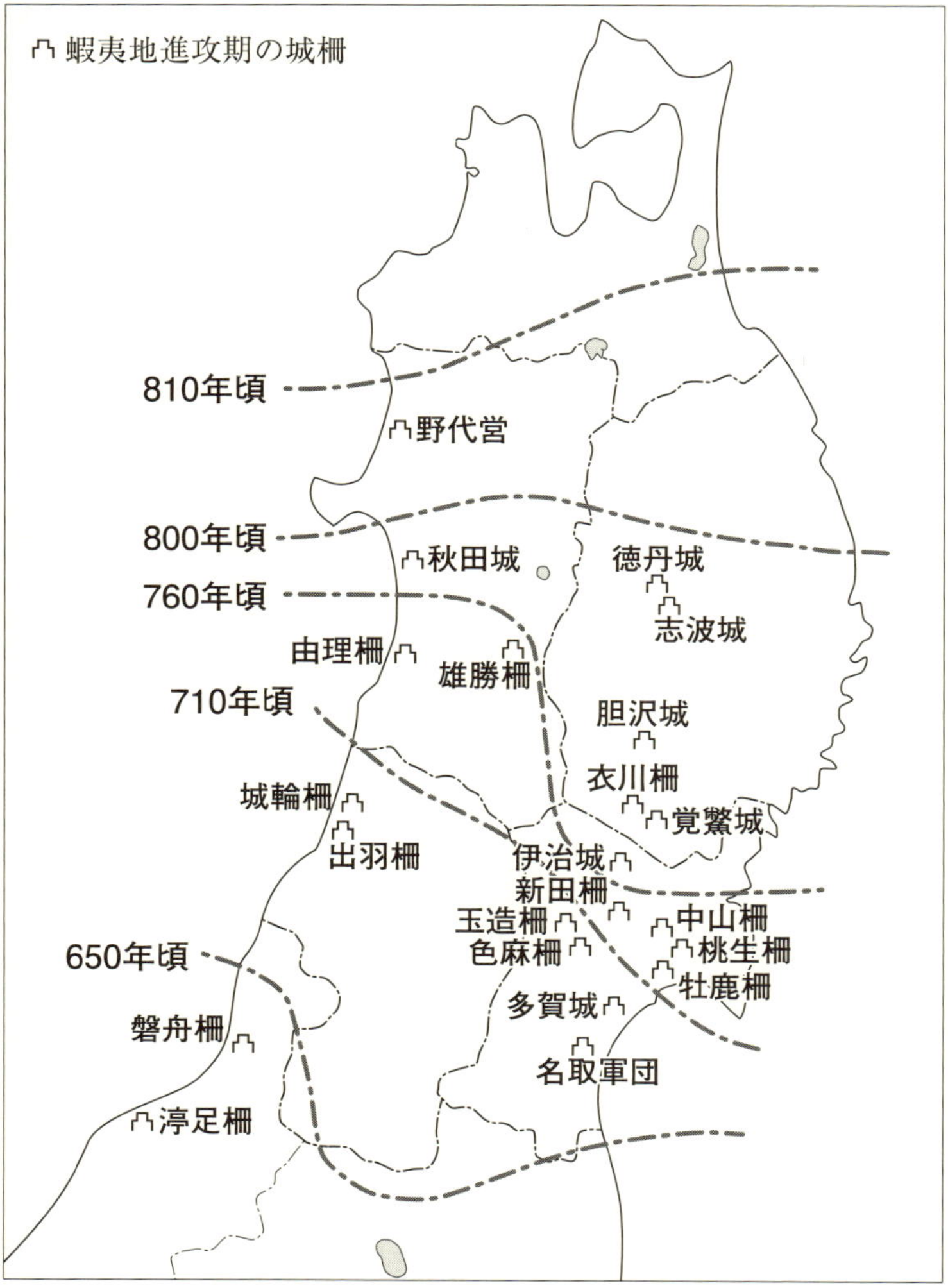

止めようとして、軍事拠点の北上を画策した。

その途次の宝亀十一年三月、先に政府側に属《つ》いて伊治郡大領・外従五位下の官位を得ていたつまり律令国家側の懐柔に応じて味方となってくれていた伊治呰麻呂が叛旗を翻した。呰麻呂は仲間内にあたる牡鹿郡大領・道嶋大楯と直属の上司にあたる按察使・紀広純を殺し、進んで律令国家最大の東北軍事拠点であった多賀城を陥落させてしまった。また政府高官の殺戮は、上毛野広人の殺害以来六十年ぶりの大事件だった。

高官を殺された律令政府にも面子《めんつ》がある。ただちに藤原継縄を征東大使、大伴益立・紀古佐美を副使として陸奥側から、鎮狄将軍・安倍家麻呂を送って出羽側から攻撃させた。だが呰麻呂事件はただの個人的確執による殺人にとどまらず、溜まりに溜まった蝦夷側の鬱憤に火を点《つ》けてしまった。火のついた蝦夷側の攻勢に、まったく刃が立たなかったらしい。政府と現地とでは「且つは兵粮を備へ、且つは賊機を伺ひ、方《まさ》に今月（五月）下旬を以て進みて国府に入り、然る後機を候《うかが》ひ変に乗じ、恭く天誅を行はんといへり。既に二月を経たり。日を計り程を准ずるに、佇みて俘を献ずるを待つ」（同上書宝亀十一年六月辛酉条）だけかとか「賊地に入るの期、上奏度多し。計已《はかりおわ》らば発し入りて狂賊を平殄したるらん。而るに今奏す、今年は征討すべからずといへり。夏は草茂しと称し、冬は襖乏しと言ふ。縦横《ほしいまま》に言を巧みにし、遂に稽留《けいりゅう》を成す」（同上書宝亀十一年十月己未条）という遣り取りがあった。現地の将軍たちは兵粮を蓄え、軍を調え、機を窺っている。しかし二ヶ月経っても、夏は草が茂っているから、冬は寝具が少ないとか、言い訳ばかりで討伐にかからない。政府からは激しい叱責が伝えられている。

しかしいくら勅命で督促されても、現地軍の眼前にある戦況はそうした話とかけ離れていたのだろう。征東大使は藤原小黒麻呂に代わったがもとより戦果は上がらず、出羽では長く軍事拠点とされてきた秋田城ですら放棄したい、といってくるほどだった。十二月に陸奥側で二〇〇〇人を動員して大室塞付近の五道の要害を攻めたものの、翌年六月斬首七十余の戦果ていどで軍を解くこととした。小黒麻呂は「彼の夷俘の性たる也、蜂のごとく屯《たむろ》し、蟻のごとく聚《あつ》まりて、首として乱階を為す。攻むるときは則ち山藪に奔《はし》り逃れ、放つときは則ち城塞を侵し掠《かす》む」（同上書天応元年［七八一］六月戊子条）といいながらも「迹を山野に竄《かく》して機を窺い隙を伺へども、我が軍威を畏れて、未だ敢えて毒を縦《ほしいまま》にせず」つまり「蜂や蟻のように集《たか》って悪さはするが、こちらが攻めれば雲散霧消する。軍威を恐れていて、もはや敵しない」と報告してみたが、虚勢を張っているだけとだれにも判るものだった。帰還した益立は征伐の期を誤ち軍粮を浪費した罪を背負わされ、位階を剝奪されている。

このままにしておくわけにもいかない。

延暦元年（七八二）大伴家持を陸奥按察使・鎮守将軍兼任とするとともに、坂東出身の入間《いるま》広成を陸奥介、安倍猨島《さるしま》墨縄を鎮守副将軍として現地重視の布陣に切り替えた。同三年に家持を征東将軍としたが、翌年死没。そこで延暦七年七月に紀古佐美《こさみ》を征東大使とし、東海・東山・坂東諸国の兵士五万二八〇〇を動員した。

同八年三月多賀城に政府軍が集結し、五月には衣川《ころもがわ》営に辿り着いた。衣川の地は蝦夷の本拠地である胆沢《いさわ》への南端の入口にあたるのだが、勢いが強くてこれまでまったく北進できていなかった。軍の無為・滞留を責められていたので、意を決して六月に渡河したが大敗した。その蝦夷側の中心者が阿《あ》弖流為《てるい》であった。政府軍はまったく手を出せなくなり「胆沢は水陸万頃にして、蝦虜生を存す。大兵一挙して、忽ち荒墟と為る。……天兵の加ふる所、前に強敵無し。海浦の窟宅、復人烟に非ず。山谷の巣穴、唯鬼火を見る。慶快に勝へず」（同上書延暦八年七月丁巳条）と報告し、荒れた廃墟となっていて、敵は見当たらない状態になったとして軍の解散を求めた。だが政府は「斬獲せる賊首八十九級なるに、官軍の死亡千有余人」などと指摘し、虚言を喝破していた。「此の浮詞、良に実《まこと》に過ぎたりと……駅を馳せて慶と称す、亦愧《は》ぢざらんや」と罵倒した。とはいえ、いくら罵倒されても勝てないものは勝てない。そのまま帰還したため、古佐美以下は敗軍の責任で官位を奪われた。

これにかわって、登場するのが征東大使・大伴弟麻呂と副使・坂上田村麻呂だが、それは節を改めることにしよう。

三　東北地方での軍事衝突は、なぜ起きたのか

大和王権・律令国家は、一部の首長とは同盟関係で提携しつつも、面としては軍事侵攻によって支配地域を拡大する策を採った。もちろん戦いは政治・軍事的に対立する集団同士の諍いで、生の支配欲・領土欲を基本にした生々しい掠奪行為である。しかし大和王権が雄略朝から権力を強め、かつ六世紀にかけて中央集権化を進め、ついで七世紀以降になると中国に倣った中華思想を身に纏う。そうなると領土支配欲だけでなく、そこに文化的恩恵・儒教的教化をする救済行為であるかのような幻想を懐きはじめる。

それは話の上だけのことでなかった。

東北地方に置かれた城柵は、律令国家側の最前線の要塞である。砦であれば、事務を執る官舎も必要だろうが、その大半は多数の武器庫・食料庫・兵舎と厨《くりや》（台所）で、周囲には物見櫓が立ち並び、武器製造・修理の工房が必要になる。また付近からの避難住民を受け入れる舎屋・炊爨設備の準備もいる。それだけで砦内はめいっぱいのはずだ。ところが、多賀城・胆沢城の発掘調査の結果、これらの城柵の性格そして中心施設は宮都・国庁と同様の政治的な儀礼の場にすぎなかった。

多賀城（宮城県多賀城市）は東辺一〇〇〇×西辺六六〇×南辺八七〇×北辺七八〇㍍の不整形である。その中心部の東西一〇三×南北一一六㍍の築地塀で囲まれた郭内の中央北寄りには規模の大きい正殿があり、その北に後殿、築地に嵌め込まれて東西に脇殿がある。正殿の南は石敷き広場が広がっていて、南門には左右に翼廊が取り付いていた（第Ⅱ期政庁）。一辺六七〇㍍の胆沢城（岩手県奥州市水沢区佐倉河渋田）もそうで、城内南寄りに大垣で区画された九〇㍍四方の施設があり、内部中ほどに正殿、その南方左右に脇殿があり、正殿南正面はあいている。そして両施設とも、周囲は柵列でなく、築地塀だった。戦うさいの防衛施設ならば、よじ登れないほどに高くされた柵列が巡らされているべきだ。たしかに一部には柵列も見られたが、それは筏地業《いかだじぎょう》といわれる湿地克服の建築工法の痕跡で、土台を作るための基礎工事だった。このことは二城だけでなく、秋田城やほかの城柵もそうだった。城柵というから柵列で武装した防御施設を想起するが、その基本スタイルは服属儀礼などを行なう行政施設でしかなかった(5)。

これは律令国家側が、軍事力による武威でなく、天子の御言《みこと》持ちである国司や全権を委ねられた将軍が正殿に立って威を示せば、蝦夷を順撫《じゅんぶ》できるとみていたことを意味する。

武威よりも、威徳に服するはずだ。そう思える自信の根拠は華夷思想による観念的優越感であり、その裏返しとして対手への軽侮・蔑視を呼んだ。たんなる領土・領民への編入なら、旧属の民・新属の民に大きな差は付かないが、華夷思想のもとでの編入では新属の人が激しい侮蔑に曝されたのだ。

伊治呰麻呂が道嶋大楯を殺して離反したのも、そうした経緯からだった。呰麻呂は伊治公という氏《うじ》名《な》と姓を持っているから、みずから進んでその配下を引き連れて政府側に好意を寄せてきた人である。これは、「同族を率いて、必ず城柵を侵さん」と捨て台詞《せりふ》を残した宇漢迷公宇屈波宇もそうだった。戦えば自軍兵士を多数傷つけるだろうのに、相手がこちらの味方になってくれる。政府にとっては貴重で優遇すべき存在であり、これから歓迎して増やして行くべき大切な帰順蝦夷である。

呰麻呂は伊治郡《これはるぐん》大領となっているが、薩摩国の例では一郷しかなくても郡にしてそこの有力者を郡司に任じている。ほんらいなら郷長（里長）にすぎないのだが、それでは律令国家内での格付けが低すぎる。そこで優遇して郡司の待遇・格付けで迎えていた。呰麻呂も、たぶん同じような処遇となったろう。だがそこまで優遇しているのに、それでも政府の役人たちの蔑視は止められなかった。いや、中央政府の役人はどうせそんなもの。何より不愉快だったのは、仲間内からの蔑視だった。「毎《つね》に呰麻呂を凌侮し、夷俘を以て遇す。呰麻呂深く之を銜《ふく》む」（『続日本紀』宝亀十一年三月丁亥条）とあるが、呰麻呂を激しくまた執拗に軽侮していたのは同じ蝦夷出身の大楯だったのだ。道嶋氏はもともと牡鹿《おじか》氏で、牡鹿半島の蝦夷出身の同類である。ところがその一族・嶋足が中央貴族（正四位上中衛中将兼播磨守・下総守など）となったため、中央政府に登庸される自分たちとは立ち位置が違うとの差を強調しようと、中央政府の役人と一緒になって在来の蝦夷を蔑《さげす》んだ。こうしたことはよくあることで、高麗《こうらい》の出身で元《げん》に仕えていた洪茶丘《こうさきゅう》（征東行省の長官）は、高麗国王に不利な情報を元の朝廷にことさらに流し、祖国のはずの高麗に困難な仕事を押しつけてきた。(6) 仲間としてともに助け合うべき立場なのに、その人が自分の足を引っ張り、ことさらに辛く当たってくる。同種・同朋だと思う者からの侮蔑・攻撃は、彼ら帰順蝦夷・俘囚にとって、ことのほかこたえたであろう。

蝦夷社会への侵攻は、武力を使うものとは限らない。それが柵戸《きのへ》の入植である。

柵戸とはいわゆる屯田兵のことで、戦時には武器を持つ兵士として城柵のなかに立て籠もって戦う。しかし平時には農民として、周辺の山野を田畠に開墾してそこから生活の糧《かて》を得る。長期滞在・永住型の半農半兵の生活者で、かれらが大和王権・律令国家の期待を負って入植していった。

早くは大化三年（六四七）越国に渟足《ぬたり》柵を造って柵戸を置き、同四年磐舟柵に越・信濃の人を選んで柵戸にしたとある。和銅二年の鎮東軍が退いたあとから、入植が増える。同七年尾張・上野・信濃・越後から二〇〇戸が出羽へ、翌霊亀元年（七一五）相模・上総・常陸・武蔵・上野・下野から一〇〇〇戸が陸奥に、同二年に近国の百姓が出羽へ、養老元年（七一七）信濃・上野・越前・越後から各一〇〇戸が出羽へ、同三年東海・東山・北陸の二〇〇戸が出羽へ、同六年諸国から差点《さてん》した一〇〇〇人が柵戸として陸奥に送られた。神亀元年には鎮守の軍卒が家族とともに居着くよう指示しているが、実質的な柵戸編入である。一戸が二十三〜四人なら二〇〇戸は五〇〇〇人弱で、四郷分つまり下郡一つの人口である。

ここまでは、希望者や良質な人々が入植したものだった。それが光明皇太后・藤原仲麻呂政権下の天平宝字元年（七五七）四月四日に「不孝・不恭・不友・不順の者有らば宜しく陸奥国桃生・出羽国小勝に配し、以て風俗を清め、赤辺防を捍がしむべし」(『続日本紀』)としたところから、流れが変わる。同二年十月二十五日に陸奥国内の浮宕の人を桃生柵に、同三年九月二十七日に坂東八ヶ国・北陸四ヶ国の浮浪人を雄勝柵に、同四年三月十日に没官の奴婢を雄勝柵に、同七年九月二十一日に母殺しの犯罪者を小勝柵に、神護景雲三年(七六九)六月十一日に浮宕二五〇〇人を陸奥国伊治村に、延暦二十一年(八〇二)正月十一日にも諸国の浪人四〇〇〇人を胆沢城に送り込んでいる。国家支配の網から脱落しようとした、いわばアウトローを志望した者たちが捕捉されて入植させられた。

送り込まれた柵戸の住んでいるところがすなわち大和王権の前線となり、律令国家の支配地になる。地上軍と住民をあわせて送り込んでいるわけで、力で押さえ込まれているだけでつねに反感を懐いている人たちに囲まれているより、仲間がいるだけで地域を安定して自領化していくのに効果的な方法といえる。だがその入植者が反国家・反社会的人物に変われば、最前線の現場は荒れてくる。不平不満の徒・ならず者が闊歩し、地域内の融和性は保ちがたくなる。

しかも柵戸が入植してくるとは、蝦夷社会の側からみれば自由に使ってきた生活の場を彼らが喪失していく過程である。蝦夷は田夷・山夷に大別されるが、柵戸が一瞥《いちべつ》して空閑地とみなして入植していった場所は、田夷(農耕民)にとって見れば開墾予定地や池を築き溝を通す場所であった。それを先んじて取られては困る。山夷(狩猟民)にとっては、鳥獣が集まる格好の猟場であり、森林は動物資源の供給地であった。柵戸による農地の拡大・森林伐採は、彼らの職場を奪うものだ。また両者にとって、山野は菜を摘み・草刈りをする入会地でもあった。柵戸の入植を黙って受け容れていられなくなるときが、在来の蝦夷たちと平和に生活の場を共有・共存共栄できなくなるときが、いつかやってくる。蝦夷たちの日常生活に根ざした不満が爆発し、共存する日々に深く絶望するときだ。そのもはや止められなくなったときこそが、八世紀第四四半期であった。呰麻呂の道嶋大楯・紀広純殺害事件は小さな事件だったが、大きな不満に火を点けてしまった。起爆剤の役割を果たしたのだ。

四　阿弖流為の戦い

延暦八年五月に登場した蝦夷の首長・阿弖流為《あてるい》の戦いぶりは、見事なものだった。

北上川東岸に屯する阿弖流為ら蝦夷軍に対し、政府軍は全体五万二〇〇〇のうちの約半数を割き、二万七〇〇〇で前中後三軍構成の征討軍を別編成して進軍をはじめた。

前軍が渡河・北進するにさいして、中後軍からおのおの二〇〇〇人を選んで敵正面の渡河作戦をともに決行させせた。その選抜隊が蝦夷軍の中心的指導者である阿弖流為の陣に迫ると、蝦夷軍三〇〇が邀撃《ようげき》してきた。四〇〇〇の選抜隊はこれを圧倒し、蝦夷軍が退却したのを追いかけた。通過する村々を焼き払いながら阿弖流為の本拠地の巣伏《すぶせ》村（奥州市水沢区・江刺区）に着き、ここで後続の前軍兵士と合流してともに総攻撃に移るつもりでいた。しかし、これは罠だったのだ。四〇〇〇をたやすく通過させたものの、主力の前軍は蝦夷軍の激しい攻撃に遮られ、河を渡れていなかった。巣伏で敵中に孤立してしまった選抜隊は、八〇〇の蝦夷軍精鋭に行く手を阻まれ、後退しようとすれば追い討ちをかけられ、さらに河東の山の手から現れた四〇〇の蝦夷に退路を断たれた。袋の鼠となり、脱出をはかるのがやっとだった。これら一連の戦いで、政府軍は別将丈部《はせつかいべ》善理や志願兵の高田道成・大伴部五百継など二十五人が戦死し、二四五人が負傷。命からがら河に辿り着き泳ぎ渡ろうとして溺死した者が一〇三六人、裸で渡りついた者が一二五七人だったという（『続日本紀』延暦八年六月甲戌条）。

その六日後に征東大使・紀古佐美は奏上し、胆沢の地は蝦夷の中心地で、別の拠点である子波《しば》（斯波・志波、盛岡市南部）・和我（和賀町）はそれより遙かに奥深く遠い。かりに子波まで二万七四七〇人で遠征しようとしても、兵粮が運搬できない。衣川から子波まで行程六日と作業一日の合わせて七日で補給作戦をするために一万二四四〇人動員しても、わずか十一日分しか支えられない、と述べた。つまり進軍しないための言い訳を述べているのだが、この消極策建言の背景には蝦夷軍が充ち満ちていて、長い補給路を援護する協力者がおらず、敵兵の出現でどこでも断たれる状況にあったという恐怖心が描き込まれている。五万を超える規模の政府軍からすれば数千の被害など大した損害ではないが、選抜した精鋭部隊が壊滅し、累々たる戦死・溺死の遺骸と戦傷者の呻《うめ》き声が満ちていれば、士気が阻喪する。勝てそうにないとする雰囲気が、政府軍内に醸成されていたのである。

もともと政府は多賀城に五万二〇〇〇を集結させていたのに、古佐美は子波への遠征軍を二万七〇〇〇人と計算している。その差となる二万五〇〇〇人は、多賀城付近でも同調者対策として軍を待機させておく必要性があり、遠隔地に派遣できなかったのだろう。そうだとすれば、遠征は遠近を問わず周囲がみな敵に見える疑心暗鬼のなかでの行軍だったことになる。日中戦争時に中国人ゲリラ兵に囲まれて身動きができなかった日本軍を想起すれば、苦境のほどが推し量れよう。

政府は、ここで大伴弟麻呂を征夷大使、坂上田村麻呂を副使として送り込んだ。

延暦十三年六月の軍の規模は、古佐美のときの倍にあたる一〇万（『日本後紀』弘仁二年五月壬子条）。

戦闘場面の詳細は史料が欠けているので不明だが、九月から十月にかけての戦闘で「四百五十七級を斬首し、百五十人を捕虜とし、馬八十五匹を獲へ、七十五処を焼き落とせり」（『日本紀略』〔新訂増補国史大系本〕延暦十三年十月丁卯条）とある。そして延暦二十年九月、征夷大将軍となった田村麻呂が四万を率いて蝦夷と戦い、翌年一月には蝦夷の本拠地・胆沢の中心部に城を築いた。まさに制圧の証明といえよう。その四月十五日に大墓公《たいものきみ》阿弖流為は盤具《いわぐの》公母礼《もれい》と五〇〇余人を伴い、つまり戦う余力を見せながらも政府軍に投降した（『日本紀略』）。おそらく田村麻呂の政府説得工作を信じ、両者のために流血の戦闘を終わらせることに同意したのだろう。これを承《う》けて田村麻呂は七月十日に彼らを朝廷に連れて行き、そのさい阿弖流為らをこれからさきの蝦夷社会の統治業務に活用するよう献策した。しかし人間として信用せず「獣心」とみなして畏怖する朝廷はその策を採らず、八月十三日河内杜山で処刑させた。

これ以降も延暦二十二年に田村麻呂が征夷大将軍、弘仁二年・弘仁四年に文室綿麻呂が征夷将軍となる。また嘉祥元年（八四八）には下総で俘囚・丸子廻毛《つむじ》が、斉衡二年（八五五）に陸奥で俘囚同士が、貞観十七年（八七五）には下総の俘囚が、元慶二年（八七八）出羽秋田城下の夷俘が、天慶二年（九三九）にも出羽の俘囚が戦闘を繰り広げた。だが元慶の乱こそ大規模だったが、あとはさしたる争乱にならなかった。顧みれば、政府と蝦夷との組織的な大戦闘は、阿弖流為との戦いで終わったと見なすことができそうである。

さて、この蝦夷の強さはどこにあったのか。それは山夷の多さとみなされてきた。農業を生業とする田夷と対比された者ならば、山を生業の地とする狩猟民と見なせる。狩猟民ならば馬を駆使し、騎射はお手の物。律令国家の軍団兵士は基本的に弓矢と刀剣・槍の軽装歩兵で、集団密集戦法で肉薄していく。馬は輸送にしか使わなかった。そこを蝦夷側の巧みな騎射でまず陣形を崩され、ちりぢりバラバラとなったところで、個別に討ち取られていく。そういう場面は十分考えられる。しかしそれがさらに縄文時代以来の狩猟民だからとされ、後進性を物語る証拠とされるのなら、簡単には同意できない。蝦夷との戦いは昨日今日のことでない。いまさら山夷の出現や戦法に戸惑うと思えない。地の利と生活を脅かされ追い詰められている者の持つ戦意の違い、ではなかったろうか。

それにしても、蝦夷側はなぜ国家を樹立しなかったのか。

律令国家との違いを自覚して共存できないと感じたのなら、横並びの首長連合でなく、敵である律令国家に倣った政治体制をなぜ作ろうとしなかったか。その疑問は強く大きく意識されるのだが。

熊谷公男氏は「古代国家と『蛮夷』」(7)で、「蝦夷は、族長を中心として部族的な集団を構成し、日常の生産活動、中央政府あるいは他の集団との戦闘行為もこの集団が単位となっていた。……蝦夷の村は通常の郡程度の規模をもち、族長に率いられて独自の行動をとり、たがいに敵対関係にあることがむしろ普通であった。しかし、他の強力な蝦夷集団や中央政府など、共通の敵に向かうときは同盟して戦った。律令国家の『夷をもって夷を制する』という蝦夷政策は、部族集団が各地に割拠してたがいに対立抗争するこのような蝦夷社会の性格をうまく利用したものである」(一四〇頁)とする。状況をよくまとめ、うまく説明できている。

しかし、「たがいに敵対関係にあることがむしろ普通であった」証拠があるわけではなく、敗戦の結果を説明するための後講釈である。たしかに戦闘場面がこうなったからきっと負けたのだろうが、日常の社会が対立的で啀《いが》み合う関係だったかなど不明であるし、問題はなぜ戦闘継続の過程でそうなってしまったのか、なのだ。五世紀から数えても大和勢力とは四〇〇年以上対峙し、手を取り合える友好的な勢力でないことは知悉《ちしつ》している。それなのになぜ蝦夷の首長による連合政府を樹立し、律令国家勢力に対抗できる集権国家を組もうとしなかったのか。一度は帰順した蝦夷が逃亡して立ち戻っている例もあるのだから、律令国家の仕組みもその利点も十分に分かっていたはずなのに。

【注】

（1）山内弘一氏著『朝鮮からみた華夷思想』（山川出版社、二〇〇三年）
（2）拙稿「平泉と中尊寺金色堂について」（『古代の社会と人物』所収、笠間書院、二〇一二年）
（3）拙著「奥州白河の古代」（『古代の社会と人物』所収、笠間書院、二〇一二年）
（4）新野直吉氏著『田村麻呂と阿弖流為』（吉川弘文館、六十三頁、二〇〇七年）
（5）拙稿「大宰府と多賀城」（『天平の政治と争乱』所収、笠間書院、一九九五年）
（6）旗田巍氏著『元寇』（中公新書、一九六五年）
（7）『ジャパン・クロニック日本全史』（講談社、一九九一年）

（原題「阿弖流為の基礎知識」「歴史研究」六四二号、二〇一六年六月）

空海と高野山をめぐって

一　空海の誕生と生育

空海の幼名は佐伯直《さえきのあたい》真魚《まお》で、宝亀五年（七七四）、香川県善通寺市にある善通寺の地で生まれた、とする。昭和六十二年三月、筆者は母・八洲子とともに善通寺を訪れたが、折悪しく防災週間中だったようで、五重塔などに向けた放水訓練のさなか、境内は雑踏していた。落ち着いて見学ができず、惜しみながら立ち去った覚えがある。

それはそれとして、佐伯氏出身ということから、大伴氏同族の名門・佐伯氏と同一視する向きがある。東北地方に蟠踞《ばんきょ》した蝦夷《えみし》を編成して軍事的部民《べのたみ》とし、それを大和王権の大伴に加えた。のちそのうちの一部を佐伯部として括り出し、大伴氏から管理者を分立させて佐伯連《むらじ》氏を創出した。佐伯の名は、サエグつまり敵からの攻撃を塞ぐという軍務にちなむものという。いまだ部民の出自や氏名の由来は確定していないが、佐伯連（のち宿禰《すくね》）氏は大和王権内屈指の軍事氏族である。その一員と解して、その当時参議として政界の重鎮であった佐伯今毛人《さえきのいまえみし》の近親者だと語られることもある。

しかし空海を出したのは佐伯直氏であって、佐伯連氏でない。連姓の佐伯氏は中央政権内で全国の佐伯・佐伯部を束ねる大族であるが、直姓の佐伯氏は地方に置かれている佐伯部たちをその現地において管理する中間管理職である。立場としては、複数の貸しビル業を営む所有者が佐伯連氏で、各ビルに住む大家（管理人）が佐伯直氏である。直姓の佐伯氏は、ビル所有者の一族ではなく、いわばビルの貸し部屋の住人（佐伯部）を預かって管理を委ねられている現地雇用者にすぎない。

佐伯直氏は、もともと讃岐（香川県）の土着豪族であったろう。かれらが大和王権に接して服属の意思を表わすと、王権からその地の下級支配権を持つ国造（名称は後世のもの）に任用され、姓《かばね》を下賜された。姓は王権内での地位をあらわす称号だが、地方の土着豪族に対しては多くの場合直という姓が与えられた。そののち国造にはさまざまな仕事が割り振られ、国造氏族の一部または全員をその仕事の担当者とした。たとえば相模国造に漆部《ぬりべ》の仕事を割り振る。国造支配下の人民を分割して中央宮廷（のちの大蔵省漆部司）の漆部として奉仕させることとし、さらに国造家の族員を分割させて、その枝族を漆部業務の現地管理人とさせた。佐伯直氏も同様で、大和王権から佐伯部を預かったか、領民を佐伯部として差し出した。その管理業務のために、国造・讃岐直氏と称するはずだった一族が佐伯直氏となったか、傍流家を枝族の佐伯直氏として分立させたのである。佐伯直氏は佐伯連氏に管轄される現地担当者であり、中央豪族の佐伯連氏とはもとより血縁などない。まったく出身も立場も異なる氏族で、征服者側と被征服（服属）者という上下の統属関係にある。違いばかりを強調したが、とはいえともに佐伯部によって仕事をする。佐伯連氏と佐伯直氏は業務関係で繋がりがあるから、血縁的近親関係はないが、仕事上で有縁《うえん》の関係にはある。

善通寺が空海の生誕地というのはよく知られた説で、江戸中期に成立した『多度郡《たどぐん》屏風浦善通寺之記』（『善通寺市史』第一巻所収）にそうある。
すなわち唐から帰朝した空海は、大同二年（八〇七）四月に「真言教《しんごんのおしえ》を天下に弘《ひろ》むべき勅許」を平城天皇からうけた。その年末「御父田君《たぎみ》卿の園林四丁四方を、三宝に供養して伽藍の地」とし、長安の青龍寺を模した寺院を建立。弘仁四年（八一三）六月までに金堂・大塔・講堂など十五の堂宇からなる伽藍を整え、父・田公《たぎみ》の法名（善通）を採って善通寺と名付けた。なお青龍寺とは、空海に真言宗の奥義を授けてくれた恵果がいた寺である。

これとは別に、善通寺に接してあった田公の邸宅は鎌倉時代に寄捨されて誕生院という独立寺院となっていたが、明治時代に善通寺に統合された。したがって、いまの寺地には佐伯直氏の旧宅が入っているわけで、「空海誕生の地」とみなしても話は齟齬しない。

この空海による善通寺建立説は起源が古く、『東寺百合文書《ひゃくごうもんじょ》』（『大日本古文書』家わけ十ノ四）の寛仁二年（一〇一八）五月十三日付「讃岐善通寺司解案」（り函・五九五頁）にすでに「抑《そもそ》も件《くだん》の寺、弘法大師　御建立と為《し》て、其の霊感尤《もっと》も掲焉《けいえん》也」「斯《これ》則ち大師　御霊の致す所也」などと見える。しかし寺号は田公の法名・善通に由来するというが、そもそも田公の法名（戒名）が善通だったというのからして確認できない。空海の父は田公でなく、その子・道長（『平安遺文』八巻・四三一四号）ともいう。このさい父が誰でも、善通が祖父の法名でも曾祖父のでもよいが、もともと寺号が法名に由来するのなら、建立発願者の名が冠されたと見なすべきだ。善通がかりに田公の法名なら、田公が所有する園林を転用し、みずから発願《ほっがん》してみずからの法名を寺号とさせた。そう理解するのがふつうでないか。どれにも関係しない空海は、建立そのものに関与していなかったと見なして自然であろう。

というのも『東寺百合文書』延久四年（一〇七二）正月二十六日付「讃岐国善通寺所司解案《しょじげあん》」（う函・未刊）には「件の寺は弘法大師の御先祖建立の道場」とあり、空海本人でなく、先祖の建立とされている。しかも境内からは白鳳・天平時代の古瓦が出土しており、空海や田公らをはるかに溯る起源を持つ古寺だったことが確実である。(1)つまり七世紀後半以来、ここには佐伯直氏の氏寺が建っていたのであって、空海や田公による新立の寺院ではなかった。

ついでながら大同二年に「真言教を天下に弘むべき勅許」が有ったとするが、平城《へいぜい》天皇は空海・真言宗に関心がなく、唐から早くに帰国してしまった空海は大宰府《だざいふ》で待機させられたままだったか、上京していたとしても勅許を出されるような待遇を受ける環境にいなかった。後世の人たちの賢《さか》しらな作話である。

二　空海の転身

信頼できる空海の伝記は『空海僧都《そうず》伝』（真済《しんぜい》著、承和二年［八三五］成立。続群書類従本）・『大僧都空海伝』（『続日本後紀』［新訂増補国史大系本］承和二年三月丙寅条・同月庚午条。貞観十一年［八六九］成立）・『贈大僧正《だいそうじょう》空海和上《わじょう》伝記』（貞観寺座主《ざす》著、寛平七年［八九五］成立。続群書類従本）の三種で、「それ以降のものになると、どのような立場から書かれたものにせよ、第一次資料と見做しがたい」(2)という。そのうちの『空海僧都伝』によると、生い立ちは次のようだった。

彼は生まれながらに聡明で、五〜六歳ころには隣里に神童と聞こえていた。十五歳のときから、母の外舅・阿刀大足《あとのおおたり》のもとで『論語』『孝経』を読みはじめ、史伝から文章《もんじょう》学までの指導を受けた。奈良後期から平安前期にかけての佐伯直氏からは下級官吏が輩出されており、空海も堅実な実務官僚になることが期待されていたようだ。十八歳のときに上京して政府の官吏養成機関である大学に入り、直講の味酒浄成《うまさけのきよなり》に就いて『毛詩』『尚書』を、博士の岡田牛養《うしかい》には『春秋左氏伝』を習いつつ、経史全般にわたって広く学んだ。

だが、修学するなかでとくに好んだのは仏書だった。このほかの書は「我の習ふ所、古人の糟粕《そうはく》にして、目前に尚益無し《なおえきなし》」とし、昔の人たちの搾り滓《かす》であって、目前の事柄の役にも立たないと悟った。そして『三教指帰《さんごうしいき》』をまとめた。すなわち世間に通用している生き方についての教えには儒教・道教・仏教の三通りあるが、そのなかでは仏教がもっとも優れている、とした。これによって官吏登用の道と訣別し、彼は仏教者としての道を歩みはじめた。

まずは在家の信者として五戒を守ることを誓い、優婆塞《うばそく》となる。そして各地の名山の嶮岨なところや人跡まれな絶壁に囲まれた峯や孤岸の洞窟に留まり、ほかの誰からも離れて久しく苦行に明け暮れた。阿波の大瀧峯（阿南市加茂町）に登って修行していたときには、虚空蔵菩薩《こくぞうぼさつ》の霊感が彼の力に呼応して印の大きな剱を飛ばしてきた。また土佐の室土崎《むろとざき》（高知県室戸市室戸崎町）で目を閉じて観念していたら、仏力の奇跡が示されて明星が口に入ってきた。もちろん並の修行ではなく、大雪の厳しい寒さのなかを葛の下着だけで歩行し、炎暑のなかを穀物すら摂《と》らずつまり絶食して朝夕の懺悔をし通した。

二十歳になったときに髪を剃り、沙弥《しゃみ》戒（十戒）を授けられた。沙弥はまだ見習いだが、出家し度《ど》牒《ちょう》を得て一般戸籍から外され、治部省管轄下の僧侶の一員に正式になったのである。

彼は、並の沙弥でなかった。当時の僧侶は仏典の理解よりも、行事での格付けや立身出世を最大の関心事としたのだが、彼は仏像に向かい「仏道に入ってからは、つねに要《かなめ》を知ることだけを求めてきた。三乗とか五乗とか十二部とかは学んだが、心のなかに解けない疑念があって、いまだに定められないでいる。諸仏は、私に至極《しごく》（最高の真理）を示してほしい」と懇請していた。そうしたら、夢に現れた人が『大毘盧遮那経《だいびるしやなきよう》』つまり『大日経《だいにちきよう》』が、汝の求めるものだ」と教えてくれた。そこでその一本を入手してすみずみまで読んだが、なお理解に滞って納得できないところがあり、それを聞こうにも答えられる相手がいなかった。そこで一念発起し、遣唐使に随行して入唐しようと志すこととなった、という。

ここでの疑問の第一は年齢配置で、十八歳で大学に入り、二十歳で沙弥となっている。沙弥になった者が官吏養成を任務とする大学に留まれるとは思えないので、在学は二年だけとなる。しかし『空海僧都伝』では「三教指帰《さんごうしいき》三巻を作り、優婆塞と成る」とあり、二十四歳のときに『三教指帰』を著わしてから優婆塞となったとする。優婆塞は五戒を守る在家信者であり、出家して十戒を守る沙弥の方が重い。『三教指帰』で官吏登庸の道から転じたというのが正しいなら、出家は二十四歳以降でなければなるまい。六年間在学し、二十四歳で志して優婆塞になり、ついで二十歳代の末か三十歳代はじめに正式に得度した沙弥となった、と解するのが穏当である。なお『東大寺別当次第』（群書類従本）第十代堪久君条には「延暦十年四月九日沙門空海受戒」つまり二十二歳で具足戒《ぐそくかい》を受けて比丘《びく》となったと記すが、右の経緯からすれば、史実と見るには無理がある。

第二の疑問は、夢での話である。ほんとうは『大日経』読誦へと導いた人がいたのだろうが、そう教唆するには相応の学問がなければならない。誰ができえたのか。

『大僧都空海伝』にも「十八にして槐市《かいし》に遊学す」つまり都の大学に入ったとあり、それに続けて「時に一《ひとり》の沙門あり。虚空蔵求聞持《こくうぞうぐもんじ》の法を呈示す。その経に説かく『もし人、法によつてこの真言一百万遍を読まば、すなはち一切の教法の文義暗記することを得』と」ある。この言に従って「大聖の誠言を信じて、飛焔《ひえん》を鑽燧《さんすい》に望み」大瀧の嶽や室戸崎で修行し、その知恵で『三教指帰』を二日間で書き上げた。つまり出家前に一沙門（修行者）から真言の効力を聞いていて、それから修行に入ったとする。これだと在学中に沙門に会って教えられたことがきっかけとなって修行に乗り出し、その後『三教指帰』を書いて仏道に帰したことになる。

大学時代に仏道に志すきっかけを与えた人がいたのか、仏道に入っていた空海に教えた人がいたのか。大した違いではないが、どちらかなのか、両方か。どちらかといえば後者の、一沙門に教わったことによって真言を感得する高度な霊力を得ようと難行を志した、とする方が経緯として理解しやすい。

ただそのどちらでも、空海が自力で真言に辿り着いたのではなく、導いてくれた人がいたとはいえよう。三論宗の勤操《ごんそう》や法相宗の護命《ごみょう》などが候補者だが、名を知られた人ならばそのまま名を記せばよいことであって、もったいぶって伏せる理由はない。一沙門・夢の教えなどと暈《ぼ》かしていることからすると、古代寺院には遺唐外交を通じて多くの経典が集まっており、経文研究もわれわれの想像以上に進んでいて、名を知られない修行者にもかなり篤学の人物がいたのだろう。一往そう理解しておこう。『三教指帰』（岩波文庫本）で空海は「仮名則ち瓶を採り水を呪して普《あまね》く面《おもて》の上に灑《そそ》ぐ。食頃《しばらく》あつて蘇息して酲《ゑひ》に似て言《ものい》はず」（巻の下、仮名乞児論、五十一頁）と記しており、密教の加持《かじ》香水《こうすい》の儀式を明らかに知っていた。(3)この時期の世間では、知ろうとすれば一沙弥でも密教について学び得る状態があった、ということである。

第三の疑問は、遣唐使一行に随行するまでどこでどのような修行をし、どうして留学僧に選抜されたのか。

空海が戒牒《かいちょう》を得て一人前の比丘となったのは、『大僧都空海伝』に「年卅一」、『弘法大師御伝』に引く御戒牒文に延暦二十二年（八〇三）四月九日とあり、三十歳か三十一歳である。

だが、延暦二十三年には入唐している。どうして受戒したばかりの新米僧侶が、国費によって賄われる留学僧として派遣されることになりえたのか。経典の研究に長年携わっていて一定の成果をすでに出していたか、または留学すれば成果が期待できる。そう思わせるものが、若き空海にすでに看て取れたのか。あまりの異数の突発的な抜擢だけに、裏で佐伯宿禰氏による推挙など、政治的なコネクションが駆使されたのではないか。宝亀七年（七七六）に麻毛利《まもり》・今毛人兄弟が建てた佐伯院（香積《こうしやく》寺《じ》）を通じて空海が庇護・後援されていたとの憶測もなされるところであるが、証拠はない。

しかもこの留学は、たぐい希な運に見舞われたものだった。

彼が結果として同乗することとなった遣唐使はもともと延暦二十二年四月二日に任命されていて、藤原葛野麻呂《かどのまろ》に節刀が授けられていた。節刀を授与されるとは、天皇から一行全員の処断権を委ねられたことを意味し、この瞬間から家に戻れない。事実上の出発である。そして五月に日本を出たのだが、暴風雨にあって渡航不能となった。仕方なく、葛野麻呂はとりあえず節刀を天皇に返した。そして遣唐使船を造り直し、翌延暦二十三年三月にあらためて節刀を授与され、七月に肥前国松浦郡田浦から中国に向かった。この仕切り直しの間に、空海の乗船が決まったのである。もしも前年に葛野麻呂が出航できていたら、受戒前か直後の空海が遣唐留学僧に選抜されることなどなかった。しかもこの次の遣唐使の出発は承和五年（八三八）七月のことで、空海はその三年前に六十二歳で入定している。顧みるならば、結果的にただ一度の機会をものにしたのである。

強運は予測不能の結果にすぎないとしても、戒牒を得て一年ほどの彼が遣唐留学僧に選抜されたのは、やはり経典についての博識ぶりが知れ渡っていて、その真摯な研究姿勢がかねて評価されていたのだろう。とはいえ、仏教界でつとにそれほどの人物と目されていたのなら、三十一歳となるはるか前に比丘戒（具足戒）を得ていておかしくないか。そういう思いも残りはする。

三　恵果の伝法と帰朝

空海の乗った遣唐使船は、十月三日に福州長渓県の赤岸鎮に着いたが、南方にずれ過ぎた。外交事務に馴れない福州観察使（閻済美《えんせいび》）は、上陸許可を出すのをためらった。日本側の遣唐大使・藤原葛野麻呂は書簡を出したものの、意を尽くす筆力がなかったのか、観察使に通じなかった。そこで代って空海が「大使の為に福州の観察使に與《あた》ふるの書」（日本古典文学大系本『遍照発揮性霊集』38）を書き、はじめて観察使・刺史に信用された。ところが入京を許された人員名簿に空海の名はなく、空海は自身のために「福州の観察使に請ふて入京する啓」（『遍照発揮性霊集』39）を書いてやっと入京を勝ち得た、という。出立直前の遣唐留学僧の入れ替えで名簿の訂正ができていなかったのか、はたまた唐側が長安に入らせる人数を制限しようとしたのか。定かではない。

長安に着いたのは、中国の貞元二十年（延暦二十三年、八〇四）十二月二十三日のことであった。

翌年の五月末、西明寺《さいみょうじ》にいた空海は青龍寺《しょうりゅうじ》東塔院にいた恵果のもとを訪ねた。恵果はインド正純密教の法灯を伝える高僧で、真言密教伝持の第七祖にあたる。恵果は空海を見るなり「われ先より、汝の来ることを知り、相待つこと久し。今日、相見《まみ》ゆること、太《はなは》だ好し太《はなは》だ好し。報命竭《つ》きなむと欲《す》るに、付法する人無し。必ずすべからく速やかに香花を弁じ、灌頂壇に入るべし」（『上新請来経等目録表』国立国会図書館デジタルコレクション十二齣）といい、六月十三日に胎蔵界《たいぞうかい》の、七月上旬には金剛界の、八月十日には阿闍梨位の灌頂を授けた。さらに『毘盧遮那《びるしゃな》』『金剛頂』など二〇〇余巻の経といろいろな新訳の経論も与えた（『空海僧都伝』）。恵果はこのとき六十歳で、「報命竭《つ》きなむと」自覚していたとの言葉通り、十二月十五日に亡くなった。空海が継がなかったら、金剛・胎蔵の両部を完備した大法の全容は消滅してしまうところだった。とはいえ密教はそもそも仏教の思想でなく、インドの土俗宗教であるバラモン教の考えだったらしい。教祖が釈迦でなく、大日如来という架空の存在を祖としており、ほんらいの仏教教理では位置づけられない。そうであれば、長安などにいる中国の僧侶たちはさして重要視しておらず、かならずしも引き継ごうとしていなかった。そうとも考えられる。(4) 加藤誠一氏も「中国において果たして真言密教という独立の宗派が成立したのかどうかは定かではない。確かに恵果和尚は三朝の国師として唐の朝廷に活躍していたことは知られているが、真言宗としての形をとっていたかどうかについては、はっきりとした証拠はない」(5)とされ、空海が承けたものは「その内容的には、前記列祖たちの密教純化の努力の成果」である。つまり中国にあった密教への純化過程の流れを学び取り、空海が日本で独自に仕上げた、ということらしい。
空海としてはこれが留学前の最大の目標・関心事で、これさえ摑めればあとは何も要らないほどの成果だったのだろう。翌年遣唐判官・高階遠成《たかしなのとおなり》が長安に来たところで、その十月、空海は帰国する。
とはいえ遣唐留学僧の任務は通常二十年で、彼はまだ足かけ三年しか経ていない。留学《るがく》制度には二種類あって、請益僧《しょうやくそう》だったのなら自分が掲げた課題を解決すれば帰国できる。しかし空海には、唐に長期滞在して勉学することが義務づけられていた。空海は処罰も覚悟しながら、多数の関係経典などを携えて帰国を強行した。彼が平安京に入ることを許されず、二～三年ほど大宰府に留められたのは、こうした任務未達者の処遇をどうするか決めがたかったからのようだ。
それにしても、入京にさいして空海が大使の書簡を代筆した話や恵果に「われ先より、汝の来ることを知り、相待つこと久し」と歓迎されたのはなぜか。受戒したての新米僧侶の留学が、なぜすでに中国青龍寺に知られているのか。
いや、これだけなら話のすべてが空海側の記録によっているので、自画自賛・身贔屓な文献を鵜呑みにしたせいともいえる。だが中国史書の『旧唐書』（新人物文庫本）にも粟田真人・阿倍仲満に続く人物として、
貞元二十年、使を遣わして来朝す。……学問僧空海を留む。元和元年、……前の件《くだん》の学生、芸業稍《よう》く成り、本国に帰らんことを願い、便ち《すなわ》臣と同じく帰らんことを請う。之に従う。（一八七頁）
とあり、一介の留学僧でしかない空海の帰国がことさらに記録されている。となれば空海が帰国時の中国ですでに著名人だったことは、歴史的事実のようだ。

ところで恵果から継いだ思想の内容は何か。あるいは空海の懐いていた宗教観はどのようなものか。当然解説すべきところだが、残念ながら力不足の筆者には理解も説明もできない。それでも『三教指帰』『秘密曼荼羅《ひみつまんだら》十住心論《じゅうじゅうしんろん》』などをもとに思想の外形をなぞれば、こうなろうか。

人の生き方の教えにはいろいろあるが、儒教は立身出世のための人倫の道を説くもので、道教はそうした世間の名利を厭うて不老不死の神仙の世界を求めるもの。これに対する仏教はすべての人の救済を理想とするので、その普遍性や理想とするものの価値が高い。したがって仏教でしか人間精神の発達、人間としての思想の形成を成し遂げえない。その発達・形成の手順には十の段階があり、第一から第三住心（段階）は世間一般の思想で、倫理以前の世界・倫理的世界・救済的宗教の順に上がっていく。第四・第五住心は小乗（上座部）仏教の思想で、声聞《しょうもん》・縁覚《えんがく》の教えがそれだ。第六・第七住心は大乗仏教の世界観といわれているもので、法相《ほっそう》宗・三論宗の説く内容である。だが真の大乗仏教は天台宗・法華《ほっけ》宗の思想であり、これが第八・第九の住心である。以上ここまでの教えは言葉で伝えられ理解されるものの、真の理解ではない。その最高の到達点である第十住心は真言宗の境地で、仏と一体となるつまり成仏《じょうぶつ》することだが、その内実は修行して得られた特異な力によって感得する必要がある、とする。(6)

すなわち儒教の孔子・孟子、道教の老子・荘子に面と向かって「アンタの精神の発達段階は、いま十段階中の二つめだネ」といったわけだ。そして小乗の教えによって苦行で覚りを目指している人たちは、多くの人々の救済を目指さない点で大乗より思想的にランクが低い。だが大乗でも、真の覚《さと》りに達するには容易に飛び越えられない壁がある、と言い放ったことになる。

尊大にすぎる高飛車な思念ともいえるが、だからよいという点もある。それは、儒教・道教や小乗の思想を自分の思想と対立するもの・否定すべきものと捉えず、到達段階までの一階梯《いちかいてい》としたことである。したがってそれらを排除せず、その思想を人間にありがちなものと捉え、人間の成長過程の姿として容認した。そのどんな彼らでも、仏としての仏性を持っている。気づいておらず、自覚していないから、そのままで見付けることはできまいが、等しくそのなかに持っている。つまり、誰をも見放さない構えをとったのである。だから空海は天台宗のように僧侶仲間だけで山に籠もらず、俗世にいるすべての人たちの救済を志す。自分たちを寺院のなかに隔離しきってしまわない。空海が東寺を拠点とし、世俗政権である平安宮廷に積極的に関わっていこうとしたのも、こうした考えに基づいている。俗世への関与は決して権勢を求めるからでない。天皇から認められ、自分だけが著名人になろうという野望でもない。多くの衆生を救い、みんなとともに仏とつまりこの宇宙と一体となりたいというのが願いだったのである。

彼の学力が高く評価されるまでに至った理由を筆者が忖度すれば、彼は「自分はどういう存在で、どう生きたらよいのか」と自問し、幼稚に見えていちばん大切なその糸口を決して忘れなかったからだろう。仏教経典の理解を渡世《とせい》の処世術・方便と心得たり、「儒教・道教・仏教の奥義は何か」と純学問的に解くことにも満足しなかった。自分が発し、自分に胚胎した疑問を解きたい。それを探しはじめたものの、どの宗教にもどの経典にもその答えがない。彼の博識は、読書のための読書、多識のための読書によって得られたものでなく、彼の心のうちのただ一つの関心事を解こうがためだった。多く読み漁《あさ》り早く読み終えてしまったのも、そこに答えがなかったから。だから一途に答えを求め続けて中国に赴き、真言の教えに辿り着いた。そういうことだと、筆者は思う。

四　高野山入部

帰国後の空海の活動拠点といえば、京都の東寺（教王護国寺《きょうおうごこくじ》）と紀伊の高野山（金剛峯寺《こんごうぶじ》）で、今年（二〇一六年）は高野山開創の上表と嵯峨天皇の下賜勅許から一二〇〇年を迎える。では空海は、宗教活動の場所としてどうして高野山を望んだのか。

その由来譚は、神がかりしている。

『弘法大師御伝』（続群書類従本、八輯下）によると、大同元年八月の彼の帰朝にさいし祈請して、

秘教を学ぶに若《も》し相応の地有らば、我が斯の三鈷《さんこ》、飛び到りて点着《てんちゃく》せよ。　（上・五三四頁）

といい、日本の方向に投げたら雲のなかに消えていった。そののち船はしばしば波浪に翻弄され漂蕩《ひょうとう》したので、彼は一願を発し、無事に帰朝したら、

必ず諸天の威光を増益《ぞうやく》し、国家を擁護し、衆生を利済《りさい》し、□院を建立して、法に依りて修行せん。善神念《おも》ひを護《まも》り、早く本郷に達《いた》らしめよ。　（上・五三四頁）

と祈ると、神が感応して波は漸くおさまった、という。『今昔物語集』（新編日本古典文学全集本）巻十一・第二十五によれば、

我が唐にして擲《な》げし所の三鈷落ちたらむ所を尋《たずね》む。　（一一七頁）

と思って弘仁七年（八一六）六月に平安京を出てさまよっていた。すると大和国宇智郡でその場所を知っているという猟人《かりうど》（狩場《かりば》明神・高野《こうや》明神の化身。丹生津比売《にうつひめ》神の子神とされる）に出会い、南山に赴

く。吉野川の畔で山人（地主神《ちしゅ》である丹生明神の化身）に会い、彼女に導かれて高野山に登り、その土地を献上される。その山の桧の大木のなかに「大なる竹股《たかまた》有り。此の三鈷被打立《うちたてられ》た」のをみて、空海は「是禅定の霊崛《れいくつ》也」と覚《さと》った、という。

弘仁七年六月十九日に高野山を修行場として下賜するよう嵯峨天皇に申請するが、その史実を元にして、高野山に決めた理由を唐からの帰国時にまで溯らせた作り話である。神が選んだ適地だとしてしまっては、空海が定めた本当の理由は解き得ない。では、どうして高野山を修行の場・禅定の適地としたのか。その理由は、いまもなお謎である。

高野山の地主神が丹生都比売とあるように、周辺では丹（水銀朱）を産する。そのことから、丹生都比売を奉祀する伊都《いと》郡の豪族・丹生祝《にうはふり》氏が注目されている。丹生氏が水銀鉱脈の採掘権を掌握していて、その経済力を背景に空海を呼び込んだとする。あるいは空海が丹生氏の財源を奪って配下に組み込み、水銀を経営基盤に据えた、とも推測される。しかし高野山が水銀を売買してそれを財政基盤としていたという証拠は、なお示せていない。選定地や周縁部に水銀が産出するのは事実だろうが、寺院がそれを独占して財源にしていたのか。かりにその証拠がのちに示せるようになったとしても、空海が選地するときそこまで考えられていたのか。そう発問すれば、その答えは後講釈・当て推量としかいえまい。私的に設立した氏寺《うじでら》でなく、勅許をうるような寺院ならば、その維持管理費・僧侶の生活費は官給され、不輸《ふゆ》の寺田《じでん》も施入される。最初から経費の不足を見込んで独自財源を持とうと目論《もくろ》む必要などなかったろう。

そう考えると、やはり政治的・地理的な関係を考慮した上での選地だったのだろう。

都にあまりに近ければしばしば行事に呼ばれ、修行に専念できない。平城京のように寺院が密集してくれば、道慈はともかくとしても、玄昉《げんぼう》・慈訓《じきん》・道鏡のように聖武天皇・藤原仲麻呂・孝謙上皇など政界上層部と顔馴染みになる。その話の向き方次第では執政内容に関与することとなり、それがために政変に巻き込まれもする。空海はもとより世俗政権との接触を拒んでいないが、ではこうした場所が修行場の地としてふさわしいかとなればおのずから回答は異なってくる。修行するに適した場かどうかという規準で眺めると、王畿という特別政治区画に入らない紀伊はほどほどに政府から遠く、しかし忘れられるほど遠くもない。

だが考えられる決め手のいちばんは、設定したいのが難行苦行の修行場なら、難行苦行でつとに知られていた修験道《しゅげんどう》の一大聖地・吉野山に接していたいからだろう。そこで得られる霊力は、密教の教えの修得に欠かせないものだったからである。

【注】

（1）香川県高等学校社会科研究会編著『香川県の歴史散歩』（山川出版社、一九七五年）

（2）渡邊照宏氏・宮坂宥勝氏共著『沙門空海』（筑摩書房、一九六二年）

（3）注2前掲『沙門空海』、二十三頁。

（4）司馬遼太郎氏／ドナルド・キーン氏共著『日本人と日本文化』（中公新書、一九七二年）二十七～八頁。

（5）「真言宗」（大法輪閣編集部編『日本仏教十三宗ここが違う』所収、大法輪閣、一九九八年）七十六頁。

（6）宮坂宥勝氏著「空海の教え」（『空海』、ちくま学芸文庫、二〇〇三年）

（原題「空海と高野山をめぐる謎の基礎知識」「歴史研究」六四六号、二〇一六年十一月）

余章

知られざる年号

一　元号はどういう広がりを見せたか

昭和五十四年（一九七九）六月の元号法制定時には、「二重の年号表記は煩わしい」という実務的なものから「日本でしか通用しない元号など不要」「天皇の治世を規準とする元号は民主国家にふさわしくない」とかの理念的なものまで、さまざまな議論があった。

たしかに中華人民共和国では公元といい、いわゆる西暦が採用されている。しかし西暦が国際的規準年としてふさわしいのかとなれば、そうでもない。

イスラム世界では、西暦六二二年を元年とし三五四日〜五日を一年とするヒジュラ暦（マホメット暦）をそのまま採用している国（サウジアラビアなど）もあるし、生活上はヒジュラ太陽暦を併用する国（イラン・アフガニスタンなど）がある。ちなみに西暦二〇一八年十二月は、ヒジュラ暦一四四〇年の第四月（ラビーウ・アッサーニー）である。世界の暦は、いまも一つでない。

しかも西暦はキリスト教の開祖とされるイエス・キリストの誕生年を規準とする年紀であって（じっさいは紀元前四年ごろの生誕）、それをキリスト教信者が一パーセント台（『宗教年鑑』平成二十七年度版によると、一九五万一三八一人）で、儒教思想を基盤としているらしい日本の暦として奉ずるのがふさわしいかどうか、問題となろう。また歴史に携わる者として、少なくとも大宝元年（七〇一）以降ここまで一三〇〇年以上続けられてきた無形文化遺産である元号をここで途絶させるのは、いかにも惜しい。そういう思いもある。[1]

さて元号は、古代中国ではじめられた年紀の数え方である。

支配者である天子の代替わりや治績の事情などをもとに、多くは二文字だが、ときとして三文字・四文字・六文字の吉祥的なあるいは徳目的な文字などを当ててその暦年の呼び名とさせた。その周縁国でも年紀は必要だったから、支配している王の治世年をもとにして、例えば五三五年を新羅では「法興王の二十二年」、日本では「安閑天皇の二年」あるいは「安閑天皇の乙卯年」などとして廷内の記録や伝承を作ってきた（ただしくは法興王・安閑天皇などは諡号《しごう》であり、在世中は諱《いみな》で呼ばれていた）。しかし中国に遣使・朝貢して冊封体制下の王（国王）に任じられると、理念的には中国皇帝の領域支配に入って臣下となった形なので、主《あるじ》たる皇帝が定めた元号を自領内にも施行しなければならなかった。もちろん村々の住人にまで周知徹底させる必要はなかったが、中国皇帝などの目に触れる外交文書にはこの元号を使用することが義務づけられていた。「正朔を奉ずる」という言葉が「属国となる」意味を持つ所以《ゆえん》である。[2]

元号の使用は中国の冊封を受けた証だったが、この中国皇帝の唱える中華思想が周辺国に知られるようになると、周縁国の王はみずからを中国皇帝に見立てて、皇帝として元号を建てることがしばしばあった。

たとえば朝鮮半島では、高句麗の「広開土王碑」に「永楽五年歳在乙未」と見え、永楽太王と自称していた好太王は三九一年に「永楽」という元号を自前で建てていたことが知られる。ほかにも延寿・延嘉・建興・永康などの元号を建てた可能性もある（延寿は新羅、建興は百済の年号とみる説もある）。また『三国史記』によると、新羅では法興王二十三年（五三六）が建元元年とされていて、「建元」は真興王十二年（五五一）を開国元年とするまで十五年間続けられている。ついで真興王二十九年を太昌元年、真興王三十三年を鴻斉元年とし、鴻斉は真平王五年（五八三）まで十二年間使われている。さらに真平王六年に建福と建元して、善徳女王二年（六三三）まで五十年も続けている。善徳女王三年から十六年までを仁平、真徳女王元年（六四七）から三年までを太和、と称した。すなわち五三六年から六四九年まで、元号を続けて建てていた(3)。

しかし朝貢使を唐に派遣した新羅は、太宗から中国とは異なる元号を使用していることを咎められ、唐暦である永徽《えいき》元年（六五〇）を採用することに方針転換した。冊封体制下に入る以上、天下を治める天子は二人いないのだから、新羅の元号を取り下げるのは当然だったろう。

新羅は北を高句麗、西を百済に阻まれ、中国に長く遣使・朝貢できなかった。そのために皇帝を自称してみても、元号を建ててみても、誰にも咎められなかった。高句麗も中国が統一政権を作れないでいる間隙を縫って、学習した中華思想をもとに建元していたわけである。

そうなると、中国で王朝が交代する内乱時などには冊封体制も緩んで解かれるから、そのたびごとに独立した周縁国の王はみずからが天子だと名乗って建元することがあった。例えば唐が衰えると、高麗の王建は天授元年（九一八）と建元して十六年間続けている。高麗は後唐・後晋・後漢の冊封にときとして入ったが、九五〇年には光宗が光徳元年とし、後周の冊封から離脱するとまた峻豊元年（九六〇）と定めている。ついでながら、清国から独立した大韓帝国も光武・隆熙という元号を建てている。

筆者には知識がないが、こうした経緯は中国の周縁国ならばみな同じであろう。ベトナムでも、五四四年に李賁《リ・ビ》が国号を万春《ヴァンスアン》として南越帝を称したから、皇帝を名乗ったのなら、元号も建てたろう。じっさい九七〇年には丁部領《ディン・ボ・リン》が大瞿越《ダイコヴィェト》国の帝王となり、太平《タイビン》の元号を建てている。(4)それなら、タイ・カンボジア・ラオス・チベットなどの周辺諸国も中国の冊封体制の縛りが緩むとともに独立し、その証としておそらく独自な建元をしたであろう。

また話の筋道で考えれば、王朝交代の混乱のさなかにも中国内に生じた国はいくつもあった。「われこそは中国の天子たらん」としても、鬩《せめ》ぎ合いのなかで一カ国しか統一王朝樹立に至らない。しかしその過程で潰されていった国々の王が、さきを見通して皇帝・天子と自称し、いまや知られざる元号を建てていたことは十分推定できる。

秩父国民党の建てた自由自治元年（一八八四）が弾圧のなかで埋もれていったように、知られなくなった王朝や王朝の卵の建てた元号は東洋世界に数多くあったはずである。現在台湾で使われている「中華民国百七年」も、一つの中国の原則からすれば非合法の私年号であって、正史に残らない運命である。

二　日本の私年号にはどのような意図があるか

中国の天子からすれば、元号を定めて普及させるのは天子としての特権の一つであるから、冊封体制下にある諸国の国王がかってに建元することは越権であり許容できない。新羅が咎められて停止したように、本来的に認められない。つまり本家・中国が頒布していない日本の元号は、すべて蛮夷の国の不法な私年号である。

それはそうなのだが、じっさいに日本では日本版中華思想をもとにして元号を定め、一三〇〇年以上途切らすことなく施行してきた。『旧唐書』（新人物文庫）には「題して、白亀元年の調布と云へり。人、亦其の偽れる此の題を疑ふ」（白亀という日本元号はなく、霊亀の誤りらしい）とあって、唐の宮廷も日本での建元を察知していた。しかし、これは外交文書でなかったために咎められなかったようだ。日本の遣唐使が提出する朝貢時の上表文などの外交関係文書は、もちろん中国の元号を使った。そうでなければ受け取られなかったであろう(5)。

ここでは、日本政府が公式に定めた元号を日本における公年号とし、それ以外を私年号と呼ぶことにしよう。

①古代の私年号

文献として確認できる古代の私年号は、四十二例ある。

久保常晴氏の研究に拠り(6)、かつ省くべきものを除いて列挙すると、垂仁天皇十三年を経明、応神天

皇元年を璽至、武烈天皇元年を嘉紀、継体天皇十六年を善記（善紀・善化）、継体天皇二十年を正和（正治・正知）、継体天皇二十五年を教到（教倒・発倒・教知・殷至）などとし、以降、宣化朝に僧聴、欽明朝に明要（明安・同要・同安）・貴楽（遺楽）・法清（結清・法清・結靖）・兄弟（兄弟和）・蔵知（蔵和）・師安・知僧（和僧）・金光、敏達朝に賢称（賢輔・賢接・賢棲・賢伝・賢博）・鏡常（鏡當・鏡照）・勝照（照烈・勝烈・照勝・勝煕）、用明朝に和重、崇峻朝に端政（端正・端改）、推古朝に喜楽・告貴（吉貴・従貴）・始哭（始大）・願転（煩転・頌転・願博）・光充（光元・弘元・光弘）・定居（定光）・見聖（見知）・倭京難（和京・見縄・景縄・倭黄縄・和景縄）・節中・仁王・証明、舒明朝に証明・聖徳（聖聴）・僧要（僧安）・命長（長命・令長・明長）、孝徳朝に常色（常邑・常邕・唐邑・常己）、天智朝に中元、持統朝に大長（大屯）・大和が見られる。

またウィキペディア「私年号」（二〇一八年四月八日更新）では、『伊予国風土記』逸文（日本古典文学大系本）に崇峻天皇四年（五九一）を法興元年、『上宮太子拾遺記』に推古天皇十四年（六〇六）を大花、『下総国小金本土寺過去帳』（続群書類従本が明暦本、『千葉県史料　中世編』が天正本）に天平宝字四年（七六〇）を正法、奈良県五條市御霊神社蔵の神像銘にも仁安二年（一一六七）を保寿と記してあるという。

右の私年号は『西琳寺文永注記』（続群書類従本、四十二輯下）・『興福寺略年代記』（続群書類従本、二十九輯下）・『宝寿院本聖徳太子絵伝』・『橘寺縁起』・『和州久米寺流記』（続群書類従本、四十二輯下）・『妙寺年録』（妙法寺記。続群書類従本、三十輯上）など仏教関係・聖徳太子信仰関係の書籍に見られるもので、その多くは室町時代以降に仏家の人たちがそれぞれの記述に画期的意味を持たせようとしてみずから案出・捏造した元号と思われる。

仏家の捏造した古い例としては法興があり、「法隆寺金堂釈迦三尊像光背銘」（寧楽遺文本）に「法興元卅一年歳次辛巳十二月、鬼前太后崩ず」（下巻、九六二頁）とあり、『伊予国風土記』逸文（平安中期の再撰本か）にも「法興六年十月」と見える。法興元年は崇峻天皇四年にあたり、『日本書紀』（日本古典文学大系本）では崇峻天皇五年十月条に「是の月に、大法興寺の仏堂と歩廊を起つ」とあるが、仏教界の認識ではその前年にいわゆる起工式がなされたことで、それをもって「仏教定着元年」のような目盛りの起点とする独自な年紀を建てたのであろう。

こうしたことは一個人でもあることで、「小学校卒業以来五十六年ぶりの再会」「高校卒業以来五十年目の同窓会」「大学卒業・入社以来四十六年の研究成果」「結婚四十周年」「退職後三年」などという自分だけの年紀をもとに事柄を回顧するのに似ている。とくに「結婚して三年で長女が生まれ」「退職から五年後に郷里に戻り」「高岡に転居してもう十年」などと表現し、結婚・退職・転居は生活環境の大きな変わり目である。あるいは「二十六歳で就職」「二十九歳のとき結婚」「四十九歳で姫路に移り住み」というように個人の年齢を物差しとして出来事を叙述したりすることもよくある。筆者の父・聰も『源氏物語』の光源氏の歳を規準として、「光源氏××年」という年表を作って手元に用意していた。

この法興以下の仏教界の数々の年号は、そうした個人史の便宜的年数表記法の類いであって、その業界内でのみ通用する歴史的指標である。その当時一般に普及していた年号ではないが、仏教界にとってはそれだけの記念すべき年だったのである。

このほかに白鳳・朱雀もあるが、これは異称であって、つとに正史の『続日本紀』（新訂増補国史大系本）神亀元年（七二四）十月丁亥条にも「白鳳以来朱雀以前、年代玄遠にして」と見られるように、白雉の雉や朱鳥の鳥をより高度な吉祥である鳳や朱雀に書き換えて大袈裟に楽しもうとしていたに過ぎない。しかしながら『日本書紀』記載のよく知られた吉祥元号だったためか一部の人々に好まれ続け、朱鳥は『万葉集』（日本古典文学全集本、巻一―五〇左注）に八年まで、『日本霊異記』（新編日本古典文学全集本、上巻二十五縁）にも朱鳥七年まである。白鳳は中世以降に見られるようになるが、『日本書紀』での白雉は孝徳天皇六年（六五〇）から五年までだったのに、『二中歴』（鎌倉初期成立。改定史籍集覧本）では「白雉九年」のあとに「白鳳廿三年」（三十七頁）として二十三年間あったとされ、かつ開始年も注記に「辛酉」つまり斉明天皇七年の大王没後からとされている。また『太神宮諸雑事記』（平安末期成立。続群書類従本）でも天武天皇元年（六七二）を「白鳳二年壬申」（七十四頁）つまり天智天皇十年（六七一）の大王没後を白鳳元年とするなど、だれの治世かすら一致していない。

李氏朝鮮の官人・申叔舟の著わした『海東諸国記』（一四七一年刊行。岩波文庫本、七十二頁）では、皇極天皇が命長の元号を用い、孝徳天皇が命長を引き継いで三年に常色と改元。六年に白雉とした。斉明天皇は白雉を継ぎ、七年に白鳳と改元。天智天皇・天武天皇も白鳳を引き継いだ。天武天皇十四年に朱雀と改め、その三年に改元した朱鳥を持統天皇が継いだ。持統天皇九年（六九五）には大和と改元されたなどと記している。これは日本国内の古代元号の情報が平安時代から取り留めなく乱れていたことを反映しているのだが、冒頭に記したようにそこにかつて新羅では鴻斉（五七二～八三）が真興王・真智王・真平王に継がれ、建福（五八四～六三三）も真平王から善徳女王に引き継がれたことがある。著者の母国の歴史知識も混じって、「日本でも天智天皇・天武天皇は元号が共有されていた」と納得できてしまったのであろう。

②中世以降の私年号

中世以降の私年号は、古代の元号とややおもむきが異なる。

久保氏の研究によると、建久元年（一一九〇）に和勝、正治元年（一一九九）ないしその直前に迎雲、元仁二年（一二二五）に建教、永仁五年（一二九七）に永福、元応元年（一三一九）に正久、南北朝期（一三三一～九二）に元真、貞和元年（一三四五、興国六年）に白鹿・応治、延文（一三五六～六一）から応安（一三六八～七五）にかけて真賀、至徳元年（一三八四、元中元年）に弘徳、嘉慶二年（一三八八）に永宝、南北朝末期に至大、嘉吉三年（一四四三）に天靖、享徳三年（一四五四）に享正、康正元年（一四五五）に享高、寛正元年（一四六〇）に延徳、延徳二年（一四九〇）に永伝、延徳二年に正亨（正享・正京）、延徳年間（一四八九～九二）に福徳、延徳から大永（一五二一～二八）にかけて王徳、文亀元年（一五〇一）に徳応、永正三年（一五〇六）に弥勒、大永六年（一五二六）に永喜、天文二年（一五三三）に宝寿、天文九年（一五四〇）に命禄、天正四年（一五七六）に光永、慶長十四年前後に大道（大筒）、慶応四年（一八六八）に延寿、明治三十七年（一九〇四）に征露、があるとする。

ウィキペディア「私年号」では、さらに『阿蘇文書』に延元（一三三六～四〇）から興国（一三四〇～四六）年間で品暦、「登米市上行寺板碑」に康永年間（一三四二～四五）前後で永幻、「埼玉県江南町板碑」に康応元年（一三八九。または文安元年・永正六年とも）を立徳、「河内長野市観音寺蔵大般若経奥書」に応永二年（一三九五）を興徳、「赤磐市千光寺蔵備前焼四耳壺銘」に嘉吉四年（一四四四）を福安、「高野山宝亀院蔵大日経疏二末抄奥書」に寛正二年（一四六一）を永楽、「栗原市妙教寺板碑」に文明（一四六九〜八七）ごろで徳昌、『奈古神社文書』に文明十一年を応享、「香取市長嘉板碑」が室町時代に長嘉、「熊本市植木町の宝篋印塔銘」に文亀二年（一五〇二）を子平、「石巻市の板碑」に十五世紀末から十六世紀前半で福寿、『阿蘇文書』に永正十四年（一五一七）を加平、『山田家文書』『佐久間町史』史料編三下に元和七年（一六二一）を正中、『上梶家文書』（個人蔵）に寛永二十年（一六四三）を慶喜、『能登志徴』（森田柿園著、石川県図書館協会、一九六九年復刻）に寛文元年（一六六一）を宝徳（法徳）、「七尾市藤原四手緒神社蔵天保絵馬額」に天保五年（一八三四）を久宝、加賀藩木谷藤右衛門らが天保八年を永長、などと表記する例を加えている。さらに幕末の慶応三（一八六七）には、高知県中部・東部の神社に天晴（天政・天星）が、[7]人吉市大畑麓町行者堂蔵の「役小角像補修銘」で神治が、多摩の商家では長徳も見られる。慶応四年の奥羽越列藩同盟内では延寿のほかに、『蜂須賀家文書』に大政という記録もある、という。

　福徳・弥勒・宝寿・命禄などは過去帳・板碑・経筒銘などに記されているので、僧侶が流布させて信仰心をあおったものと思われる。福徳は関東地方を中心に東北地方から中部地方まで、きわめて広域に流布した。とはいえ古代から続く仏教界の独自の建元というなかで説明できるもので、弥勒の救済や福神出現・富貴への願望を表明するに留まる。そこには社会的な反抗心や政治的な意味まで見とれず、年号に招福攘災の効能があると信じてのいわば呪言・寿詞《よごと》づくりのようなものだろう。

　これに対し、中世以降の私年号は政治的な対立状況が反映しているところに特徴がある。

公年号の制定者のもとにいる公的勢力に対し、それを正統と認めない勢力はみずからの年号を建てて「あたらしい正統」として敵対する意思を表わした。

白鹿・応治・至大・天靖・明応は南朝勢力かその支持者の奉じた元号とみられ、享正・延徳は京都の室町将軍家に対して反感を懐いて永享の乱で敗死した鎌倉公方足利持氏の子で、自立対決を続けた古河《こが》公方・成氏《しげうじ》の勢力下または支持者の間で用いられた元号のようだ。奥羽越列藩同盟が明治政府の建てた元号を嫌って延寿・大政という元号を奉じたのも、激しい弾圧を受けていたキリシタンが大道(大筒)を考え出したのも、対手とは違う道を歩む意思を表明したかったからである。

このうち延徳は関東各地にめずらしく広がりを持って使用されているが、それはそれを使っている鎌倉公方・古河公方の支持者が多かったためとみるか、公年号が伝わりにくくなってしまったからと考えるか、どちらともいいうる。「常陸国赤浜妙法寺過去帳」(続群書類従本、三十三輯下)・『香取文書』(『千葉県史料』中世篇)所収の「下総国香取郡新部村検注取帳」「多田延家契状」「検非違使某田地売買案」・『下総国小金本土寺過去帳』・日光山輪王寺蔵の「三摩耶式」裏銘など十三例があって、かつ延徳三年まで続けられたことが確認できる。おおよその私年号は一例しかなく、かつ元年で終わっていることが多いのに、延徳は長くかつ下総から常陸・下野へと広域に渡って見つかっている。

公年号に対抗してことさらに案出して建元するのが私年号というものだが、使用すべき公年号を拒んで敵勢力との差異を明らかにするという目的だけ果たせばよいのなら、かならずしも私年号を考え出さなくともよかった。改元される前の元号のもとに自分も参加していたわけだからこれは是認して受容し、敵対勢力として認めがたくなったあとの年号のみ拒否すればよい。

具体的にいえば、源頼朝は養和（一一八一～八二）の改元を認めず、治承五年・六年として旧元号を使い続けた。治承四年（一一八〇）後白河上皇の子・以仁王《もちひとおう》が兵乱を起こし、そのさい「以仁王の令旨《りょうじ》」を全国に点在する源氏に配布し、清盛以下平氏本宗家の打倒を呼びかけた。頼朝は、この令旨に応じて決起した。つまり令旨による公的な命令を受けた軍で、反乱軍ではなく公的な軍だという体裁を採った。じっさいには令旨の届いたときには以仁王本人がすでに死没しており、また以仁王は後白河上皇の意思を代弁していたわけでもないので（後白河派と対立する八条院の猶子《ゆうし》となっていたし、クーデタ事件で犯罪者として断罪されたままであった）、大局的に見れば令旨に従うべき合理的・合法的な理由などない。従ったと主張したところでそもそも罪人の出した違法な呼び掛けであるから、これに従って行動しても中央政界では反乱軍とみなされるはずだ。それでもことさらに「反乱」と銘打って軍を集めようとすれば、武士たちを糾合しづらい。そこで以仁王は生きており、以仁王の出した公的な命令に従ってそのもとに駆けつけるという意味を込めて、以仁王による改元命令でない養和を拒んで、治承の年号を継続させたのである。公年号である寿永を受け入れたのは、後白河上皇から「寿永二年の宣旨《せんじ》」をうけて公的・合法的な勢力と認められ、反乱軍と呼ばれなくなったからである。

新元号の拒否は、ほかにも足利直冬《ただふゆ》ら足利直義派の武将が観応（一三五〇～五二）を使わずに貞和（一三四五～五〇）を用い続けた例がある。また足利持氏は、永享（一四二九～四一）を無視して正長（一四二八～二九）で数えている。幕府への反意をあらわにしつづけた子の成氏も、享徳四年（一四五五）でおわるはずのところをさらに二十七年間も使い続けた。自分で元号をあらたに建てるか、既存の元号を継続して使うか。その違いはあるが、ともに現在の元号を認めない点では同一である。ある意味では、これも私年号といってよいだろう。

三　ありえない年号・あるはずの年号とは

現代社会では、平気で「平成三十一年六月実施」とか「平成四十年春の開通」とかいう。じっさいのところ平成は三十一年四月末日で終わり、五月一日からは新元号でという手筈《てはず》になっている。しかしその元号が発表されていないなかでは、その六月に適用される制度は平成三十一年六月の実施だし、十九年後に作られるリニア新幹線は「平成四十九年春の先行開業予定」としか公的に表現できない。これを報道する新聞や公告の切れ端しか残っていなければ、将来それを眼にした人は「平成は四十九年まであった」と誤認するだろう。文献資料は、すべてが「じっさいにあったことの記録」とは限らないのである。

歴史学界で著名となったのが、銅鏡に記されている景初四年の年号である。

昭和六十一年の京都府福知山市教育委員会の調査で発見された天田広峯十五号墳出土の盤龍鏡に「景初四年五月丙午之日陳是鏡」とあり、すでに辰馬考古資料館蔵で宮崎県児湯《こゆ》郡高鍋町の持田古墳出土といわれている斜縁変形四獣鏡にも「景初四年五月丙午之日陳是作鏡」とあって、これならば文献的な裏付けがあるものとして景初四年はじっさいにあった年号と思われるところだ。

だが、景初は魏の明帝治下の元号であって、その明帝は景初三年（二三九）正月一日に死没している。没後は斉王芳の治下となり、翌二四〇年に正始元年と改められた。景初三年十二月のあとにはさらに後十二月という特殊な月が置かれていて明帝の命日が強く意識されていた。そうしたなかで「景初四年などあるはずがない」ことは、少なくとも宮廷やその下部の工房において一年前から周知されていたはずである。そのありえない年号が鏡に刻まれていることから、「この鏡は魏国内で作られたものでない。改元を知らない所での製造品であって、情報が十分に届かない倭国内で作られた鏡だろう」と推測する一つの根拠となっている。合理的な解釈ではあるが、改元が多々あることを知っている人たちが、改元を知り得ない環境に置かれたら、むしろ元号に変わりがないか意識して知ろうと努めるだろうし、絶域にいると思うならむしろ元号を記さないようにすると思うがどうだろうか。というのもそもそも作成したという「五月丙午之日」は架空の日付なのだし、景初四年という表記にも何か吉祥的な意味が込められているかと思うが、いまは論議の行方を見守りたい。ともあれ、今も昔もこの世にありえない年号がいつでも見かけられるのである。

一方で、あるはずの元号なのに見当たらない事例もある。

それが大化・白雉・朱鳥である。とくに大化の建元は教科書にも載せられる歴史の重要事項であり、「大化」改新ともいっていて、大化元号の施行はあまり疑われてこなかった。

『日本書紀』（日本古典文学大系本）によれば、大化の建元は皇極天皇四年（六四五）六月十九日に「天豊財重日足姫天皇の四年を改めて、大化元年とす」（二七〇頁）と見え、白雉は穴戸（長門）国司が献上した白い雉《きぎす》を天の示した吉祥とみて大化六年二月十五日を「穴戸国の中に、此の嘉瑞有り。所以に、天下に大赦す。元を白雉と改む」（三二六頁）とある。朱鳥は天武天皇十五年（六八六）七月二十日に「元を改めて朱鳥元年と曰ふ〈朱鳥、此をば阿訶美苔利《あかみとり》といふ〉」（四八〇頁）とあって、建元したことはそれぞれ史書に明証がある。それならば、全国津々浦々とまではいわないが、畿内近国かせめて宮廷の内外では使用されていたはずであろう。政府として決めたのであれば、宮廷に勤務する人やその家族などがその元号を使ってみるのはごく自然な行為と思える。

ところが、宮廷人が書き込みそうな古代氏族の系図などには、大化という元号の使用例がない。では後世の人の手で書き直されやすい文献でなく、「当時を生きていた人の記した木簡ならどうか」と期待したが、平成十一年（一九九九）に大阪府教育委員会が発掘して孝徳朝の前期難波宮址の地層から発見されたという木簡には、

・□稲稲　戊申年□□□
　　　　□□□□□《連カ》

（「木簡研究」二十二号、四七頁）

としかなかった。孝徳朝の難波宮があった期間の戊申年は大化四年なのだが、王宮のごく近辺ですら大化四年と記していないのだ。

それだけじゃない。当時の人、といっても支配者層に属する人たちが刻ませたとみられる金石文で、法隆寺旧蔵御物の「金銅観音菩薩造像記」には、

辛亥年七月十日記笠評君名大古臣、
辛丑日崩去辰時故、
児在布奈太利古臣、
又伯在建古臣二人志願

（『寧楽遺文』下巻・九六三頁）

とあり、同じく「金銅釈迦仏造像記」にも、

甲寅年三月廿六日、弟子王延孫奉為現在父母、

敬造金銅釈迦像一軀、願父母乗此功徳、
現身安穏生生世世、不経三塗、遠離八難、
速生浄土、見仏聞法

（『寧楽遺文』下巻・九六三頁）

とある。この時期の辛亥年ならば白雉二年と書けばよく、甲寅年ならば白雉五年という元号がすでに建てられている。都が置かれている大和に住んでいて、さらに国立寺院である法隆寺に寄進しようという上級階層の信者が、政府の定めた白雉の元号を知らなかったはずがない。しかし知っていてもことさらに使用しないとすれば、どんな理由があってのことなのか。

さらに「石神遺跡第十六次調査出土木簡」によると、

・丙戌年□月十一日
・「大市マ五十戸□□（人カ）」

（「木簡研究」二十七号、三九頁）

とあり、「石神遺跡第十八次調査出土木簡（現地説明会資料）」にも、

・□□（丙戌カ）年二月四□
・「□□□（敬カ）陳」

とある。出土地は奈良県高市郡明日香村にある石神遺跡で、そこはまさに飛鳥浄御原宮の北に隣りあう官営施設内であって、外国使節を招いて儀式が催された場所と見られている。七世紀後半という遺跡の年代観のなかで丙戌年にあたるのは、朱鳥元年（六八六）しかない。それなのに、ここでも年紀はやはり干支で記されている。

これらを見れば、大化・白雉・朱鳥のその当時の使用例が一つもないのだから、『日本書紀』編纂

者が架空の建元記事を捏造したという結論に導かれそうだ。

しかし、もしもまったく事実無根の出来事を捏造したのだとするなら、なぜ飛び飛びに建元記事を配置したのだろう。それが解せない。大化と白雉は続いているが、斉明朝の七年間分、天智朝の十年（ただしくは四年）間分、天武朝の大半となる十四年間分に、「なぜ、元号を捏造しなかった」と考えるか。朱鳥のあとの持統朝の十一年も、また文武朝の四年も、捏造記事でよいのならあとからいかようにも塡め込んで連結できたではないか。この三元号だけを飛び飛びに捏造することの政治的な意味合いが、いまいち理解できない。そこで筆者は、偽造・捏造とする説を採らないでいる。元号は中国以外の朝鮮諸国に対して、倭国が独立した小帝国の主であることを示すための小道具なので、元号を用いる場面は外交文書に限られた。だから国内の金石文や氏族の系図などに使われていないと考えるが、どう思われるだろうか。(8)

ちなみに、いちばん近時の私年号として知られているのは征露元年である。

日清戦争の講和条約である下関条約の内容について三国干渉を受けたため、日本は戦果となるはずの朝鮮半島での覇権をロシア帝国に奪われそうになっていた。日本国民はロシアに強い敵愾心を懐き、明治三十七年（一九〇四）二月から翌年九月にかけて日露戦争を展開した。

国民の間で「戦争やむなし」という軍事的緊張感が漂っており、戦争となるや人々の思いを込めた征露元年・二年という私年号がすぐに民間で使われた。この年号を入れた絵葉書が販売され、栃木県小山市の天翁院縁台にも墨書銘として残っている。また夏目漱石の『吾輩は猫である』（明治三十八年発表）にも「今年は征露の第二年目だから大方熊の画だらう」（定本漱石全集第一巻、岩波書店、二〇一六年。二十四頁）という文が綴られている。ここでの「熊」とはロシアの例えである。

ついでながら海外旅行に欠かせない止瀉薬《ししやく》の「正露丸」はもともと征露丸というのが正式な商品名で、日露間が緊張するなかで、明治三十五年に中島佐一薬房が「忠勇征露丸」と命名して売り出した。ロシアとの国交回復過程で政府の行政指導によって多くの製薬会社は正露丸と改名したが、いまも奈良県の日本医薬品製造㈱（御所市古瀬十八番地）は征露丸という名のまま販売している。

【注】

（1）加地伸行氏著『儒教とは何か』（中公新書、一九九〇年）
（2）富谷至氏著『四字熟語の中国史』（岩波新書、二〇一二年）「2親魏倭王―称号が語る日中交渉」。
（3）山内弘一氏著『朝鮮からみた華夷思想』（山川出版社、二〇〇三年）
（4）小倉貞男氏著『物語ヴェトナムの歴史』（中公新書、一九九七年）
（5）拙稿「唐への国書はどこで作られたか―対等外交の謎」（『古代の豪族と社会』所収、笠間書院、二〇〇五年）
（6）久保常晴氏著『日本私年号の研究』（吉川弘文館、一九六七年）
（7）広谷喜十郎氏「幕末の『天晴』私年号」（「歴史研究」六六五号、二〇一八年十月）
（8）拙稿「使われなかったのか、大化元号」（『万葉集とその時代』所収、笠間書院、二〇〇九年）

（原題「知られざる年号の基礎知識」「歴史研究」六六五号、二〇一八年十月。一部改稿）

古代天皇系図

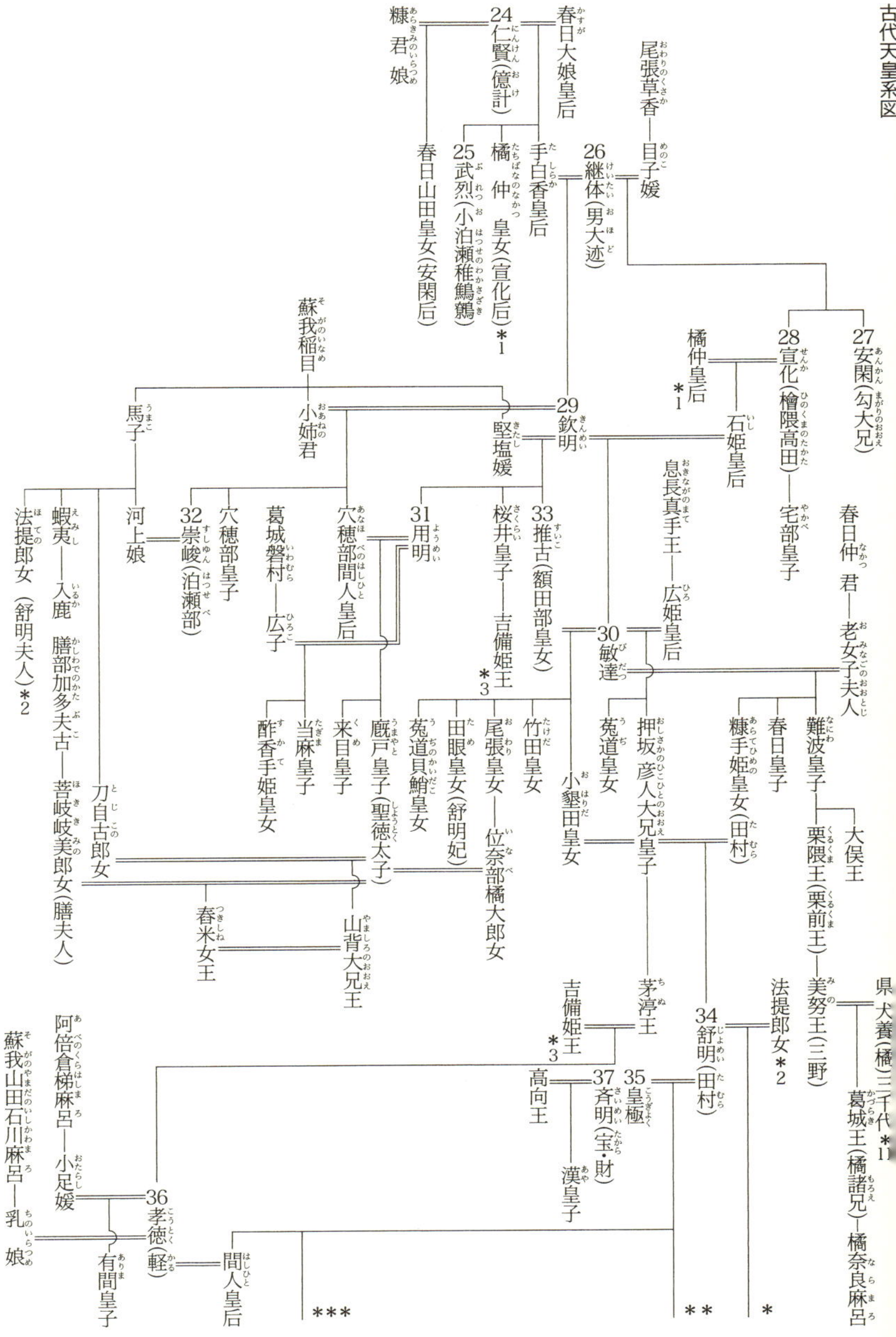

尾張草香《おわりのくさか》—目子媛《めのこ》
春日《かすが》大娘皇后
24 仁賢《にんけん》(億計《おけ》)
糠君娘《あらきみのいらつめ》
手白香《たしらか》皇后
26 継体《けいたい》(男大迹《おほど》)
橘仲《たちばなのなかつ》皇女(宣化后)＊1
25 武烈《ぶれつ》(小泊瀬稚鷦鷯《おはつせのわかさざき》)
春日山田皇女(安閑后)
27 安閑《あんかん》(勾大兄《まがりのおおえ》)
28 宣化《せんか》(檜隈高田《ひのくまのたかた》)—宅部皇子《やかべ》
橘仲皇后 ＊1
石姫《いし》皇后
29 欽明《きんめい》
蘇我稲目《そがのいなめ》—小姉君《おあねの》
馬子《うまこ》
堅塩媛《きたし》
春日仲《なかつ》君—老女子夫人《おみなごのおおとじ》
息長真手王《おきながのまて》—広姫《ひろ》皇后
33 推古《すいこ》(額田部皇女)
桜井皇子《さくらい》—吉備姫王 ＊3
31 用明《ようめい》
穴穂部間人《あなほべのはしひと》皇后
葛城磐村《いわむら》—広子《ひろこ》
穴穂部皇子
32 崇峻《すしゅん》(泊瀬部《はつせべ》)
河上娘
法提郎女《ほての》(舒明夫人)＊2
蝦夷《えみし》—入鹿《いるか》
膳部加多夫古《かしわでのかたぶこ》—菩岐岐美《ほききみの》郎女(膳夫人)
刀自古《とじこの》郎女
30 敏達《びだつ》
難波皇子《なにわ》—栗隈王《くるくま》(栗前王《くるくま》)—美努王《みの》(三野)
大俣王
春日皇子
糠手姫《あらてひめの》皇女(田村《たむら》)
押坂彦人大兄《おしさかのひこひとのおおえ》皇子
菟道《うじ》皇女
小墾田《おはりだ》皇女
竹田《たけだ》皇女
尾張《おわり》皇女—位奈部《いなべ》橘大郎女
田眼《ため》皇女(舒明妃)
菟道貝鮹《うじのかいだこ》皇女
厩戸《うまやと》皇子(聖徳《しょうとく》太子)
来目《くめ》皇子
当麻《たぎま》皇子
酢香手《すかて》姫皇女
春米《つきしね》女王
山背大兄《やましろのおおえ》王
県犬養(橘)三千代 ＊1
葛城王《かづらき》(橘諸兄《もろえ》)—橘奈良麻呂《ならまろ》
法提郎女 ＊2
34 舒明《じょめい》(田村《たむら》)
茅渟《ちぬ》王
吉備姫王 ＊3
35 皇極《こうぎょく》
37 斉明《さいめい》(宝・財《たから》)
高向王
漢《あや》皇子
阿倍倉梯麻呂《あべのくらはしまろ》—小足媛《おたらし》
蘇我山田石川麻呂《そがのやまだのいしかわまろ》—乳娘《ちのいらつめ》
36 孝徳《こうとく》(軽《かる》)
有間《ありま》皇子
間人《はしひと》皇后
＊＊＊
＊＊
＊

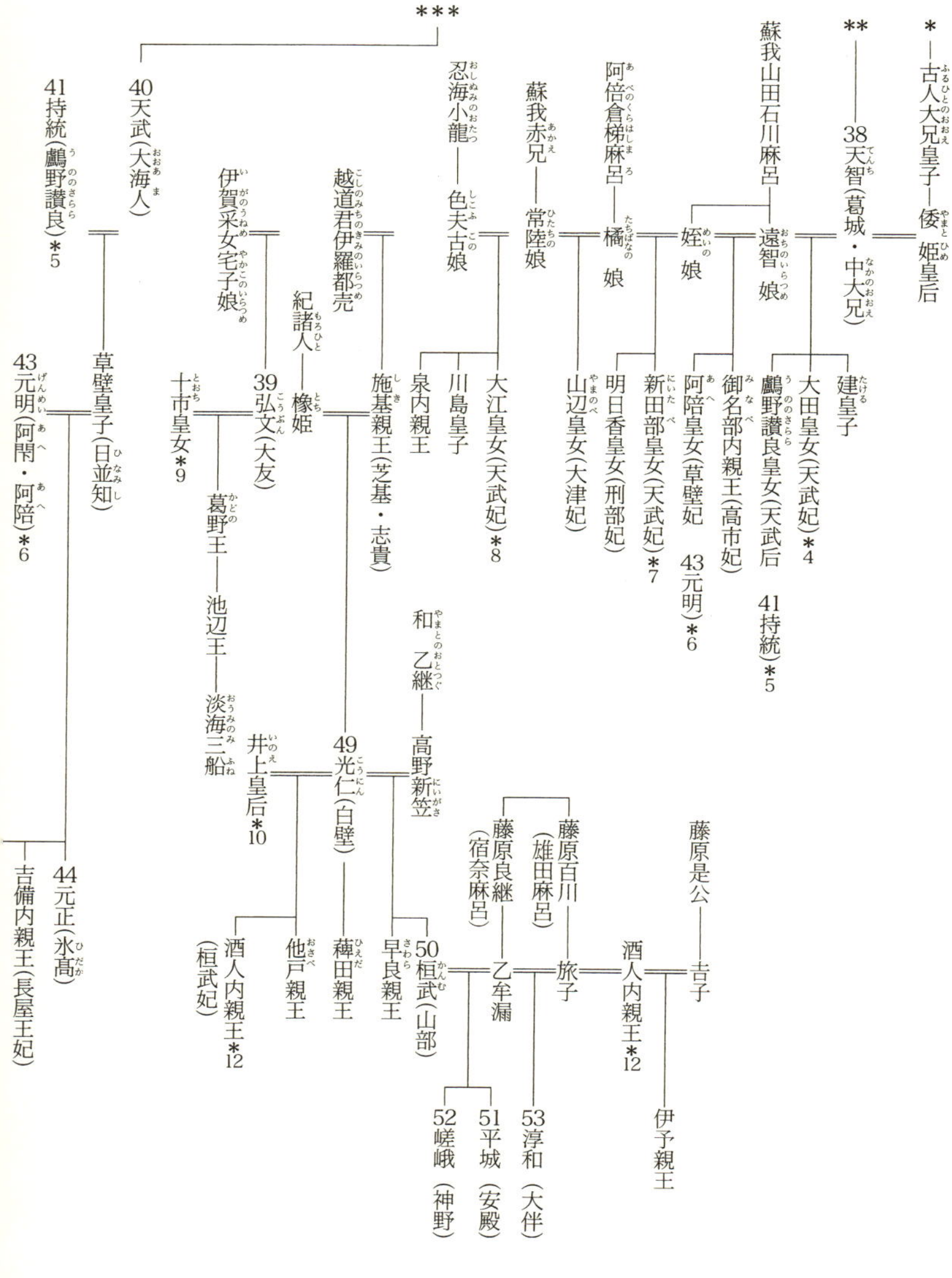

*
古人大兄皇子《ふるひとのおおえ》
倭姫皇后《やまとひめ》
**
38天智《てんち》（葛城・中大兄《なかのおおえ》）
建皇子《たける》
大田皇女（天武妃）*4
鸕野讃良皇女《うののさらら》（天武后　41持統）*5
蘇我山田石川麻呂
遠智娘《おちのいらつめ》
御名部内親王《みなべ》（高市妃）
阿陪皇女《あへ》（草壁妃　43元明）*6
姪娘《めいの》
新田部皇女《にいたべ》（天武妃）*7
明日香皇女（刑部妃）
阿倍倉梯麻呂《あべのくらはしまろ》
橘娘《たちばなの》
山辺皇女《やまのべ》（大津妃）
蘇我赤兄《あかえ》
常陸娘《ひたちの》
忍海小龍《おしぬみのおたつ》
色夫古娘《しこふこの》
大江皇女（天武妃）*8
川島皇子
泉内親王
越道君伊羅都売《こしのみちのきみのいらつめ》
施基親王《しき》（芝基・志貴）
紀諸人《もろひと》
橡姫《とち》
伊賀采女宅子娘《いがのうねめやかこのいらつめ》
39弘文《こうぶん》（大友）
十市皇女《とおち》*9
葛野王《かどの》
池辺王
淡海三船《おうみのみふね》
***
40天武（大海人《おおあま》）
41持統（鸕野讃良《うののさらら》）*5
草壁皇子（日並知《ひなみし》）
43元明《げんめい》（阿閇《あへ》・阿陪《あへ》）*6
44元正（氷高《ひだか》）
吉備内親王（長屋王妃）
和乙継《やまとのおとつぐ》
高野新笠《にいがさ》
49光仁《こうにん》（白壁）
井上皇后《いのえ》*10
酒人内親王*12
（桓武妃）
他戸親王《おさべ》
薭田親王《ひえだ》
早良親王《さわら》
50桓武《かんむ》（山部）
藤原良継
（宿奈麻呂）
藤原百川
（雄田麻呂）
乙牟漏
旅子
藤原是公
吉子
酒人内親王*12
52嵯峨（神野）
51平城（安殿）
53淳和（大伴）
伊予親王

大田皇女＊4 ─ 大津皇子

大江皇女＊8 ＝ 長《なが》親王 ─ 智努《ちぬ》王（文室浄三《ふんやのきよみ》）
　　　　　　　　　　　　　 ─ 大市《おおち》王（文室邑珍《おおち》）
　　　　　　　　　　　　　 ─ 栗栖《くるす》王
　　　　　 ＝ 弓削《ゆげ》皇子

新田部皇女＊7 ＝ 舎人《とねり》親王 ─ 47淳仁《じゅんにん》（大炊《おおい》王）
　　　　　　　　　　　　　　　 ─ 三原王 ─ 和気《わけ》王
　　　　　　　　　　　　　　　 ─ 船王
　　　　　　　　　　　　　　　 ─ 池田王

藤原鎌足 ─ 氷上娘《ひかみの》 ＝ 但馬《たじま》内親王
　　　　 ─ 五百重娘《いおえのいらつめ》 ＝ 新田部《にいたべ》親王 ─ 塩焼《しおやき》王（氷上塩焼） ─ 氷上志計志麻呂《ひかみのしけしまろ》
　　　　　　　　　　　　　　　　　　　　　　　　　　　　　　　　　　　　　 ─ 氷上川継《かわつぐ》
　　　　　　　　　　　　　　　　　　　　　　　　　 ─ 道祖《ふなど》王

蘇我赤兄 ─ 大蕤娘《おおぬの》 ＝ 穂積《ほづみ》親王
　　　　　　　　　　　　　 ─ 紀《き》皇女
　　　　　　　　　　　　　 ─ 田形《たかた》内親王

鏡王 ─ 額田姫王《ぬかたのひめみこ》 ＝ 十市《とおち》皇女（弘文妃）＊9

宗形徳善《むなかたのとくぜん》 ─ 尼子娘《あまこの》 ＝ 高市《たけち》皇子 ─ 長屋《ながや》王 ─ 膳夫《かしわで》王
　　　　　　　　　　　　　　　　　　　　　　　　　　　　　　 ─ 桑田王
　　　　　　　　　　　　　　　　　　　　　　　　　　　　　　 ─ 葛木王
　　　　　　　　　　　　　　　　　　　　　　　　　　　　　　 ─ 鉤取《かぎとり》王
　　　　　　　　　　　　　　　　　　　　　　　　　　　　　　 ─ 安宿《あすかべ》王
　　　　　　　　　　　　　　　　　　　　　　　　　　　　　　 ─ 黄文《きぶみ》王
　　　　　　　　　　　　　　　　　　　　　　　　　　　　　　 ─ 山背王
　　　　　　　　　　　　　　　　　　　　　　　　 ─ 鈴鹿《すずか》王

宍人大麻呂《ししひとのおおまろ》 ─ 緻媛娘《かじ》 ＝ 忍壁《おさかべ》（刑部《おさかべ》）親王 ─ 大野王
　　　　　　　　　　　　　　　　　　　　　　　　　　　　　　　　 ─ 山前王
　　　　　　　　　　　　　　　　　　　　　　　　　　　　　　　　 ─ 石田王
　　　　　　　　　　　　　　　　　　　　 ─ 磯城《しき》皇子
　　　　　　　　　　　　　　　　　　　　 ─ 泊瀬部《はつせべ》（長谷部）内親王（川島妃か）
　　　　　　　　　　　　　　　　　　　　 ─ 託基《たき》（多紀・当耆）内親王（施基妃）

─ 42文武《もんむ》（軽《かる》・珂瑠《かる》） ＝ 石川広成

藤原不比等《ふひと》 ─ 宮子《みやこ》 ＝ 42文武
　　　　　　　　　 ＝ 45聖武《しょうむ》（首《おびと》）

県犬養唐《もろこし》 ─ 県犬養広刀自《ひろとじ》 ＝ 45聖武 ─ 井上《いのえ》内親王（光仁后）＊10
　　　　　　　　　　　　　　　　　　　　　　　　　　 ─ 安積《あさか》親王
　　　　　　　　　　　　　　　　　　　　　　　　　　 ─ 不破《ふわ》内親王（塩焼王妃）

藤原不比等 ＝ 県《あがた》犬養《いぬかい》（橘）三千代＊11 ─ 光明《こうみょう》皇后（安宿媛《あすかべひめ》） ＝ 45聖武 ─ 基《もとい》王（某王か）
　　　 ─ 46孝謙《こうけん》（阿倍《あべ》）
　　　 48称徳《しょうとく》

黛弘道先生編集執筆
『年表日本歴史1・原始▼飛鳥・奈良』（筑摩書房刊）
の巻末資料・天皇系図参照

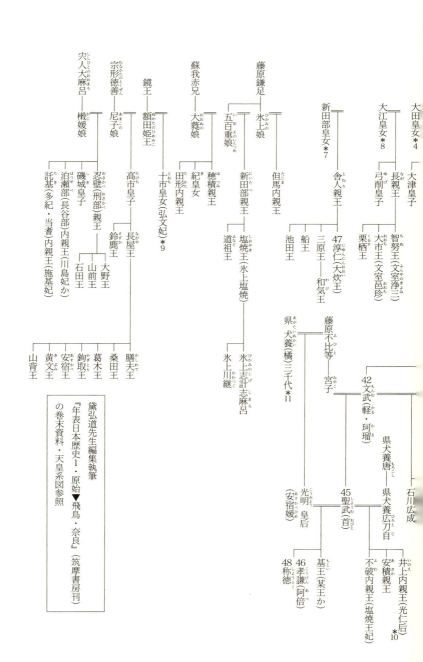

あとがき

早稲田大学は埼玉県本庄市と連携する講座として本庄市市民総合大学（於・早稲田大学リサーチパークコミュニケーションセンター）を毎年催しており、二〇一六年にそのミドルコース26「ここまでわかった日本古代史」という四回ものの講座が設定され、その講師を務めさせて貰った。ありがたいことにそれから連続三年招かれて、ご縁はさらに続いて二〇一九年もその講座に加えていただくこととなっている。

そこでは講座内容についてのご質問も毎回たくさんいただいていたが、ときとして講座に関係がなくとも広く日本史についてのご質問もお受けした。そのなかで、O様からこんなご質問をいただいた。「戦前までは還暦は珍しく目出度いことでしたが、今は白寿が数万人もいます。こうした高齢化の現代人に、古代人からの一言を」というのだ。筆者は古代人でないからそもそも答える資格などないのだが、「古代のひとに成り代わって」と受け取って、こうお答えした。

筆者もふくめて私たち高齢者は、ともすれば「時代に乗り遅れた、過去の存在となった人」とみなされてしまう。母・松尾八洲子（旧姓・三浦）は銀行にATM（現金自動預け払い機）が設置されていても、「手を嚙《か》まれそうだし、なんか持って行かれたままになりそうだから厭《いや》。何分待たされようと預金・

支払いは窓口の行員の手で」といって決して使わなかった。万葉集研究者で文化勲章受章者の中西進氏は、ワードプロセッサもパーソナルコンピュータも用いず、原稿は手書きを通されている。これは私たちより一世代上だからかもしれないが、同年代で日中韓の古代思想に造詣の深かった増尾伸一郎氏でも、インターネット経由で成績を入力せず、教務課に手書きの成績を提出していた。筆者はいまのところ事務・業者からの最低水準の要請なら応じているが、スマートフォンを巧みに操って情報検索している若者を見るにつけ、進んでいる機械文明から次第に置き去りにされようとしている我が身の位置づけを思い知らされる。最新機器の前で何を選んでどう操作して良いのかわからず立ち竦《すく》んでしまえば、年寄りを揶揄《やゆ》する心ない罵声《ばせい》を周囲から容赦なく浴びせかけられることがいつでもありそうな世の中である。次世代の人はあたらしいことを知っており、前世代の人を「知っているあたらしいこと」の高みから「時代遅れの役立たず」と切り捨てる。停滞してただ繰り返し循環するに過ぎない社会が続いているのでなければ、こうした事態は得《え》てして起こりうることである。体力が衰え、人としての体面を保つことができないことも起きてくるだろう。すでに社会的な価値がなくなった澱《おり》のような、若者たちの重荷になるだけの存在と見えることがあるかもしれない。

しかし、そうした理解は高齢者の一面を見ての結論にすぎない。

やや長いが、竹内一郎氏著『やっぱり見た目が9割』(新潮新書、二〇一三年)にある話を引用させていただくと、

アフリカにこんな諺がある。

「一人の老人が死ぬことは、一つの図書館がなくなることと同じだ」

一冊の本も読むことなく死んでいった老人がいたとしよう。

しかし、それでも彼の死は、一つの図書館がなくなるのと同じことなのである。なぜなら生まれてから死ぬまでの間に、膨大な物を見て、味わって、嗅いで、触り、また膨大な種類の音を聞き続けてきた。生活の中で、五感で味わってきたものを膨大な情報として記憶している。

たとえば「リンゴ」を見たことのない人に言葉で伝えることは不可能と言ってもよい。形状、表皮のまだらな状態や触感、果肉の食感、リンゴ特有の甘酸っぱさ、芯や種の状態……。それらを本一冊分の言語情報で伝えようとしても、それを読んだ人がリンゴをイメージできるかどうか。

そうやって考えてみると一人の老人の頭の中にどれだけの情報がつまっているか、すぐにわかる。タンポポは、ドングリは、鮒《ふな》は、トカゲは、鳩は、狐は、風は、雲は、星々は……老人が五感で記憶している情報を言語に置き換えると、本数万冊の情報に匹敵する。諺はそのことを示しているのである。

（四十二～三頁）

とある。年寄りがその生涯で知りえたことをすべて書き出して、さらに映像も加えたら二十巻本の百科事典どころでなく、いわれる通り図書館が建つほどになるのかもしれない。六十年・七十年という間に見聞きしたことは脳のなかにしまわれている。それを掘り起こせば、どの人もそれぞれに立派なシンクタンクとなっている。

おやじギャグ（駄洒落）の多いのが中高年男性の特徴だが、「チコちゃんに叱られる」（ＮＨＫ総合テレビジョン、二〇一八年十一月二日放送分の第一問）によれば、それは多くの知識・経験の堆積を基盤として連想記憶がなされた結果導かれる言葉遊びだが、前頭葉の働きが年齢的に弱くなっているために側頭連合野の暴走を止められず、口に出してしまうのだそう（「脳のブレーキがきかなくなっているから」の解説）。つまりは、とても多くの知識・経験が堆積しているからできる、いや、してしまう行為なのである。

培《つちか》った知識・経験といっても、特定の分野たとえば銀行・教員・パン屋・刀工などについてのことならば、銀行に勤めなくなればその知識が使えず、生徒・学生がいてくれなければ教員でない。客の注文がなければ、パン屋・刀工としての技能・経験はもはや活用できない。そうした特定の場でしか使えない知識でなく、人としての生き方とか、希望の持ち方や不幸な事態に面したときに働かすべき心の知恵・心のあり方。人との接触の仕方や間の取り方、紛争の処理の仕方などなど。たとえば自分の望みがむなしく潰《つい》えたとき、「禍福は糾《あざな》える縄の如し」と気持ちを処理して、その事態を泰然として受け容れること。不当な対応・処遇を受けたことの憤激をいっときは覚えたとしても、「対手《たいて》を破滅させることでその怨念を晴らそうとすることが、みずからの生涯を失うという代価を払うまでのことか」と省《かえり》みて、物事の軽重を問う余裕を心に持つこと。それが大人の知恵である。

男女間の問題、職場や地域社会での対人関係などで悩むことは、一生涯に多々ある。

筆者にだって、そうした思いをしてきた過去がある。その女性に親たちのかねて決めた婚約者がいることは知っていたが、現に付き合っていたのに、あるとき唐突にそれを覆された。あるいは、こともあろうに一番に支えてくれる仲間のはずの社会科の先輩教諭から「日本史は教科として不要だ」と詰《なじ》られた。また見当外れでいわれのない誇《そし》りをこれみよがしに職場内に振りまかれた経験も、ないわけじゃない。そのときどきには憤激を感じたし、激昂もした。それでも沈む気持ち・昂《たか》ぶる気持ちを呑み込んで心の襞《ひだ》のなかに記憶を畳み込み、その状況を学んで反省もしつつ、何とか穏当に処理していまここにいる。

年寄りはだれもが長い人生の過程で、そうした問題に数多く直面して、それを巧みに処理してきたのだ。巧みに処理できたからこそ、生き延びて年寄りとなっている。その過程で得た知恵、とくに人としての気持ちの処理の仕方は、直面した事態こそ人それぞれ異なっていようが、いつどんなときでも大いに活用しうるものだ。それが年寄りの知恵だ。体力や運動能力という土俵でこそ負けるが、私たちは「自分史上もっとも賢い」を更新し続けている。いま幼い人たち・若い人たちが、遭遇した困難と思われる事態の前に手もなく立ち竦《すく》んでみずから生命を絶ってしまったり、憤激の余りに傷害事件を起こしたりしたことが日々報道されている。このときに年寄りが聞いてやっていれば、堆積した知恵を援用して、心を強くまた「死ななくとも」という穏やかな考えに導くことができたんじゃないのか。前近代社会において、年寄・宿老・家老・父老・長老など老を呼び名とされた人たちに対しては、その長い経験とその対応力・適応力・判断力に敬意が払われてきた。体力や実技能力では劣ってきたとしても、危機に直面したときの対処法、切り抜け方の知恵、狼狽しない心の持ちようという面では、いまもなお高い有効性を持っている。何にしろ、なんといわれようとどんなことが起きているなかでも怯《ひる》まずにまた重大事態に陥ることなく生き延びて、いまそこに平然と端座《たんざ》して茶を啜《すす》っているのだから。高齢者としてのマイナス面ばかりを過剰に意識し、社会の重荷となって迷惑がられる存在だと萎縮していないで、その知恵を伝え活用してよかろう。もっと社会における自分の存在感に、自分の人間としての内容に自信を持って貰いたい、とお話しした。

以上のことは個人的な水準の話だが、考えて見れば国家・社会としては、その国の辿ってきた歴史がその年寄りの知恵に当たるわけである。

江戸幕府が倒れて五年ほどしか経ってないのに、明治政府の採った教育政策は見事だった。明治五年（一八七二）八月二日付け太政官布告二一四号「（学制）被仰出書」の序文には、

> 人々自ら其身を立て其産を治め其業を昌《さかん》にして以て其生を遂《とぐ》るゆゑんの他なし、身を脩め智を開き才芸を長するによるなり、而て其身を脩め智を開き才芸を長するは学にあらされは能《あた》はす、是れ学校の設《もうけ》あるゆゑんにして日用常行言語書算を初め士官農商百工技芸及ひ法律政治天文医療等に至る迄凡《およそ》人の営むところの事、学あらさるはなし、人能《よ》く其才のあるところに応し勉励して之に従事し、しかして後《のち》初て生を治め産を興し、業を昌にするを得《う》へし、されは学問は身を立るの財本《ざいほん》ともいふへきものにして人たるもの誰か学《まなば》はすして可《か》ならんや（下略）
>
> （国立教育政策研究所教育図書館蔵）

とある。すべての国民にその才芸の種があることを認め、その開花を待望している。そういう広がりのある眼差《まなざ》しが、この文には窺える。そして明治十二年九月二十九日太政官布告第四十号として教育令を発し、公立小学校の就学年限を八年とした。じっさいは四年まで短縮でき、一年間に四ヶ月就学していればよいので、義務期間は最短十六ヶ月まで縮めることができた。しかも代替の教育方法があればそれも就学と見なしていたから、形骸化されて緩んだ形にされもした。対象となる国民の方では教育など望んでいないし、家としても行かせたくない。それでも、そういう風潮のなかなのに国民に等しく教育を与えることが大事だと考え、そうした学制を採用すればどんな世の中になるかを豊かに

夢想する度量・力量があった。そうしたさきを見通した社会の構想力は、なにより大切にされるべきである。このさきのどの時代においても、教育は社会を豊かにし発展させるための要《かなめ》となる。それは間違いなかろう。

しかし顧みれば、明治政府を担ったおもな閣僚・官僚はもともと幕藩体制下の下級武士とはいっても、それでも人口全体の一割弱（秋田藩の例。関山直太郎氏著『近世日本人口の研究』龍吟社、一九四八年）の支配階級に属する社会上層の特権者たちである。その彼らが、自分たちよりはるかに劣ると考えていたはずの八割にもおよぶ国民を教育し、彼らが羽撃《はばた》くための基礎を授けようとは、よくぞ発想した。いや、構想は欧米の教育制度の直輸入だったから、「義務教育の導入は必要だ」とよくも見抜けた、というところだろうか。「学制に書かれていた計画は、一見立派だが、絵空事だった」ろうし「中央集権化された教育システムは、体制側にとってきわめて安全」（森田健司氏著『明治維新という幻想』洋泉社歴史新書、二〇一六年、一七八〜九頁）に新政府の主張を注入する手段と見なされていて、独善的で権力寄りの啓蒙施策といわれればそうした傾向はあり、教科書などの教材や政府の指導方針などにもそれぞれに時代的な欠陥が見え隠れする。それでも人々に汎く学問の機会を与えればその種は自律的に発芽し、ときとしておおもとの体制を相対化して瓦解に追いやり、あたらしい考えを構築させていく。そういう芽が育つ環境を与える。教育する側の当初の思惑のなかだけに収まって、統馭《とうぎょ》し切れるようなものでない。それに政府側の正当性を押しつけるためだけに作った教育制度なら、小学校の八年だけで十分。その上の中学、さらにその上の大学を用意しているところに、やはり設置者の覚悟と大望が窺えると思う。

現に結果として、政府の作った設備・制度を足がかりに国民のなかから多くの研究者・技術者・実業家・政治家などが輩出され、近代日本の躍進を見たのである。教育を受けた人たちのなかから、多くの優れた人材が躍《おど》り出た。近代日本の社会的発展に教育が果たした役割の重要性は、語っても語り尽くしがたい。もちろんどんな優れた教育制度のなかでも、受け身になって、教員がいったことをただ丸暗記するだけでは、どれほどの力も生じようがない。創意工夫の境地に誘《いざな》って学習の芽を助長し、自立して学んでいく姿勢を育てさせなければ、「教育という名の拷問」以外の何ものでもなかろうが。それでも、筆者のような人間までこうして著書を刊行していることが、明治以来の教育の御蔭だとはつくづく思う。

その一方で、八十年ほど前、日本の国家は自国民の生命・生活を守ることができなかった。自国民の生命・生活を守ることは、国家の使命のうちの大きなものの一つであり、また最低限の仕事であろう。その使命を全《まっと》うできなかった。

父・松尾聰はその両親とともに、アメリカ合衆国軍が投下する爆弾のその下、つまり空襲に曝《さら》された。父と離れて茨城県新治郡上大津村白鳥（石岡市白鳥）に疎開していた母・八洲子と三人の子は、毎日物資不足でかつ肩身の狭い不自由きわまる暮らしを強《し》いられた。父と母はそのなかでもおたがいの安否を気遣い、父は母・同僚たちへの遺書を認《したた》めつつ、今日にも訪れそうな死の不安に苛立っていた。その疎開先となった羽成家の当主・隼雄《はやお》は、まだ小学校を卒業してもいない定男と英二・雪乃《せつの》という幼い三子を残し、昭和二十年七月二十日ニューギニア島で戦死した。享年三十七。戦死と報告されてきたが、定男氏は「おそらくは餓死だったろう。無惨だ」との思いを筆者に寄せられている（拙著『疎開・空襲・愛―母の遺した書簡集』笠間書院、二〇〇八年）。

ほかの国民の生活を脅かし生命を奪うこともちろんすべからざることだが、自国民の生命・生活の保全が保証できないようでは国家としての使命を果たし得ておらず、国家失格である。この歴史的経験から、深く学び取ってほしい。一か八かで戦争に乗り出し、怨みを残し合う戦争という愚かな手段に訴えたりしないことだ。競い合い争って唾を掛けあうほどに喧嘩するとしても、人を殺すことが許され奨励される戦争という事態を認めてはなるまい。長く生きてきた者が、また歴史に明るい者が、巧みな知恵を出すべきときがきっとこのさきあることだろう。

さて本書は、筆者十六冊目の単著であり、本の背に名を刻した書としては二十六冊目となる。

今回は、昨年夏に発足したばかりの花鳥社に刊行していただくこととした。花鳥社は、一昨年末まで笠間書院の編集長を務められていた橋本孝氏が創立されたばかりの出来たてほやほやの出版社である。前々からの馴染みで、出版をお引き受けいただいた。社の船出にふさわしい書かどうかははなはだ疑問だが、版行を御諒解いただいたことに甘えることとした。

平成三十一年一月十三日

著者識す

■著者紹介

松尾　光（まつお　ひかる）

略　歴　1948年、東京生まれ。学習院大学文学部史学科卒業後、学習院大学大学院人文科学研究科史学専攻博士課程満期退学。博士（史学）。神奈川学園中学高等学校教諭・高岡市万葉歴史館主任研究員・姫路文学館学芸課長・奈良県万葉文化振興財団万葉古代学研究所副所長を歴任し、その間、鶴見大学文学部・中央大学文学部・早稲田大学商学部非常勤講師を兼務。現在、早稲田大学エクステンションセンター・NHK 文化センター・朝日カルチャーセンター講師。

著　書　単著に『白鳳天平時代の研究』（2004、笠間書院）『古代の神々と王権』『天平の木簡と文化』（1994、笠間書院）『天平の政治と争乱』（1995、笠間書院）『古代の王朝と人物』（1997、笠間書院）『古代史の異説と懐疑』（1999、笠間書院）『古代の豪族と社会』（2005、笠間書院）『万葉集とその時代』（2009、笠間書院）『古代史の謎を攻略する　古代・飛鳥時代篇／奈良時代篇』（2009、笠間書院）『古代の社会と人物』（2012、笠間書院）『日本史の謎を攻略する』（2014、笠間書院）『現代語訳魏志倭人伝』（2014、KADOKAWA）『思い込みの日本史に挑む』（2015、笠間書院）『古代史の思い込みに挑む』（2018、笠間書院）ほか。

闘乱の日本古代史
――つくられた偉人たち

二〇一九年九月二十日　初版第一刷発行

著者……松尾　光

装幀……山元伸子

発行者……橋本　孝

発行所……株式会社花鳥社
https://kachosha.com/
〒一五三-〇〇六四　東京都目黒区下目黒四-十一-十八-四一〇
電　話　〇三-六三〇三-二五〇五
ファクス　〇三-三七九二-二三二三

ISBN978-4-909832-06-1

組版……キャップス

印刷・製本……モリモト印刷